서재의 마법

내 서재를 지식의 베이스캠프로 만드는 방법
서재의 마법

펴낸날 2018년 3월 15일 1판 1쇄

지은이 김 승, 김미란, 이정원

펴낸이 김영선
교정·교열 이교숙
경영지원 최은정
디자인 윤대한
마케팅 PAGE ONE 강용구
홍보 김범식

펴낸곳 (주)다빈치하우스-미디어숲
주소 경기도 고양시 일산서구 고양대로632번길 60, 405호
전화 (02)323-7234
팩스 (02)323-0253
홈페이지 wwwmfbook.co.kr
이메일 dhhard@naver.com (원고투고)
출판등록번호 제 2-2767호

값 15,800원
ISBN 979-11-5874-032-0 (03320)

- 이 책은 (주)다빈치하우스와 저작권자와의 계약에 따라 발행한 것이므로 본사의 허락 없이는 어떠한 형태나 수단으로도 이 책의 내용을 사용하지 못합니다.
- 미디어숲은 (주)다빈치하우스의 출판브랜드입니다.
- 잘못된 책은 바꾸어 드립니다.

이 도서의 국립중앙도서관 출판예정도서목록(CIP)은 서지정보유통지원시스템 홈페이지(http://seoji.nl.go.kr)와 국가자료공동목록시스템(http://www.nl.go.kr/kolisnet)에서 이용하실 수 있습니다.(CIP제어번호: CIP2018004506)

서재의 마법

내 서재를 지식의 베이스캠프로 만드는 방법

혼자 있는 시간과 공간

― 김승·김미란·이정원 지음

미디어숲

차례

- 012 ・추천사
- 014 ・여는 글
- 025 ・일러두기

서재 인터뷰
'첫 번째 만남'

027 서재는 회복 그루터기
Base Camp is Healing

- 029 ・베일을 벗은 베이스캠프
- 033 ・운명적인 만남, 그리고 7년 동행
- 040 ・베이스캠프, 숨겨진 내공의 세계
- 045 ・지식의 목적은 '사람'이다
- 054 ・사랑하면 깊어진다
- 060 ・한 사람을 살리는 지식체계
- 064 ・폭(Width)의 독서, 깊이(Depth)의 독서
- 067 ・높이(Height)를 통한 버드뷰(Bird View)
- 070 ・토탈리티(Totality)로 가는 베이스캠핑
- 078 ・통합과 융합, 그리고 통섭
- 082 ・메가테이블(Mega Table), 생애를 아우르는 지식구조
- 087 ・'필요'를 위해 체계화된 '지식'
- 097 ・다음 세대를 위한 지식전달의 열망
- 100 ・독서의 영향력과 변화 가능성
- 107 ・인생의 베이스캠프
- 111 ・베이스캠프와 베이직라이프
- 115 ・좋은 독서, 탁월한 독서, 위대한 독서
- 121 ・의미 없는 반복, 의미 있는 반복

CONTENTS

서재 인터뷰
'두 번째 만남'

135 서재는 역사의 궤적
Base Camp is History

137 • 라이프센터, 유일한 서재
139 • 클래스, 존, 그리고 센터
143 • 베이스캠프 역사의 시작은 '존재발견'
147 • 첫 번째 역사적 습관 '독서'
153 • 독서가 사람을 살릴 때 '역사'가 된다
167 • 나 자신을 위한 멘토링
176 • 사람을 돕는 3단계 : 측정, 진단 그리고 처방
180 • '길이'가 만든 '높이'와 '깊이'
183 • 연속적인 '하루'가 만든 결과
186 • 행복을 찾아서
191 • 디스플레이, 모든 것의 역사
195 • DIARY, 가장 눈부신 역사
197 • 지식축적에서 가치창조까지

서재 인터뷰 '세 번째 만남'

207 서재는 본질과 변화를 잇는 다리
Base Camp is Heritage

- 217 • 본질을 추구하는 분야가 있다
- 223 • 세상에서 가장 '깊은 수업'
- 231 • 철저한 개념에서 나온 상상의 날개
- 236 • 논리적 사고를 건너 창의적 사고
- 240 • 독서의 깊이가 만들어낸 '물맛'
- 246 • 본질은 변화로 가는 튼튼한 다리
- 256 • 미래학자는 현재의 신문을 본다
- 261 • 책이 쏟아지는 속도 따라가기
- 265 • 변화를 주도하는 가방 속 두 권의 책
- 270 • 2트랙을 넘어서는 7개의 주도력 거울
- 274 • 변화를 보는 눈
- 278 • 시대의 흐름을 읽는 빅히스토리 독서

CONTENTS

서재 인터뷰
'네 번째 만남'

285 서재는 희망을 찾는 인간극장
Base Camp is Humanism

- 289 • 시대를 읽어내는 다른 방식
- 293 • 30분을 위한 200시간
- 300 • 서재 속 새로운 세상
- 303 • 미디어의 넓이(Width)와 깊이(Depth)
- 312 • 미디어를 통한 '높이'의 조망
- 316 • '정리'를 넘어서는 '정돈'
- 323 • 상식을 넘어버린 시간계산
- 333 • 스승의 스승이 서재에 있다
- 337 • 바라보다가 닮아버린 인생
- 340 • 삶의 스타일을 따라가다
- 343 • 인생과 존재 전체의 아바타
- 346 • 베이스캠프에서의 최고의 만남
- 353 • 건강, 지식 그리고 희망 선물
- 357 • 지금 어디에 있고, 어디로 가고 싶으세요

- 363 • 맺음말

추천사

특별한 '젊음'에 대한 아름다운 추억

"어려움을 극복할 만한 자신만의 방법이 있습니까?"
"네, 있습니다."
"어떤 방법인지 소개해 줄 수 있을까요?"
"저는 삶의 문제상황 유형에 따라 스스로 마음을 추스르는 책과 영상 목록을 가지고 있습니다."
"문제상황이라면?"
"외로움, 억울함, 답답함, 절망감, 실망감, 실패감, 열등감 등 많습니다."
"그러한 상황 극복방법을 혹 다른 사람들과 공유할 수 있겠습니까?"

오래 전, 자기경영 아카데미에서 김승 선생과의 첫 만남은 무척 인상적이었습니다.

그는 특별한 '젊음'이 있었습니다. 나는 그의 젊음과 더불어 그 젊은 시기에 이러한 셀프리더십의 방법론을 터득한 그의 노력에 깊은 인상을 받았습니다.

그리고 십여 년이 흐른 뒤, 그를 무대 위에서 다시 만났습니다. 그간 그가 얼마나 성장했고 성숙했는지 대번에 그의 표정과 언어에서 엿볼 수 있었습니다. 김승 선생과 함께 전국을 돌며 투어강연을 진행하였는데, 그는 매번 비슷한 질문을 피하고 새로운 긴장감을 만들며 저와의 대담을 즐거워하였습니다. 저 역시 그 순간 큰 행복을 느꼈습니다. 무엇보다 제가 쓴 여러 책이 그의 생애주기에 적절한 지침서가 되었다는 말을 듣고 더없이 행복했습니다.

 그는 정말 열정이 넘치는 사람입니다. 기대가 됩니다. 그가 이미 살아온 과정과 앞으로 펼칠 인생이 궁금합니다. 제가 그를 신뢰하는 것은 어떤 화려함 때문이 아니라, 그의 '서재' 때문입니다. 그의 서재, 그 하나만으로 그는 저에게 신뢰를 줍니다. 어떤 변화가 올지라도 그는 그 서재에서 학습하고 사고하며 읽고 쓰는 삶을 살 것입니다.
 이 책이 이 땅의 학생들과 기성세대들에게 '아름다운 서재 하나를 짓는 꿈'을 심어주는 역할을 했으면 하는 바람입니다.

공병호 박사

여는 글 1

서재 여행

"왜 이렇게 사세요. 힘들지 않으세요? 매번 다른 지식을 창조하는 삶이 힘들지 않으세요?

그리고 그렇게 힘들게 만들어낸 지식을, 이렇게 쉽게 다른 사람들에게 나눠주셔도 되는지 궁금해요. 당신의 근원, 진심의 근원, 샘솟는 에너지의 근원을 알고 싶습니다."

이 질문에 대한 답을 얻기 위해 오랜 시간 그와 동행하였다.

오래 전 강연장 무대 위에 서 있는 그를 처음 본 이후 꽤 많은 시간이 흘렀다. 그의 강의를 들을 때마다 궁금한 게 떠올랐고, 내 수첩에 적힌 수많은 질문에 답하기 위해 그가 허락한 며칠 동안의 서재 인터뷰.

그의 모든 근원은 바로 그 서재 안에 있었다. 어쩌면 그와 함께 한 오랜 시간은 서재에서의 짧은 만남을 얻기 위한 조건이었을지도 모른다. 거대한 미로 같은 서재도 충격이었지만, 서재 한쪽 바인더책장 역시 잊을 수가 없다. 그는 그 중 첫 번째 바인더를 꺼내 나에게 보여주며 말했다.

'서재 인터뷰'를 위해 방문했던 서재. 말이 서재이지 작은 도서관으로 2만여 권의 책과 연구결과가 잘 정리되어 있다.

자신만의 지식체계인 바인더를 맞춤으로 제작하여 테마 서재를 구성하고 있다. 그에게 바인더는 독서를 통해 얻은 지식을 통합하고 융합하여 가치를 생산하는 시스템이다.

"제가 왜 이렇게 힘들게 사냐고요? 그 이유는 바로 여기에 있습니다."

'인생사용설명서'라는 바인더는 그 자체로 한 권의 책으로 출간하고 싶을 정도로 정리가 잘 되어 있었다. 그는 그 바인더 속에 인생의 소명, 사명, 비전을 구분하고 삶의 방향과 방법을 정리해 놓았다.

그는 나의 인터뷰 질문에 서재 곳곳으로 인도해 책을 보여주거나 간단한 설명을 해주었다. 서재를 가득 채운 삼나무 향기와 더불어 나는 바인더들을 펼쳐보았다. 마음 같아서는 그 블록 전체에 꽂힌 수백 권의 바인더를 전부 읽고 싶었다.

나는 그가 자신의 인생에 대해 설명해 놓은 부분을 자세히 읽어보았다. 15개의 자기선언 중 '소명'에 관한 부분이 먼저 눈에 들어왔다.

"나의 소명(Calling)은 내가 존재하는 목적이다. 나는 교육혁신가, 교육선교사, 지식선교사의 삶을 위해 태어났다. 내가 어느 곳에 있든지 나는 '교육'이라는 영역에서 패러다임을 바꾸는 혁신의 삶을 살 것이다. 내가 깨달은 모든 지식은 나를 위한 것이 아니라 타인을 위한 지식이다. 나는 그 지식을 아낌없이 공유하고 나누며 살아갈 것이다. 이것이 바로 내가 존재하는 이유, 오늘도 살아야 하는 이유, 내 심장이 뛰는 이유이다. 나는 이것을 위해 태어났고, 이것을 이룬 뒤 흙으로 돌아갈 것이다."

15가지 항목이 모두 흥미로웠다. 자신이 누구인지, 어디에서 왔는지 어디로 가는지, 무엇을 소중하게 여기는지 선택의 기준은 무엇인지……, 그가 생각하는 인생의 성공과 행복에 대해 친절하게 설명하고 있었다. 마지막 항목은 그의 묘비명이었다.

"폴 김 박사. 신에게서 받은 재능과 시간을 모두 사용하고 여기 잠들다.
녹슬어 멈출 바에는 차라리 다 닳아서 사라지리라는 일생의 뜻을 이루고
여기 흙으로 사라지다!"

서재 한 구석에 서서 바인더를 읽으며 시간과 공간의 감각을 잊은 채, 나는 새로운 세상에 서 있었다. 끝이 없는 책장과 책들, 각 책장마다 나무 색깔의 입체글자를 파서 예쁘게 붙여진 이름들. 바로 이곳이 그의 근원이었다. 샘물처럼 그의 지식이 샘솟는 곳이었다. 기대감과 부담감이 동시에 밀려왔다. 수많은 질문들을 쏟아내어 모든 비밀을 밝혀내고, 이 삶을 세상에 꺼내주고 싶은 열망이 일어났고 동시에 과연 짧은 서재 만남을 통해 그것이 가능할까 두려운 마음이 몰려왔다.

인생사용설명서 바인더. 공예 디자이너가 직접 하나밖에 없는 바인더를 만들어주었다고 한다. 그는 가끔 바인더강의를 한다.

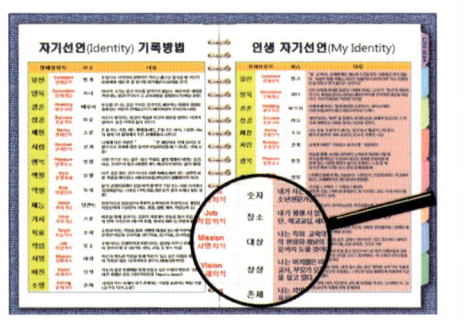

그는 25종의 청소년 바인더와 12종의 대학 성인용 바인더를 모두 사용 및 분석해 본 뒤, 자신만의 바인더 형식과 내용을 창조하였다. 바인더를 열면 제일 앞에 '인생사용설명서'가 보인다. 존재하는 이유부터 죽을 때의 묘비명까지 그는 자신을 친절하게 설명하고 있다.

이 서재의 처음 시작은 어떻게 출발하였을까. 책은 어떻게 선정해 구입하고 배치하며 읽을까. 독서의 방법론이 있을까. 독서 이후 책의 내용을 기록하고 흔적을 남기며 활용하는 방법은 무엇일까. 독서를 통해 축적된 지식을 데이터로 저장하는 분류체계는 무엇일까……

서재의 어떤 공간은 온통 벽이 화이트보드로 가득하고, 또 어떤 공간은 온갖 미디어기기와 수많은 디지털 장비가 가득하다. 도대체 어떤 시스템으로 돌아가는 것일까. 어쩌면 이 모든 서재가 하나의 시스템이 되어 마치 설국열차의 맨 앞칸 엔진실처럼 돌아가고 있지는 않을까?

오랜 시간 그와 동행하면서 그에게 오래 배운 삶보다, 단 며칠간의 서재 인터뷰가 더 깊고 넓은 충격을 주었다. 이제 그분과 함께 했던 내용을 추려 세상에 내놓는다.

이 책은 누가 읽으면 좋을까? 가장 먼저 떠오른 사람은 내가 제일 소중히 여기는 이 땅의 대학생들, 그리고 학교 교사들, 교육전문가들, 그리고 모든 지식세대에게 선물하고 싶다. 작고 아름다운 서재 하나를 만들어보는 꿈을 가슴에 새겨주고 싶다.

지식을 만나고 지식을 창조하는 방법, 그래서 다가오는 세상에 흔들림 없는 행복과 가치를 추구하기를 바라는 마음뿐이다.

김미란

여는 글 2

시간 + 공간 + 의미 = 베이스캠프

저는 베이스캠프 디렉터입니다. 더 정확히 말하자면 김승 교수의 '라이프디렉터'입니다. 이 책에서의 베이스캠프는 '서재'를 말하며 저는 그의 서재를 함께 설계하였습니다. 공간을 설계하고, 인생의 시간에 공간을 더하는 방법을 설명해 주었죠. 어떻게 인생을 디렉팅하는지 방법이 궁금하다면 책을 끝까지 읽어보십시오. 제 모습이 보일 겁니다.

제가 그의 인생에 '베이스캠프'가 필요하다고 했을 때 그는 푸릇한 '젊음'이었습니다. 일 년에 한 번씩 찾아오던 그는 저와의 만남에서 '방향[Direction]'을 구했습니다. 따뜻한 차를 마시며 제가 '길(Way)'을 말하면 그는 그 차가 식기 전에 그 '길'을 이해했고, '삶'을 성찰하고 다시 '계획'했습니다. '시간과 공간'이라는 개념의 '베이스캠프'를 말하자, 그는 바로 그날 이후 자신의 '삶'에 특별한 '시간'과 '공간'을 만들었으며 '그곳(Place)'에 '의미(Meaning)'를 채우기 시작했습니다.

시간 + 공간 + 의미 = 베이스캠프

바로 그 순간부터 그의 '삶[Life : 인생]'은 새로운 '삶[Psalm : 노래]'으로 바뀌기 시작했습니다. 오랜 세월이 흘러, 저는 그의 베이스캠프를 표준화시키자고 그에게 제안하였습니다. 제가 가까운 미래이야기를 하면[Story Telling], 그는 곧바로 미래를 현실로 가져와 행동으로 옮깁니다[Story Doing]. 그래서 베이스캠프를 세상에 꺼내보자고 한 것입니다. 왜냐하면 아주 가까운 시기에 그가 자신의 서재 모든 '지식'을 DB로 바꾸어 아이패드에 넣어버리고 서재를 통째로 공중분해할 수도 있겠다 싶어서입니다.

아직 이 땅의 많은 지식세대가 베이스캠프의 큰 그림(Big Picture)과 섬세한 과정을 경험하지 못하였습니다. 이 책은 그가 새로운 곳으로 날아가기 전에 아주 잠시나마 그를 멈추게 하는 역할을 했습니다. 집필을 함께 구상하고 원고가 완성되기 일주일 전, 제가 그의 서재를 방문했을 때 이미 그의 서재는 원고를 시작했을 때와 다른 구조로 송두리째 바뀌어 있었습니다.

저는 태생적으로 퍼스트무버입니다. 퍼스트무버(First Mover)는 앞서 그림을 그리는 사람입니다. 남보다 먼저 움직이는 사람을 뜻합니다. 먼저 움직인다는 것은 남보다 앞서 '그림을 그린다' 혹은 '새로운 판을 짠다'라고 해석할 수 있습니다. 생각 없이 그저 빨리 움직인다는 것은, 용기가 가상하나 오히려 시대를 어지럽힐 뿐이기 때문에 '생각'과 '그림'이 더없이 중요합니다. 그리고 보니 저는 지금껏 늘 '큰 그림'을 조금 앞서 그려왔던 것 같습니다. '인터넷'과 '방송'의 융합을 처음으로 시도한 덕분에 방송국 최초의 Web PD로서 뉴미디어 시장을 열게 하는 계기를 만들었고, 손 안의 TV라고 불리는 DMB 또한 처음 세상에 뿌리내리는 데 일조를 하게 되었습니다.

그런데 IT의 눈부신 발달로 인해 아무리 새로운 것을 만들어도 약간의 시간이 흐르면 '과거'가 되어버리는 것을 동시에 목격하였습니다. 그래서 찾아낸 것이 '사람'에 대한 '큰 그림'이었습니다. 사람을 준비시키고, 사람을 바꾸면 지속가능한 변화를 만들어낼 수 있다고 확신하였기 때문입니다. 교육 분야를 관찰하면서 '포트폴리오'라는 개념을 처음 교육에 접목하여 그동안 존재하지 않았던 새로운 '시장'을 만들었고, '스토리텔링'을 통해 수학적 개념과 원리를 쉽고 재미있게 접근할 수 있는 수학교육 전문강사를 최초로 육성하고 전국적으로 보급하여 수학교육에 대한 새로운 지표를 남기기도 하였습니다. 이후 그동안의 창작(Job Creation)경험과 노하우를 집대성하여 청소년 및 청년들에게 새로운 진로방향을 제시해 주고 전문적으로 창작 교육이 이루어질 수 있는, 결국 이 모든 '그림 그리기'를 한 곳에 모아서 '한국창작종합학교'를 설립하였습니다.

  제가 시대를 바라보며 새로운 그림을 그리는 모든 프로그램에 김승 교수는 제 날개가 되어주었습니다. 제가 그린 '그림'을 보고 가장 빨리 이해하며 곧바로, 그 그림을 '체계'로 만들어주었기 때문입니다. 아마 이 책을 꼼꼼하게 따라가다 보면 '그림'이 '체계'로 바뀐다는 것이 무엇인지 이해하게 될 것입니다. 끊임없이 지식을 축적하고, 가장 세련되게 가공하며, 그 지식에 '의미의 숨결'을 불어넣어 '가치'를 만들어내는 그의 삶 진체가 이 책에 고스란히 남겨있습니다. 가능하다면 그의 베이스캠프를 참고하여 이 땅의 각 가정에 작고 아름다운 서재가 하나씩 설계되고, 세워지기를 기대해 봅니다.

이정원

여는 글 3

공항 검색대에 걸린 가방

"팔 내려주세요. 네, 이상 없습니다."
"감사합니다."
"잠깐만요. 고객님, 죄송합니다. 가방 내부를 열어서 보아야 할 것 같습니다."

 이젠 놀라지도 않는다. 나에게는 공항에서 자주 일어나는 일이다. 보안검색대에서 가방이 의심스러워 열어보자고 한다. 수많은 기기와 케이블이 집대성되어 있으니 이상해 보이는 게 당연하다. 어쩔 수 없다. 하루의 동선이 복잡할 때는 강의, 컨설팅, 수업, 미팅, 집필이 섞여 있다. 이럴 때는 풀세팅으로 준비를 해서 나가야 한다. 가방이 복잡할 수밖에

없다. 그래도 최근에는 그나마 정리가 잘 되어 있는 편이다.

　왜 자꾸 공항 검색대에 걸릴까. 내 가방 안의 물건들……。

　이게 다 뭘까. 설명이 간단하지만은 않다. 다만 중요한 것은 모두 필요하고 쓰임이 다르다는 것이다. 그리고 각각의 기기들은 독자적으로 존재하지 않고 유기적으로 다른 기기 및 콘텐츠와 연동되어 있다. 어쩌면 이 가방 하나가 나를 말하는 상징적인 것일 수도 있겠다.

　일단 매일 작은 책 두 권은 기본적으로 가지고 다닌다. 한 권은 인생의 '방향'에 관한 책이며 다른 한 권은 인생의 '방법'에 관한 책이다.

　책을 읽을 때는 습관적으로 2트랙을 유지한다. 적절한 균형을 항상 유지하려는 것이다. 아침에 두 권의 책을 가지고 나올 때의 선정기준은 여러 가지이다. 지성과 감성, 방향과 방법, 원대함과 치열함, 미래와 현재, 종교와 과학, 인문학과 성공학 등의 균형이다.

　비품 중 일단 갤럭시 노트는 철저하게 그림그리기 및 스케치 용도이다. 이 기기는 서재에 있는 대형 화이트보드와 연동되어 있다. 화이트보드에 그린 그림은 갤럭시 노트를 통해 세부적으로 디테일하게 다듬는다. 강의기획, 작품구상, 콘텐츠 설계 및 구조화 등의 작업이 갤럭시 노트를

서재의 입구에는 내가 집필한 책의 디스플레이를 제외하면, 대부분 신간만 비치한다.

집필실의 입구에는 현재 준비 중인 강의연구, 진행 중인 집필별 소책자와 제자들에게 보내는 독서편지들이 디스플레이 되어 있다.

통해 이루어진다. 아이패드 미니 레티나는 철저히 모바일 독서와 강의를 위해 특화된 기기이다. 반복적으로 읽어야 할 책, 페이지 분량이 너무 많은 책, 종이 가독성이 떨어지는 책 등 용도에 따라 iBooks에 세팅하여 가볍게 읽는다. 종이책과 아이패드리딩을 연동하면 어떤 일이 벌어질까. 일단 독서의 필요와 종류에 따른 구분과 창의적 독서가 일어난다. 또한 읽은 책의 활용도가 폭발적으로 향상된다. 삼성노트북은 글쓰기 용도로 사용하고, 맥북은 그래픽 용도로 사용한다. 그러고 보니 이 커다란 가방은 사무실과 같은 존재이다. 내가 머무는 모든 곳이 지식사무실이 될 수 있다. 그리고 이 가방 안을 채우는 모든 지식은 나의 베이스캠프 서재와 연동되어 있다. 또한 서재의 모든 데이터베이스는 웹 드라이브와 클라우드에 동기화되어 있다. 이것이 나의 삶이고 나의 일상이다.

궁금해하는 사람들이 있다. 저자는 언제부터 이 서재에 머물렀을까. 사는 집과 서재는 언제부터 분리되었을까. 서재에서는 도대체 어떤 일이 일어날까……

"어떻게 지식을 관리하세요? 책은 어떻게 읽으세요? 서재는 어떻게 구성하죠?"

뭐라 답하기가 어려웠다. 왜냐하면 단순한 지식관리 스킬을 말하고 싶지는 않았기 때문이다. 하지만 이제는 소개하려고 한다. 나의 삶과 내공이 서재를 통해 만들어지고 있다는 비밀을 밝히고 싶다. 그러나 이것이 유일한 답은 아닐 것이다. 부끄러운 속살을 드러내는 일이 될 수도 있다. 그래도 용기를 낸다. '방향'을 구하는 이들에게 '방향'을 보여주는 게 나의 존재 목적이기 때문이다.

파주 베이스캠프에서
김 승

일러두기

The Right Time, The Right Person, The Right Book.
필자가 살고 있는 서재의 입구에 새겨진 글이다. 가장 적절한 시기에, 꼭 필요한 사람에게, 정말 도움이 되는 지식을 소개해 주는 것이다.
서재를 만든 목적은 곧 내 인생의 목적이다. 지금껏 그런 목적을 이루기 위해 지식 전달자의 삶을 살아왔다. 주어진 시간이 한정되어 있기 때문에, 가장 필요한 주제를 중심으로 달렸다. 무엇보다도 청소년들의 상황이 가장 아프고 시급했다. 자기주도학습과 진로 등의 주제로 강의를 하고 책을 쓰며 이 땅의 청소년들을 살리기 위해 노력하였다. 한참 달리다가 에너지가 모두 소진되고 나서야 나는 한 가지를 깨달았다. 모든 것을 혼자 하려고 했다는 것을……
내가 만날 수 있는 사람, 내가 변화시킬 수 있는 사람의 수는 한계가 있지만, '지식세대'를 세우고 훈련을 하면 동시에 함께 이 꿈을 이룰 수 있을 것이다. 결국 본질과의 싸움이다. 가장 근본적인 회복이 필요한 곳은 어디이며, 가장 견고한 무장이 필요한 대상은 누구일까? '가족'이다. 가족의 교육을 회복시키는 것이 본질이다.

우선 기초를 다시 세워야 한다. 지금껏 교육에 대한 정보과잉으로 혼란스럽게 달려오던 엄마들의 무거운 책임감을 덜어주고, 오히려 가족 내적 근간을 다시 세우기 위해 '아버지'들이 일어나야 한다. 가족을 통한 교육, 아버지를 통한 견고한 기준이 세워지기 위해 필연적으로 '대학'에서의 사회기초력, 인생기초력 교육이 동시에 회복되어야 한다. 결국 그 세대가 세상으로 나와 가정을 형성하기 때문이다. 그러고 보니 이 책의 대상은 '대학'과 '가정' 그리고 '대학생과 아버지, 어머니'로 귀결된다. 연령으로는 20세 이상 60세 이하의 지식세대를 말한다.

이 책이 꼭 필요한 사람

- 주도적인 대학생활과 탄탄한 사회기초력을 꿈꾸는 **2028 대학생 지식세대**
- 쏟아지는 정보 속에서 '빛나는 지혜'를 분별하고 싶은 **3040 직장인 지식세대**
- 청소년, 대학생들의 학습과 진로를 '티칭'과 '코칭'으로 돕는 **3050 전문가 지식세대**
- 회사, 학교, 학원, 가정 등에서 다음세대를 꿈꾸고 경영하는 **4060 리더십 지식세대**
- 자녀와 남편, 학교와 학원, 옆집 엄마 사이에서 시달리는 **3050 엄마표 지식세대**

책을 읽고 일어날 '아름다운 변화'를 잠시 떠올려 본다.

단칸방이라도 좋으니 아주 작은 공간을 아버지에게 선물하는 것이다. 이미 작은 방이 있다면, 그곳을 베이스캠프로 선언하자. 그리고 집 어딘가에 가장 예쁜 책장 하나를 놓고 이를 '엄마의 베이스캠프'로 선물하자. 한 권 한 권 향기가 좋은 책을 꽂기 시작하자. 자녀를 위해서도 베이스캠프라는 글자 하나를 문에 붙여주자. 그리고 그곳에는 절대로 TV를 놓지 말자. 만약 자녀가 대학생이라면 베이스캠프에 그림을 그릴 수 있는 화이트보드를 벽에 하나 걸자. 마음껏 지식을 기록하고, 미래를 그릴 수 있도록 배려하자. 온 가족이 각자 자신의 삶에 매몰되어 살다가도 베이스캠프가 있다면, 아마도 한 권의 책이, 그리고 한 조각의 지식이 그들을 위로하리라. 아마 한 계절 정도가 지날 정도의 시간이 지나면 그 가정에 지식의 향기가 넘쳐나고, 각 세대의 표정이 살아날 것이다. 그때쯤 이 책을 다시 펴서, 눈에 들어오는 공간 모양새를 각각 자신의 베이스캠프에 모방해 보는 것이다.

행여 이 책을 읽고 방대한 서재 스케일에 압도당해 시도할 용기가 나지 않는다면 살며시 필자를 떠올려 보자. 20년 동안 술과 담배를 포기하고 그 돈을 아껴 하루하루 책을 사서 읽었으며, '재미'보다는 '의미'를 추구하고, '필요한 것'보다는 '중요한 것'에 시간을 사용하였다는 '책만 읽는 바보'의 오랜 여정을 떠올리며 용기를 내자.

어차피 우리의 선택은 화려하고 거대한 도전이 아니라, 하루하루의 작은 용기일 뿐이다. 그 하루를 지금부터 쌓아 올려보기를 권한다.

서재 인터뷰
'첫 번째 만남'

서재는 회복 그루터기
Base Camp is Healing

Base Camp is Healing

베일을 벗은 베이스캠프

　서재는 파주에 있다. 입구에 들어서자마자 거대한 책장대열이 앞을 가로막는다. 그리고 코끝으로 삼나무 향기가 강하게 밀려온다. 공간 전체가 삼나무이다. 바닥과 벽의 자재, 그리고 모든 책장이 삼나무이다. 이곳이 바로 P의 베이스캠프 서재이다.

　미란은 P의 인사를 받고 서재로 들어섰다. 그는 미란에게 따뜻한 차 한 잔을 건넸다. 미란은 차를 들고 마치 미술관을 관람하듯 걷기 시작했다. 걸었다는 표현이 적당하다. 수많은 책장의 미로 사이를 걸어야 했기 때문이다. 책장 이외에는 정말 아무것도 없는 공간이다. 얼핏 보아 6개 정도의 공간으로 이루어져 있다.

　거의 모든 책장에는 정성껏 파내려 간 입체 글씨로 주제가 새겨져 있다. 햇볕이 잘 드는 곳에는 의자가 놓여 있어, 읽고 싶은 책을 발견하면 바로 그 자리에서 읽을 수 있게 했다. 책과 관련된 몇 가지 소품들도 눈에 들어온다. 도서관에서나 사용하는 이동용 책 카트, 높은 곳의 책을 정리하는 사다리, 그리고 신간이나 잡지를 놓는 책꽂이, 거대한 디지털

베이스캠프 전경

입구 전경　　　　　　　　　　　　　전체 옆 전경
화이트보드룸　　　바인더룸　　　　미디어룸

베이스캠프의 친구들: 사다리, 이동카트, 잡지꽂이, 복사기, 보면대, 제단기, 태블릿, 벤치의자

복사기……, 가장 안쪽 구석에는 긴 벤치가 있어 마치 공원에서 책을 읽는 듯한 분위기 연출도 하고 있다.

어느 방은 거대한 화이트보드로 벽이 가득 채워져 있다. 화이트보드에는 깨알 같은 글씨와 그림이 가득하다. 가장 안쪽에는 집필실이 있는 듯하다. 그곳에는 거대한 브라운관과 기업에서 사용하는 복사기 및 모니터들, 많은 미디어기기들이 정렬되어 있다.

이런 여러 공간에 대해 P는 아직까지 이렇다 할 설명을 하지 않는다. 그냥 둘러보는 것만으로 충분히 이해가 될 것이라 생각한 것일까. 아니다. 그의 성격으로 보아, 그는 미란에게 서재를 설명하는 순서를 모두 계획해 놓을 법하다. 하지만 오늘 P는 미란이 그저 자연스럽게 베이스캠프를 거닐고 느꼈으면 하는 바람인 것 같다.

제일 구석 쪽의 방에 들어선 미란은 한 책장 앞에서 멈춰 섰다. 책장 하단에는 '지식 수첩'이라고 마킹이 되어 있다. 그 속에는 많은 수첩이 꽂혀 있었는데 이는 미란이 7년 전 선물로 받았던 그 수첩과 같은 것들이었다. 미란은 손에 들고 있던 자신의 수첩을 펴 들고 메모를 시작했다. 질문을 적어 내려갔다.

태블릿이 나오기 전까지 들고 다녔던 수첩과 수첩 책장

바로 여기가 미란이 정말 궁금해했던 P의 베이스캠프이다.

많은 지식세대는 자기만의 베이스캠프인 '꿈의 서재'를 갖고 싶어 한다. 지식세대는 누구를 말하는가. 나이로는 20대 이상의 스마트폰을 들고 사는 모든 이를 말할 수 있을 것이다. 그런데 지식세대가 누구인가를 규정하는 것이 중요한 것이 아니라, 우리가 살고 있는 이 시대가 '지식시대'라는 사실이 더 중요하다.

어떻게 인생의 방향을 잡아야 할지 모르는 대학생들, 가정과 직장 사이에 끼어 성장과 성숙을 담보 잡힌 채 다람쥐처럼 달리는 이 시대의 아버지들, 그리고 가장 앞서서 지식을 만나고 그 지식을 다음 세대에게 전달하고 있는 수많은 교육전문가······.

그들에게 지금 필요한 것은 바로 지식과 만날 수 있는 자신만의 베이스캠프이다. P 역시 오랜 시간 베이스캠프를 꿈꾸며 책을 읽고, 읽은 책을 소중히 간직하며 꿈을 축적해 왔다.

미란은 지금 그 장소에 서 있는 것이다. 자신만의 시간과 공간을 의미로 채울 줄 아는 이들은 자기만의 서재를 가지고 있다. 꼭 서재가 아니어도 보물상자를 숨긴 장소라도 가지고 있다. 그곳에서 '쉼'을 얻고 다시 일어날 '힘'을 얻는다.

P는 오래 전부터 자신만의 꿈꾸는 장소가 늘 있었다. 그는 영화를 통

해 그러한 로망을 가슴에 새겼다. 설국열차의 "엔진은 영원하다!"라는 엔진실, X맨 영화의 찰스 교수의 서재, 이소룡의 유일한 스승 엽문이 말없이 목인장 앞에서 연습하던 장면, 아이언맨의 지하 작업실, 배트맨의 지하벙커, 오블리비언의 탐크루즈가 비행기를 타고 날아가서 낮잠을 자던 숲속 오두막……, 이러한 것들을 통해 그는 꿈의 장소를 그렸었다.

영화 속 힘의 근원이 되는 '베이스캠프'

설국열차 엔진 칸

X맨 교수의 서재

엽문의 수련장

아이언맨의 작업실

지식인, 지식세대, 지식전문가, 한 집안의 가장과 주부 그 누구든 나만의 공간이 필요할 것이다. P는 그것을 꿈꿔 왔고, 바로 지금 이곳 꿈의 장소에 서 있는 것이다.

미란은 수첩을 꺼내 떠오르는 질문을 적기 시작했다. 어디서, 무엇부터 질문을 시작할까?

📖 미란의 지식수첩

> **Q** 이곳은 언제부터 지금의 서재 모습을 갖추게 되었을까.
> **Q** 그는 책을 얼마나 읽었을까.
> **Q** 언제부터 서재는 가족과 분리되어 이렇게 독립된 공간으로 존재하게 되었을까.
> **Q** 이곳의 책은 모두 얼마나 될까. 또 다른 공간에도 책이 있을까.

한참을 적던 미란은 쓰던 것을 멈추었다. 미란은 펜과 수첩을 집어넣고 오히려 편안하게 그와 대화하면서 서재 인터뷰를 진행하기로 마음먹었다.

"폴샘, 디테일한 부분은 다음 인터뷰에 하고, 오늘은 좀 편안한 마음으로 서재를 구경해도 될까요?"

"제가 원하는 바입니다. 꼭꼭 숨겨둔 저의 부끄러운 서재를 공개하는 인터뷰이기에 다소 설레고 조급한 마음이 있지만, 쫓기고 싶지는 않습니다. 무언가를 보여주어야 한다는 부담, 그럴 듯하게 꾸미고 싶은 부담은 없습니다."

운명적인 만남, 그리고 7년 동행

미란이 P를 처음 본 것은 7년 전, P의 강연 장소에서였다.

교육 분야의 전문가로서, 반드시 들어야 하는 이 분야의 대표적인 강의가 있다면 그것이 바로 P의 강의이다. 교육컨설턴트를 꿈꾸는 사람이라면 그의 강의를 한번 들어보아야 하는 것이 통과의례라고 할 것이다.

이른 아침부터 시작되는 OO고등학교 1학년 전체 대상 강연이 있는 날. 강당에는 가득 찬 학생들의 열기로 뜨거웠다.

"여러분, 오늘은 특별한 분을 서울에서 모셨습니다."

"와-아!"

"수업을 한 시간 빼고 강당에 모인 만큼 오늘 강연을 잘 들었으면 합니다."

"우-아!"

"우리 OO고등학교 1학년 학생들이 좀 더 긴장감을 배울 수 있는 좋은……"

"우우-와아!"

앞에 앉아 있던 P는 학생들의 반응이 대단하다고 생각했다. 교장 선생님에 대해 이런 열정적인 호응을 보이는 학생들을 처음 본 것이기 때문이었다. 서울에서 한참 먼 지방의 고등학교에서 희망이라도 본 듯 그의 마음에 기대감이 가득해졌다.

그런데 바로 그때, 본능적으로 뭔가 불길한 느낌이 감지되었다. 학생들의 박수와 함성이 끝날 줄 알았는데 좀 더 지켜보니 교장 선생님이 한 문장을 말할 때마다 박수를 치고 과장된 반응을 한다. 교장 선생님은 땀을 흘리고 있었고, 학생들은 그런 교장 선생님을 보면서 더욱 과장되게 박수를 치고 소리를 지르며 반응하고 있었다. 교장 선생님은 서둘러 연단에서 내려왔다.

아이들이 장난을 치고 있다. 그것도 집단으로 말이다.

P는 참담한 심정으로 무대에 올랐다. 그는 분노가 치밀어 올랐다. 무대에 오르니 400명의 고등학교 1학년 학생들이 보인다. 그는 잠시 아무 말 없이 한 명 한 명의 눈을 바라보았다. 이런 상황에 진로 강연이 무슨 소용 있겠는가……

'젊음'이 '젊음'에게 아깝구나! 알고 있을까, 이들은 자신들이 만나게 될 현실을……

P는 슬라이드를 넘기지 않았다. 이런 경우에 그는 준비했던 강의를 하지 않는다.

"여러분, 대학에 가고 싶나요?"

"네!"

학생들은 다리를 쫙 벌리고 몸을 뒤로 젖히고 앉아 있거나 최악의 자세로 있다가 일순간 또 한 번 호재를 만났다는 듯이 교장 선생님에게 하듯 그렇게 크게 소리를 질렀다. P는 그때부터 준비한 슬라이드를 내리고 숫자들을 적어가며 매우 또박또박 그리고 단호하게 말하기 시작했다. 그런데 목소리에는 왠지 모를 깊은 슬픔이 배어 있었다.

"지금 여러분과 같은 나이 또래는 전국에 50만여 명 정도가 있습니다. 그들은 거의 대부분 대학에 가고 싶어 합니다. 어떤 대학에 가고 싶어 할까요? 나무와 숲, 그리고 호수가 있고 건물에는 오랜 세월 동안 담쟁이 넝쿨이 타고 올라가 고풍스런 느낌을 주는 건물이 있는 대학입니다. 축하합니다! 여러분 모두는 대학에 갈 수 있습니다. 미리 축하를 드립니다. 대학의 정원이 여러분 숫자와 비슷하니, 거의 대부분 대학에 갈 수 있다는 거죠. 그래서 미리 축하하는 겁니다. 지금 이렇게 엉망으로 살아도 대학에 갈 수 있습니다. 최선을 다한 삶이 억울해서 재수를 선택하는 학생 수가 10만~12만 정도 되니, 자연스럽게 정원에 충분히 맞는 인원수로 정리가 됩니다.

그런데 기억하세요. 조금 전에 가고 싶다고 했던 그런 대학에는 10만 명 정도 이내의 학생들이 들어갑니다. 제가 아주 인심 써서 그렇게 잡은 겁니다. 그리고 나머지 40만 명 정도는 꿈꾸지도 않았던 학교에 고민 끝에 등록금을 낼 겁니다. 아마도 풍족하지 않은 집안 살림에 부모님이 최선을 다해 학비를 마련할 겁니다. 그 큰돈을 낼까 말까 고민하는 학생들은 한 가닥 희망을 안고 최종 입학을 결정합니다. 편입을 통해 간판을 바꿔 보겠다는 것입니다. 매년 10만명 이상이 편입을 꿈꾸고, 그 중 상당수가 실제로 시험을 치릅니다. 일반편입과 학사편입을 합친 것이죠. 그런데 그 중에 합격하여 간판을 바꾸는 수는 1만 명 정도에 불과합니다. 편입 뜻을 이루지 못한 학생들은 다시 원래의 캠퍼스를 다녀야 합니다. 그럼 다시 원래의 40만 명이 그대로 있습니다.

왜 이 학교를 다녀야 하는지, 왜 공부를 해야 하는지 여전히 모른 채

일 년에 1천만 원씩 등록금을 냅니다. 그러다가 결국 도저히 못 참겠다고 40만 명 중에 14만 명은 학교를 그만둡니다. 4년제 9만 명, 전문대 5만 명입니다. 이렇게 해서 결국 매년 40만 명 이상이 졸업은 합니다. 그 뒤에 만나는 현실에 대해서는 말하지 않겠습니다. 이것이 여러분이 만나는 현실입니다. 이 같은 사실을 끝까지 모르고 인생을 살아갈 겁니다."

너무나 불편한 진실을 숫자 하나하나를 써 가며 그는 말하였다. 자존심의 근간을 짓밟는 내용일 수도 있다. 그런데 이상하다. 그렇게 장난기만 가득하던 학생들이 떠들지 않고 조용히 듣고 있다. 어느덧 자세도 바르게 하고 있었다. 미란은 학생들의 반응을 유심히 관찰해 보았다. 강사의 눈빛, 가슴에서 울림으로 숨 쉬듯 끌어올린 목소리 톤, 숫자 하나하나를 풀어주며, 바로 자신의 미래를 미리 말해 주고 있는 P의 진심에 학생들이 반응을 하고 있는 것이다. P는 여기서 그치지 않았다.

"열 줄씩 앉아있군요. 좌우 같은 줄에 있는 열 명의 친구들 얼굴을 한번 보세요. 아마 이 중에 여덟 명 정도가 고3 즈음에야 비로소 정신을 차릴 겁니다. 그래도 공부를 해보자고 뒤늦게 마음을 다잡을 겁니다. 하지만 미리 알고 있는 게 좋을 겁니다. 그 여덟 명 중에 1~2등급 정도 성적을 올릴 수 있는 학생은 한 명 정도가 될 겁니다. 대부분은 지금 수준이 유지될 것입니다.

도대체 무슨 생각으로 살고 있는 겁니까! 지금 여러분 자신이 앉아있는 자세, 눈빛, 언어 그 모든 것이 바로 자신의 미래를 결정하고 있는 것입니다. 저는 지금 통계를 근거로 여러분의 미래를 설명했습니다.

지금 조용히 이 강당의 분위기를 살펴보십시오. 400명이, 그것도 오전에, 강당에서 모두가 조용히 깨어서 강의를 듣고 있는 이 낯선 풍경을 느껴보세요. 제가 오늘 여러분을 만났지만 아마 앞으로는 저와 다시 만나지 못할 가능성이 높습니다. 그렇다면 오늘 저의 이야기는 저와 여러분의 만남에서 나누는 마지막 강의가 될 것입니다. 저는 오늘 여러분의 진로와 학습에 대해 강의를 하러 왔습니다. 여러분의 모습을 보고 너무 아프고 아픈 나머지 제가 진심을 담아 긴 이야기를 했습니다. 여러분, 제 눈을 보십시오! 지금 이 순간 저의 진심을 이해하였나요. 저는 여러분 한 사람 한 사람을 도와주러 왔습니다! 저의 마음을 읽은 학생들은 티 나지 않게 고개를 끄덕여 보십시오."

미란은 학생들을 둘러보았다. 많은 학생이 고개를 끄덕이고 있었다.

"여러분 그럼 기회를 드리겠습니다. 모두 가슴에 손을 얹고 저를 따라합니다. 나는!"

"나는!"

"더 크게 말해 봅니다. 나는!"

"나는!"

"통계를 넘어선다!"

"통계를 넘어선다!"

"나는!"

"나는!"

"오늘부터 다른 인생을 산다."

"오늘부터 다른 인생을 산다."

"진심을 보여주어서 감사합니다. 어차피 숫자는 변합니다. 그러나 지금 품은 이 마음은 변하지 않을 것입니다. 여러분, 자신의 인생을 스스로 살아보겠다고 결정한 자신의 용기에 박수를 보냅시다."

캠프에서 모닥불을 피우고 부모님께 편지를 쓰는 시간이 아니었다. 극기 훈련에서 눈물 콧물 쏟게 만든 이후에 억지로 다짐을 받아내는 것도 아니었다. 짜증이 절정에 달아오르는 오전 강당 특강에 대한민국 최고의 강적 고1학생들이 보인 태도는 놀라웠다. 무엇이 이런 변화를 만들어낸 것일까. 그 통계자료를 아무리 외워서 따라 한다고 하더라도 이런 결과를 똑같이 낼 수 있지는 않을 것 같다. 비밀은 무엇일까. 이미 100분의 강의 중 절반이 지나고 있었다.

"여러분, 오늘 저에게 주어진 시간은 100분이었습니다. 그런데 이미 절반이 지났습니다. 저는 여러분에게 제안을 하고 싶습니다. 제가 준비한 진로 강의는 여러분의 인생에 변화를 만들어줄 만한 내용을 담고 있습니다. 그런데 여러분은 아마 거의 대부분 필기도구도 없이 대충 시간을 때운다는 마음으로 왔을 겁니다. 하지만 지금 이 시간 제 이야기에 어느 정도 변화를 꿈꾸기 시작한 학생들도 있을 겁니다. 그런데 아마 오늘 하루가 지나면 금방 마음가짐이 달라질 겁니다. 그래서 제가 한 가지 제안합니다. 여기 앉아있는 여러분 개인에게 기회를 주겠습니다. 마음에 용기가 생기고, 진심으로 변화를 만들며, 과거로 돌아가고 싶지 않은 학생들은 교실에 가서 노트와 필기도구를 가져오세요. 이것은 선택입니다. 그렇게 하고 싶은 학생만 가면 됩니다. 싫은 학생은 자리에 그냥 앉아있어도 됩니다. 그런데 한 가지 뭔가 이전과 다른 행동을 보이는 나의 모습이 친구들에게 어떻게 보일까 부담되어 주저하는 학생이 있다면, 그냥 일어나서 행동하십시오."

강당의 학생들이 하나둘씩 일어나 나가기 시작했다. 필기도구를 가지러 간 것이다. 거의 90%가 움직였다. P의 간단한 제안으로 400명의 학생 모두 각자에게 묘한 선택의 긴장감을 선사한 것이다.

강의는 후반 30분이 절정이었다.

'뭐라고 결론을 지을까. 이 강의 방식의 핵심을 뭐라고 적을까……'

미란은 P와 함께 강의장을 떠나는 순간까지 고민하였다. 뭔가를 쓰지 않으면 이 순간의 느낌을 잊을 것 같아 조바심이 몰려왔다. 그럼에도 P에게 직접 물어보지 못하고 지식수첩에 내용을 기록하기 시작하였다.

📖 미란의 지식수첩

1 강의를 듣는 학생의 수가 많고 적음에 영향을 받지 않는 강의를 한다.
2 소리를 지르거나 자극하지 않고 단호하게 그리고 따뜻하게 전달한다.
3 400명을 대상으로 말하는데, 분위기는 한 사람에게 말하는 느낌이다.
4 미리 준비한 강의를 일방적으로 주입하지 않고, 대상에게 최적화한다.
5 막연한 동기부여가 아니라 정보력에 근거한 현실을 직접 제시한다.
6 단순한 정보전달이 아니라 각 개인의 삶과 연동되는 정보로 의미를 바꾼다.
Q 이런 상황을 미리 알고 '플랜B'를 준비해온 것일까. 아니면 일상의 축적된 지식을 상황에 맞게 사용한 것일까.

강의가 끝나고 서울로 함께 이동하는 동안 이상하게 P의 얼굴에는 수심이 가득하였다. 서울에 도착할 무렵에야 P가 입을 열었다.

"메모 좀 하셨어요? 미안해요. 그 친구들의 답답한 마음을 읽고, 그 답답함을 저의 진심과 시대적 통찰로 채워주려 애를 쓴다고 썼지만, 저는 알고 있습니다. 그들 중 상당수는 아직 완전한 변화를 만들어갈 힘을 얻지 못했다는 것을……

그래서 제 마음이 무척 아픕니다. 기회가 되면, 그 학교의 선생님들을 한번 강의로 만나고 싶네요. 혹 미란 선생이 가능하다면 다시 그 학교에 함께 갈 기회를 만들어주세요. 그래서 지속가능한 변화에 대해 좀 더 공유하고 싶습니다."

짧은 피드백을 하는 사이 미란은 깨달았다. '대상의 필요, 그리고 아픔까지 진심으로 다가가야 한다는 것. 그리고 단순한 동기부여가 아니라 지속가능한 변화를 만들어주려는 열망을 가지고 있어야 한다는 것. 그리고 한 가지 더, 막연하게 동기부여를 하는 시도보다는, 모든 개인이 자신의 마음으로 받아들일 만한 정보와 통찰의 결합이 중요하다는 것을……'

"폴샘, 제가 꼭 그 학교에 다시 갈 수 있는 기회를 만들어 보겠습니다. 그때 제가 함께 참여해도 되는지요?"

"물론입니다. 그렇게 먼 곳까지 이른 아침부터 함께 참가해 준 사람은 거의 없었습니다. 미란 선생의 열정에 깊이 감사를 드립니다. 원하시면 다른 강의도 언제든 참여 가능합니다."

"네? 정말이세요!"

P로서는 늘 가르칠 준비가 되어 있었다. 다만 자신이 주는 것을 소화할 만한 사람을 만나기가 쉽지 않았을 뿐이다. 자신이 오랜 세월 축적한 지식체계와 강의파일을 요청하는 사람은 많았지만 그의 삶 자체를 배우려는 사람, 지식체계를 갖추기까지의 과정을 배우려는 사람은 드물었다. 어쩌면 P의 눈에 미란의 모습은 가능성을 담고 있는 '씨앗'처럼 보였는지도 모른다.

"미란 선생, 저에게서 무엇을 배우고 싶으세요?"

"전부 다 배우고 싶습니다."

"무대 위에서 보이는 모습과 강의기법을 배우고 싶다면, 굳이 따라다닐 필요는 없습니다. 강의 자료나 강의영상 혹은 제가 쓴 책을 그냥 보면 됩니다. 그 정도라면 그냥 제가 드릴 수도 있습니다."

"네?"

베이스캠프, 숨겨진 내공의 세계

미란은 갑자기 할 말을 잃었다. 무엇을 배우고자 하는지 물어보는 P의 질문에 명확한 답을 꺼내기 어려웠다. 미란의 마음을 읽은 P는 자신의 가방 안에서 태블릿을 꺼냈다. 그러고는 그림 하나를 그렸다. 산을 그리는 것 같았다. 정상에 깃발 하나를 그리고, 산 아래 출발점에 깃발 하나를 그렸다. 정상과 베이스캠프였다.

"모든 정상 아래에는 베이스캠프가 있습니다. 무슨 광고 카피 같죠?"

"실제 광고 카피인데요."

"이것은 이 시대 모든 지식세대가 갖추어야 할 내공의 모형입니다. 정상에 도착하여 깃발을 꽂은 모습이 너무나 아름답지

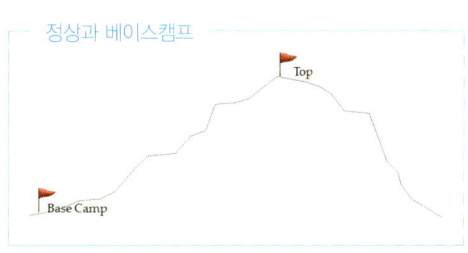

만, 그 정상 아래에는 반드시 베이스캠프가 있다는 겁니다. 방향을 점검하고, 준비상태를 확인하며, 기후를 파악하고, 팀워크를 다지는 위치 말입니다."

"그러니까, 정상의 모습을 배우지 말고, 그 이면에 있는 베이스캠프를 배우라는 것이군요."

"맞습니다."

"그런데 그 베이스캠프는 구체적으로 무엇인가요?"

"지식세대의 서재입니다."

"지. 식. 세. 대의 서재요!"

P는 다시 태블릿을 들고, 이미 있는 그림 위에 선을 연결하여 더 큰 그림을 그렸다.

산 정상이라고 생각했던 그림이 바다 위에 보이는 빙산의 조각으로 작아지고, 그 아래에 거대한

조각이 보였다. P는 미란에게 '무대 위에서 보이는 모습' 뒤에 숨겨진 거대한 그 무엇인가를 보여주고 싶었던 것이다.

"저의 서재는 베이스캠프이지만 이것은 상징적인 공간입니다. 베이스캠프보다 더 위대한 것은 그 '공간'을 '시간'으로 채우는 '노력'입니다. 저는 그것을 '베이직라이프'라고 합니다. 오랜 세월 서재의 '공간'을 채운 근본적인 '땀, 눈물, 노력, 기다림' 등을 모두 담아내는 것입니다. 따라서 저를 배우려면 저의 베이스캠프인 '서재'를 이해하여야 합니다."

아이북스 공부법 도서

P는 가방에서 아이패드를 꺼냈다. 그림 그리는 태블릿과 아이패드의 용도가 구분되어 있기 때문이다. P는 아이북스를 열어 그가 공부법 강의를 시작하기 전에 읽었던 책을 보여주었다. 그 순간 미란은 무척 놀라웠다.

"하나, 둘, 셋, 넷…… 열 둘, 이렇게 일곱 줄이니까 84권. 공부법 강의 하나를 위해 읽은 책이라고요? 하나의 주제로 강의하시기 전에 이 정도의 책을 읽는다는 거죠! 이것이 바로 베이직라이프인가요?"

"맞습니다. 이것이 저의 '베이직라이프'입니다. 그리고 이 기기 안에 들어 있는 이 책들은 전체의 일부일 뿐입니다. 이 분야의 책이 모두 모여 있는 저의 지식체계는 따로 있습니다."

P는 화면을 바꿔 사진 하나를 보여주었다. 책과 논문이 가득 꽂힌 책장의 모습이었다. 그런데 자세히 보니 대부분 다 학습에 관한 책들이다. 그리고 관련 논문들도 제본이 되어 깔끔하게 배치되어 있었다.

— 북 코너 - 학습법

'바로 이거구나! 그에게는 서재라는 베이스캠프가 있었어. 그를 이해하려면 겉으로 보이는 모습뿐만 아니라 베이스캠프까지 알아야겠구나…….'

'베이직라이프'가 매일 이루어지는 '베이스캠프, 서재'를 소개하는 것은 P에게 큰 에너지를 소모하는 일이었다. P는 잠시 흐름을 끊었지만 가능성은 열어두었다. 미란은 그 무엇을 요청하거나 더 질문할 엄두를 내지 못하고 P를 바라보았다.

"미란 선생의 표정을 보니, 궁금한 것들이 폭풍처럼 밀려오는 듯한 느낌이 보여요."

"네, 맞습니다. 무대 위의 모습도 궁금하고, 무대 뒤의 베이스캠프 역시 궁금해요."

"그럼 한번 궁금한 것들을 하나씩 풀어가 볼까요. 그러려면 약간의 인내가 필요해요. 괜찮겠어요?"

"물론이죠. 차근차근 인내하며 배울 수 있습니다!"

그날 저녁 미란에게 메일이 한 통 도착했다. P가 보낸 메일이었다. 메일에는 파일이 하나 첨부되어 있었다. 파일의 제목은 '초청장'으로 파일을 열어보니 한 줄로 제목이 있고 그 아래는 그냥 하얀 여백으로 비어 있었다.

'7년의 강의에 당신을 초청합니다.'

왜 7년일까. 나머지 여백은 7년간의 강의내용으로 채우라는 것일까?

"시간이 필요합니다. 무대 위에 서서 지식을 전달하는 모습을 배우기 위해서는 숨겨진 베이스캠프 '서재'를 알아야 합니다. 그런데 서재를 이해하려면 오랜 시간을 채운 '베이직라이프' 즉 지식추구의 '삶 그 자체'도 배워야 합니다. 그리고 그 삶 자체를 배우기 위해서는 배우는 사람의 시간도 필요합니다. 왜 7년인지는 지금 말하지 않겠어요. 7년이 지나면 이후에 알게 될 겁니다. 일주일에 한 번 제 강의에 동행하시면 됩니다. 그렇게 총 7년 정도를 함께 동행하시면 됩니다. 그리고 그러한 동행 이후에 제 서재를 방문해 주십시오."

며칠 뒤, 미란에게 소포가 하나 도착했다. P가 보낸 것이다. 상자를 열어 보니 족히 50개가 넘는 작은 수첩들이 들어 있었다. 전에 받은 지식수첩과 같은 것이었다. 이렇게 P와 미란의 동행은 시작되었다.

미란이 P의 서재를 방문한 것은 오랜 시간 그와의 동행을 통해 받아낸 티켓인지도 모른다. 그리고 오늘 드디어 그의 베이스캠프와 베이직라이프를 엿볼 수 있는 순간이 다가온 것이다.

지식의 목적은 '사람'이다

"혹시 이 서재의 이름이 있나요?"

"그냥 서재입니다. 가족이 그렇게 불러요. 함께 살고 있는 집이 있는데 원래 그곳에도 서재가 있었어요. 아내와 아이들이 그곳을 서재라고 불렀습니다."

"가족이 서재를 인정해 주었군요. 자녀들이 어린 것으로 알고 있는데, 서재를 특별한 곳으로 인정해 주기가 쉽지 않았을 것이라 생각해요. 가족의 지지가 필수군요."

"맞습니다. 만약 집에 거실 외에 방이 단 하나라면 제 아내는 그 방을 서재로 주었을 겁니다. 이 서재는 아내와 가족이 저에게 준 선물입니다."

P는 서재를 드나들 때마다 아내에게 경의를 표한다. 결혼을 하고 세 아이를 키우며 오랜 시간 살아오면서 그를 가장 잘 이해하고 격려해 준 사람이기 때문이다. 강의를 주업으로 하는 사람들은 대부분 그렇지만 기업에 소속된 경우가 아니라면 수입이 불규칙하다. 초창기 P에게도 결코 피할 수 없는 부분이 불규칙한 수입과 경제적 불안함이었다. 그럴 때

마다 아내는 먼저 눈치를 채고 P가 위축되지 않도록 배려해 주었다.

"책값은 아끼지 마세요. 다른 것은 함께 줄여도 되지만, 책은 당신의 전부잖아요. 당신이 책을 사는 것은 우리 가족의 미래를 위해 투자한다고 생각하세요."

서재의 이름은 '서재'이다. 그리고 P가 상징적으로 부르는 이름은 '베이스캠프'이다.

"폴샘, 이 서재에 혹 어떤 콘셉트가 있나요?"

"콘셉트라기보다는 모토가 있습니다."

P는 화이트보드가 있는 방으로 미란을 인도하였다. 커다란 화이트보드 위에 예쁘게 입체글자가 새겨져 있다.

"꼭 필요한 사람에게, 꼭 필요한 시기에, 꼭 필요한 책을 소개해 주는 것입니다."

"매우 인상적인데요."

"미국도서관협회의 초기 모토입니다. 사실은 제가 오래 전 '독서치료' 전문가 과정을 거칠 때 배운 모토입니다. 그때 이후 제 서재의 모토가 되었죠."

"결국 사람을 돕기 위해 이 서재가 존재하는 것이군요."

"이것이 제 서재의 목적이며, 지식의 목적입니다. 바로 '사람' 때문에 지식은 존재합니다."

P는 서재에 담긴 지식의 목적이 철저히 '사람'에게 있음을 단 한 순간

도 잊지 않는다. 어쩌면 그것은 서재뿐 아니라 그가 존재하는 목적이기도 하기 때문이다. 그는 자신의 삶이 존재하는 목적을 '소명'이라고 생각한다. 그의 소명은 '지식선교사'로 소명의 세부 내용으로 그는 항상 세 가지를 말한다.

사람을 살리고, 사람을 키우며, 그리고 교육을 바로 세우는 것!

"한 사람을 살리는 것. 이것만큼 중요한 것은 없습니다. 그런데 한 사람을 가르치고 키우는 것은 1천 명을 살리는 것과 같습니다. 더 나아가 '교육'을 바로 세우는 것은 나라를 살리는 길입니다. 저는 한 명의 학생을 컨설팅하는 일도, 1천 명의 사람들을 앞에 두고 강의하는 일도 함께 합니다. 그런데 이와 더불어 책을 쓰면 수만 명의 사람이 영향을 받을 수 있습니다. 이 모든 것이 바로 제가 지식을 추구하는 목적입니다."

[지식인의 소명과 지식의 목적]

Calling 1st	Calling 2nd	Calling 3rd
Be alive '사람 살림'	Be disciple '사람 키움'	Be Leadership '사람 세움'

이 목적을 잃게 되면 모든 순수한 지식도 '독(毒)'으로 변하게 된다는 것을 P는 자주 강조하였다. P는 태블릿에서 자료 하나를 꺼내 화면에 띄웠다. 수많은 인물의 얼굴이 정리되어 있었다.

"인류역사 천 년을 바꾼 20세기 인물을 정리한 자료입니다. 영향력의 사이즈를 측정하여 나름의 순위를 정한 것이죠. 히스토리채널에서 만든 영상입니다. 저는 10년 전 이 자료를 보고 자료에 등장하는 인물들을 간단하게 한 명씩 자료화하고 분석하였습니다."

지구 역사상 가장 큰 영향력을 끼친 인물이라면 충분히 연구할 가치가 있다. P는 100명의 목록을 자세히 보여주며 각각의 인물이 어느 정도 랭킹에 올랐는지 보여주었다. 미란은 그런 영상 자체가 매우 새로웠

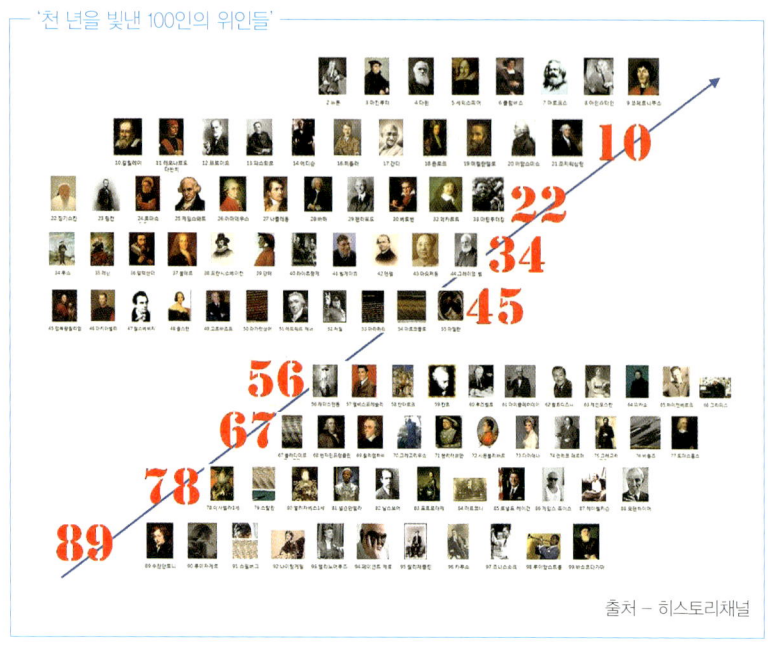

고, 또한 그 영상에 등장하는 인물 100명을 연구했다는 사실도 특별했다. 한참을 보여주다가 P는 목록에서 세 명의 인물에 표시를 하였다. 아돌프 히틀러, 나폴레옹, 마오쩌둥이다.

순위	이름	직업	행적
1	요하네스 구텐베르크	발명가	1400-1468. 활판 인쇄술의 발명으로 인류 문명의 획을 그음
2	아이작 뉴턴	과학자	1642-1727. 근대과학 창시. 수학 물리학 아버지. 만유인력.
3	마틴 루터	신부	1483-1546. 종교 개혁자
4	찰스 다윈	과학자	1809-1882. 자연과 동물을 관찰-자연환경에 따른 진화론 가설
5	윌리엄 셰익스피어	작가	1564-1616. 배우, 작가, 시인. 햄릿. 베니스의 상인.
6	크리스토퍼 콜럼버스	탐험가	1451-1506. 아메리카 대륙 발견.
7	칼 마르크스	공산주의자	1818-1883. 공산주의 아버지.
8	알베르트 아인슈타인	과학자	1879-1955. 원자력의 아버지. 상대성 이론
9	니콜라우스 코페르니쿠스	교회행정관	1473-1543. 행정관의 일을 마치고 저녁에 연구. 태양계 이론

10	갈릴레오 갈릴레이	과학자	1564-1642. 거만할 정도로 자신감. 망원경 발명 하늘 관찰
11	레오나르도 다빈치	과학자	1452-1519. 다양한 호기심으로 발명. 모나리자. 최후의 만찬
12	지그문트 프로이트	심리학자	1856-1939. 꿈과 무의식 속에서 인간을 치료하는 방법 발견
13	루이스 파스퇴르	과학자	1822-1895. 효모와 박테리아 연구의 선구자. 백신 발견
14	토머스 에디슨	발명가	1847-1931. 더 이상 발명할 물건이 없다고 특허청 폐지 주장.
15	토머스 제퍼슨	철학자	1743-1826. 교육자, 철학자, 건축가, 발명가.
16	아돌프 히틀러	정치인	1889-1945. 인종 우월주의. 빈민굴 출신. 2차 세계대전. 웅변가
17	마하트마 간디	시민운동가	1869-1948. 무저항 비폭력 불복종운동 운동. 변호사. 조국의 독립
18	존 로크	사상가	1632-1704. 제헌 민주주의의 기틀 마련.
19	미켈란젤로	예술가	1475-1564. 25세 '피에타', 29세 '다비드상', 4년 천장 '천지창조'
20	애덤 스미스	경제학자	1723-1790. 스코틀랜드의 경제학자. 돈의 개념을 가르침.
21	조지 워싱턴	미국 대통령	1732-1799. 미국의 초대 대통령. 스스로 물러날 줄 아는 지도자
22	칭기즈칸	몽고 황제	1162-1227. "최고의 기쁨은 적을 정복하는 것이다" 대제국건설
23	에이브러햄 링컨	미국 대통령	1809-1865. 학교 1년. 독학으로 법공부. 노예해방. 게티스버그연설
24	토마스 아퀴나스	철학가. 신학자	1225-1274. 중세 신학의 대가. 논리적 사고와 신앙의 공존 증명
25	제임스 와트	발명가. 기술자	산업혁명의 아버지. 제조업의 활성화. 증기기관의 발명
26	볼프강 아마데우스	작곡가	1756-1791. 천재적인 음악가. 3세부터 연주. 6세부터 작곡.
27	나폴레옹	혁명가	1769-1821. 프랑스 대제국을 건설. 위대한 독서가. 야심가.
28	요한 제바스티안 바흐	작곡가	1685-1750. 독학. 평생 800곡 작곡. 200년 뒤에 인정받기 시작
29	헨리 포드	엔지니어	1863-1947. 자동차 제작. 산업 혁명의 주인공. 자동생산 라인
30	루드비히 반 베토벤	음악가	1770-1827. 아버지의 학대. 청력상실의 고통을 음악으로 극복
31	왓슨과 크릭	과학자	1928-현재/1916-현재. DNA의 발견 노벨상 수상. 유전공학

32	데카르트	사상가	1596–1650. 근대철학의 아버지. "나는 생각한다, 고로 존재한다"
33	마틴 루터 킹	목사	1929–1968. 미국 흑인 인권운동의 상징. 비폭력 운동 주도
34	장자크 루소	사상가	1712–1778. 타락한 인간성의 회복, 사회계약, 민주주의 선포
35	블라디미르 레닌	정치인	1870–1924. 러시아의 혁명. 공산주의 사상을 수립.
36	알렉산더 플레밍	과학자	1881–1955. 페니실린의 발견. 치명적인 병원균을 박멸시킴
37	볼테르	사상가	1694–1778. 프랑스의 위대한 계몽 사상가, 연설과 풍자로 개혁
38	프란시스 베이컨	철학자	1561–1626. 철학자, 정치가 및 근대 과학의 선구자. 경험주의
39	단테	작가	1265–1321. '신곡'을 대중의 언어로 작품을 만들어냄.
40	라이트형제	발명가	1867–1912/ 1871–1948. 자전거상 운영. 프로펠러 비행기 36미터
41	빌게이츠	프로그래머	1955–현재. 전 세계 90퍼센트를 장악한 컴퓨터의 황제
42	멘델	수도사	1822–1884. 유전의 법칙을 발견한 오스트리아의 수도사
43	마오쩌둥	중국 주석	1893–1976. 중국 공산 혁명의 지도자
44	알렉산더 그레이엄 벨	발명가	1847–1922. 전화기를 발명
45	윌리엄	정복자	1028–1087. 잉글랜드를 정복한 최초의 외국인. 잉글랜드 제국
46	마키아벨리	저술가	1469–1527. 정치와 권력에 대한 이론을 세움
47	찰스 베비지	프로그래머	1792–1871. 컴퓨터의 아버지, 컴퓨터를 최초로 설계함.
48	울스턴 크래프트	여성운동가	1759–1797. 여성들의 권리 옹호, 여성 해방, 법률을 제정
49	고르바초프	소련 대통령	1931–현재. 소련 개방정책, 냉전체제를 끝냄.
50	마거릿 생어	간호사	1879–1866. 뉴욕 빈민가에서 간호사로 활동, 성교육의 실천
51	에드워드 제너	의학 연구가	1749–1823. 천연두의 예방법을 발견. 1977년 천연두 사라짐
52	윈스턴 처칠	영국 수상	1874–1965. 신념을 심어준 정치인. 세계대전 국민에게 용기 심음.
53	마리 퀴리	과학자	1867–1934. 남편과 함께 방사선 원소 발견. 방사선 치료의 길.
54	마르코 폴로	상인	1254–1324. 동양의 문물과 지식을 서양에 처음 전파함.

55	마젤란	탐험가	1480-1521. 최초의 세계일주를 달성함. 지구가 둥글다를 확인
56	캐디 스텐턴	여성운동가	1815-1902. 미국 최초의 여성 운동. 여성의 독립 선언을 주도
57	엘비스 프레슬리	가수	1935-1977. 대중의 문화에 새로운 패러다임을 선사. 로캔롤
58	잔다르크	혁명가	1412-1431. 10대. 영국과의 전쟁에서 프랑스를 지켜냄
59	임마뉴엘 칸트	독일 철학자	1724-1804. 인간의 이성이 옳고 그름을 판단할 수 있다는 철학
60	루즈벨트	미국 대통령	39세 소아마비. 경제공황과 전쟁위기 넘김. 4번이나 대통령 연임.
61	마이클 패러데이	발명가	1791-1867. 전기, 발전기, 전동기 등의 전기 시대 열었음.
62	월트 디즈니	만화가	1901-1966. 사람들의 가슴에 만화를 통해 꿈과 행복을 심어줌.
63	제인 오스틴	영국 작가	1775-1817. 책을 통해, 인간 내면에 대한 깊은 통찰력을 보여줌.
64	파블로 피카소	화가, 예술가	1881-1973. 고정관념을 허물고 새로운 관점을 일깨워줌.
65	베르너 하이젠베르크	물리학자	1901-1976. 양자역학과 불확정성의 발견. 에너지작용 원리 발견
66	그리피스	작가, 연출가	1875-1948. 장편 영화의 시대를 열었다.
67	블라디미르 주보르킨	엔지니어	1880-1982. 텔레비전의 상품화에 기여.
68	벤저민 프랭클린	발명가외교관	1706-1790. 미국 독립선언서의 초안 작성.
69	윌리엄 하비	의학연구가	1578-1657. 심장과 혈액순환의 관계 규명. 현대 생리학의 근간
70	그레고리우스 7세	교황	1020-1085. 정치와 종교를 분리시킴. 교회의 부패를 척결.
71	해리엇 터브먼	시민 운동가	1820-1913. 미국 남부에서 노예와 흑인을 탈출시키는 운동.
72	시몬 볼리바르	정치가	1783-1830. 자유전도사. 남미에서 스페인 군대를 몰아냄.
73	다이애나 스펜서	영국 찰스 왕세자비	1961-1907. 에이즈환자, 어린이, 약자 배려. 지뢰 반대운동
74	엔리코 페르미	과학자	1901-1954. 방사선의 아버지. 원자력의 아버지.
75	그레고리 핀커스	의사	1903-1967. 피임약의 아버지. 세계 인구를 낮추는 데에 일조.
76	비틀즈	가수	문화 혁명가들. 반항적인 청년 문화의 통로가 됨.
77	토마스 홉스	영국 철학자	1588-1679. 정부에 대한 국민의 권리. 법치주의 선언.

78	이사벨라 1세	스페인 여왕	1451–1504. 새로운 탐험의 시대를 열게 하였음.
79	요셉 스탈린	소련 지도자	1879–1953. 세계대전 이후 45년간의 냉전체제 구축
80	엘리자베스 1세	영국 여왕	1533–1603. 영국의 최고의 제국 건설.
81	넬슨 만델라	남아공대통령	1918–현재. 인종정책에 저항. 흑인 인권 위해 구속.
82	닐스 보어	물리학자	1885–1962. 원자의 비밀을 밝혀냄. 세계적인 평화운동에 참여
83	표트르 대제	러시아 황제	1672–1725. 러시아의 근대화. 유럽의 학문을 러시아로 받아들임
84	굴리엘모 마르코니	발명가	1874–1937. 무선 전신기를 발명. 전화기와 라디오 발명에 도움
85	로널드 레이건	미국 대통령	1911–2004. 독일의 동서의 냉전장벽을 무너뜨리는 데에 노력.
86	제임스 조이스	문학가	1882–1941. 현대문학의 혁명가. 대담한 표현과 의식의 흐름.
87	레이첼 카슨	생물학자	1907–1964. 환경에 대한 경고. 살충제 사용을 제한시킴.
88	로버트 오펜하이머	과학자	1904–1967. 원자탄의 아버지. 자신의 발명을 후회함.
89	수잔 안토니	여성운동가	1820–1906. 미국 여성의 투표권을 위해 헌신. 여성 평등권.
90	루이 다게르	카메라기술자	1787–1851. 새로운 사진술을 개발하여 사실적인 화면 담기.
91	스티븐 스필버그	영화 감독	1947–현재. 전인류적인 차원의 이야기. 감동을 전달함.
92	나이팅게일	간호사	1820–1910. 크림전쟁에 참여 부상당한 병사 살림. 병원 세움.
93	엘리노어 루즈벨트	퍼스트레이디	1884–1962 박해받는 사람들을 대변해줌. 소아마비 남편 도움.
94	페이션트 제로	아프리카 인	에이즈 최초 환자. 에이즈가 인간에게 전염될 수 있음을 보여줌.
95	찰리 채플린	영화배우	1889–1977. 80여 개의 무성영화. 약자들에게 웃음과 희망의 선사
96	엔리코 카루소	성악가	1873–1921. 최초로 자신의 음악을 녹음한 음악가.
97	조나스 소크	의학 연구가	1914–1995. 소아마비 백신 발견
98	루이 암스트롱	재즈 연주가	1902–1971. 전세계 재즈 전파. 인종의 벽 허물기.
99	바스코 다가마	탐험가	1460–1524. 아시아를 찾아 떠났지만, 아프리카 희망봉 발견.
100	술레이만 대제	이슬람 군주	1494–1566. 이슬람 예술과 과학의 중흥기 마련

"여기에 등장하는 인물 대다수의 공통점이 무엇인지 아세요?"

"세계적으로 알려진 인물들이죠. 위인이라고 말하기는 어려울 것 같아요."

"물론 그렇죠. 표시한 세 명을 봐도 위인이라고 하기는 어렵습니다. 나폴레옹, 마오쩌둥, 히틀러는 위대한 독서가들이었습니다. 나폴레옹과 마오쩌둥은 전쟁터에서도 책을 읽을 정도였지요. 나폴레옹은 52년 동안 8천 권의 책을 읽었어요. 마오쩌둥이 소장하고 있던 책에는 동그라미와 밑줄, 그리고 자신의 감상평이 빼곡히 적혀 있었습니다. 그는 고전, 문학, 역사, 철학 등을 넘나들며 책과 신문, 잡지 등을 가리지 않고 읽었습니다. 히틀러 역시 전쟁 중에도 매일 밤 한 권 이상의 책을 읽지 않고는 잠자리에 들지 않는 사람이었어요. 중학교 중퇴자인 히틀러는 과도한 독서로 자신의 지적 불안을 억누르고 살았다 합니다. 히틀러의 서재에는 1만 6천여 권의 책이 있었습니다."

P의 표정이 매우 진지하였다. 어쩌면 이 서재의 존재 목적을 설명하고 싶었는지 모른다. 독서 그 자체가 모든 것을 완성시키는 것은 아니다. 독서를 통해 어떤 생각을 하고, 무엇을 낳느냐가 중요하다는 것이다. P가 보여준 인물의 영향력 랭킹에는 마하트마 간디(17위)보다 히틀러(16위)가 더 높은 랭킹을 차지하고 있다.

"책을 읽지 않는 사람들에게는 책을 읽는 것을 강조하고, 책을 읽는 사람들에게 어떤 책을 읽느냐가 중요하며, 책을 잘 선별하여 읽는 사람들에게는 책을 통해 얻은 지식을 어디에 사용하느냐가 중요합니다. 그런 의미에서 책을 읽는 목적, 지식의 목적이 선하고 아름다워야 합니다."

"이것이 바로 이 서재의 존재 목적이군요. 명심하겠습니다."

"저의 이런 생각을 더욱 명확하게 정리해 줄만한 책이 있어요. 이 코너는 독서와 관련된 곳입니다. 바로『독서독인』이라는 책입니다. 이 책에는 독서가 어떤 사람들에게는 독(毒)이 될 수도 있다는 경고를 담아내고 있어요."

— 북 코너 – 독서법 —

지식을 통해 사람을 살린다는 그의 표현에 미란은 전적으로 동의하였다. 더군다나 P의 강연 중에는 그러한 진심이 언제나 보이기 때문이었다. 의도하지 않아도 자연스럽게 흘러나온다. 그 중에서도 미란이 평생 잊을 수 없을 것 같은 강의가 있다.

사랑하면 깊어진다

P와 함께 했던 오랜 시간 동안 미란은 수많은 강의를 경험하였다. 그런 그녀에게 그와 함께 한 마지막 강의는 평생 잊을 수 없는 순간이었다.

갑작스럽게 잡힌 강연, 사실은 강연이 아니라 집단 컨설팅에 가까웠다. 흔하지는 않지만 '학교컨설팅'이라는 비즈니스의 경우, 한 학교 한 학년의 1년 전체의 진로나 학습 전체를 기획하고 컨설팅한다. 고등학교 1학년 때는 진로가 핵심 콘텐츠이고, 1년간 노력한 뒤 학년을 마무리하는 연말에는 '인생로드맵'을 발표하는 퍼포먼스를 가진다.

그런데 어느 가을, ○○학교에서 급하게 연락이 왔다. 1학년의 인생로드맵 진행 속도가 많이 늦어지고 있다는 것이었다. 사태의 심각성을 깨달은 P는 급히 오후에 학교로 향했다. 일반적인 순서로 보면, 400명 정도를 컨설팅하고 그 중에서 핵심 그룹 60명 정도를 선별해 스페셜 컨설팅으로 진행한다. 그리고 그 60명이 주로 발표를 주도하는 구조이다. 강당에 들어선 P는 빠른 속도로 현재의 상태부터 파악했다.

"로드맵을 혹시 완성한 사람 손 들어보세요. 로드맵을 완성 중인 사람도 손 들어보세요. 그리고 로드맵의 설계까지 마친 사람 손 들어보세요. 그렇다면 로드맵에 손도 못 댄 학생 손들어 볼까요. 혹시 아직도 자신의 진로와 꿈에 대해 확신이 없는 학생 손 들어주세요."

사태가 심각하였다. 생각보다 많은 학생이 아직도 제자리걸음을 하고 있었다. 다양한 프로그램을 이미 거쳤지만, 상당수의 학생이 자신의 흥미, 재능, 적성 등에 대한 확신이 부족했고, 그러다 보니 그 다음 단계로의 진행이 안 되고 막혀 있는 상황이었다. 마음이 무거웠다. 주어진 시간은 두 시간. 이미 20분을 사용하였다. 매우 짧은 순간 P는 의사결정을 해야 했다. 400명을 모두 살피기는 어렵다. 그렇다고 일방적인 강의를 하고 갈 수는 없었다. 그렇게 되면 분명 많은 학생이 원래의 상태로 머무르게 될 것이다. 길지 않은 시간, P는 이를 악물었다. 잠깐 옆에 서 있던 부장교사와 대화를 나누고 다시 마이크를 잡았다.

"오늘 이 강당에 있는 모든 학생은 단 한 명도 '비어있는 로드맵'을 들고 문을 나설 수 없습니다. 최소한 로드맵의 설계까지 모두 마쳐야 저녁식사를 할 수 있습니다. 부장 선생님께도 동의를 구했습니다. 그러기 위해 지금부터 제가 400명을 통제하겠습니다. 저를 믿고 따라와 주십시오."

그 이후, 강당에는 상상할 수 없는 일이 벌어졌다. 400명을 진로상황과 성숙도에 따라 구분 짓고 공간마다 그룹을 배치하기 시작했다.

"로드맵을 거의 완성한 학생들은 오른쪽 뒤에 모여주세요. 이 학생들은 저의 조언 없이 스스로 내용을 완성합니다. 완성이 다 된 학생들은 들고 나와서 저에게 검토를 받아, 오케이 사인이 나야 합니다. 그리고 진로탐색을 위한 기본적인 검사와 활동을 통해 자신의 흥미, 재능, 적성, 직업가치 등을 진지하게 확인하지 않은 친구들은 오른쪽 중간으로 모여주세요. 미란 선생이 복사해 준 네 가지 검사를 지금 바로 진행하겠습니다. 검사가 완료되면 그 검사결과를 통합하여 직업비전과 연결시키는 매칭작업을 간단히 소개할 겁니다.

지금 로드맵을 쓰고 있는 과정에 있는 친구들은 작업에 몰두해 주세요. 만약 로드맵을 작성하는 과정에서 객관적인 정보가 부족해 막히는 친구들은 앞에 있는 제 노트북을 열어 정보를 확인합니다. 확인하는 방법은 세 가지입니다. 하나는 열려진 폴더 중에 '인생로드맵 샘플'폴더에 들어가 자신의 꿈과 비슷한 꿈을 가진 선배들의 로드맵 샘플을 보고 정보를 얻는 방법입니다. 또 한 가지는 열려진 사이트에 가서 200개의 직업영상 중에 자신의 꿈에 해당하는 영상을 보는 방법입니다. 또 한 가지 방법은 선생님이 열어둔 직업사전 파일을 열어서 검색창에 직업명 키워드를 치면 해당 페이지를 안내할 겁니다. 노트북을 볼 수 있는 시간은 한 사람당 2분으로 제한합니다. 오늘 모두 완성할 수는 없으니 최소한 정보를 만나고 자신의 로드맵을 채워가는 흐름을 익히는 정도에 목표를 두세요.

그리고 또 한 그룹이 있죠. 진로에 대한 확신이 부족한 학생들 중에 고민이 심각한 학생들. 이 학생들이 가장 어려운 대상인데요. 이 학생들은 강단 앞에 모두 모여주세요. 제가 집단으로 컨설팅을 시작하겠습니다."

이런 방식으로 400명 중에 단 한 명도 자신이 어디로 가야 할지 모르는 상태로 시간을 보내지 않도록 공간 배치를 하였다. 강단 앞에는 질문을 위해 줄을 서 있는 학생들이 있고, 또 한쪽에는 진로 결정을 위한 고민분석을 위해 학생들이 모였으며, 오른쪽에는 검사지를 받아들고 재검사를 하고 있었다. 이미 검사를 받은 학생들 중에 그 해석이 어렵거나 받아들이기 어려운 친구들도 별도로 한 그룹으로 모여 앉았다. P는 그룹을 옮겨 다니며 강의 및 질문, 답변의 시간을 가졌다. 그룹을 옮겨 다니면서 5분 정도를 넘지 않게 미니 강의를 하고, 학생 각자가 어떻게 그 다음 단계로 넘어가야 하는지를 조언해 주었다. 가장 어려운 대상은 역시 확신을 갖지 못하고 고민을 하고 있는 집단이었다.

"제 꿈이 있는데 부모님과 의견이 충돌하고 있어요."

"꿈을 이룰 수 있는 대학에 가고 싶은데, 성적이 잘 나오는 과목과 계열이 안 맞아요."

"지금 가진 이 꿈은 너무 좁은 길인데, 어떻게 해야 할지 모르겠어요. 좋아하는 일을 포기하고, 절충안을 찾아야 하는지, 이것이 내 꿈에 대한 최선의 선택인지 자꾸 슬퍼지고 고민이 돼요."

동시에 400명을 상대하는 P의 입장과 상관없이 학생 한 명 한 명은 진심으로 자신의 고민을 이야기하고 있었다. P에게는 400명 중의 한 명일 수 있지만, 학생 각자에게는 앞에 있는 사람이 자신을 도와주는 한 사람인 것이다. 열 명 정도의 고민을 순서대로 듣고 있던 P는 그러한 방식으로는 시간 안에 고민을 해결할 수 없다는 판단이 들어 새로운 결정을 내렸다. 최대한 마음을 다해 고민을 듣고, 고민을 들으면서 그 속에 담긴 핵심을 찾아보고, 고민의 핵심들이 어떤 기준으로 묶일 수 있겠다는 판단이 들었기 때문이다.

"좋습니다. 이렇게 합시다. 여러분의 이야기를 듣고, 선생님이 나름의 몇 가지 기준을 찾았어요. 그 기준에 따라 그룹을 세분화해 보겠습니다. 여러 개의 꿈 때문에 선택이 고민인 그룹, 부모님과 의견 충돌로 고민하는 그룹, 원대한 꿈과 성적의 격차로 고민하는 그룹, 그리고 계열에 대한 고민 등 과목 및 수업과 직업의 계열이 맞지 않아 고민하는 그룹, 그리고 이 네 가지에 모두 해당하지 않는 학생은 별도로 하나의 그룹으로 모여주세요."

각각의 고민에 답변할 수 있는 시간이 부족함을 깨달았기에, 네 가지 정도의 핵심 고민으로 구분 짓고 그 대표적 고민에 대해 실마리를 주고, 그래도 해결 안 되는 학생들은 개인적으로 만남을 가졌다.

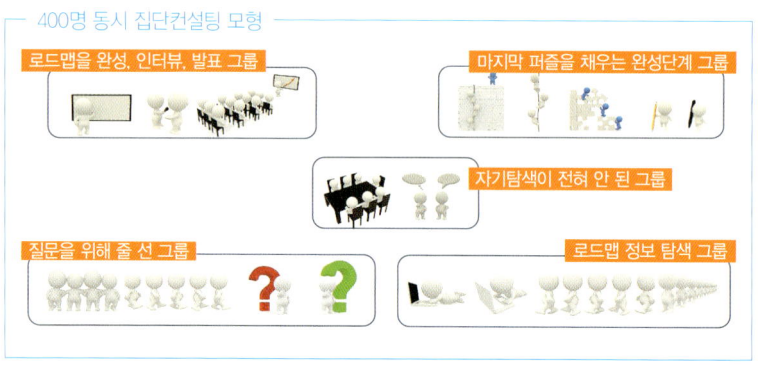

순식간에 강당은 마치 활기 가득한 전통시장처럼 꿈틀거렸다. 잠을 자는 학생은 없었다. 조용한 분위기는 아니지만, 그렇다고 떠드는 분위기도 아니었다. 모두가 집중하려 노력하였다.

그렇게 두 시간이 흘렀다. P의 열정과 진심을 학생들은 느낄 수 있었다. 오늘과 같은 모습을 이후에도 가진다면 얼마나 좋을까. P는 클로징 멘트를 하였다.

"여러분, 이 느낌으로 로드맵을 완성해 보세요. 오늘 시간이 부족했죠. 메일로 더 물어보고 요청하세요. 정성껏 답변해 주겠습니다. 필요하면 샘플이든 정보든 자료든 뭐든 주겠습니다. 그리고 담임선생님들과 상의하여 이 중에서 60명 정도를 선발하여 1개월 뒤에 스페셜 컨설팅을 하러 오겠습니다. 여기 있는 모든 학생이 가능하니 최선을 다해 노력해 보세요."

이렇게 또 하나의 특별한 강의가 마무리되었다. 자그마치 400명을 두 시간 동안 동시에 컨설팅을 하는 경우가 어디에 있을까. 그냥 형식적으로 강의를 하고 서울로 올라가도 될 일이었다. 그런데 P는 오늘 400명의 학생을 한 명처럼 대했다. 이 상태로 학생들이 고1 겨울방학을 맞이하게 할 수 없다는 절박감을 느꼈던 것이리라. 그래서 용기 있게 집단컨설팅이라는 초유의 강연을 한 것이다. 그는 그저 가슴이 시키는 대로 순종하였다.

그런데 마지막 클로징 멘트를 하고 마이크를 내려놓으려는 순간 한 학생이 소리를 질렀다. 큰 소리는 아니었는데 너무나 또렷하게 들렸다.

"선생님! 저희 다 해주시면 안 될까요!"

스페셜 컨설팅을 자신들도 해달라는 이야기이다. P는 그냥 농담으로 알고 웃고 지나가려 하였다. 그런데 그 순간 다른 곳에서 또 소리를 질렀다.

"저희 모두 해주세요!"

"그냥 오늘처럼 전체 해주시면 안 되나요?"

"선생님! 그렇게 해주세요!"

"선생님!"

P의 눈에 그들의 얼굴이 또렷이 보였다. 스페셜 컨설팅에 누가 뽑힐지 알 수 없지만, 이미 각 반마다 뽑힐 친구는 결정되어 있는 것 아니냐는 표정이었다. 자신들 모두 소중하고, 정말 최선을 다하고 싶다고 항변

하는 것 같았다. 그는 순간 가슴이 먹먹해졌다. 강당을 가득 채운 400명이 단 한 명처럼 눈에 들어왔다. 영화도 아니고 드라마도 아닌데, 이런 장면이 현장에서 연출된 것이다. 미란은 이 장면을 평생 잊지 못할 것이라고 스스로 생각했다. 교육만큼은 절대로 차별하지 않고 필요한 모든 이에게 공평하게 주겠다고 다짐하는 순간이었다. P는 입을 열었다.

"다음 달 스페셜 컨설팅은……, 이 자리에서 여러분 모두와 함께 하겠습니다. 여러분! 여러분 스스로의 용기와 자신의 인생에 대한 열정에 박수를 보냅시다. 그리고 저를 위해서도 박수를 주십시오. 우린 모두 박수 받을 자격이 있습니다!"

한 사람을 살리는 지식체계

"폴샘, 그 마지막 강의를 잊을 수가 없어요. 이 서재에서 그런 강의를 준비하시는 건가요?"

"아닙니다. 상당수 강의는 현장의 3P법칙(Place, Person, Purpose)에 따라 변형되어 진행하는 경우가 많습니다. 미란 선생이 현장에서 본 모습 그대로 제가 이곳 서재에서 그대로 시뮬레이션한다고 생각하지는 마십시오."

P는 완벽에 가깝게 강의를 준비하지만, 현장의 상황에 따라 그는 강의를 변형한다. 그렇다고 사전준비를 대충하는 일은 없다. 그의 서재에는 강의 전에 그 강의를 리허설하는 세팅이 갖추어져 있다. 강의보면대가 미디어룸에 세워져 있고, 태블릿을 들고 강의를 연습하면 그 태블릿 내용이 모니터에 동시에 시연되는 방식으로 연습을 한다. 대형 모니터가 삼성LED이기 때문에 삼성갤럭시노트8.0을 주로 사용하고, 동글

서재의 강의 시뮬레이션 세팅

촬영 및 편집용 맥북 시스템 / 모니터링용 60인치 대형화면

(Cast)수신기를 사용하여 자유롭게 동시 시연을 활용한다. P는 미란에게 미디어룸의 강의리허설 도구들을 가리키며 하나씩 설명을 해주었다.

"이런 철저한 준비가 서재에서 이뤄지나 봅니다. 가수들의 연습실과도 유사하네요."

"맞습니다. 지식전달자들은 누구보다도 더 많은 반복연습과 시뮬레이션을 해야 합니다. 제가 현장에서 짧은 시간 동안 상황에 대처하고 강의구성을 변형할 수 있었던 것은 오히려 철저한 원칙과 준비가 사전에 있었기에 가능했던 것입니다."

"그래서 무대 위의 모습, 화려한 조명 아래서 멋있게 청중을 압도하는 그 모습, 그 언변을 표면적으로 따라하는 것을 경계하셨군요."

"이제 명확해지셨나요. 서재를 보여주어야 가능한 내용이었습니다. 하지만 이것은 형식에 불과합니다. 현장을 변화시키는 것은 '내용'입니다. 이쪽으로 와 보실래요."

이론 분야와 실전 분야를 아우르며 다양한 진로 분야 도서가 구비되어 있다. 책장 하나 그러니까 15칸짜리 가장 큰 책장 하나가 전부 진로 분

── 북 코너 – 진로 ──

야 책이다. 한 칸에 20권의 책이 꽂힌 것을 보니 하나의 책장에는 300권의 책이 있는 셈이다. 참고로 이 서재에는 모두 같은 종류의 책장이 있고 그 책장의 개수는 50개이다. 책장의 수를 그대로 책의 수로 바꾸면 15,000여 권의 책이 있는 셈이다. 미란은 더 이상 계산을 하지 않았다. 그가 책을 본격적으로 읽은 20세부터 현재의 나이를 계산하여 1년 단위로 읽었을 책을 계산하니 숫자로는 답이 나왔지만 상식적으로는 도저히 이해가 되지 않는다. 이 부분은 며칠 뒤 방문 때 궁금증을 해결할 것으로 살며시 미뤄놓았다.

"이것이 전부는 아닙니다. 바로 옆 책장을 볼까요. 청소년의 진로를 연구하는 과정에서 제가 참고했던 모든 도구들입니다."

진로와 관련된 대한민국의 거의 모든 자료를 다 가지고 있다고 해도 과언이 아니다. 책과 논문, 도구, 게임, 프로그램, 영상까지 이 서재에서는 작은 부분이지만, 진로 분야의 전부가 갖춰진 곳이다. P는 미란을 다시 미디어룸으로 안내했다.

"서재의 모든 책은 이곳 미디어룸으로 집결되고 있습니다. 마치 도서관처럼 책을 관리하고, 책을 통해 얻은 지식체계를 관리하는 곳이죠."

"책장 하나가 진로 분야의 책으로 가득하고, 다른 책장 하나가 각종

진로도구 모음
- 직업카드
- 직업보드게임
- 직업소개 자료
- 직업논문집(바인더)

진로도구로 채워졌다면, 산술적으로 이 서재는 진로 이외의 분야가 24개 정도 더 있다는 것인가요?"

"그렇지는 않습니다."

"분야가 그렇게 많지는 않다는 얘기인가요?"

"아닙니다. 진로, 인문학처럼 매우 본질적인 분야는 책장 2개 정도가 필요하지만, 다양한 스킬을 요구하는 책들과 학습에 관련된 책들은 책장 하나를 채울 정도로 양서가 많지는 않습니다. 참고로 이 서재는 책이 분야별로 세팅되어 있는 것이 전부는 아닙니다. 이 부분은 서재의 분야 및 장르구성에서 다시 자세히 다루도록 하죠."

"진로 분야 강의 준비에 이 정도의 독서와 연구가 있었기에 400명에 대한 집단컨설팅이 가능하셨던 거군요."

"가능할 수도 있고 그렇지 않을 수도 있습니다. 폭(Width)을 넓히는 독서는 그 지식을 활용하는 과정에 있어서 체계적인 접근의 한계를 가질 수 있습니다. 깊이(Depth)의 독서가 더해져야만 그 정도 컨설팅이 가능합니다."

"폭을 넓히는 독서에 깊이의 독서를 더한다는 것이군요. 어떻게 깊이의 독서를 할 수 있죠?"

폭(Width)의 독서, 깊이(Depth)의 독서

진로에 관한 다양한 분야의 책을 읽고, 진로도구들을 익히는 것은 '폭'을 넓히는 독서이다. 하지만 단 한 권의 책을 읽으면서 주제에 대한 체계와 단계 등을 이해하고 정리할 수 있다면 이는 '깊은' 독서이다.

"책은 종류에 따라 활용의 차이가 있습니다. 물론 이는 독자에 따른 주관적 분류입니다. 왠지 빨리 읽혀지는 책이 있습니다. 한편 매우 천천히 읽혀지는 책도 있습니다. 읽은 뒤에 아무것도 건질 게 없는 책도 있습니다. 어떤 책은 책 전체가 자료로 만들기에 최적인 책도 있습니다. 이처럼 너무나 다양한 기준이 생겨나고 그에 따른 분류가 생깁니다."

"그 기준을 어떻게 알 수 있을까요?"

"절대시간이 필요합니다. 일정 시간, 일정 양의 독서를 통해 체득하는 것입니다. 그러나 만약 제 설명을 듣고 나름의 기준을 터득한다면 시간을 줄일 수도 있겠죠."

"책을 구분해서 정해 주는 것은 아니겠죠?"

"당연합니다. 판단은 자신의 몫입니다. 저는 제 기준을 소개해 줄 뿐입니다."

P가 생각하는 지식세대의 '깊은 독서'는 매우 심플한 기준이다. 인문학 분야의 책처럼 사고의 깊이를 말하는 것이 아니라, 실용적인 차원에서 활용도가 높은 책을 말한다. 책 한 권을 분석하여 그 전체를 자료화하여 활용 가능한 상태로 최적화하는 것을 말한다. 한 권을 가볍게 읽어

― 도서의 자료체계 ―

모듈	챕터	제목	핵심이슈	포트폴리오 시트	줄거리 목차	핵심스토리	진로메시지	고민편지	학생사례	직업인
1 진로인식	01	북극성을 찾아라	목표유형 구분	목표진단서 다짐 글 현재북극성 진로에세이 목표문제해석보고서	북극성을 찾아라/ 하이라라트 클릭/ 속도보다 중요한 것은 방향이다	진로 동아리가 구성되는 과정 과 캐릭터 소개	"진로는 항해다" "속도보다 중요한 것 은 방향이다"	"꿈에 관심이 없어요" (목표)	시트사례 에세이 (목표)	광고 전문가
	02	공부하는 이유	진로와 공부	꿈의 이유와 다짐 글 나의 보물찾기여행	미래 없는 공부영웅들/ 공부기 대확신도/ 보물찾기여행	진로와 공부를 연결시키는 설 득의 고민 나눔	"공부가 미래다" "이유를 알 때까지 공부한다"	"이유를 모르겠어요" (공부)	시트사례 에세이 (공부)	외환 딜러
	03	제대로 가고 있나	진로과정 분석	5단계 진로단계 위치 현재단계의 노력다짐 아름다운 진로 에세이	퍼지 못한 날개/ 뛰어버린 장애 물/ 내가 만든 함께/ 똑같이 가다/ 반복하거나 체크포인트	진로의 일반적인 실패방식과 교성공방식	"고민총합 법칙" "아름다운 진로"	"그냥 열심히 하면 되죠" (과정)	시트사례 에세이 (과정)	대학 교수
	04	너의 꿈을 믿니?	진로	나의 모습	그냥 꿈, 직업, 꿈/창의적 체험의 연속/ 가장 위대한 멘토만남/ 진로를 밝히는 경험파워	학생 마다의 익 연한 환상을 냄 정하게 짚음	"진로는 직업이다" "진로는 체험이다" "진로는 함께다"	"직업 고민 왜 해요"	시트사례 에세이 (확신)	학교 교사
2 존재발견	05	나	진로정체 분석	5단계 진로단계 위치 현재단계의 노력다짐 아름다운 진로 에세이	어느 기쁜 실/ 심상이 믿는 진로/ 패션과 성취의 역사/ 나/ 진로를 밝히는 눈	조이사이의 결 촉발된 정서 론과 해결과정	"실패가 진로다" "현재는 과거의 결과 일거예요"	"저는 잘 안 될거예요" (긍정)	시트사례 에세이 (긍정)	특수 학교 교사
	06	나의 꿈을 믿니?	진로 성숙도	진로정체성평가서 진로준비도평가서 가족일치도평가서	그냥 꿈/ 꿈의 사람들/ 계획 의 연속/ 단지 다를 뿐이 진로를 밝	비교의식과 경 쟁에서 오는 자 존감상실, 치유	"다를 뿐이다" "사소한 차이" "나는 소중하다"	"친구 보다 못해요" (인정)	시트사례 에세이 (인정)	판사
	07	인생 롤러 코스터	진로정체 감	인생그래프에세이 인생테마에세이 나의 긍정보고서	나 때문에 우는 사람/ 임계점 그래프/ 실력보여자 한다/ 를 보는 새로/ 나를 빼대가 진로에서 나오다	반복된 실패의 아픔을 넘어서 는 힘 발견	"실패는 다른 방법을 여는 과정" "진로성공일기"	"잘 하는게 없어요" (성취)	시트사례 에세이 (성취)	교정직 공무원
	08	나는 특별하다	진로자존 감	자존감체크리스트 비교복의 에세이	자존감 넘 과 목적의 줄넘	진로의 힘과 존 재발견의 증간 점을 찾기	"되고 싶은 게 없어요" (진로)	시트사례 에세이 (진로)	외교관
3 강점발견	09	시도하는 다움다음	진로효능 감	효능감검사와 해석 자신감 사다리, 바뀌 나 인생의 상황맥락	독봉감과 직업 가능성에 대한 오해에서 출발	"강하다 약하다" "진로의 출발"	"같은 걸 잘 하고 싶어요" (감정)	시트사례 에세이 (감정)	의사
	10	나의 진로 가요서	진로에세 이	나의 진로 가요서 첨삭기준과 수정안	3인의 인 영절이 스카우터의 엄마가 보기에는 어때/ 에세이의 집을	잘하는 것이 없어도 진로의 영 대한 힘을	"누구나 한 가지." "재능을 보는 눈 을 길러봐"	"도무지 재미가 없어요" (흥미)	시트사례 에세이 (흥미)	요리사
	11	일과 직업	진로에세 이	나의 진로 가요서 나의 진로에세이 첨삭기준과 수정안	잘 하는 것이 있다/ 엄마가 보기에는 어떠/ 에세이의 집을	다양한 각도 자신이 직업분 석으로 진로 옷 만들기	"다양한 각도.." "정답 아닌 과정" "자신을 어떤하라"	"나는 좋은 데 친구들은.." (가능성)	시트사례 에세이 (가능성)	배우 연기자
	12	공통분모 꺼내기	강점 도출	다른기능기술발표회 진로공식 감각연결표	축구선수와 요리사/ 노트를 들리며/ 내 인생의 첫 가능성/ 어~ 겪치네!	개발생활 중 그 객관적으로 발견하는 과정	"좋아하지만 못해요" (가능성)	시트사례 에세이 (가능성)	아나운서
4 적성발견	13	나만의 스타일	직업성향 탐색	MBTI검사와 해석표 4가지 편안함 에세이 성향과 직업연결표	나를 내보여 돌려/ 선생님 십계/ 에세기에 있어/ 태가 좀 솔직해졌/ 어/ 함께 여행가자	동아리MT준비 부터 출발하는 여기서 봤다	"편한함이 오래.." "차이를 인정.." "직업의 편안함.."	"관계형성이 어려워요" (성격)	시트사례 에세이 (성격)	건축 디자이너
	14	현대 포기 못해	직업가치 탐색	나의 소중한 것 목록 나의 직업가치 순위 직업가치와 직업분석	역사속 될래/ 영화속 될래/ 나의 가치란 무엇인가/ 핵심은 가치 이다/ 나의 가치우선순위	함께 영화를 보고 들려주는 진 로에세이	"가치는 선택." "가치를 아는 것." "소중한 가치.."	"소중한 게 있나봐요." (선택)	시트사례 에세이 (선택)	간호사
	15	나에게 꼭 맞는	직업적성 탐색	YES NO겹침/ 체크하자/ 유형별 돌아봐 팬을 맞춰 잡고 싶 적성과 직업도식	YES NO겹침/ 체크하자/ 유형별 돌아봐 팬을 맞춰 잡고 싶 지 않은 일의 결과차이	분명한 흥미와 강한 열마가? 적성을 찾는 고민 심리	"적성은 유능." "적성은 옳음?" "흥미와 함께."	"진짜 적성 적성은 뭘까?"	시트사례 에세이 (적성)	물리 치료사
	16	진로 네비 게이션	자기발견 종합	나의 매력자산 설문 나의 직업자산 도식 최종직업선호도기술	모라비안의 이야기/ 나의 매력은 무엇인가/ 어떤 느낌으로 다가가/ 매력과 직업의 결합	선명한 목표의 도외모와 연어로 고민..	"모라비언법칙 해요" "매력을 끄는 법.." "자신을 어필하라"	"너무 복잡 해요"	시트사례 에세이 (외모)	국제회의 전문가

출처 – 『나만의 북극성을 찾아라』

한 가지 통찰을 얻는 것이 아니라, 그 책의 유용한 자료를 최대한 지식 구조로 도출하는 방식이다.

예를 들어보자. 대한민국 현직 진로상담교사와 진로전문가들은 가장 깊은 독서로 『나만의 북극성을 찾아라』를 주저 없이 선택한다. 현재 전국의 진로교사들이 사용하는 진로교과서에는 이 책의 다양한 자료체계가 고스란히 사용되고 있다.

"지식전달자에게 꼭 필요한 독서가 바로 '실용독서'입니다. 이는 사용가능한 내용을 찾는 독서이죠. 활용할 수 있는 내용을 찾는다는 것은 이미 책을 읽기 시작할 때 판단이 되는 것입니다. 이미 알고 책을 선정하고, 책을 구입하고, 책을 읽은 것이죠. 혹시 의도하지 않은 상태로 읽게 되더라도 독서 초반에 판단이 되는 경우가 많습니다."

"가벼운 책, 읽기 무거운 책, 오래 곱씹으며 읽을 책, 한두 가지 정보를 활용할 수 있는 책, 책 전체를 다양하게 활용할 수 있는 책 등이 구분된다는 것을 말하는 거죠?"

"네, 『나만의 북극성을 찾아라』를 '깊은 독서'로 읽은 사람은 다음과 같은 지식체계를 얻을 수 있습니다. 그리고 이러한 지식체계는 현장에서 사용하기에 최적화되어 있습니다."

"저도 이 체계를 사용하고 있습니다. 이러한 개별 테마가 여덟 개 더 있죠. 진로인식, 존재발견, 강점발견, 적성발견, 직업발견, 세계발견, 진로검증, 비전선언, 결과상상, 전략수립, 진로관리, 진로표현으로 이어지는 총12개의 모듈에서 48개의 진로고민이 나오고, 각각에 대해서 사용 가능한 시트와 스토리, 메시지 그리고 명언 및 직업인도 체계화되어 있어요."

"이것이 바로 깊은 독서의 수준입니다. 독서를 통해 내용의 단계와 수준 그리고 대상에 최적화할 수 있는 다양한 정보를 체계화한 것이죠."

"앞서 보았던 진로 보드게임, 독서, 미디어, 카드 등 폭넓은 지식의 차원과 한 분야의 깊은 지식체계가 만났을 때, 400명 집단컨설팅 같은 퍼포먼스가 현장에서 자연스럽게 나올 수 있는 것이군요."

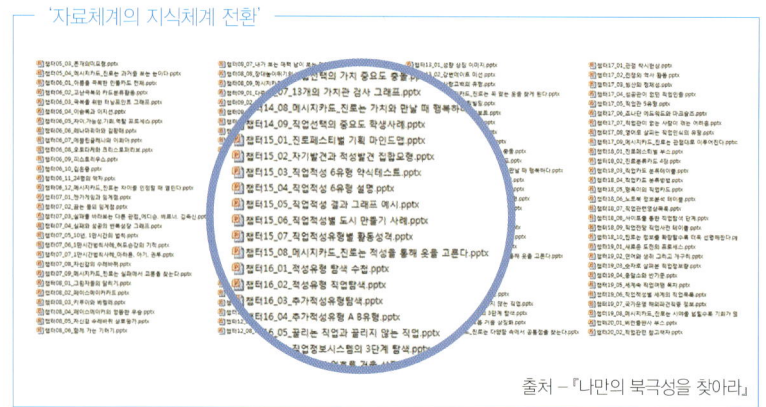

'자료체계의 지식체계 전환'

출처 – 『나만의 북극성을 찾아라』

책 한 권에는 다양한 자료가 들어있다. 이 자료를 어떻게 활용하는가는 독자의 몫이다. 『나만의 북극성을 찾아라』의 경우 위에서 제시한 자료체계표에 해당하는 세부적인 내용들의 자료목록을 정리해 지식전달자의 노트북에 있다고 가정해 보자. 특정 학생 한 명을 만나거나 집단을 만났을 때 그 대상의 진로상황, 진로고민, 진로성숙도 수준에 따라 필요한 자료를 꺼내 컨설팅할 수 있는 것이다.

"넓이와 깊이를 얘기했죠. 여기에 마지막으로 하나가 더해지면 완벽해집니다."
"여기에 또 하나가 더해진다고요?"

높이(Height)를 통한 버드뷰(Bird View)

높이(Height)가 필요하다. 전체를 조망할 수 있는 눈이 필요한 것이다. 이것은 다양한 폭(Width)의 독서를 지나, 체계적인 깊이(Depth)의 독서를 통해 형성된 통찰력의 높이(Height)를 말한다. P는 화이트보드룸으로 가서, 그림 하나를 빠른 속도로 그렸다.

"시야에서 시각이 나오고, 시각을 통해 시선 즉 관점이 형성됩니다. 폭넓은 시야를 가진 사람은, 깊이 있는 시각을 만들어내고, 날카로운 시선을 지니게 됩니다. 여기서의 '날카로운 시선'은 비판적(Critic) 시선이 아니라 지혜로운(Wise) 시선에 가깝습니다. 시야는 폭이 넓어야 합니다. 이를 독서로 바꾸면 '넓이 독서[Width]'가 되죠. 같은 주제라 할지라도 충분한 분량을 읽는 것이 중요합니다. 비슷한 주제를 연결시켜 폭을 넓

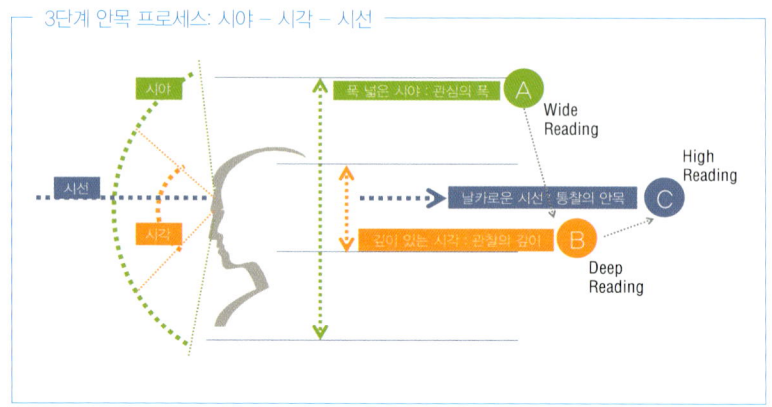

히는 것도 여기에 속합니다. 또는 비슷한 주제라도 다른 영역을 넘나들며 지식을 만나는 것도 필요합니다. 같은 주제, 비슷한 주제 이외에 때로는 다른 주제라 할지라도 기꺼이 읽으며 연결의 가능성을 찾는 것 역시 '넓은 독서'라고 생각합니다. 미란 선생은 저의 사고 체계를 잘 알고 있으시죠. '깊은 독서'는 미란 선생이 한번 설명해 주면 어떨까요?"

"지금 힘드셔서 저에게 미루신 건 아니겠죠. 깊은 독서[Depth]는 폭을 넓히는 작업이 아니라 깊이를 만드는 과정입니다. 어떤 한 분야에 대해 충분히 다양한 독서로 폭을 넓히게 되면 '지식체계'에 대한 깊이가 형성됩니다. 쉽게 말하면 '진로' 분야의 책을 충분히 읽게 되면, 진로 분야에 있어서 어느 정도 '체계'를 잡아 설명이 가능하다는 것입니다."

"미란 선생이 말한 '지식체계'를 좀 더 자세히 알 수 있을까요?"

"한 분야의 '체계'라고 하는 것은 두 가지 의미를 갖추고 있는 것을 말합니다. 그러니까 같은 종류의 지식이 '그룹'을 형성하고, 그 지식 간에 '순서'가 형성되는 것을 말하죠."

"훌륭합니다. 같은 지식 또는 비슷한 지식이 그룹을 형성하려면 각 지식의 '속성'을 이해하는 판단이 필요합니다. 또한 지식을 순서에 따라 배열하기 위해서는 지식 간의 '관계'를 파악할 수 있어야 하겠죠. 이것을

'진로'라는 분야에 적용해 본다면 '진로인식 단계, 자기발견 단계, 진로탐색 단계, 진로설계 단계, 진로검증 단계' 등으로 같은 지식이 모이고, 순서에 따라 배열이 되는 것입니다. 이것이 바로 '체계'가 살아있는 '깊이 독서[Depth]'입니다. 폭넓은 시야에서 깊이 있는 시각으로 좁혀진 단계입니다."

"폭넓은 시야에서 깊이 있는 시각을 지나 마지막은 '날카로운 시선'이죠. 세 가지 프로세스가 다양한 리듬을 구성하며 반복되고 있어요. 시야에서 시각을 지나 시선으로 가는 흐름에 기초하여, 관심에서 관찰로 그리고 통찰로 이어지는 것이고요. 이것이 또 넓이와 깊이 그리고 높이로 이어지는 것이죠. 이를 정리해 보면, 1단계는 '넓은 독서: 관심의 폭 : 폭넓은 시야', 2단계는 '깊은 독서 : 관찰의 깊이 : 깊이 있는 시각' 그리고 3단계는 '높은 독서 : 통찰의 안목 : 날카로운 시선'입니다."

"미란 선생은 이미 저를 넘어섰군요. 구조를 참 잘 잡는 것 같아요. 그럼 자연스럽게 시선까지 구조가 나왔네요. 다만 한 가지만 덧붙이자면, 높이는 '토탈리티(Totality)'를 추구한다는 것입니다. 여기서 '전체'는 우리의 '생애전체'이기도 하고, 그 분야의 '지식전체'를 말하기도 합니다. 하지만 토탈리티가 '모든 지식'을 말하는 것은 절대 아닙니다. 오히려 전체를 알고 있을 때, 지금 가장 필요한 것을 날카롭게 통찰 '선택(Select)'하는 차원을 말하는 것입니다. '전체'를 알아야 최선의 '선택'을 내리며, 가장 필요한 지식을 '배치'할 수 있다는 것이죠. 저는 이것을 '버드뷰(Bird View)'에 종종 비유합니다. 내비게이션 디스플레이 중에 약간 높은 위치에서 새가 아래를 내려다보듯이 보는 방식을 말합니다. 일정한 높이를 유지한 채 삶을, 생애를, 인생을, 평생을 조망하고, 이를 위한 다양한 정보와 깊은 지식체계를 바탕으로 최적의 판단을 내리게 도와주는 것. 이것이 바로 높이 독서[Height]입니다."

[3단계 안목 프로세스: 시야 – 시각 – 시선]

순서	구분	수준	방법	접근 방법	열매
1단계	시야	폭넓은 시야	넓이 독서[Width Reading]	다양한 관심	분야의 융합
2단계	시각	깊이 있는 시각	깊이 독서[Depth Reading]	섬세한 관찰	주제별 체계
3단계	시선	날카로운 시선	높이 독서[Height Reading]	종합적 통찰	생애적 배치

　미란은 P의 설명을 들으면서, 그 내용을 화이트보드에 표로 그려 보았다. P가 그림을 통해 설명을 하면 미란은 그 그림을 구조화시키는 것으로 두 사람의 역할이 자연스럽게 분담되었다.
　"폴샘, 넓이와 깊이, 그리고 높이를 모두 모아서 '토탈리티'가 나온다고 했는데 이를 독서의 과정으로 좀 쉽게 설명해 주실 수 있을까요?"

토탈리티(Totality)로 가는 베이스캠핑

　"저는 책을 읽을 때 오래 읽을 책과 가볍게 읽을 책 그리고 스캔을 떠서 전체를 자료화해야 할 책과 오직 그림 한 컷만 얻으면 되는 책 등 자연스럽게 활용방식이 구분되어 있습니다. 제가 이런 분류법을 체득하게 된 방법은 따로 없습니다. 독서를 통한 터득이죠. 문제는 가벼운 독서가 아니라 강의나 연구를 위해 책을 읽을 때는 특별한 기준을 적용한다는 것입니다. 바로 '넓이'와 '깊이'의 독서입니다."
　"폴샘은 어떤 분야의 연구를 시작하게 되면 그 분야의 책을 무척 많이 구입해서 읽는다고 들었어요. 그런데 그 분야가 일반적인 전공분야가 아니라, 하나의 새로운 주제로 강의를 할 때도 그것을 분야로 이해해서 그 분야의 책은 다독을 하신다고요."
　"네, 그렇다 보니 이렇게 베이스캠프에 책이 쌓이게 되었네요."

"그렇다면 어느 정도를 읽으세요. 그리고 어떤 방법으로 읽어야 폭이 넓은 독서라고 할 수 있을까요. 또한 그렇게 같은 분야의 다양한 책을 모두 읽을 만큼 시간이 여유롭지도 않을 것 같은데……, 이 부분이 저 역시 지식을 추구하는 사람으로서 매우 궁금해요."

"예를 들어, 제가 영유아와 초등단계 아동들을 위한 독서지도에 대한 강연 의뢰를 받았다고 가정합시다. 그럼 저는 먼저 그 분야의 기존 연구 결과와 지식체계 전체를 살펴봅니다. 방법은 두 가지입니다. 책과 논문을 찾는 작업이죠. 그리고 내용이 잘 되었다고 판단되는 책은 모두 구입합니다. 연구성과에 대한 흐름을 이해하기 위해서는 저는 한국학술재단(www.riss.co.kr)의 논문검색을 통해 특히 '학위논문'을 찾습니다. 학위논문은 기존의 연구역사를 체계적으로 정리해 놓은 경우가 많기 때문입니다. 특히 석사학위 논문의 앞쪽은 주로 기존 연구흐름을 잘 정리해 놓고 있습니다. 읽을 때는 그냥 읽지 않고 활용 가능한 내용을 찾아가면서 읽습니다. 빨리 읽히는 책이 있고 천천히 읽어야 파악이 되는 책도 있습니다. 그러한 특성에 따라 읽기 시작합니다. 이런 경우는 일상의 쉬는 시간에 읽는 사색독서가 아니라 연구를 위한 독서이므로 쌓아놓고 몰입해서 읽습니다. 같은 주제를 다루는 책을 읽을 때 가장 어려운 단계는 초반 10권~15권 정도입니다. 이 단계를 넘어서면 놀랍게도 내용이 상당 부분 겹치기 시작합니다. 탄력을 받는 거죠. 넓이 독서로 이러한 단계가 반복됩니다."

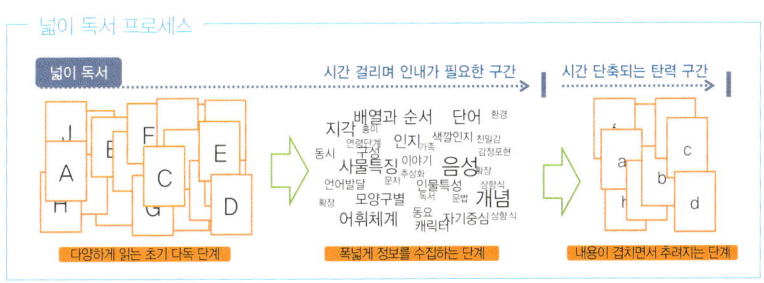

P는 직접 미란에게 그림을 그려 설명해 주었다. 미란은 연신 고개를 끄덕이며 잘 이해가 되고 있다는 시그널을 주었다. 진심으로 동의가 되었다. 미란 역시 비슷한 방식으로 지식의 폭을 넓히는 경험을 하고 있기에 이 그림이 주는 명확한 메시지에 넘치도록 동의가 되었던 것이다.

"폴샘, 넓이 독서의 가장 어려운 구간은 바로 초기 단계인 것 같아요."

"넘어서는 방법이 있지요. 자신이 좋아하는 분야부터 먼저 시작하는 겁니다."

"그렇군요. 하지만 이 방법이 모든 지식세대에게 다 필요할까요. 지식을 생산하고 전달하는 사람들에게 필요한 방법인 것 같아요."

"제 생각은 조금 다릅니다. 적어도 대학생부터 시작되는 지식세대 전체에게 꼭 필요합니다. 시대가 변할수록, 변화가 클수록 독서를 통한 지식축적의 기준이 중요해질 겁니다. 스스로 생산하고 정리할 힘을 갖지 못하면 결국 다른 사람이 만든 지식을 따라갈 수밖에 없어요. 과거처럼 지식의 양이 적었을 때는 그런 대로 무난했지만, 지금은 그렇지 않습니다. 지식의 주도력 차원에서 넓은 독서는 지식세대에게 필수입니다. 하지만 한 가지 오해하지 말아야 할 것은 이러한 넓은 독서는 '초기 단계'에만 필요할 뿐 그 다음부터는 같은 분야의 경우 넓은 독서의 단계를 스킵하게 됩니다."

"느낌이 오는데요. 한 분야에 있어 넓은 독서는 오직 한 번만 필요하다는 것이죠? 즉 한 번의 넓은 독서 사이클을 거치면, 그 다음에는 추가되는 지식만 확인하면 되니까요."

"미란 선생은 이미 경험을 통해 깨닫고 있을 것 같군요. 한 분야에 대한 넓은 독서를 한 사이클만 경험하면 그 과정에서 통찰력이 발생합니다. 그 분야의 책을 대하는 책 선별 기준이 그 하나죠. 무분별한 지식이 아니라 꼭 필요한 지식만 추가할 수 있는 지식선별의 힘이라고 할 수 있습니

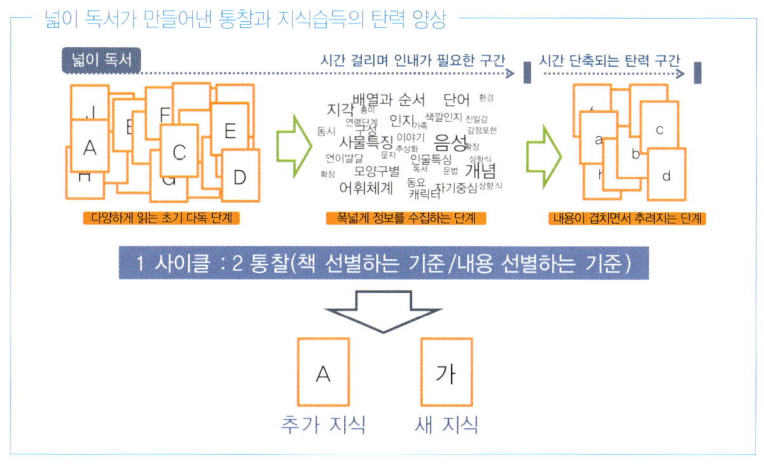

다. 이후부터는 지식을 추가하고 더 정교하게 다듬어가는 것입니다."

P는 자연스럽게 '깊이 독서'의 내용으로 주제를 옮겼다. 깊이 독서는 넓이 독서의 단계를 꼭 넘어서야 가능하다. 깊이 독서의 목적은 그 분야의 '체계'를 이해하는 것이다. 깊이 독서에서는 다시 많은 책을 읽을 필요는 없다. 이미 읽으면서 주제를 도출했던 책들 중에서 체계에 필요한 부분을 발췌하는 '필요 독서'를 하면 된다.

"깊이 독서는 그 분야의 체계를 얻기 위한 독서입니다. 미란 선생은 '체계'라는 단어를 떠올리면 어떤 느낌이 드나요?"

"떠올리는 것보다 바로 검색해 보겠습니다. 음, 근본적 어원이 가로와 세로의 직물을 엮어 옷감을 만드는 것에 있는데요."

"그렇습니다. 체계는 가로와 세로, 즉 계열과 계통 같은 매트릭스 구조를 떠올리게 합니다. 그 속에 그룹이 형성되고, 상위 주제와 하위 주제의 '관계'가 있으며 필요에 따라서는 '순서'도 존재합니다."

"그러고 보니 '깊이 독서'는 '넓이 독서'를 통해 찾은 여러 '주제'와 '내용'을 매칭하고 배열하는 과정이군요. 이 과정에서 가로 세로의 축이 형성되는 거고요."

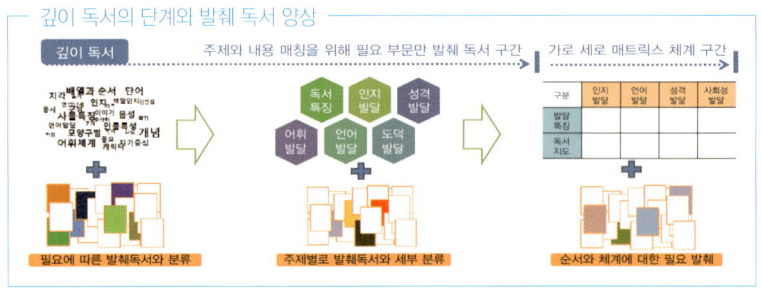

"깊이 독서의 단계에서는 폭넓은 독서가 아니라, 필요에 의한 '발췌 독서'가 주로 이루어집니다."

P는 '영유아의 발달단계와 독서지도'라는 주제로 강의를 준비하는 과정에서 어떤 방식으로 '넓이 독서'와 '깊이 독서'를 이루어 가는지 설명을 마무리하자, 곧바로 '높이 독서'를 통한 '토탈리티'에 대해 설명을 이어갔다. P가 추구하는 지식의 토탈리티(Totality)는 말 그대로 생애 전체를 보는 시야, 즉 버드뷰(Bird View)개념이다.

"넓이와 깊이로 한 분야에 대해 체계를 잡았다면, 이를 사람의 성장 구간에 매칭시키는 것이 중요합니다. 지식이 사람을 지향하기 위해서는 과정적 연속성이 필요해요. 보통의 지식은 단편적인 필요를 채우지만, 높은 수준의 지식은 사람의 생애와 함께 합니다. 이것을 아는 지식세대는 지식의 연결성을 중요하게 여깁니다."

"폴샘, 지식을 생애에 연결시키는 작업은 오히려 생애 각 구간에 최적의 지식을 연결시키는 효과를 가져다줄 것 같아요. 흐름을 알면 빈 곳에 무엇을 채울지 더 명확하게 알 수 있거든요."

"그렇습니다. 일명 벽돌 채우기입니다. 수학공부에 꼭 필요한 방법론이죠. 유독 체계가 중요한 수학과목이기에 앞의 기본과정을 채우지 않으면 그 다음 체계로 넘어가기도 어렵고, 활용과 응용, 변형에 적응하기가 어렵죠."

결국 '높이 독서'는 특정 분야의 지식체계를 생애구간에 연결시키는 작업이다. 앞서 '넓이 독서'와 '깊이 독서'로 정리한 영유아 발달단계와 독서지도의 영역을 생애구간에 매칭시키면 보다 더 선명한 지식체계가 생애적으로 나오게 된다.

[발달단계 독서지도의 생애 매칭 구조]

		0세~1세	2세~3세	3세~4세	4세~5세
인지 발달 특징과 독서 지도	발달 특징		·비슷하게 지각하는 사물을 모아 분류, 조직하는 방식 배움 ·둘 또는 세 개 항목 기억	·사물들의 관계 이해 ·부분과 전체 이해 ·색, 크기, 모양, 용도 속성에 따라 사물 분류, 관련성 이해 ·수, 양의 측면 관계 이해 ·크기 비교 가능	·이야기를 듣고 세 가지 정도 기억 ·이야기를 듣고 말하기 ·보이는 특징에 근거하여 사물 분류 ·시간 개념 부족
	독서 지도 시사점		·색, 모양, 크기, 용도에 따라 사물 분류 ·크고 색이 있는 그림 개념 책 사용 ·내용 회상의 기회 제공	·그림 퍼즐 사용 ·그림을 세어보는 책 선정 ·큰 것, 작은 것 동물들의 크기 비교	·간단한 이야기 듣고 다시 말하기 활동 ·모양, 색, 크기, 느낌, 용도에 대한 개념 소개 ·일이 순서대로 일어나는 책 선정 ·계절, 하루 중 시작, 요일을 순서대로 소개
언어 발달 특징과 독서 지도	발달 특징		·아주 빠른 언어발달 ·그림 속 행동에 이름 붙이기 ·신체부위 알기	·단어의 소리와 리듬을 즐김 ·과거 시제 사용 ·지나친 일반화 ·언어사용으로 세상 파악 ·언어가 복잡해짐	·추상적인 언어 사용 ·문법적으로 바른 문장 ·위치파악 단어 이해 ·'왜, 어떻게' 질문 즐김
	독서 지도 시사점		·그림책, 동요, 언어성장을 자극하는 활동 ·친숙한 행동을 나타내는 그림책 ·그림책을 보고 신체부위 찾기	·동요, 동시, 수수께끼를 듣고 말하기 ·어제 본 것 말하기 ·그림책 읽고 동물, 가족, 사람, 환경 관련 대화 ·세밀한 그림책 이용	·글자 없는 그림책 이용 ·전래동화 고쳐 말하기 ·아동 상호 질문과 답변

성격 발달 특징과 독서 지도	발달 특징	·가족의 다른 구성원들과 분리된 존재로서 자기인식 ·안정에 대한 욕구 느낌	·안정적인 자아개념 가짐 ·따뜻하고 안정적인 환경 요구 ·불행한 상황에서 문제가 존재하지 않는 것처럼 도망, 타인 비난하면서 숨기	·자기중심적 모습 보임 ·생산적인 방식으로 자신의 감정을 다루는 능력이 발전 ·낯선 상황에 대한 두려움, 자신감 상실, 감정 통제 어려움 ·따뜻하고 안정적인 환경 요구
	독서 지도 시사점	·아동이 정체성과 가치를 가지고 있는 사람이라는 것을 이해하도록 도움 ·아동을 무릎에 앉히고 책을 읽어주면서 안정감과 책의 즐거움 전달	·타인이 자신을 좋아하고 가치있게 여긴다는 확신 주기 ·따뜻한 분위기에서 책을 제공 ·실수를 받아들여 자아 존중감 유지	·주인공과 동일시할 수 있는 책 제시 ·강점을 다루는 방식 보여주기 ·새로운 상황 이해시키기 ·친밀한 분위기에서 책 읽어주기
사회성 발달 특징과 독서 지도	발달 특징	·관찰하는 행동을 모방 ·사물을 가지고 어떤 것을 가정	·타인의 감정을 안다 ·함께 노는 것을 즐김 ·다른 아동에 대해 애착 ·집단활동과 놀이 참여 ·표정관찰, 감정파악 배움	·화가 나도 표현하지 않고 화해를 모색 ·독단적, 자기주장 강함 ·선과 악의 결과를 이해 ·반응 유발하기 위한 행동 시도 ·혼자 놀지 않지만, 혼자 공부 시작 ·여러가지 역할 발견 ·이유없는 두려움 표현
	독서 지도 시사점	·역할 놀이를 장려 ·창의적인 해석을 하는 책이나 사물 제공	·비슷한 일에서 어떤 느낌이 드는지 말해 보기 ·감정을 표현하고 있는 책을 사용 ·차례를 지키고 협력하는 사회적 기능 개발 ·책 속 얼굴표정 느낌 표현	·화를 말로 표현할 때 칭찬 ·화가 나도 참는 내용 담긴 책 선정 ·아동이 이해할 수 있게 행동 설명 ·인내심을 보일 때 격려 ·실제생활과 책 속의 다양한 인물유형 경험 유도 ·역할놀이 유도 ·두려움 극복 이야기 책 선정

"버드뷰(Bird View)라는 말이 실감납니다. 이러한 지식을 부모가 알고 자녀를 키운다면 시행착오를 좀 더 줄이고 후회의 빈도 또한 줄어들 것 같아요. 이것이 바로 지식을 생애에 따라 조망하는 힘이겠군요. 하지만

모두에게 필요하더라도, 모두가 가능한 방법은 아닐 것 같다는 생각이 들어요. 특별한 전문가의 소유로 여겨지는 것은 어쩔 수 없는 것 같아요. 일반 부모가 이러한 통찰을 갖기는 쉽지 않아 보입니다."

"미란 선생의 생각은 내용적으로는 충분히 '동의'하지만 그 판단에 '동조'하고 싶지는 않습니다. 저는 이러한 지식이 우리 지식세대에게 일반화되기를 꿈꿉니다. 다만 그 과도기에서는 어쩔 수 없이 '선택'이 필요하죠. 베이스캠프를 제가 아무리 이야기해도 결국 자신의 삶을 근본적으로 혁신하고자 하는 소수는 자신만의 베이스캠프를 만들 것이고, 그렇지 않은 다수는 반짝 동기부여를 받은 뒤 다시 원래의 패턴으로 돌아가겠죠. 생애를 조망하며 지식의 체계를 이해하는 접근은 비단 책을 통해서만 이룰 수 있는 방법은 아닙니다. 과거와 달리 지금은 이러한 지식체계가 비교적 잘 정비되어 있습니다. 예를 들어, 아동의 발달단계를 주제로 네이버 시스템에 들어가면, 생애적으로 적용 가능한 기본적인 양육지식을 전부 체계화해 놓았습니다."

"폴샘의 생각, 저 역시 이해가 됩니다. 저는 이 부분에 있어 일종의 사명감을 가지고 있어요. 그래서 지금 이렇게 인터뷰를 하는 것이고요. 넓

'아동의 발달단계'

육아 기본	시기별 성장·발달과 육아	버릇·습관

✔ 0개월 · 1개월 · 2~3개월 · 4~5개월 · 6~8개월 · 9~11개월 · 12~17개월 · 18개월

평균 체중(kg)	남:3.36 / 여:3.26
평균 키(cm)	남:50.8 / 여:50.0
발달 상황	부모 목소리에 반응, 엄마 젖냄새 느낌, 큰 소리에 깜짝 놀라고 팔다리를 활발히 움직임
돌보기	출생 후 30~1시간 이내 모유수유 시작, 배꼽은 소독 필요 없이 떨어질 때까지 말려줌
예방 접종	출생할 날 B형 간염 1차 접종. 생후 4주 이내에 BCG 접종
건강/안전	외출해서 돌아온 사람들은 반드시 손을 잘 씻어야 함. 카시트 사용 아기를 심하게 흔들지 않아야 함

출처 – '네이버 건강'

이 독서와 깊이 독서, 그리고 이를 바탕으로 인생을 조망하는 높이 독서를 체계화해서 세상에 매뉴얼로 제공하는 게 제 목표입니다. 잘 도와주실 거죠?"

"제가 도울 일은 더 친절하게 이 베이스캠프의 비밀을 소개하는 것이겠군요. 한 가지 조심스러운 것은 이 베이스캠프가 제 스타일에 맞춰져 있다는 겁니다. 제 스타일을 정답인 것처럼 말할 수는 없다고 생각해요."

"그 부분은 염려 마세요. 폴샘의 베이스캠프를 세상에 소개할 때는 '표준화'를 거쳐서 '일반화'시킬 겁니다. 그게 바로 제 몫인 거죠."

"알겠습니다. 미란 선생, 그런데 이제 토탈리티(Totality)의 접근법이 좀 친숙해지셨나요?"

"조금 감이 왔습니다. 그런데 폴샘, 만약 이렇게 해서 하나의 분야에 대해 지식체계를 만들 수 있다면 이러한 분야가 서로 융합되기도 하겠네요."

"충분히 가능한 일입니다. 분야와 분야의 체계가 만나면 융합이 일어나며 더 큰 그림의 토탈리티가 등장합니다. 저는 이것을 '메가테이블(Mega Table)'이라고 이름 붙였답니다."

통합과 융합, 그리고 통섭

P가 말하는 메가테이블은 '통합'을 전제로 한다. 개별 지식체계를 하나의 축으로 연결 지어 큰 그림을 만드는 방식이다. 이러한 지식체계는 보다 근본적이고, 종합적이며, 다면적으로 사람을 돕는 '빅 사이즈 지식체계'를 일컫는다.

"폴샘, 지식을 '통합'한다는 것이 '융합'을 말하는 것인가요?"

"어려운 질문을 하셨네요. 제가 감히 '융합'을 말하는 수준은 되지 못합니다. 다만, 통합 정도를 얘기한 것이죠. 제가 고민하는 지식은 매우 현실적이고 실용적입니다. 같은 주제 혹은 같은 축으로 내용을 묶는 방식이죠. 같은 바구니에 담는 수준에 불과합니다."

"생애적 성장 나이로 지식을 배열하거나, 혹은 지식의 순서와 수준으로 배치하는 방식이군요. 그럼 이러한 통합과 다른 융합은 무엇일까요?"

"통합과 융합을 말하려면 통섭까지 함께 이야기해 보는 게 좋겠어요."

"좋아요. 보통 한 가지를 제대로 이해하는 방법 중에 가장 탁월한 방법은, 비슷하지만 다른 것을 모아서 그 차이점을 확인하면 보다 명확해지기도 하니까요."

"미란 선생은 요리하는 것을 좋아하니 제가 음식으로 비유를 해보겠습니다. 통합은 다양한 음식이 모인 '밥상'이고, 융합은 '비빔밥'입니다. 그리고 통섭은 '김치를 담그는 김장' 정도에 비유하면 어떨까요."

"그러니까, 밥상은 이미 완성된 각각의 요리가 한 테이블에 모인 거군요. 이게 통합이라는 말이죠? 비빔밥은 완성된 음식이 모인 것이 아니라 '재료'가 잘 섞여서 하나의 음식을 만들어낸 것이고요. 김장김치는 비빔밥과는 약간 차이가 있어요. 비빔밥이 재료의 '혼합'이라는 과정을 거친다면 김장김치는 재료의 '발효'과정이 있어요. 그래서 완전히 새로운 맛의 경지가 탄생하는 거. 어때요, 폴샘, 제 설명 괜찮았죠!"

"하하! 군침이 도는 설명입니다. 통합은 합쳐서 하나로 모은다는 뜻이지요. 따라서 영어로는 통일(unification) 또는 응집(cohesion)이 어울립니다. 융합은 녹인다는 의미가 들어가죠. 녹여서 하나로 합친다는 뜻입니다. 영어단어는 Syncretism, 수렴(convergence), 융해(fusion)가 어울리죠. 마지막으로 통섭은 서로 다른 요소들이 한데 모여 새로운 단위로 거듭난다는 뜻이에요. 통섭이라는 단어를 국내에 가장 먼저 적용한 최재천 교수는 이를 주로 학문적 차원에서 풀어갔습니다. 통섭은 새로운 이론 체계를 만드는 과정에서도 많이 사용해요. 영어로는 부합(consilience)이라는 단어를 주로 사용합니다."

[통합과 융합 그리고 통섭]

구분	비유	의미	명확한 의미구분
통합	밥상	완성된 요리는 한 곳에 모음	합쳐서 하나로 모음
융합	비빔밥	재료를 완전히 섞어서 하나의 요리 만듦	녹여서 하나로 합침
통섭	김치	재료를 섞은 뒤 발효를 거쳐 새롭게 거듭남	풀어서 근본을 엮음

P는 자신의 독서를 통한 지식체계를 '통합'이라고 표현하였다. 그러나 때로 통합된 내용이 '강의'를 통해 새로운 주제로 탄생하여 '융합'이 되기도 한다. 또한 이를 집필하는 과정에서 전혀 새로운 개념이 탄생하기도 한다. 그럼에도 P는 감히 융합, 통섭을 말할 수준이 아니라고 스스로 여기고 있다. 미란은 나름 지식이 합쳐지는 과정에서 혼동되던 세 가지 단어를 쉽게 이해하고 정리할 수 있었다.

"미란 선생, 아이들의 독서 능력이 성장하는 단계를 알고 있으시죠."

"네, 독서 준비기, 독서 입문기, 기초 독서기, 전개 독서기, 그리고 성숙 독서기를 거칩니다."

"어떤 성장의 포인트가 있을까요?"

"독서 준비기는 가장 어린 시기입니다. 이야기를 듣고 말로 표현하는 정도이고요. 독서 입문기는 그림책을 실제로 읽고, 자신의 생각과 문자를 매칭할 수 있는 단계입니다. 기초 독서기는 문장을 해독하고 관계를 파악하는 단계이죠. 전개 독서기는 구체적인 독서 기술이 늘고, 어휘가 확장되는 시기입니다. 마지막 성숙 독서기는 나름의 논리가 생기는 독서 시기입니다."

"미란 선생의 독서 지도에 대한 안목은 '지식체계' 즉 '깊이 독서'의 형태를 띠고 있어요. 그리고 이를 아이들의 성장단계에 매칭하고 실제로 독서교육을 하는 수준은 '높이 독서' 즉 조망하는 수준을 띠고 있네요. 그렇다면 제가 미란 선생의 독서 성장체계와 제가 만들었던 발달단계 및 읽기성장단계를 가볍게 연결해 보겠습니다."

P는 아이들의 나이를 기준으로 인지발달, 심리발달 그리고 성격발달의 체계를 순서대로 배열하고, 여기에 독서발달 단계와 읽기발달 단계라는 각각의 지식체계를 같은 나이를 기준으로 배치하였다. 이렇게 몇 개의 독립된 지식이 하나로 통합되었다.

"폴샘, 각각의 지식체계를 하나의 지식재료라고 생각한다면 이는 '융합'으로 볼 수도 있겠어요. 이 표의 새로운 제목은 '발달단계에 따른 독서 성장모형' 정도가 좋겠어요."

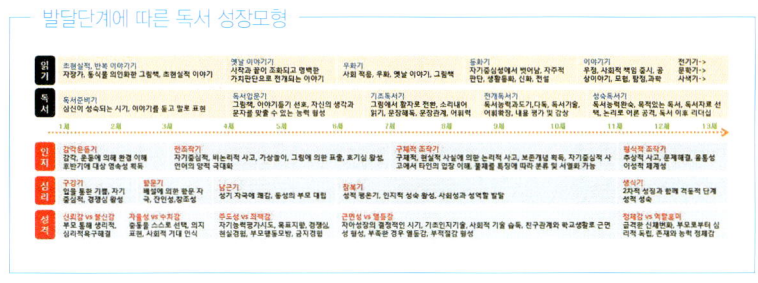

"미란 선생의 말을 듣고 보니 통합과 융합을 어느 정도 섞어 놓은 체계가 보이네요. 저는 여기에 새로운 생각을 더해 보고 싶습니다. 인지발달, 심리발달, 그리고 성격발달, 도덕발달 등의 이론체계입니다. 실제로 아이들이 커가는 과정에서 자아를 찾아가는 것은 나름의 성장체계를 가지고 있습니다. 성장체계의 초기에는 직접 경험보다는 독서와 읽기라는 간접경험이 중요하죠. 그리고 아이들마다의 타고난 재능을 파악하고, 이러한 강점 위에 감성과 사고의 성장을 이루면 더할 나위 없이 균형 잡힌 성장이 될 겁니다. 그리고 최종적으로 이러한 균형 잡힌 성장의 결과가 드러나는 방식이 바로 '말과 글'이죠.

한 어린이가 성장하는 단계에서 보이는 지식의 수준은 바로 이러한 앞단의 복합적인 성장체계가 만든 결과물이라는 생각이 듭니다. 이렇게 해서 성장체계가 완성되면, 여기에 입시와 진학과 같은 '현실체계'가 링크되는 것이 바람직합니다. 이를 생애성장의 나이구간으로 통합시키면 하나의 종합적인 지식테이블이 나오게 되는데, 이것이 바로 '메가테이블'입니다.

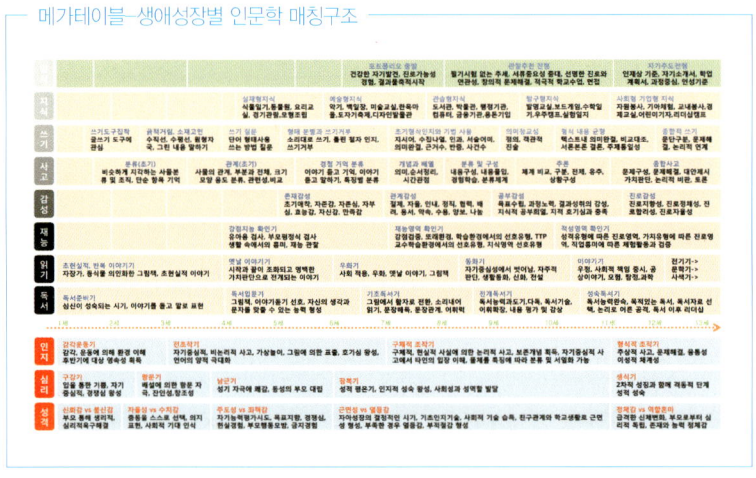

메가테이블(Mega Table), 생애를 아우르는 지식구조

메가테이블은 각각의 독립적인 지식체계가 하나로 통합되어 새로운 체계를 만들어내는 큰 그림이다.

5년 전, OO교육기업에서 P를 찾았다. 교육 담당자는 '리더십'이라는 교육주제로 학생들을 교육할 수 있는 프로그램의 시장분석도를 보여주며 다양한 한계점들을 분석했는데 지속성, 연계성이 떨어지고, 깊이와 성장수준도 한계가 있다는 것이었다. 그러면서 학습지처럼 학년이 높아지면 자연스럽게 리더십의 프로그램도 성장하면서 생애전체를 최소 4년 정도 책임질 수 있는 교육모델이 가능한지를 요청하였다.

다음 날, P는 담당자에게 메일 하나를 보내주었다. 앞뒤 설명에 더하여 P는 글로벌 인재의 성장모형을 프로그램으로 구성했을 때 어떤 그림이 나오는지 모형 체계를 만들어 보였다.

이 모형 체계에는 '메가테이블'이라는 이름이 붙어 있는데 내용은 다섯 개의 흐름으로 이루어져 있다. 먼저 가치관을 갖추고, 그 위에 자신의 인생방향에 대한 진로비전을 세운다. 개인의 방향성이 타인 및 세상과 만나는 교육이 바로 성품교육이다. 가치관과 비전 그리고 성품교육에 이어 리더십의 핵심인 사고력과 소통능력을 다루게 된다. 마지막으로 자기주도적인 학습능력을 주제로 잡았다. 각각의 주제를 50여 개의 소주제로 나눠서 1년 교육으로 구성하니 전체적으로 5년의 교육 프로그램이 나온 것이다. P는 파일을 열어 미란에게 내용을 소개해 주었다.

[글로벌 리더십 성장체계 5년]

기간	Label 1 1Year Process	Label 2 2Year Process	Label 3 3Year Process	Label 4 4Year Process	Label 5 5Year Process
헤드	Global Leadership	Global Mastership	Global Stewardship	Global Mentorship	Global Scholarship
서브	세상을 바라보는 눈	세상에 드러나는 재능	세상을 포용하는 마음	세상과 소통하는 언어	세상을 학습하는 노력
풀이	세상을 이끌어가는 인재의 **원대한 가치관**	세상 속 구성원으로서의 **명확한 진로비전**	세상의 관계를 품는 **아름다운 성품인성**	세상을 인식하고 판단하며 **표현하는 언어**	세상의 지식을 배우는 **주도적 습관**
주제	세계관과 가치관	진로탐색과 비전설계	개인성품과 사회질서	사고력과 커뮤니케이션	습관과 자기주도적학습

083

P가 말하는 '높이 독서'는 이러한 총체적 지식체계를 만들기 위한 목적으로 탄생한 접근법이다. 생애적 차원에서 지식이 사람을 도울 수 있는 구조를 고민한 결과라고 할 수 있다. 이러한 큰 규모의 지식구조를 P는 '메가테이블'이라고 스스로 이름 지어 부른다. 철저히 지식이 사람을 지향한다는 목표의식이 반영된 것이다.

"폴샘, 이것을 각 개인에게 적용하고 선택하는 과정에는 세 가지 단계가 필요하겠군요. 측정과 진단, 그리고 처방이요."

"미란 선생, 이젠 저보다 더 빨리 반응을 하는 수준이 되었네요. 하하!"

"어떤 학생이 '학습'을 필요로 하는지, '진로'를 필요로 하는지 아니면 근본적인 '성품'이 채워질 필요가 있는지 파악이 되면, 꼭 가치관부터 수업을 하지 않고 필요에 맞게 갈 수도 있습니다."

"그런데 사실 학생의 필요라기보다는 그 부모가 느끼는 필요가 아닐까요?"

"그럴 수 있습니다. 그것을 판단하는 것이 우리의 몫입니다."

"어떻게 판단할 수 있을까요?"

― 메가테이블 – 글로벌 리더십 성장체계 5년

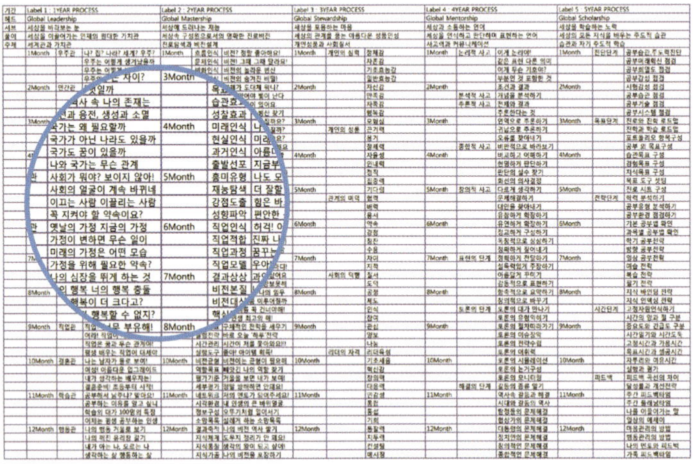

"생애를 더 근본적으로 알고 있어야 합니다. 생애발달에 따른 '시기적 필요'가 있고, 환경적 변화에 부응해야 하는 '시대적 필요'가 있습니다. 시기적 필요는 '근본적인 필요'와 '현실적인 필요'로 구분됩니다. 근본적인 필요는 '감성, 진로' 같은 부분이고 현실적인 필요는 '학습'과 같은 것입니다. 시대적 필요는 다양한 '진학의 과정과 입시'를 말합니다. 바로 이러한 부분들을 종합하다 보면 연령에 따른 필요들이 채워집니다. 물론 이런 내용들은 끊임없이 수정되고 보완되어 갑니다."

한 사람의 생애를 교육적인 측면으로 바라보되, 단순히 한 가지 측면으로 제한하지 않고 다양한 측면에서 균형 잡힌 교육환경을 만드는 것이 중요하다. P는 처음부터 이런 생애적 접근으로 교육 주제를 연구한 것은 아니었다.

"폴샘, 처음부터 이렇게 생애 전체에 관심을 가지셨나요? 아니면 하다 보니 퍼즐이 채워져서 생애 전체가 채워진 건가요?"

"미란 선생의 질문은 매우 핵심적입니다. 대부분의 질문 자체가 답변을 쉽게 만들거나 아니면 답변의 내용을 질문에 담아서 선택을 쉽게 만들어 버리죠. 미란 선생의 질문은 개방형 질문인 것 같지만 또 한편으로는 친절합니다."

"하하! 칭찬 감사합니다!"

"질문에 답이 있다고 했습니다. 하다 보니 퍼즐이 채워져서 생애 전체가 다 채워진 경우이죠. 저는 그저 하나의 목적만을 추구하며 달려왔습니다. 지식의 목적은 '사람'입니다. 사람을 살리고, 사람을 키우며, 사람을 세우려는 의도를 가지고 주어진 역할을 했을 뿐이고, 연구를 수행하였던 것입니다. 처음은 영유아, 초등시기의 언어교육을 연구하는 것이 출발이었습니다. 그런데 연구하고 교육을 하면서 자연스럽게 부모 상담이 많아졌습니다. 그러면서 깨달은 것이 있습니다.

'아이들을 바꾸는 것보다 중요한 것이 부모를 바꾸는 것이구나. 부모가 아이를 만든다.'

그때부터 부모교육 연구와 강의를 병행하였습니다. 그런데 어머니 상담을 하다 보니 커다란 깨달음이 또 일어났습니다. '부모교육은 아버지 교육도 함께 해야겠구나. 아버지와 어머니가 함께 만드는 교육이 최고 수준이다.' 그래서 아버지교육에 대해 연구하고 강의를 병행하였습니다. 그런데 아버지들을 만나고 강의를 하다 보니, 근본적인 한계에 부딪히고 말았습니다. 근본적으로 사회 속에서 쫓기면서 내몰리고 있는 아버지들의 현실을 깨달은 것이죠. 물론 그 쳇바퀴에 저도 끼어 있습니다. 그 무렵 저는 기업교육과 성인교육 그리고 HRD(인적자원개발) 분야로 커리어에 거대한 변화를 갖게 되었습니다."

P는 기업교육기관에서 리더십, 프레젠테이션, 커뮤니케이션, 자기경영, 마케팅, 동기부여 등의 연구와 강의를 해왔다. 그런데 막상 기업인, 직장인, 아버지들을 대상으로 강의를 하다 보니, 실제로 꼬인 실타래는 직장에 들어와서가 아니라, 대학생 시절에 있다는 사실을 깨닫게 되었다.

"…… 그래서 전국 대학을 돌며 대학생 비전설계 강연을 했습니다."

"그리고 그 다음은 당연히 청소년으로 내려왔겠네요. 왜냐하면 대학생의 꼬인 실타래는 사실 청소년 시절의 교육에서 찾아야 하지 않을까요?"

"역시 미란 선생의 질문은 명쾌합니다. 질문을 통해 지식을 체계화하는 방법을 학습한 것 같아요. 이쪽으로 한번 와 보세요. 제가 질문법에 대해 연구하는 코너가 따로 있습니다. 모든 강의는 사실 어떤 질문을 갖고 있느냐가 핵심입니다."

P는 이렇게 생애전체를 한 바퀴 도는 과정에서 연구했던 결과물들이 차곡차곡 쌓이게 된 것이다. 또한 대부분의 연구는 그냥 단순한 연구가

북 코너 - 질문법

아니라, 강의를 전제로 진행되는 것이었기에 연구한 내용을 강의를 통해 검증할 수 있었다.

"연구하고 강의하고 수업하고 컨설팅하고, 그 모든 결과를 체계화하고, 체계화한 내용을 바탕으로 집필하는 삶의 사이클이 끊임없이 반복되고, 그 과정에서 한 사람의 생애 전체에 대한 퍼즐이 채워졌던 거군요. 지식이라는 것은 정말 '사람'을 목적으로 하는 게 맞는 것 같아요. 이렇게 교육이라는 주제로 생애 전체를 만나면, 각각의 내용이 서로 연결될 것 같아요. 다만, 각 시기별 필요를 좀 더 구체적으로 알았을 때, 더 깊은 지식이 탄생할 것 같아요. 단순하고 가벼운 지식 나열은 오히려 깊은 접근을 방해할 때가 있거든요."

"미란 선생의 문제제기를 듣고 보니, 각 생애시기의 필요에 대해 제가 뼈저리게 느낀 것이 떠오릅니다. 바로 대학생들을 위한 필요입니다."

'필요'를 위해 체계화된 '지식'

P는 몇 해 전부터 기업의 신입사원 채용을 위한 인재선발과 전형과정 프로젝트를 진행해 왔다. 대학을 졸업한 학생들이 대부분의 지원자이

고, 그들을 대상으로 기업이 요구하는 인재를 선발하는 '과정 개발'을 담당한다. 구체적으로는 세부적인 역량체계에 근거하여 지원자들이 해결해야 할 문제를 출제하고 그 결과를 바탕으로 기업에 인재를 추천해 주거나 컨설팅해 주는 역할이다. 교육을 하면서 P는 대학생들이 기업에서 요구하는 기준과 역량에 대해 전혀 학습되어 있지 않다는 것을 뼈저리게 느꼈다.

'안 되겠다. 대학생들을 위한 역량교육을 시작해야겠구나.'

이런 교육을 학문적 기초를 연구하고 심어주는 학과 교수들에게 맡길 일은 아니라는 생각이 들었다. 그래서 P는 대학생을 위한 역량교육 체계를 만드는 연구에 뛰어들었다. 일단 그의 스타일대로 대학생을 위한 연구성과를 모두 확인하였다. 넓은 독서를 시작한 것이다.

그런데 놀랍게도 대학생을 위해 연구된 결과나 자료 등은 다른 대상과 분야에 비해 현저하게 적었다. 대학생을 위한 비전설계, 학습전략, 자기주도학습 등의 기본 주제를 잡아 세부적으로 연구결과를 모았지만 이는 '넓이 독서'라고 말할 만한 기본 분량도 안 되었다. 관련 도서를 애써 찾아 모아보니 45권 정도가 전부였다. 여기에는 대학생들을 위한 글쓰기 책까지 포함한 것이었다. 심지어는 대학생을 위한 한자교육, 대학생활 길라잡이, 대학생을 위한 컴퓨터활용까지 포함한 분량이다.

아이북스에 담긴 대학생을 위한 도서와 베이스캠프 북 코너

P는 상심이 너무 컸다. 이래서는 안 된다는 생각이 들었다. 세상으로 나갈 준비를 돕는 환경이 충분하지 않다는 생각에 확신이 들었다. 아니 확신을 넘어 일종의 사명감마저 들었다.

P는 우선 '역량'이 과연 무엇인지 개념정리를 시작하였다. 모두가 역량을 말하지만 역량이 우리의 생애에서 어느 단계에 어떤 모습으로 등장하는 것인지, 다른 비슷한 것과 구분되는 역량의 개념은 무엇인지 따져보기 시작하였다.

우선 혼용되어 사용되는 5개의 단어를 꺼내고 이를 구조화하여 설명하였다. '소질, 적성, 재능, 능력, 역량'이다. 소질이 적성인 것 같고, 적성이 재능인 것 같기도 하며, 때로 재능과 능력, 역량을 섞어서 사용하기도 한다.

[소질과 적성 그리고 역량 의미구분 체계]

소질	적성 fitness 일에 적합한 가능성		역량
	재능	능력	
character	talent	ability	competency
타고난 신체적 정서적 바탕	타고난 재주와 능력의 영역	재능을 경험으로 확인한 구체적 항목	타고난 재능과 세부 능력을 발휘하여 직업에서 성과를 내는 능력
기질, 성격, 지능의 바탕	성격, 지능, 흥미 중에 잘하는 것	말하기, 계산하기, 만들기, 그리기 등	대인관계, 문제해결 …

소질은 타고난 성질과 바탕을 말한다. 여기에는 기질, 성격유형 그리고 지능도 포함된다. 지능은 과거에는 지적 지능을 말하던 때가 있었지만 지금은 여덟 가지 다중지능을 다면적 구성으로 말하는 경우가 대부분이다. 즉 소질은 타고난 바탕을 말하는 것인데, 바로 이러한 소질의 항목 중에 유독 잘하는 영역이 있다. 이를 재능이라 한다. 재능은 검사

를 통해 확인하기도 하지만 더 좋은 방법은 경험과 활동을 통해 확인하는 것이다. 재능에서 좀 더 구체적인 능력이 도출된다.

예를 들어, 타고난 지능 중에 언어지능이 재능군에 속한다면 능력은 구체적인 말하기, 설명하기, 글쓰기 등의 기준을 말하는 것이다. 능력은 반복적인 경험에 노출되어 검증된 재능이다. 이렇게 살핀 재능과 능력이 바로 타고난 소질과 구분되는 적성이다. 적성은 타고난 영역을 실제로 살아가는 동안의 '일'에 적합한지 가능성을 확인하는 개념이다. 타고난 것(소질)을 일에 대한 가능성(적성)으로 검증하는 것이다. 이렇게 해서 확인한 적성 중에 실제 직업현장에서 실제적인 성과를 내는 항목이 바로 '역량'이다.

그래서 역량의 정의는 '타고난 재능과 세부 능력을 발휘하여 직업에서 성과를 내는 능력'이라고 한다. 예를 들어, 한 아이가 언어지능을 타고 났고, 언어활동에 재능이 있으며, 실제로 말하기와 어휘력의 능력을 보였지만, 막상 회사에 가서 발표, 토론, 문서작성을 하지 못한다면 역량으로 발전하지 못한 것이다.

이러한 개념정의를 바탕으로 P는 지식세대가 갖추어야 할 역량을 5개로 구분하였다. 대학을 졸업하는 모든 세대가 갖추어야 할 기본적인 '사람역량'을 먼저 연구하였다. 그는 이것을 '사회기초역량'이라고 명명하였다. 사회기초역량에 해당하는 세부역량은 꿈과 비전, 변화대응력, 도전정신, 창의성, 성실성, 자기개발과 자기성찰력이다.

그 다음에 필요한 것이 기업에 소속되기 위한 최소한의 공통기본역량이다. 여기에 해당하는 것은 인재상, 가치관, 직업관, 조직적응력 그리고 해당직무 지식으로 구성하였다.

세 번째는 직장에서의 오랜 시간을 지속가능하게 만드는 핵심요소 즉 대인관계역량이라고 규정하였다. 이 역량에는 프리젠테이션 스킬, 의소

소통 능력, 대인관계 능력, 팀 협응력 그리고 리더십을 포함시켰다.

네 번째는 조직에서 성과를 만드는 역량으로 정했다. 해당하는 세부 역량은 목표설정과 관리, 계획 및 조직능력, 판단과 의사결정력, 논리적 분석력, 문제해결력, 정보수집 및 활용력, 기기 및 기술활용 능력이다. 마지막 단계에서는 기업을 이끄는 영역이기 때문에 조직 관리역량과 전략적 사고 능력 그리고 글로벌 마인드를 포함하였다.

[대학생을 위한 역량체계 27]

제목	역량	역량세부	정의(질문형식)
조직을 이끄는 인재	사업 수행 역량	글로벌 마인드	글로벌 시야에서 기업의 역할을 찾고 개척하고 있는가
		전략적 사고능력	외부와 내부의 특성을 파악하여 판단을 내리는가
		조직 관리역량	조직 전체를 이끌어 지속가능한 기업을 유지하는가
성과를 내는 인재	성과 관리 역량	기기 및 기술 활용	목표달성을 위해 기기와 기술을 효율적으로 활용하는가
		정보수집 및 활용력	목적달성을 위해 정보를 수집하고 활용할 수 있는가
		문제해결력	주어진 문제의 핵심, 본질, 원인을 알고 해결하는가
		논리적 분석력	주어진 정보를 분석하고 추론하여 명료화할 수 있는가
		판단과 의사결정력	문제상황을 파악하고, 최선의 판단을 내릴 수 있는가
		계획 및 조직능력	일을 시작하기 전에 계획하고 자원을 모을 수 있는가
		목표설정과 관리	일의 성과목표를 명확히 세워 추구하는가
함께 가는 인재	대인 관계 역량	프레젠테이션 스킬	제안을 가장 효과적으로 전달하여 행동을 이끌어내는가
		의사소통능력	상호 의견을 정확하게 표현하고 경청하는가
		대인관계능력	평소 원만한 관계로 필요시 협조를 얻어내는가
		팀 협응력	공통의 목표를 위해 동료와 협력하는가
		리더십	공통의 목적을 위해 팀을 이끌어 갈 수 있는가
기업에 준비된 인재	공통 기본 역량	해당직무지식	직무분야에 대한 지식을 습득 활용 가능한가
		조직적응력	속한 조직의 구성원으로서 적극 헌신하는가
		직업관	직업을 통해 궁극적으로 얻고 싶은 것이 있는가
		가치관	모든 선택에 적용가능한 핵심가치가 있는가
		인재상 이해 준비	기업이 추구하는 인재의 기준에 부합하는가

		꿈과 비전	꿈을 꾸고 꿈을 실천하는 삶을 살고 있는가
지속가능한 인재	사회 기초 역량	변화대응력	변화에 적극적으로 대응할 수 있는가
		도전정신	현실 안주하지 않고 새로운 영역을 개척하는가
		창의성	새로운 방식으로 새로운 결과를 꺼낼 수 있는가
		성실성	일관된 태도로 맡겨진 일에 책임을 지는가
		자기개발	주도적인 학습을 통해 스스로 성장하는가
		자기성찰	끊임없이 자신을 돌아보고 개선하는가

    역량체계를 만들었는데 이것만으로는 대학생들에게 직접 교육을 하는 것이 어렵겠다는 판단이 들었다. 그래서 각각의 역량을 2개의 세부 역량으로 더 구체화하고, 각각의 세부 역량에 대해 정의를 내렸다. 어떠한 능력에 대해 '정의'를 내리면 구체적인 콘텐츠를 만들어내는 기준을 세우게 된다.

    예를 들어, 그냥 리더십 역량이라고 하면 무엇을 교육하고, 무엇을 측정해야 하는지 어려울 수 있다. 이 리더십을 '동기부여 능력'과 '갈등중재 능력'으로 구분하면 좀 더 명확해진다.

    이를 다시 동기부여 능력의 정의는 구성원을 한 방향으로 이끄는 힘이라 하고, 갈등중재 능력은 구성원 간의 갈등을 조정하는 힘으로 정의한다. 이렇게까지 진전이 되면 그 다음에는 문제상황을 만들어낼 수 있을 것이다.

    '특정 조직 안에서 문제상황이 발생하였는데, 여러 가지 의견이 나오면서 서로 충돌이 생겼다.' 이렇게 서로 첨예하게 엇갈리는 상황을 주고 갈등을 중재하는 미션을 주는 것이다. 사전자료를 주고, 예시를 주고, 팀을 만들어주면 팀 빌딩을 통해 토론을 하고 갈등중재에 대한 답변을 꺼낸다. 이렇게 나온 답변의 여러 팀 주장을 듣고 공통적인 부분을 꺼내고, 이를 통해 기준을 찾거나 표준화작업을 거치는 것이다.

— 메가테이블_대학생을 위한 54개 역량체계

제목	역량	역량세부	정의(질문형식)	핵심측정기준	수준정의
조직을 이끄는 인재	사업수행역량	글로벌 마인드	글로벌 시야에서 기업의 역할을 찾고 개척하고 있는가	어학능력/글로벌 시야	역량을 문화적 이해력의 실력/상황을 글로벌 시야에서 바라봄
		전략적 사고능력	외부 내부의 특성을 파악하여 대안을 내리는가	기업분석능력/환경분석능력	내부의 강점과 약점을 보완/환경적인 기회와 위협을 감지
		조직관리역량	조직 전체로 이끌어서 시너지로 기업을 유지하는가	조직이끌음/기업가정신	조직의 이끌음을 잡음/새로운 것의 조직을 몰두다음
성과를 내는 인재	성과관리역량	기기 및 기술 활용	목표달성을 위해 기기와 기술을 효율적으로 활용하는가	기술활용능력/기기사용능력	업무를 능숙하게 소프트웨어 사용/업무를 능숙하게 하드웨어 활용
		정보수집 및 활용력	목표달성을 위해 정보를 수집하고 활용할 수 있는가	정보수집능력	자신의 분야에 필요한 정보 수집
		문제해결력	주어진 문제의 핵심, 본질, 원인을 알고	과정을 관리하여	
		논리적 분석력	주어진 정보를 분석하고	성과를 내기 위한 목표	
		판단 및 의사결정력	문제상황을 파악하여	상대방의 동의와 행동을 유도	
		계획 및 조직능력	일을 시작하기 전에 능력	의도가 담긴 최적의 문서를 작성	
		목표설정과 관리	일의 성과 태도	타인의 의견을 정확히 경청	
함께 가는 인재	대인관계역량	프리젠테이션스킬	체계 전달능력	자신의 생각을 정확히 전달	
		의사소통능력	조유인능력	필요시 주변의 협조를 끌어내는 힘	
		대인관계능력	인간관계능력	평상시의 인간관계를 유지하는 힘	
		팀 협응력	동료의식	개인보다 팀 동료를 우선하는 마음	
		리더십	협력심	동료의 필요를 깨닫고 돕는 의지	
기업에 준비된 인재	공통기본역량	해당직무지식	갈등중재능력	구성원간의 갈등을 조정하는 힘	
		조직적응력	동기부여능력	구성원을 한 방향으로 이끄는 힘	
		직업관	직무지식	해당 직무분야 학습 정도	
		가치관	전공지식	관련 전공분야의 학습 정도	
		인재상 이해 준비	조직적응력	구성원들에게 맞추려는 열린 마음	
지속가능한 인재	사회기초역량	꿈과 비전	조직헌신도	개인보다 조직을 우선하는 태도	
		변화대응력	업사명감	직업을 통해 세상을 돕는 마음	
		도전정신	정신	해당 분야 최고의 전문가 목표	
		정의성	가치관	직장 선택이 기준되는 가치관	
		성실성	관점	가장 소중히 여기는 가치기준	
		자기개발	주도적인학습능통	경험과 공부의 직무 연관성	
		자기성찰	끊임없이 자신을 돌아보기	기업의 문화를 이해하는	

 이것이 바로 한 시간 수업 내용이다. 이렇게 된다면, 특정 대학생 그룹을 만들어 55주의 역량강화 수업을 할 수 있게 되는 것이다.

 "폴샘, 대학생들을 위한 거대한 메가테이블을 만들었는데, 이를 구체적인 교육으로 만들려면 이러한 체계를 학년별로 재구성해야 하지 않을까요?"

 "그렇다면 미란 선생 생각에 대학 1학년 학생들에게 가장 필요한 역량교육은 무엇일까요?"

 "글쎄요. '인생에 대한 방향과 비전설계' 아닐까요. 그래야 대학을 다니는 이유를 깨닫는 것이니까요."

 "그럼 2학년 때는 학과 공부 이외에 어떤 역량교육이 필요할까요?"

 "2학년이면 전공을 정하고 자신의 전공 분야에 대해 학습을 더 열심히 해야 할 것 같아요. 3학년은 어느 정도 취업 이후의 방향을 정한 상태에서 전공을 세분화하고, 필요한 경험을 쌓아야 하고요. 4학년 때는 세상으로 나갈 준비를 해야 한다고 생각해요."

"저 역시 그렇게 생각하고, 역량체계를 대학생활의 학년별 교육과정으로 바꾸었답니다."

[대학생 커리큘럼]

순서	비전설계 아카데미 1학년, 신입생 인생경영 -인생설계 초점-	학습전략 아카데미 2,3학년 지식경영 -학습, 학점, 지식 초점-	커리어 아카데미 졸업생 커리어경영 -취업 컨설팅 초점-
1	정체감, 자존감, 효능감	인생 아이덴티티 테이블	사전 비디오심사 모니터링
2	강점분석과 가능성테이블	영역, 역할, 역량 분석	결과이미지와 격차 측정
3	소명, 비전, 미션, 목표정립	커리어 진로성숙도 진단	기업인재상별 모듈 팀빌딩
4	가치관, 성공관, 직업관	영역별 커리어 롤모델 세팅	인성, 적성, 능력, 역량구분
5	인생 트렌드와 브랜드 분석	목표와 영역별 격차 측정	자기소개서 패러다임 혁신
6	직업 변화와 포지셔닝	학습목표와 과목별 전략	다면 면접 시뮬레이션 실습
7	커리어 콘셉트와 전략 체계	멀티테스킹과 지식축적전략	로지컬 씽킹과 스피킹 전략
8	인생 장기로드맵과 전략서	실용독서 시스템과 기록법	자기 브랜딩과 마케팅 실습
9	대학생활 학습포트폴리오	미디어 분석과 활용법	차별화 카피와 네이밍 실습
10	목표관리를 위한 환경설정	논문 분석과 데이터 응용법	디베이트 면접 비디오심사
11	시관관리 실천 체크시스템	지식축적과 가공시스템구축	최종 비디오 심사 모니터링
12	포트폴리오 경진대회(캠프)	포트폴리오 경진대회(캠프)	포트폴리오 경진대회(캠프)

대학생들을 위한 책이 세상이 많이 나오지 않아 안타깝지만 P는 대학생들을 위해 학년별로 커리큘럼을 만들어 대학 강의를 시작하였다.

구간은 3구간으로 구분하고, 신입생들에게는 인생설계, 2학년과 3학년에게는 학습 전략, 4학년 졸업생에게는 사회 기초력과 취업컨설팅에 초점을 맞춘 것이다.

"한 사람을 돕되, 최소 3년은 돕겠다고 각오하는 것이 중요합니다. 한 번의 강연으로 인생을 바꾸겠다고 하는 것은 교만입니다."

"생애적 접근의 포인트는 바로 이런 것이군요. 한 사람을 지식으로 돕되, 최소 3년까지를 돕겠다는 마음으로 접근하는 것, 알겠습니다. 그런데 지식세대에 속한 보통 사람이 폭을 넓히고 깊이를 아는 독서를 하여 생애구간을 이해하는 활용을 한다는 것은 쉬운 일이 아닐 것 같아요."

"그런데 이렇게 오랜 시간을 일관되게 '사람'을 위한 지식을 연구하고 그것을 체계화하였더니, 결국에는 그 내용이 인생 전체의 구간에 연결되기 시작했습니다."

"유아, 초등, 청소년, 대학생 이렇게 생애 전체가 연결되기 시작했다는 것인가요?"

[생애전체의 필요 역량에 따른 지식환경 체계]

구간	생애	주제	활동	지원환경	도움 주체	가정	학교	기관	대학	기업
경력기	입사 후	성과	검증	성과 및 관리	기업경영자					
초년기	취업 후	업무	배치	현장실무	현업 멘토					
준비기	대학4학년	실무	인턴	현장인턴	기업전문가					
준비기	대학3학년	직무	경험	직무컨설팅	직무컨설턴트					
준비기	대학2학년	전공	학습	전공수업	교수					
준비기	대학1학년	비전	설계	인생설계컨설팅	비전전문가					
탐색기	청소년기	적성	탐색	정보, 만남, 체험	자신					
인식기	아동기	강점	확인	흥미, 재능관찰	교사					
잠복기	유아기	성격	이해	부모소통	부모					
	When		What		Who					

"가로 방향으로 이어서 설명하면 이해가 쉬울 것 같네요. 예를 들어, 유아기는 역량의 잠복기로서, 자신의 성격을 이해하는 것이 가장 중요합니다. 다만 이 과정에는 말 그대로 잠복기이고, 스스로 판단하기 어려운 시기이므로 부모가 주체가 되어 소통하면서 자녀의 성향을 이해하는 것이 중요합니다. 그 다음 아동기는 미란 선생이 한 번 해볼까요?"

"네, 아동기는 인식기입니다. 이 시기는 아동 스스로 자신을 인식하고 이해하는 것이 어느 정도 가능한 시기입니다. 이 시기의 가장 중요한 요소는 스스로의 타고난 강점을 확인하는 것인데, 이 과정에 가장 중요한 주체는 교사입니다. 객관적으로 볼 수 있는 관찰자이기 때문이죠. 이 시기에 주로 필요한 환경은 아동의 흥미와 재능을 관찰할 수 있는 환경입니다."

두 사람은 설명을 이어가며 대학생 이후 직장 초년시절과 경력기까지 필요한 흐름을 나누었다. 두 사람은 문득 정신을 차렸다. 베이스캠프의 분위기와 책장 구성에 대해 이야기를 나누다 너무 깊은 곳까지 와 버린 것이다. 책을 읽는 행위, 작은 서재 하나를 갖는 행위가 이렇게 거창한 지식체계를 갖기 위함이라고 한다면 과연 누가 서재를 만들 수 있을까. 미란은 너무 거창해진 인터뷰 사이즈를 다시 줄여보기로 마음먹었다.

"그런데 폴샘, 지식을 통해 사람을 돕는 것은 정말 아름다운 일이지만, 보통 사람에게는 너무 무거운 부담인 것 같아요. 사실은 독서를 통해 자기 자신의 삶 하나 바꾸는 것도 쉽지 않거든요."

"제가 좀 흥분했죠. 인터뷰 중에 제가 너무 앞서 나가면 미란 선생이 말려주세요. 하하!"

"아니에요. 베이스캠프를 통해 자신의 서재를 가꾸는 방법을 익히려면 이곳을 설계하고 가꾸어온 사람의 정신과 마인드를 이해하는 것은 무척 중요해요. 많은 사람이 알아듣는 언어로 바꾸는 것은 제가 할 터이니, 폴샘은 가장 편안하게 자신의 생각을 풀어놓으시면 됩니다.

실제 폴샘 강의를 현장에서 들으면, 매우 쉬운 수준의 언어와 가장 높은 수준의 자극이 공존하는 것을 많이 느낍니다. 그래서 다양한 수준의 사람들이 다수가 있을 때, 그 각각의 성향과 수준을 만족시키는 지식조율 방식이 궁금합니다."

"네, 저는 강연 시 수준은 낮고 쉽게 구성하되, 중간중간 상대방의 수준을 파악하여 강한 자극을 줍니다."

다음 세대를 위한 지식전달의 열망

"강연의 청중들은 다양한 지식세대가 포진합니다. 대학생부터 교육전문가들, 현직 교사들 그리고 교육기관의 리더자들도 있지요. 대부분의 경우는 같은 분야와 세대가 구분되지만 어떤 경우에는 다양한 세대와 참여 목적이 섞이는 경우도 있어요. 그럼 저는 가장 쉬운 수준과 테마로 지식전달을 시작하죠. 그러면서 점차 섞여 있는 청중의 전체를 파악하면서 수준과 참여 목적 등을 찾아내려고 합니다.

제 관심은 가장 낮은 수준의 사람을 즐겁게 하는 데에 있지 않습니다. 그 그룹에 숨어있는 높은 수준, 강한 열망, 깊은 관심을 가진 소수를 찾아냅니다. 그들이 저에게는 중요합니다. 그 사람들의 눈을 바라보면서 강의를 하죠. 그런데 대다수 사람들에게 제 마음을 들키지는 않습니다. 다만 제가 눈을 바라보는 소수와 저만 알 뿐이죠. 그런 사람들은 제가 가르치는 기술[Teaching]을 말할 때, 저의 강연방식[Preaching]까지 메모합니다. 주어진 지식만 메모하지 않고 다른 것까지 기록하는 것입니다. 그리고 여기에 제가 말하는 내용의 깊이와 체계[Developing]를 보게 됩니다. 제가 전달하는 지식 콘텐츠의 세부 내용체계를 생각하면서 제 강의를 듣고 있는 것이죠."

"그렇다면 폴샘, 저는 어느 정도의 수준인가요?"

"미란 선생은 그 다음 단계를 이미 지나갔습니다."

"그 다음 단계라면?"

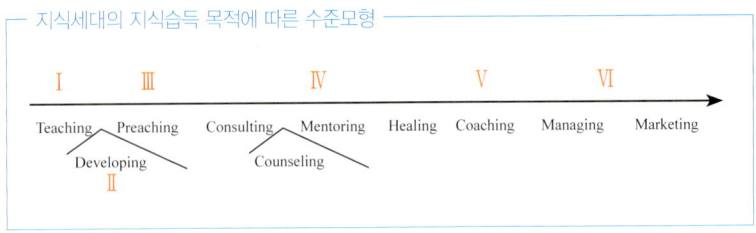

"지식으로 사람을 도울 때, 눈으로 소통이 가능한 상대방이라면 '변화'에 대해 강하게 밀고 나갈 수 있습니다. 이런 사람들에게는 아프더라도 문제를 직시하여[Consulting] 몰아갑니다. 받아들일 준비가 되어 있는 사람이죠. 그리고 그런 지식세대는 결국 서로 연대하고 인격적인 관계를 형성하게[Mentoring] 됩니다. 이런 사람들은 서로의 외침에 끝까지 경청할 준비[Counseling]가 되어 있답니다. 이 단계를 넘어서면 이제 자신과 똑같은 수준의 사람을 키우게 되죠[Coaching]. 그런 집단을 양성하고 관리하며[Managing], 세상에 두드러지는 삶을[Marketing] 살게 됩니다."

"저는 어느 수준에 있는지 구체적으로 콕 찍어주세요."

"미란 선생은 제 주관적인 판단으로 '코칭과 매니징'에 있습니다. 스스로 한번 재미삼아 체크해 보세요. 제가 체크리스트를 화면에 그려 보겠습니다."

[지식세대의 지식소화 수준 체크리스트]

성장 기준	기대감과 질문수준	전문가 역량	체크
Teaching	잘 가르칠 수 있을까?	수업 역량	○
Preaching	다수에게 잘 전달할 수 있을까?	강연 역량	○
Developing	콘텐츠를 개발, 수정, 유지할 수 있을까?	콘텐츠개발 역량	
Consulting	대상에 대해 측정, 진단, 처방이 가능할까?	컨설팅 역량	○
Counseling	대상의 마음속 상처까지 볼 수 있을까?	상담 역량	○
Mentoring	대상과 인격적인 관계를 형성할 수 있을까?	멘토링 역량	○

Healing	깊은 상처의 치유를 도울 수 있을까?	치유 역량	○
Coaching	대상이 스스로 성장할 수 있도록 도울 수 있을까?	코칭 역량	
Managing	나의 교육역량으로 커리어를 만들 수 있을까?	관리사업 역량	○
Marketing	나 자신과 콘텐츠를 효과적으로 알릴 수 있을까?	마케팅 역량	○

    P는 지식 그 자체보다 사람에게 더 관심이 많다. 수많은 사람 중에서도 특히 지식세대에 관심이 많다. 지식세대는 대학생 이상의 세대를 총칭한다. 그 중에서도 지식을 소중히 여기는 사람을 늘 찾는다. 소중히 여길 뿐 아니라 지식을 다룰 수 있는 '지식전달자'를 찾고 있다. 미란은 그의 이러한 삶의 목적을 오래 전부터 알고 있었다. 바로 그의 바인더에 들어있는 삶의 전체성 내용을 보았기 때문이다.

[P의 인생사용설명서 중 자기선언 일부]

목표	Target 목표의식	숫자	내가 사는 동안 12명의 영적지도자, 70명의 글로벌리더, 120명의 청소년전문가를 키워낼 것이다.
직업	Job 직업의식	장소	내가 평생 서 있을 곳은 교육이 이루어지는 모든 장소이다. 대학강단, 학교교실, 세미나룸, 교회 교육관, 그리고 가정
사명	Mission 사명의식	대상	나는 특히 교육의 뜻을 품고 살다가 어느덧 지친 선생님들과 시대의 변화와 정보의 가치를 모르고 힘겨워하는 이 시대의 지식인들을 끝까지 도울 것이다.
비전	Vision 미래의식	상상	나는 머지않은 미래, 내가 살아 있는 동안 '행복한 교육'으로 학생과 교사, 부모가 모두 웃음짓는 그 푸르른 날을 생생하게 떠올리며 지금을 살고 있다.
소명	Calling 존재의식	존재	나는 지역, 나라, 지구촌의 교육 패러다임을 바꾸는 '교육혁신가', '교육선교사'의 역할을 위해 존재한다.

    그래서였을까. 사람의 생애를 위해 지식의 넓이와 깊이 그리고 높이를 설명하는 P의 눈빛이 유독 더 강렬하게 빛나고 있다. 미란은 P의 이런 가치를 이해하는 소수를 배려함과 동시에, P를 통해 작은 서재 하나 세우는 방법을 배우려는 사람들과 책 한 권이라도 깊이 읽고 작은 삶의 변화를 꿈꾸는 사람들을 위해 다시 질문의 방향을 되돌렸다.

"폴샘, 우리가 한 권의 독서를 할 때, 또는 한 번의 강의를 들을 때, 도대체 어디까지 목표를 잡아야 할까요. 독서를 통해, 지식을 통해 삶이 바뀐다는 것은 어떤 것을 말하는 것일까요. 이런 서재를 갖고 있는 그 자체가 변화를 보장하지는 않는다고 생각해요. 또한 책을 반복적으로 읽고 읽은 책들이 쌓여간다고 해서 모두의 인생이 다 변하는 것은 아닌 것 같아요. 독서를 통해 우리가 기대할 수 있는 변화를 알고 싶어요."

독서의 영향력과 변화 가능성

그는 화이트룸으로 가서, 그림 하나를 그리기 시작하였다.

산 정상에 올라간 사람을 그리는 듯하다. 산 위에 올라간 사람이 '야호'하고 외친다. 세상이 작아 보이고, 속세에서 아옹다옹하던 모든 모습이 작게만 느껴진다. 하늘과 땅 사이에 서서 자신의 현실을 잠시 관망하게 된 것이다. 바로 그때, 사람은 '큰 생각'을 품게 된다. 작게 움츠러들었던 마음을 반성하고, 이제 넓고 큰마음으로 살기를 다짐한다. 마침 그때 시원한 바람이 분다. 정상에 오르기까지 땀으로 끈끈했던 몸과 마음이 한순간 바람결에 청량해진다. '아! 이게 행복이구나. 그래! 미워하던 사람 다 용서하고, 성공에 매몰되어 살던 삶에 이제 여유를 가져보자. 이제부터는 내게 소중한 사람들을 생각하며 살자'

이렇게 호연지기를 품고 기념사진을 찍은 뒤, 정상에서 내려온다. 그런데 이게 웬일인가! 하산을 시작하는 순간부터 다리가 무겁다. 정상에서 김밥과 오이를 너무 맛있게 그리고 급하게 먹었다. 두부와 막걸리도 과다 섭취했다. 힘들다. 좁은 길로 내려오는데 오늘따라 자꾸 올라오는 등산객과 부딪친다. 슬슬 짜증이 나기 시작한다. 살짝 발목에 무리가 가

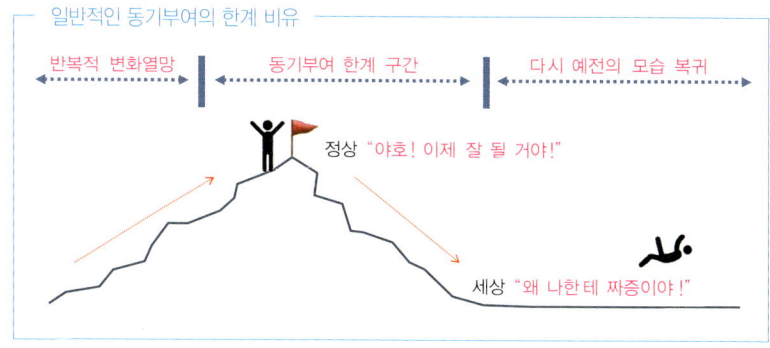

고 있다는 느낌도 든다. 공휴일이라 차가 막힐 것을 예상하여 빨리 내려오려 했으나 쉽지가 않다. 해가 질 무렵 겨우 산행 입구에 도착하고 주차해 두었던 차를 타고 집으로 향한다. 길에 차가 많다. 무거운 몸과 느린 차를 타고 중간에 식사시간도 놓친 채 집에 도착하였다. 집에 도착해서 그날 밤은 어떤 분위기일까. 휴일에 집 청소를 도와주기로 했는데 하지 않았다는 아내의 잔소리와 함께 다시 예전의 그 일상으로 아주 자연스럽게 돌아간다.

P가 그림을 그리며 풀어놓은 스토리이다.

"폴샘, 정말 친근한 스토리네요. 비유를 한 거죠? 마치 방학 때 깊은 산속 캠프에 참여한 청소년이 눈물 흘리며 다짐하고 집으로 돌아가서 엄마와 싸우는 모습 같아요. 하하!"

"한 권의 독서를 통해 깨달음을 얻은 사람은 이런 모습으로 살아갈 수도 있습니다. 우리가 경계해야 할 부분입니다. 독서를 통해 정상에 깃발을 꽂은 경험을 했을지라도 산을 내려가는 동안, 그리고 현실로 돌아간 다음 아주 사소한 일상에서 변화를 만들어내지 못하면 독서의 영향력이 한계에 부딪치는 것입니다."

"비유는 참 대단해요. 쉽게 이해가 돼요."

"쉽게 이해될 뿐만 아니라 정확하게 의미를 전달받게 됩니다. 그리고 뇌에 오래 간직됩니다. 미란 선생이 한번 그림 전체의 흐름을 설명해 주실래요?"

"네, 한번 설명해 볼게요. 일단 폴샘의 이 그림에 제목을 지어보고 싶어요. 제가 지은 제목은 '독서의 영향력 구간 비유'입니다. 일단, 그림에 제시된 표현을 있는 그대로 설명하고 난 뒤에 그 의미를 해석해 보겠습니다.

구간은 크게 세 가지로 나뉩니다. 정상, 베이스캠프, 그리고 세상입니다. 정상에서 발견한 것은 '꿈'이고 이것이 베이스캠프를 거치면서 '목표'로 바뀝니다. 그리고 다시 세상으로 나가면서 그 목표가 '계획'으로 바뀝니다. 현실로 돌아가서는 계획대로 '실천'하고 실천에 대해서는 반드시 '평가'를 거쳐야 '개선'이 됩니다."

"정확한 설명입니다. 역시 미란 선생의 언어는 매우 정돈되어 있고, 군더더기가 없습니다. 이제 그 다음은요?"

"표면적인 '내용'을 설명했으니, 이제 그 표현 속에 담긴 '의미'를 해석해 보겠습니다. 정답이 아닐 수도 있어요. 일단 구간부터 다른 말로 정리해 보고 싶어요. '정상'은 '이상'으로 표현해 볼게요. 책을 읽고 아름다운 꿈을 꾸게 되는 순간입니다. 그렇게 되었을 때 이 그림에 담긴 구간

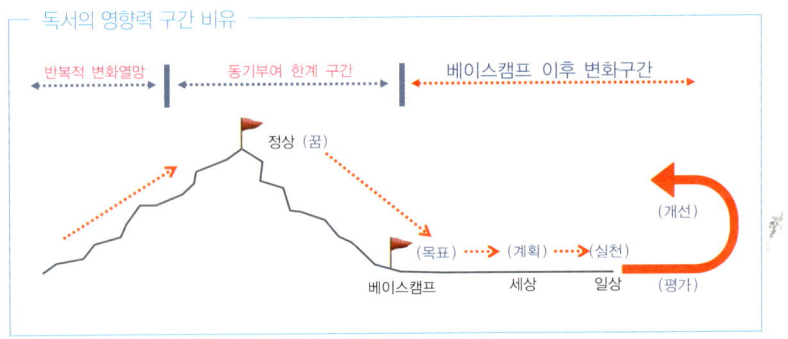

은 '이상'과 '현실'로 대비될 것입니다. 좀 더 쉬운 표현으로 하자면, '높은 이상'과 '눈앞의 현실'이죠. 대부분의 '변화'를 말하는 독서는 특히 성공사례, 또는 성공담으로 채워집니다. 이는 정상에 이미 도착해 본 사람이 말하는 것입니다."

"정상과 세상을 '이상과 현실'로 의미 구분한 것 매우 적절합니다. 거기에 '높은 이상'과 '눈앞의 현실'이라는 표현 역시 탁월합니다. 독서가 독자로 하여금 이상과 현실의 격차를 잠시 잊게 만드는 것이라면 이는 '한계가 있는 독서'입니다."

"폴샘, 이상과 현실을 잊게 만드는 것도 문제지만, 이상과 현실의 격차를 너무 과장되게 심어주어 건너갈 수 없는 '벽'을 두르고 '좌절'을 경험하게 하는 것도 문제라고 생각합니다."

"듣고 보니 한 가지가 더 떠오르는군요. 현실에서 아예 도피하게 만들어 이상 그 자체를 대리만족하고 다시 현실로 돌아오기를 두려워하게 만드는 것. '이상'으로 하여금 '환상'에 빠지게 만드는 것이죠."

"듣고 보니, 저도 한 가지가 추가되는데요. 이번에는 '이상'을 부인하고, 너무나 '현실' 중심으로 매몰되는 유형입니다. 그러니까 그 어떤 책의 메시지도 들으려 하지 않는 것이죠."

"미란 선생과의 대화는 매우 생산적입니다. 오랜 독서경험이 느껴지네요. 한 가지 아이디어가 떠올랐습니다. 제가 잠시 시간을 드릴 테니, 지금 우리가 나눈 짧은 대화 분량만을 떼어내어 간단한 지식체계를 화이트보드에 그려 주시겠어요?"

[지식습득 이후 반응과 변화 유형]

타입	착각형	좌절형	환상형	회피형
설명	이상과 현실을 구분하지 못하고 강의를 전전함	이상과 현실의 격차 앞에서 미리 좌절함	이상에서 현실로 오지 않고 환상에 머무름	이상을 받아들이지 않고 현실에 매몰됨

103

미란은 채 몇 분이 안 되어 표 하나를 그렸다. 적절한 타입 명칭을 만들어 각각의 의미도 설명하고 다른 유형과의 구분도 명확하게 하였다. 착각형, 좌절형, 환상형, 회피형으로 구분하고 각각의 의미를 넣었다. P는 미란의 체계화 능력을 칭찬한 뒤, 미란의 표 아래에 선을 그어 내용을 추가하였다. 적절한 수학기호를 넣어 상징체계도 만들었다.

"초안 설계를 잘 꺼내면 이렇게 발상이 수월해지고, 꼬리에 꼬리를 무는 연상이 이루어집니다. 이상과 현실이라는 '이분법' 구도이고 내용의 '크기' 구도가 선명하기 때문에 수학기호가 적절하겠다는 생각이 들었습니다."

[이상과 현실의 사이즈 비교에 따른 문제유형]

타입	착각형	좌절형	환상형	회피형
설명	이상과 현실을 구분하지 못하고 강의를 전전함	이상과 현실의 격차 앞에서 미리 좌절함	이상에서 현실로 오지 않고 환상에 머무름	이상을 받아들이지 않고 현실에 매몰됨
구도	이상 = 현실	이상 ≠ 현실	이상 > 현실	이상 < 현실

"훨씬 좋아졌어요. 그럼 저도 폴샘이 추가한 표 아래에 하나를 더 해볼게요. 다른 사람이 보아도 쉽게 이해가 갈 수 있도록 감성의 표현을 적어보면 어떨까요?"

[독자의 반응과 변화 유형]

타입	착각형	좌절형	환상형	회피형
설명	이상과 현실을 구분하지 못하고 강의를 전전함	이상과 현실의 격차 앞에서 미리 좌절함	이상에서 현실로 오지 않고 환상에 머무름	이상을 받아들이지 않고 현실에 매몰됨
구도	이상 = 현실	이상 ≠ 현실	이상 > 현실	이상 < 현실
감성	"다 할 수 있에!!"	"난!…… 안 될 거야."	"아 ~ 여기가 좋아!"	"…… 당신 이야기지."
도움	이상과 현실의 차이를 구분시켜 주어, 현실감각에 초점	작은 사이즈의 이상을 소개하여 가능성 심어주는 데 초점	현실을 도피하지 않도록 현실 속에서 이상의 소개하는 초점	이상의 과정을 쪼개서 작은 노력과 성취단계 제시에 초점

"다 할 수 있어, 난 안 될 거야, 여기가 좋아, 난 싫어…… 어때요? 각 유형의 표현으로 딱 어울리죠."

"미란 선생, 환상형과 회피형은 이미 정상에 도착한 사람의 입장과 대비를 좀 더 명확하게 드러내면 좋겠어요."

"그럼, 이런 표현은 어떨까요. '아~ 좋겠다!' 그리고 '그건 당신 이야기지!'"

미란의 이야기를 차분하게 듣고 있던 P는 잠시 화이트보드를 말없이 바라보았다. 미란이 기록한 감성의 표현을 뚫어져라 쳐다보다가 이윽고 무언가 떠올랐다는 듯이 마커를 들고 느낌표, 말줄임표, 마침표를 사용하여 감성의 표현에 기호를 더하였다.

"착각형에는 느낌표를 2개 더할게요. 과도한 동기부여에 빠진 거죠. "다 할 수 있어!!" 좌절형은 일단 초반에는 느낌표를 붙였어요. 일단 동기부여가 되지만 곧바로 현실과의 격차를 깨닫고 좌절로 단정합니다. 그래서 마침표 하나를 끝에 붙였습니다. "난!…… 안 될 거야." 환상형은 현실에서 도피하여 이상 속에 머물기를 원하고 있으니 그 짜릿함을 담아 물결표시와 느낌표를 붙였어요. "아~ 여기가 좋아!" 마지막은…… 마지막은 잘 안 떠오르네요. 미란 선생이 좀 도와주세요."

"마지막 회피형은 아마도 책을 읽고 약간의 희망을 품고 현실과 비교하면서 갈등을 했을 거예요. 하지만 현실의 갭이 훨씬 크기 때문에 받아들이지 않기로, 즉 회피하기로 결정을 하죠. 저는 그런 마음의 작은 동선과 파동을 담기 위해 말줄임표를 앞쪽에 넣고 싶습니다. "…… 당신 이야기지.""

"와우! 섬세합니다. 마음을 읽어내는 힘이 느껴져요. 그렇다면 내친김에 이런 유형 각각에 대해 어떤 도움이 필요한지 솔루션까지 넣어볼까요.""

두 사람은 화이트보드 앞에 서서, 서로 주거니 받거니 대화하면서 내용을 채우고 또 채웠다. 채운 내용을 다시 지우고 다른 말로 바꾸기도 하면서 결국 지식세대에게 도움을 줄 수 있는 초점까지 내용을 입력하였다. 그 사이 P는 커피 한 잔을 내려 미란에게 건넸다. 두 사람은 커피 향기와 더불어 자신들이 함께 만들어낸 작은 지식의 향기를 느끼고 있었다.

"폴샘, 다시 원점으로 돌아갈게요. '독서의 영향력 구간 비유'라고 이름붙인 그림을 보며 제가 설명을 하고 있었죠. 비유적인 그림의 내용을 설명한 뒤에는 그 속에 담긴 의미를 해석하기 시작했습니다. 베이스캠프를 중심으로 정상과 세상을 이상과 현실로 용어를 바꾸어 비교구도를 강화시켰어요. 바로 거기서 독서의 반응유형으로 가지를 뻗은 것이죠."

"정확합니다. 보다 근본적인 것을 더하자면, 제가 이 그림을 그린 것은 책을 읽고 지식을 접하게 될 때 책이 주는 영향력의 목표를 어디까지 잡아야 하는가에 대한 미란 선생의 근본적인 질문에서 시작된 것입니다."

"근본이 나와서 말인데, 제가 그 질문을 던진 이유는 폴샘이 한 사람을 지식으로 도울 때는 최소한 3년 이상을 보며 생애적 차원에서 접근해야 한다고 강조한 타이밍이었어요."

"재미있네요. 그렇다면 더 근본으로 들어가 볼까요. 생애적 차원의 접근은 제가 사람을 돕기 위해 책을 읽을 때는 '넓이 독서, 깊이 독서 그리고 높이 독서'를 한다고 했던 설명에서 이어진 것입니다. 이 세 가지 내용 기억하시죠?"

"당연하죠. 넓은 독서는 한 가지 주제에 대해 수평적으로 다양한 주제와 방식을 아우르는 포괄적인 접근방식이었습니다. 깊은 독서는 한 분야에 대해 수직적인 체계를 잡으라는 것이었어요. 여기서의 수직적인 체계는 과정, 단계 등을 말하는 것입니다."

"네, 맞습니다. 바로 이러한 넓이 독서와 깊이 독서에, 위에서 조망하는 '높이'가 더해져야 한다고 했습니다. 높이를 더하는 방식으로 제가 꺼낸 것은 생애 구간에 따른 필요에 대한 통찰입니다."

"폴샘은 이를 '버드뷰(Bird View)'라고 표현하셨어요. 생애적 접근이 중요하다는 말에 동의합니다. 아동의 발달단계에서부터 청소년과 대학에 이르기까지 생애 구간에 따라 접근이 이뤄질 수 있다는 것."

"하나만 알면, 그 하나만으로 사람을 바라보지만, 전체를 알면 최적의 도움을 줄 수 있습니다."

"이것이 바로 폴샘이 강조하신 토탈리티였습니다. 전체를 보는 과정에서 대학생을 위한 커리큘럼을 수직과 수평으로 결합한 체계를 보여주었고, 바로 거기서 최소 3년 이상의 생애적 접근이 나온 것이죠."

"이제야 원래의 자리로 돌아왔군요. 그런데 우리는 왜 이 이야기를 이 서재에서 하고 있는 것일까요."

"저는 이 서재의 체계에 접근하기 위해 오늘 첫 방문을 한 것입니다. 이 방대한 체계 속으로 들어가기 전에 근본적인 물음이 있었고, 그것은 바로 이 지식체계의 목적이 무엇인가 하는 것이었습니다. 이미 답은 말씀하셨어요. 지식의 목적은 바로 '사람'이다. 사람을 살리고, 사람을 키우고, 사람을 세우는 것. 이것이 바로 폴샘이 지식을 추구하는 유일한 목적이었죠."

인생의 베이스캠프

어떤 지식을 다루더라도 항상 시작과 끝이 있다. 시작, 초점, 흐름, 관계, 연결 그리고 마지막 엔딩까지의 과정이 늘 선명하다. 마치 철길이

견고하게 놓여 있을 때 기차가 최고의 속도를 낼 수 있듯이, 지식전문가들은 근본에 집착한다. 근본에 접근하면 할수록 그들은 지식의 바다에서 자유로워진다. 대화는 다시 화이트보드의 등산 모형으로 돌아갔다. P는 베이스캠프에 대해 설명을 이어갔다.

"산 정상에서 심장을 뛰게 만드는 것은 독서를 통한 감격과 울림이겠죠. 이를 흔히 '동기부여'라고 합니다. 그런데 책을 읽으면서 울컥하던 감격이 책을 덮고 일어서는 순간 사라진다는 것은 마치 산 정상에서 내려오면서 정상에서의 호연지기를 잊어버리는 것과 같습니다. 여기서 중요한 포인트는 정상과 세상, 이상과 현실의 다리 역할을 하는 것이 바로 '베이스캠프'라는 사실입니다. 베이스캠프가 없는 대다수의 사람들은 '다리(Bridge)'가 사라진 셈입니다. 지식전달자의 베이스캠프는 서재이지만, 일반 사람들의 베이스캠프는 각기 다를 수 있습니다. 어떤 게 있을까요. 일반 사람들의 베이스캠프는 무엇일까요. 미란 선생의 생각이 궁금합니다."

"일반 사람들의 베이스캠프를 찾기 전에 베이스캠프의 역할이 더 선명해야 하지 않을까요?"

"미란 선생이 한번 의미를 소개해 주실래요. 인생의 베이스캠프는 어떤 의미일까요."

"여기서의 의미는 베이스캠프의 역할(Role)이라고 생각합니다. 어떤 역할을 하느냐가 중요할 것 같아요. 베이스캠프는 일반용어가 아니라 등산용어죠. 대개 큰 산을 등반하려면 극지법을 활용하거나 그렇지 더라도 등반 기간이 길어 식량 등 많은 짐을 쌓아두고 자주 옮겨야 하는 경우가 생기는데 이때 대원들이 자주 또는 가끔 오래 머물러야 하는 근거지가 필요해요. 그렇기 때문에 베이스캠프로 선정되는 곳은 바닥이 평탄하고 식수를 구하기 쉬운 곳이어야 하는 게 조건입니다."

"네이버 지식백과 내용이군요. 원출처는 '등산상식사전'이고요. 하하!"

"네, 그래요."

"미란 선생과 함께 또 하나의 체계를 정리해 보아야 할 것 같군요. 베이스캠프는 이 서재의 이름이면서, 정상[Top]의 언어로 지식을 만난 사람들이 자신의 세상으로 그 지식을 가져가는 중간 역할[Bridge], 즉 원대한 이상과 치열한 현실의 다리 역할로서 중요하기 때문에 한 번은 깔끔하게 정리하고 가야 할 것 같습니다. 혹시 그 광고 기억하시나요. 베이스캠프를 사용한 광고가 있었습니다."

"당신의 베이스캠프는 어디입니까. 어디로 가야 할지 모른다면 '방향'이 될 것이고, 어떻게 가야 할지 묻는다면 '지도'가 될 것이고, 계속 가야 할지 망설여진다면 '용기'가 될 것입니다. 베이스 없는 정상은 없습니다. 세상의 베이스가 되다. 포스코!"

"내용을 정확하게 기억하시네요. 광고에서 소개된 베이스캠프의 역할은 세 가지입니다. '방향, 지도, 용기'이죠. 바로 여기서부터가 우리가 풀어야 할 숙제입니다. 광고는 가장 감성적인 방식으로 언어를 구성하기 때문에 그것을 그대로 지식체계로 가져가기는 어려울 수 있어요. 등산이라는 원래의 배경과 등산용어로서의 베이스캠프 내용과 광고를 연결하여 베이스캠프의 역할에 대한 지식체계를 정리해 보죠. 무엇부터 시작할까요?"

"속성을 살펴야죠. 드러난 것 속에 담긴 기준들을 찾는 작업 말이에요."

"좋습니다. 어떤 속성이 나올 수 있을까요. '방향'은 속성을 말하는 단어가 맞지만, 지도는 '속성'이 아니라 '도구'죠. '방향'을 도구화한다면 '나침반'이나 '망원경'이 좋을 거 같고, 지도를 속성화한다면, '과정', '방법' 등이 되겠죠."

"폴샘, 여기서 또 하나 걸리는 것은 '용기'예요. 용기는 도구가 아니고

속성에 가까운데 이 또한 같은 위치의 속성에 붙이기는 뭔가 단추가 안 맞는 느낌이에요."

"그렇다면 여기서 잠깐 멈추고, 베이스캠프의 실제 기능으로 넘어가 보죠. 등산상식 차원에서 베이스캠프는 어떤 역할을 할까요?"

"전진기지입니다. 방향을 탐색하고, 방법을 연구하고, 도구를 챙기고, 식량을 보관하는 기지입니다. 때로 정상을 향하다가 어려움을 겪으면 베이스캠프로 되돌아와서 재충전하거나 방향을 수정하기도 합니다."

"그렇다면 베이스캠프는 위치 선정이 매우 중요하겠네요. 정상이 보이는 곳이어야 하고, 지대가 평평한 곳이어야 해요. 그리고 튼튼해야 합니다. 또한 도움이 될 만한 도구와 식량이 충분해야 해요. 통신체계도 중요하고요. 미란 선생의 생각에는 모든 등산에 베이스캠프가 다 필요할 것 같나요?"

"아뇨. 베이스캠프는 매우 높은 고산을 등산할 때 필요한 것 같아요. 동네 야산 오르는 데 베이스캠프는 우습죠."

"좋아요. 이미 나온 속성들을 한번 나열해 볼게요. 베이스캠프는 몇 가지 조건적인 차원이 있습니다. 위치적 측면과 기능적 측면이죠. 기능적 측면은 머무를 때, 출발할 때, 그리고 실패나 실수 이후 다시 돌아올 때, 그리고 정상을 등정하고 하산할 때로 나뉠 것 같군요."

"역시 폴샘의 체계화 실력은 속도와 내용면에서 참 깔끔합니다. 얘기한 모든 내용을 하나의 흐름으로 나열하기 위해서는 제일 앞에 얘기한 위치적 측면도 기능적 측면에 붙일 수 있을 것 같아요. 그럴 경우 기준은 '시간'이라는 상위 속성입니다. 위치 선정은 베이스캠프를 처음 만들 때 필요한 것이니 시간적으로는 가장 앞섭니다.

결과적으로 정리해 보면 베이스캠프의 역할은 위치선정, 충분한 휴식, 전략수립, 출발, 실패 혹은 실수 이후 전략 수정, 그리고 목표달성의 흐름이고요. 그 각각의 과정마다 기능을 정리하되, 등산 그 자체의 기능을 먼저 정리한 뒤에, 그 속에 담긴 의미를 해석하면 우리의 현실에 적용이 가능할 것 같아요.

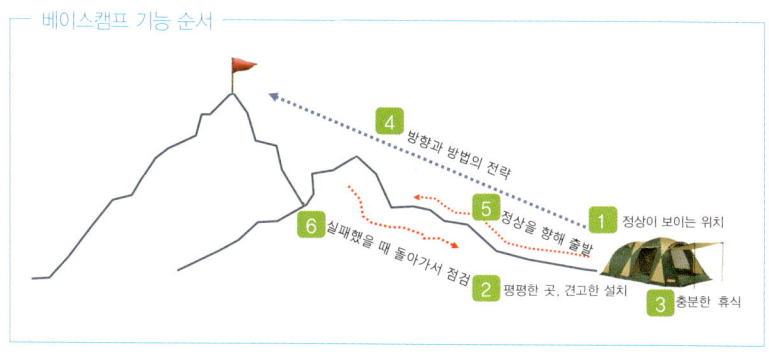

베이스캠프와 베이직라이프

미란은 화이트보드에 직접 그림을 그려가며 베이스캠프의 의미 구조를 찾으려 하였다. 그런데 생각보다 쉽게 정리되지 않는다. 시간의 순서에 따라 베이스캠프를 중심으로 움직임의 동선을 찾아냈지만, 이것을 통해 어떤 의미를 도출해야 할지 쉽지가 않았던 것이다.

차를 마시던 P가 눈치를 채고 다가와 함께 그림을 완성하고, 그 옆에 베이스캠프에 담긴 의미 체계를 정리하였다. 체계가 완성되자 두 사람은 흐뭇하게 그림을 보며 미소 지었다. 화이트보드 하나의 크기가 벽 전체의 크기인데, 벌써 그 큰 공간이 절반 이상을 그림과 지식체계로 채워졌기 때문이다. 미란은 오늘이 서재 방문 인터뷰 첫날이라는 사실도 잊은 채 마치 매일 이 서재에서 책을 읽고 연구하며 그림을 그렸던 것처럼 익숙하게 동화되어 가고 있었다. 이런 방식 즉 대화하고 참여시키는 방법은 P가 지식 체계를 공유하는 스타일이다. 일방적으로 전달하지 않고 함께 만들어가는 방식이다.

[베이스캠프의 기능과 조건 그리고 현실로의 의미적용]

타입	베이스캠프 기능	핵심 조건	현실 적용 질문
1단계	정상이 보이는 곳을 찾아	목표와 현재 위치	나는 지금 어디로 가고 있는가?
2단계	평평한 곳에 텐트를 세워	견고한 기초	나는 삶의 기초를 다지고 있는가?
3단계	충분히 휴식하고 준비하며	철저한 준비	나는 치열하게 준비하고 있는가?
4단계	방향과 방법을 결정하고	치밀한 전략 수립	나의 꿈을 이루는 과정이 적절한가?
5단계	정상을 향해 출발한다.	도전의식과 용기	나는 끊임없이 도전하고 있는가?
6단계	과정에 실패하거나 실수하면	인내와 극복의지	나는 실패를 통해 성장하고 있는가?
7단계	처음으로 돌아가 점검하고	초심회복과 문제해결	내가 회복해야 할 초심은 무엇인가?
8단계	성공의 방법을 축적한다.	자신을 성찰하는 힘	나는 끊임없이 발전하고 있는가?

"미란 선생, 이렇게 그림을 그려보니 더 궁금해지는군요. 보통 사람들의 베이스캠프는 과연 어디일까요. 물론 저와 같은 지식전문가에게 베이스캠프는 '서재'입니다. 저는 바로 이것을 증명하는 삶을 살고 있는 것입니다."

"자신의 방향을 점검하고, 혹시나 놓치고 있는 기초를 돌아보고, 일상의 치열한 준비상태와 전략을 확인하며 힘을 다시 얻는 곳이죠. 혹시 인생의 쓰디쓴 실패와 시행착오를 경험했을지라도 그곳으로 돌아가 쉼을 얻고, 회복하며, 실패를 통해 교훈을 얻고 다시 시작하는 힘을 얻는 곳이겠죠. 이런 의미라면, 굳이 공간(Place)에 제한되지 않고 다양하게 있을 것 같습니다. 미국 대통령의 캠프 데이비드 휴가, 한국 대통령의 휴가지가 대표적이죠. 그리고 빌게이츠를 포함한 수많은 지식리더는 '생각

주간(Think Week)'을 가집니다. 공통적으로 그런 기간에는 읽고 싶은 책들을 가지고 가죠. 그런 경우에는 공간(Place)보다는 시간(Time)개념이 되겠군요."

"적절한 통찰력입니다. 이스라엘 사람들은 일 년 중 일정한 주간에 '광야주간(Tent Week)'을 갖습니다. 이는 과거 자신들의 선조가 모세를 따라 이집트를 탈출하여 40년 동안 여호와의 인도를 따라 광야생활을 했던 방식으로 돌아가는 초심회복의 방식입니다. 지금도 여전히 그들은 특정 주간에 광야의 텐트 경험을 온 가족이 함께 참여하면서 자신들의 역사성과 신앙을 점검합니다."

"가볍게는 새해 첫날 정동진을 찾아 해맞이를 하며 인생과 일 년을 돌아보고 새해를 다짐하는 것도 나름의 베이스캠프인 것 같아요."

"그래요. 인간은 누구에게나 베이스캠프가 필요합니다. 뒤를 돌아볼 겨를도, 옆을 살필 겨를도 없이 달리는 사람들에게는 베이스캠프가 꼭 필요합니다. 하지만 저는 한 가지 생각을 포기할 수 없습니다. 그 모든 개인의 선택을 존중하지만, 그럼에도 이 시대에 대학생 이상의 성인, 한 가정의 아버지와 어머니, 모든 직업인, 그리고 특히 교육전문가들에게는 '서재'라는 공간이 필요하다고 생각합니다. 저는 이 사람들을 모두 '지식세대'라고 지칭합니다."

P의 서재는 지식세대를 위한 베이스캠프를 상징한다. P는 그것을 증명하여 작은 희망을 세상과 나누고자 하고, 미란은 그런 희망을 일반화시키고자 한다. 그래서 이 시대 대학생들이 현실에 매몰되지 않고, 책을 읽으며 다시 희망을 불태우기를, 그리고 평생의 서재를 지금부터 꿈꾸기를 바라는 것이다. 이 시대 직장인들이 아파트 평수를 늘리는 꿈에 갇히지 않고, 자신과 자녀를 위한 작은 서재 하나를 겸손히 꿈꾸기를 소망하는 것이다. 이 시대 지식전문가들이 가르치기 위한 지식에 지쳐가지

않고, 오직 그 자신이 지식의 베이스캠프에서 지식과 함께 행복하기를 꿈꾸는 것이다.

P는 미란이 그린 그림에 색깔 펜으로 몇 가지의 의미를 더 추가해 그림을 완성시켰다. P는 삶이 바쁠수록 더더욱 서재에서의 시간을 확보한다. 그곳에 머물면 자신의 모습이 보인다. 자신의 위치가 보인다. 어디로 가고 있는지 점검하게 된다. 혹시 놓치고 있는 것이 무엇인지 살피게 된다. 그리고 행여 잊고 있는 가치와 기초를 다시 세운다. 너무 지쳐 책 더미에 누워 잠이 들기도 하고, 너무 삶이 버거우면 혼자 우는 곳도 서재이다.

P는 바로 이런 느낌과 의미를 고스란히 그림에 표현하였다.

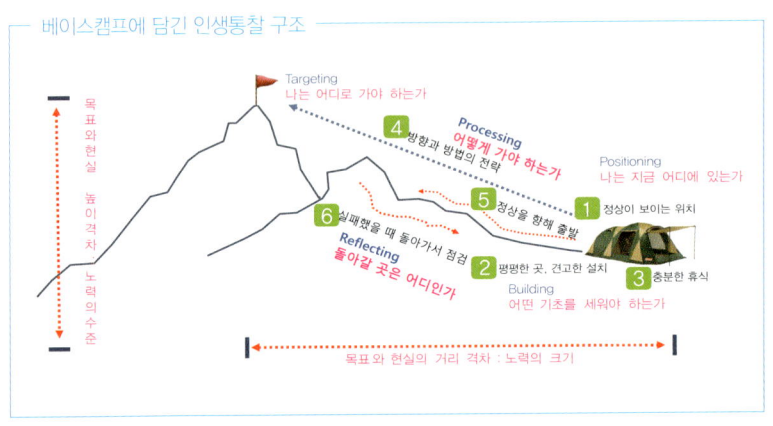

"폴샘, 우리 지금 토크쇼하고 있는 것 같아요."

"지식 토크쇼. 하하!"

"그런데 원래 제가 하던 이야기는 등산 비유예요. 독서의 영향력 구간이요. 다시 원점으로 가볼게요."

베이스캠프에 대한 의미를 함께 나눈 이후, 미란은 독서의 영향력에 대한 등산 그림 의미 해석을 이어갔다. 마치 지식 토크쇼를 하듯 생각의 흐름에 따라 자유분방하게 대화를 이어가다 보니, 수시로 원점으로 돌아가는 작업을 해야 했다. 먼저 그림의 내용에 대한 설명을 한 번 더 이야기한 후, 그 내용 사이에 숨겨진 의미들을 부연하였다.

좋은 독서, 탁월한 독서, 위대한 독서

"정상에서 발견한 것은 '꿈'이고 이것이 베이스캠프를 거치면서 '목표'로 바뀝니다. 그리고 다시 세상으로 가면서 그 목표가 '계획'으로 바뀝니다. 현실로 돌아가서는 계획대로 '실천'하고 실천에 대해서는 반드시 '평가'를 거쳐야 '개선'이 됩니다. 책을 읽은 독자에게 끼칠 수 있는 영향력은 이 구간마다 차이가 납니다. 즉, 독서를 통해 동기부여를 충분히 주지만 정상의 '꿈'에서 끝나고 베이스캠프를 지나가지 못하면 그 꿈은 목표로 바뀔 수 없습니다. 꿈이 목표로 바뀔 수 있도록, 즉 베이스캠프를 지나가게 돕는 독서는 일단 '좋은 독서[Good Reading]'라고 봅니다."

"'좋은 독서[Good Reading]' 표현이 재미있네요."

"네, 좋은 독서는 '목표'까지 만들어주니까요."

"미란 선생은 꿈과 목표를 구분하고 있겠군요. 꿈이 목표로 바뀌는 그 사이의 기준은 무엇일까요."

"네, 제가 생각하는 꿈과 목표의 가장 간단하고 명확한 차이는 '기록'입니다."

"동의합니다. 기록이 없는 꿈은 그저 꿈으로만 남죠."

"꿈을 기록하면 목표가 되고, 기록하지 않고 꿈만 꾸는 사람은 망상가로 살아가고, 꿈을 기록하여 목표로 바꾼 사람은 실천가의 삶을 살아갑니다."

"어디서 많이 들은 이야기인데요."

"네, 폴샘이 쓴 책에 들어 있잖아요."

"계속 설명을 해보죠."

"산을 내려와 베이스캠프를 거쳐 현실로 돌아가서 만약 앞서 만든 '목표'가 '계획'으로 바뀔 수 있다면 이미 '탁월한 독서[Excellent Reading]'라고 봐야 합니다."

"좋은 독서에서 '탁월한 독서[Excellent Reading]'로 발전했네요. 미란 선생이 생각하는 탁월함은 무엇일까요?"

"목표가 계획으로 바뀌었다는 것은 실천할 수 있는 바탕을 준비하는 단계까지 진전되었다는 것입니다. 이 정도의 가능성을 심어준 것은 탁월한 수준입니다."

"목표와 계획의 차이는 어디에 있다고 보나요?"

"목표와 계획의 차이는 '기간'에 있습니다. 장기목표, 중기목표, 단기목표로 구분하는 것이죠. 기간에 따라 목표를 구분했다는 것은 당장 할 수 있는 것과 멀리 보고 조금씩 채워야 할 것을 구분했다는 겁니다."

"미란 선생의 표현은 이번에도 명쾌합니다."

"강의를 오래 함께 다니며 듣다 보니 제 사고체계에 아예 정리가 되어 버렸습니다."

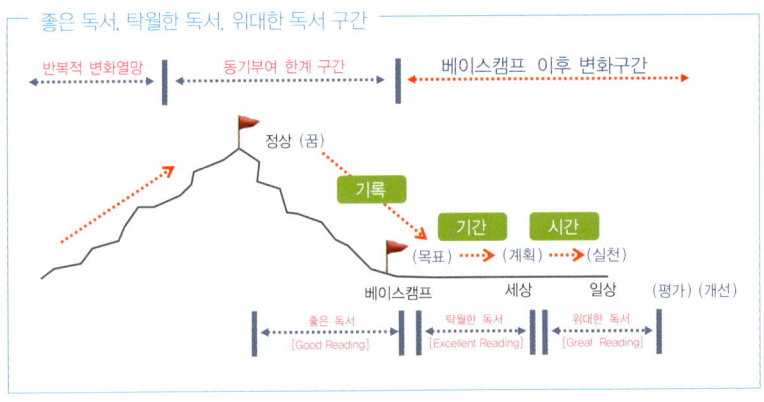

"뿌듯합니다. 이제 설명의 마무리 단계이군요."

"계획이 '시간'으로 바뀌는 사람은 매일의 삶에서 '실천'이 이루어질 수 있습니다. 인생의 장기적인 목표와 그 목표를 이루기 위한 중기적인 목표가 있고, 당장의 일 년 목표를 가지고 있으며, 그 목표를 이루기 위해 지금 해야 할 일은 '하루' 단위의 '시간'으로 만들어낸 것입니다. 만약 어떤 한 사람이 책을 읽은 후 꿈, 목표, 계획, 실천까지 도달했다면 이 독서를 뭐라고 하면 좋을까요? 좋은 독서[Good Reading]와 탁월한 독서[Excellent Reading]를 했으니 그 다음 단계를 말해 주면 됩니다."

"아니 왜 저에게……, 하하! 난처하네요."

"왠지 답을 하실 것 같아서요."

"제 서재에 있는 책 한 권이 떠오르네요. 『Good to Great:좋은 기업에서 위대한 기업으로』 혹시 마지막 수준은 '위대한 독서[Great Reading]가 아닐까요. 왠지 느낌이 좋은데요."

"어휴, 제가 졌습니다. 딩동댕입니다!"

"한 사람의 인생에 꿈, 목표, 계획, 그리고 실천을 통해 변화를 만들어냈다는 것은 조금 건방진 표현이지만 신(神)의 즐거움에 동참한 것입니다. 사람으로서 이 땅에 살면서 느낄 수 있는 가장 큰 행복과 보람이 아닐까 싶어요. '위대한 독서'라는 표현에 넘치도록 동의합니다."

[독서 영향력과 수준]

영향력 단계/수준	1단계	2단계	3단계	4단계
	꿈	목표	계획	실천
좋은 독서[Good Reading]	꿈 → (기록) → 목표			
탁월한 독서[Excellent Reading]	꿈 → (기록) → 목표 → (기간) → 계획			
위대한 독서[Great Reading]	꿈 → (기록) → 목표 → (기간) → 계획 → (시간) → 실천			

P는 태블릿을 열어 자신이 읽은 책의 내용을 정리한 파일을 살폈다. 그 중에 미란에게 이 순간 꼭 보여주고 싶은 자료가 떠올랐기 때문이다. 바로 한 권의 책으로 인생 전체가 바뀐 사람들의 이야기를 모아놓은 책이다. P는 오래 전 이 책을 읽고, 책 전체를 요약한 단 한 장의 그림을 그렸었다.

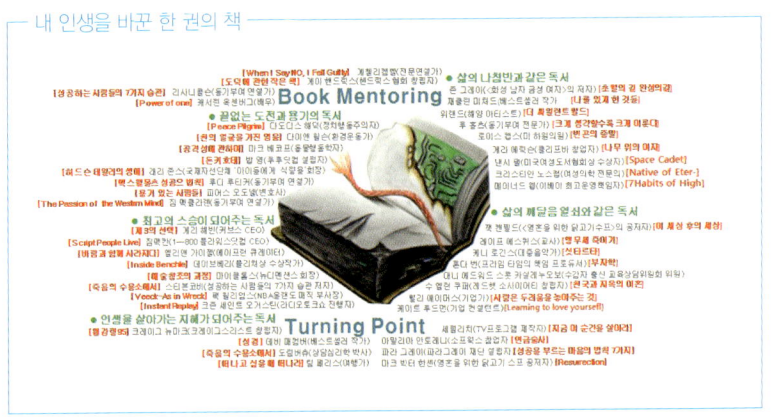

미란은 그림을 보고 깜짝 놀랐다. 책 한 권을 읽고 핵심 정보를 요약하여 단 한 장의 디자인을 만들었다는 그 시도와 결과물에 놀랐던 것이다. P는 책을 읽고 그 책의 내용을 어떤 방식으로 체계화하며, 또 자신의 삶으로 가져갈 것인지를 늘 고민한다.

"한 권의 책으로 인생이 바뀐 사람들이 한눈에 보이는데요."

"그렇죠. 붉은색으로 표시된 책이 그 인물의 인생에 결정적 계기를 만들어준 책입니다."

책을 읽고 인생이 바뀐 사람이, 자신의 책을 써서 또 다른 사람의 인생을 바꾼 경우도 있어요. 빅터 프랭클 박사는 『성서』에 영향을 받고, 그 경험을 담아 『죽음의 수용소』라는 책을 썼습니다. 그리고 『죽음의 수용소』를 읽고 큰 영향을 받은 스티븐코비가 『성공하는 사람들의 7가지 습

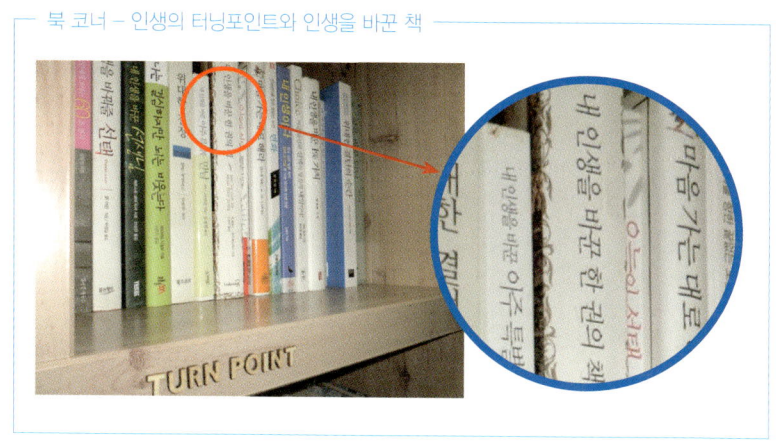

─ 북 코너 – 인생의 터닝포인트와 인생을 바꾼 책 ─

관』을 집필하였고, 『성공하는 사람들의 7가지 습관』을 읽은 동기부여전문가 리사니콜슨의 인생이 바뀝니다.

또 이 그림은 주제별로 분류되어 있는데, 끝없는 도전과 용기의 독서, 삶의 나침반과 같은 독서, 최고의 스승이 되어주는 독서, 삶에 대한 깨달음을 주는 독서, 그리고 인생을 살아가는 지혜가 되어주는 독서 등으로 구분됩니다."

"와우! 책이 인생을 바꾸고, 인생을 바꾼 사람이 책을 써서 또 다른 사람의 인생을 바꾸고 있는 것이군요. 한 장으로 그려진 슬라이드의 정보 집약도가 이렇게 높군요."

"그렇습니다. 한 권의 책을 읽고 얼마나 많은 상상을 할 수 있는지 그리고 얼마나 많은 변화를 만들어낼 수 있는지 기회가 되면 자세히 소개해 드리겠습니다."

P는 다시 미란과 함께 채운 화이트보드를 유심히 쳐다보며 전체적인 흐름을 조망하였다. 한 권의 책과 지식습득을 통해 인생의 긍정적인 변화를 만드는 흐름을 점검하고 있는 것이다. 그림을 보고 있자니, 무언가

빠진 느낌이 든다. 미란도 이미 눈치를 채고 있었다. 그림에는 있지만 표에 넣지 않은 것이 분명 있다. 꿈, 목표, 계획, 실천이 있지만 빠진 것이 무엇일까. 바로 '평가'와 '개선'이었다.

"미란 선생, 가장 중요한 것이 빠졌군요."

"그러네요. 너무 몰입한 나머지 중요한 것을 뺐네요. 평가와 개선입니다. 실천까지 다 이루었지만 평가를 뺀다면 옛날의 모습으로 돌아갈 수 있겠죠?"

"옛날의 모습으로 돌아가는 것보다 더 무서운 것은 잘못된 실천을 반복하는 겁니다."

"동의해요. 그런데 실천에서 평가로 넘어가기 위해 필요한 것은 무엇일까요. 이 부분은 제가 찾기 어려운 것 같아요. 폴샘이 도와주세요."

"평가를 하기 위해 가장 중요한 것은 '평가기준'입니다. 일반적으로 교육 분야에서 학습을 시작할 때는 학습목표를 세웁니다. 만약 교육 이후에 학습결과를 평가한다면 평가기준은 어디서 가져올까요?"

"당연히 학습목표겠죠. 독서를 통해 이러한 변화를 꿈꾸는데 그 결과를 평가하려면 독서 목표 즉 책의 내용 목표에서 찾아야 하겠군요. 그렇다면 매 독서마다 다른 평가기준이 있을 수 있지 않을까요?"

"맞습니다. 하지만 일반적이고 근본적인 평가기준은 있습니다. 바로 베이스캠프의 핵심기능에서 찾으면 됩니다. 나는 지금 어디로 가고 있는가. 나는 삶의 기초를 다지고 있는가. 나는 치열하게 준비하고 있는가. 나의 꿈을 이루는 과정이 적절한가. 나는 끊임없이 도전하고 있는가. 나는 실패를 통해 성장하고 있는가. 내가 회복해야 할 초심은 무엇인가. 나는 끊임없이 발전하고 있는가 등등. 이런 기준은 얼마든지 더 만들 수 있습니다."

"폴샘, 여기서 궁금한 게 또 있습니다. 평가 이후 개선의 과정으로 가는 과정에서는 어떤 기준이 필요할까요?"

"여기에는 기준이 없습니다. 평가까지 진행할 정도면 스스로 개선할 점을 찾는 데 무리가 없습니다. 그럼에도 굳이 기준을 꺼내자면 GP, BP 정도가 되겠죠. 굿포인트(Good Point)와 배드포인트(Bad Point)를 말합니다. 기억하세요? 제가 컨설팅했던 한 고등학교에서 단짝인 두 학생이 평가를 통해 개선점을 찾아낸 이야기요?"

"네, 기억해요. 시간관리에 대해 한 학생은 성취감[Good Point]을 통해 개선점을 찾았고, 옆 짝꿍은 실패감[Bad Point]을 통해 개선점을 찾아서 둘 다 발전한 사례, 『학교혁명, 대전대신고 이야기』에 그 실제 사례가 나오더라고요."

의미 없는 반복, 의미 있는 반복

나란히 앉아서 함께 일주일 단위의 시간 관리와 공부량에 대한 주간 평가를 하는 단짝이 있다. A라는 학생은 평상시에 공부를 열심히 하는 친구이고 B학생은 기복이 심한 친구였다.

[셀공목표와 달성률]

구분	A학생	B학생
주간가용시간	12시간	12시간
주간셀공목표	10시간	5시간
주간실제셀공	5시간	4시간
주간달성률	50%	80%
만족도	5시간 공부하고도 완전 실망	4시간 공부하고도 완전 기쁨

두 친구는 모두 일주일 동안에 스스로 공부할 수 있는 시간[가용시간]이 12시간이다. 공부에 대한 의욕이 넘치는 A는 12시간 중에 10시간을 스스로 공부하겠다고 계획했다[셀공목표]. 반면 공부에 그다지 관심이 없는 B는 공부시간을 계획하라는 교사의 말에 현실적으로 가능한 5시간 공부계획[셀공목표]을 세웠다.

　일주일이 지난 후 두 친구는 각자의 일주일 공부량을 돌아보며 점검해 보았다. 공부 욕심을 부려 셀공목표를 높게 잡았던 친구는 5시간을 공부하고도 목표치에 한참 못 미쳐서 50% 달성률을 기록하였고, 욕심을 부리지 않고 현실 가능한 목표를 기록한 친구는 짝꿍보다도 적은 4시간을 공부하고 달성률을 80%로 기록하였다.

　"공부를 많이 하고도 실망하고, 그보다 적게 하고도 성취감을 느끼는 결과가 나온 것이죠. 이 두 친구가 이렇게 주간피드백타임을 가진 뒤, 바로 그 다음 주 공부계획을 세웠어요. 어떻게 계획을 수정했을까요?"

[일주일의 공부시간 피드백과 개선내용]

구분	A학생	B학생
주간가용시간	12시간	12시간
주간셀공목표	7시간(목표 하향수정)	6시간(목표 상향수정)
주간실제셀공	6시간	5시간
주간달성률	86%	83%
결과	지난주의 욕심을 버림. 목표치를 낮추고 1시간 더 공부하여 달성률이 높아지고 성취감을 느낌.	지난주의 성취감으로 용기를 냄. 목표치를 1시간 높이고 1시간 더 공부하여 달성률이 높아지고 또 성취감을 느낌.

　그냥 스스로 시간계산을 하고 평가한 내용을 짝꿍과 공유했을 뿐이다. 결국 두 학생은 스스로 변화를 만들어내었다. 앞주에 과욕을 부려, 더 많은 공부를 하고도 실패감을 느꼈던 친구는 그 다음 주에 욕심을 버

리고 목표시간에서 3시간을 내렸다. 그리고 실제 공부는 1시간을 더하여 달성률이 86%로 올라섰다. 제대로 성취감을 느낀 것이다. 한편 지난주에 짝꿍보다 1시간 공부를 덜 하고도 달성률 80%을 찍었던 친구는 그 성취감의 여세를 몰아 그 다음 주에는 목표시간을 1시간 늘리고 공부도 1시간 더 했다. 그 결과 83%의 달성률을 기록하였다. 단지 일주일을 돌아보고 평가의 시간을 통해서만 개선점을 찾았는데 결국 변화를 만들어 낸 것이다. 이는 P가 실제 학교컨설팅을 통해 끊임없이 확인하였던 결과이다.

이제 평가와 개선까지 포함하여 빠짐없이 정리가 되었다. 그러고도 P는 다시 화이트보드를 뚫어져라 쳐다보았다. 마커를 들어 원래 있던 그림에 뭔가를 더 그리고 내용을 추가하였다. 다 완성된 그림에 화살표를 하나 추가하였다.

"미션을 하나 드립니다. 자기주도학습의 초기 이론을 알고 있으시죠?"

"놀스(Knowls)이론인가요?"

"네, 맞습니다. 놀스 이론의 핵심구간을 이 그림에 넣어주세요. 근본은 모두 연결되게 마련입니다."

> 학습자가 타인의 도움 여부와는 상관없이 스스로 학습 요구를 진단하고 학습 목표를 설정하며, 목표로 설정한 학습을 해가는 데 요구되는 인적, 물적 자원을 확보하고, 적합한 학습전략을 선택, 실행하며, 학습을 통해 성취한 학습 결과를 스스로 평가함으로써 학습의 과정에 스스로 주도적 역할을 수행하는 학습이다.(Knowls, 1975)

미란은 자기주도학습의 기초가 되는 이론을 상기해 보았다. 여기에 '계획'을 '실천'으로 만드는 과정에 꼭 필요한 '시간'개념을 포함하여 5개의 구간을 만들었다. 목표, 전략, 시간, 실행, 피드백의 구간을 그래프에 표시했다.

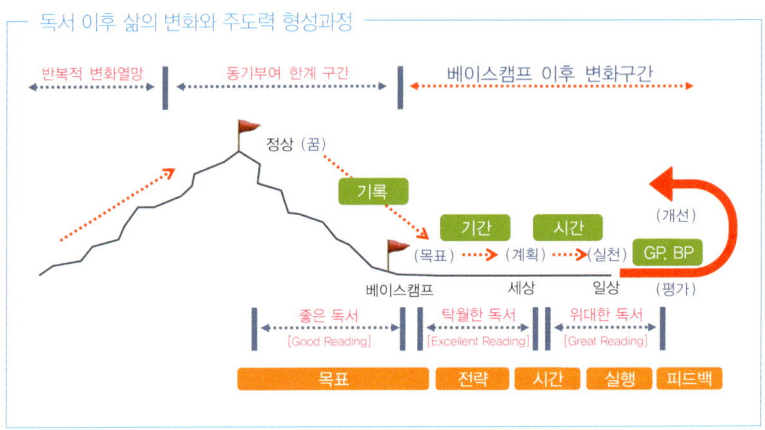

"화살표는 무슨 뜻인가요?"

"이렇게 한 사이클을 돌고, 다시 같은 흐름을 반복하는 겁니다. 이것이 중요해요. 반복되면서 성장하는 것이죠. 바로 이것을 나타낸 그래프가 피드백 그래프입니다."

"자신을 돌아보고 성찰하는 사람과 그렇지 않은 사람을 비교한 그래프군요."

"우리가 인정해야 할 것은 누구에게나 기복이 있을 수 있다는 겁니다. 다만 차이가 있다면 계속 똑같은 실수와 실패를 하느냐, 아니면 조금씩 개선되고 있느냐 하는 것이죠. 4개의 그래프가 순차적으로 이루어질 겁니다."

"4개의 그래프요? 폴샘, 좀 더 자세히 설명해 주세요."

"좀 더 정확하게 표현하면 4개의 피드백 그래프입니다."

P는 먼저 2개의 그래프를 그렸다. 똑같이 책을 읽고 뭔가를 결단하고 실천까지 하며 그 삶을 반복하지만 성장하지 않는 삶이 있다. 하지만 같

은 반복이지만 성장하는 삶도 있다. 그 차이는 '평가와 개선'에 있다. 이것이 주도적인 삶, 성장하는 삶의 특징이다.

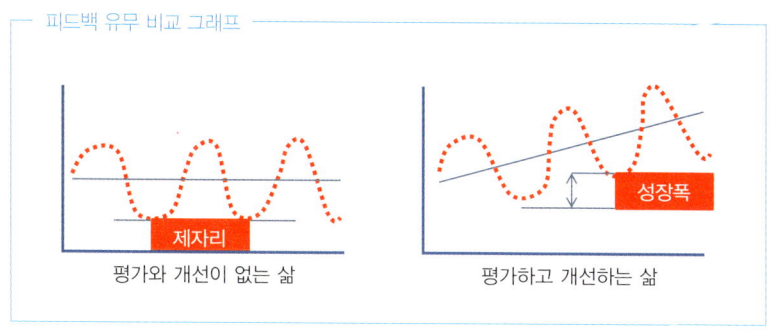

지식을 통한 삶의 변화는 깊이 들어갈수록 새로운 세상이 열린다. 책을 읽는 것으로 끝내는 것이 아니라 책을 통해 깨달은 꿈과 동기부여를 기록하여 목표로 바꾸는 사람은 그 다음 단계로 갈 수 있다. 그리고 그 목표에 기간을 설정하여 당장 해야 할 것과 장기적으로 해야 할 일을 구분하면, 이것이 바로 '계획'의 단계까지 가는 것이다. 그리고 그 계획에 구체적인 '시간'을 배치하면 '실천'의 문이 열린다.

이렇게 해서 깨달음을 '실천'과 '변화'로까지 이어가는 사람은 이미 대단한 사람이다. 그런 독서는 좋은 독서, 탁월한 독서를 넘어 위대한 독서로 이미 간 것이다. 그런데 여기서 끝나는 것이 아니라 그 과정과 결과를 평가하고 개선하는 사람만이 지속적인 성장을 이룰 수 있다.

"이러한 지식의 원리를 깨달아서 이 그래프처럼 성장하는 사람이 지식세대 가운데 얼마나 될까요?"

"3퍼센트 정도로 예상합니다."

"백 명 중 세 명 정도군요. 그 세 명은 이 원리를 반복적으로 적용해서 점점 더 성장하겠지요. 반면 번번이 변화를 만들어내지 못하고 과거로 돌아가는 사람은 또 다시 제자리에 머물러 있을 거고요."

저자별 북 코너 / 공병호 / 이지성 / 피터드러커 / 안상헌

"결국 인생은 스스로 선택하는 것입니다. 행복이든 불행이든 선택하고 그 결과를 책임지는 방식이죠. 우리가 할 일은 마지막까지 그 선택을 돕는 것입니다. 그래서 저는 절대로 포기할 수 없습니다."

"폴샘, 때로는 자신이 선택하지 않은 것에 대해 책임지는 경우도 있어요. 그래서 슬픈 겁니다."

"이해합니다. 이쪽으로 와 보세요. 책 한 권을 소개해 드리겠습니다."

P는 미란을 서재의 한 코너로 안내하였다. 그곳에는 P가 존경하는 국내외 저자들의 책 전 권이 저자별로 구분되어 있었다. P는 앤디앤드루스의 책장 앞에서 멈춰 섰다. 그리고 책 한 권을 펼쳐 미란에게 보여주었다.

> 저의 비참한 현재는 제가 만든 게 아닙니다. 저는 정말 이렇게 살고 싶지 않았어요. 저는 열심히 일했어요. 그런데 여전히 안정된 직장도 없고, 돈도 없으며, 희망도 없는 현재를 살고 있어요. 이 모든 것은 저의 잘못이 아니에요……

『폰더 씨의 위대한 하루』 책에는 '데이비드 폰더'라는 사람이 나온다. 주인공 폰더는 되는 일이 하나도 없고 자꾸 삶이 복잡하게 꼬이기만 한다. 매우 절망스러운 상황에서 그는 독특한 체험을 하게 된다. 상상 속에서 역사 속 위대한 인물을 만나 그들에게 격려와 조언을 듣게 되는 것이다. 그가 만난 사람 중에는 미국의 트루먼 대통령(미국의 33대 대통령)이 있었다. 대통령은 자신의 삶이 이상한 방향으로 흘러가는 것을 원망하고 있던 폰더에게 의미 있는 격려를 해준다.

> 데이비드. 난 자네를 화나게 하고 싶은 생각이 전혀 없어. 하지만 나는 자네를 위해 중요한 이야기를 하려 하네. 자네가 오늘날 그 상황으로 내몰린 것은 자네의 사고방식 때문이네. 자네의 생각이 자네의 결정을 좌우하지. 모든 결정은 하나의 선택이야. 여러 해 전 자네는 대학에 가야겠다고 선택했어. 또 전공할 과목도 선택했지. 대학을 졸업한 뒤에는 이런저런 회사에 이력서를 보내야겠다고 자신이 선택했어. 그 중 한 회사에서 일을 해야겠다고 선택한 것도 자네야. 그렇게 취직하기 위해 돌아다니는 동안. 자네는 파티에도 참석했고 영화 구경을 하기도 했고 스포츠 활동을 하기도 했어. 이런 모든 활동은 따지고 보면 자네가 선택한 것이지. 그런 와중에 사랑하는 여자도 만나고 또 그 여자와 결혼해야겠다고 선택했어. 그 여자와 자네는 결혼을 해서 아이를 낳고 가족을 이루겠다고 선택했어. 자네의 직장일도 마찬가지야. 일의 방식. 일의 결과. 사람과의 관계 그 모든 것을 자네가 선택했던 거야. 아주 오래 전부터 자네는 수많은 선택을 했고 그것이 모여서 오늘날의 상황을 만들어낸 거라네.
>
> 『폰더 씨의 위대한 하루』 중에서

미란은 P가 왜 이 책을 소개해 주었는지 충분히 이해가 되었다. 지식 세대로 하여금 최선의 선택을 할 수 있도록 돕고, 가장 아름다운 변화를 이룰 수 있도록 돕지만 결국 각자 자신의 선택이 가장 중요하다는 것이다. 그리고 우리가 나누고 있는 변화의 가능성에 대해 미리 낙심하지 말자는 메시지가 담겨 있기 때문이었다. 또한 지금 P와 나누고 있는 이 가능성의 스토리가 너무 어렵거나 무겁다면, 그 내용을 가장 쉬운 언어로 바꾸어서 세상에 꺼내 달라는 요청이 담겨 있는 것이다. 미란은 P의 마음을 읽고, 앞으로 남은 인터뷰를 더욱 긍정적으로 희망을 찾는 인터뷰로 만들겠다고 스스로 다짐하였다.

"폴샘, 평가와 개선에 대한 내용 설명 아직 다 안 끝난 거죠? 여기 다른 책장들은 잠시 후 다시 볼게요. 설명하시던 것을 마무리해 주세요."

두 번째 그래프가 바로 평가와 개선이 있는 삶이며, 이러한 삶이 '반복'되면 세 번째, 네 번째 그래프로 발전하게 된다. 굴곡이 점차 줄어들고 성장의 탄력으로 접어들게 되는 것이 세 번째, 네 번째 곡선의 단계이다.

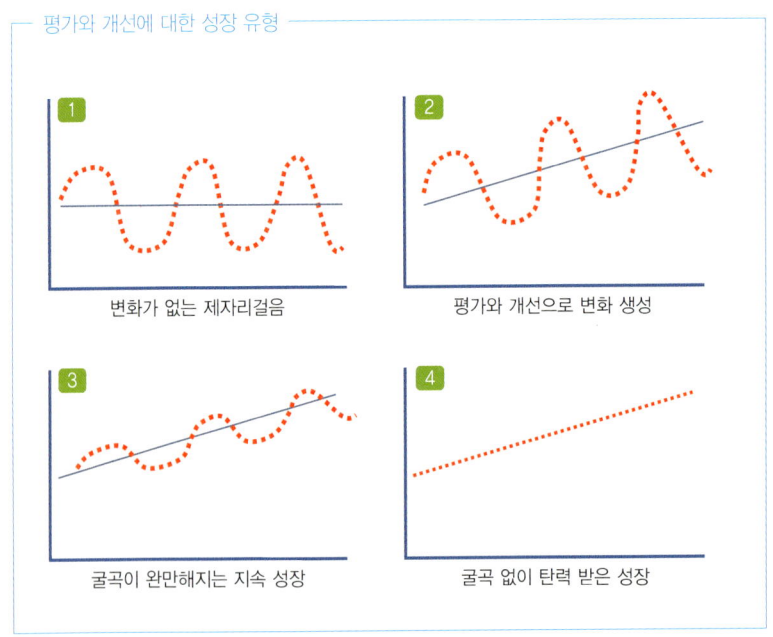

"반복을 통해 평가와 개선이 반복되면 이처럼 아름다운 변화가 일어납니다. 여기까지 진행된 사람이 있다면, 그 다음에는 이 그림에서처럼 선이 연결됩니다. 이렇게 더 높은 산이 등장하는 것이죠. 같은 순서를 반복하겠지만 이번에는 다른 더 높은 산을 오르는 것입니다."

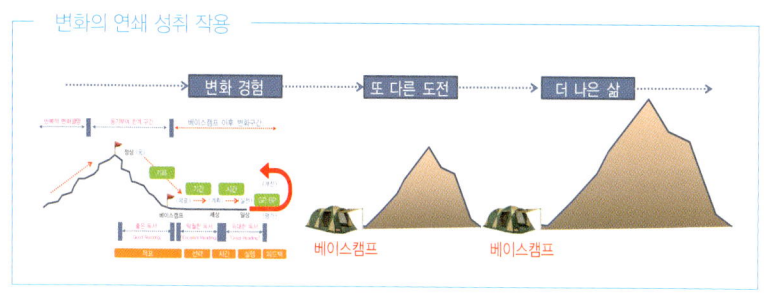

"또 다른 높은 산, 그리고 베이스캠프를 다시 짓고 또 성장하고⋯⋯, 한 단계 인생이 업그레이드된 것이군요. 멋있어요! 한 번 성취를 경험한 사람은 또 다른 성취에 도전하는 것이 가능하죠."

여기까지 완성하니 벽 하나 크기의 화이트보드가 거의 모두 채워졌다. P는 미란과 함께 작업한 그림의 지식체계와 사고의 흐름을 정리하기 위해 보드의 위쪽에 사고구간을 표시하고 각각의 제목을 붙여보았다. 하나의 작품이 탄생된 것이다.

'이런 방식으로 서재에서 지식을 체계화하시는구나.'

미란은 자신도 모르게 몰입하고 있었다. 미란은 P의 서재에서 그의 삶을 직접 경험하면서 이해하는 중이었다. 인터뷰를 하러 왔다는 사실조차 잊은 채 P의 지식세계로 걸어들어 가고 있었다.

"이제 다른 공간으로 이동할까요. 그런데 한 가지 덧붙이고 싶은 내용이 있어요. 미란 선생, 이곳에서 저와 대화하면서 지식체계를 만들었을 때, 자연스럽게 반복하던 사고방법이 있었는데, 혹시 느끼셨나요?"

"아뇨, 이런 거대한 그림을 그리기도 벅찼는데 뭘 더 생각했겠어요."

"저는 어떤 지식체계를 만들기 위해 비유적인 방법을 많이 사용해요. 그 비유를 함께 풀어가는 과정에서 일차적으로는 표면적인 내용을 정확하게 설명하고, 이차적으로는 그 속에 담긴 의미를 해석합니다. 결과적으로는 개인의 가치나 적용점으로 귀결이 되는 것이죠."

"내용을 이해하고, 의미를 해석하고, 가치를 적용한 거군요."

"이해, 해석, 적용이 목표이고 각각에서 찾아낸 것은 내용, 의미, 가치입니다. 이는 매우 일반적인 사고의 과정입니다. 가장 보편적인 용어는 관찰, 해석, 적용입니다."

"듣고 보니 기억나는 게 있어요. 독서법에서는 이를 쉽게 '본, 깨, 적' 즉 본 것, 깨달은 것, 그리고 적용할 것으로 표현하기도 합니다."

"이해 단계에서는 정확성이 요구되고, 해석 단계에서는 객관성이 요구되며, 적용단계에서는 주관성이 필요합니다."

[지식체계를 만드는 과정의 사고 도출 단계]

구분	내용 이행	의미 해석	가치 적용
일반 사고 기법	관찰	해석	적용
독서법	본 것	깨달은 것	적용할 것
요구되는 기준	정확성	객관성	주관성
필요한 내공	관찰력	통찰력	성찰력

미란은 화이트룸을 나오면서 질문 본능을 다시 드러내기 시작했다.

"구체적으로 어떤 면에서 지식세대와 지식전달자들에게 '서재'가 베이스캠프가 될 수 있을까요?"

"그 질문에 대해서는 이미 미란 선생이 답을 알고 있습니다. 저에게 서재 인터뷰에 대해 질문했던 일곱 가지 질문이 혹시 수첩에 적혀 있나요? 그 질문을 요약하여 제가 정리해 드린 일곱 가지 핵심내용이 있죠. 바로 그것입니다."

[서재에 대한 궁금증과 질문 주제]

주제	질문	키워드
질문 1	서재 독서와 지식추구의 목적은 무엇입니까?	지식의 목적
질문 2	지식추구의 역사와 흔적을 서재에서 볼 수 있습니까?	지식의 역사
질문 3	서재 독서의 책 선정과 독서방법은 무엇입니까?	지식의 융합
질문 4	서재를 통해 시대의 변화를 읽어낼 수 있습니까?	지식의 변화
질문 5	서재와 지식추구 생애의 롤모델은 누구입니까?	지식의 멘토
질문 6	서재를 통해 지성과 감성을 겸할 수 있습니까?	지식의 감성
질문 7	한정된 시간 안에 방대한 서재 독서가 가능합니까?	지식의 시간

서재 인터뷰의 첫 인터뷰 주제를 다시 확인하는 순간 미란의 마음이 약간은 조급해졌다. 시간 가는 줄 모르게 화이트보드에 그림을 그리면서 지식체계를 잡다 보니 꽤 많은 시간이 흘렀기 때문이다. 지식의 목적이 '사람'이라는 것은 이제 어느 정도 이해가 되었다. 그 과정에 어떻게 지식으로 '사고'하는지 파악도 되었다. 그리고 나니 그러한 통찰과 성찰의 힘을 만들어주는 독서체계가 궁금해졌다.

"어떻게 책을 읽습니까? 사람을 살리고, 사람을 키우고, 사람을 세우기 위해 구체적으로 어떤 책을 고르고, 어떤 순서로 읽고, 어떻게 서재에 비치하며 관리하는지 궁금합니다."

P는 미란을 가장 안쪽의 방으로 안내하였다. 그곳은 방 전체를 빼곡하게 책장과 책으로 채웠는데, 그 앞에 벤치가 하나 놓여 있다. 잘 갖춰진 서재에 벤치가 놓여 있다기보다는 잘 조성된 공원 벤치 옆에 서재가 놓인 느낌이다. 미란은 벤치에 앉아 보았다.

"이곳은 '서재 속의 서재'라고 합니다. 이 방은 그 자체로 완성된 하나의 서재 형태로 만들었어요. 지금부터 제 설명을 따라 시선을 이동해 보세요."

북 코너 – 사색하는 벤치

베이스캠프룸 벤치   베이스캠프 라이브러리 벤치

인생 흐름별 독서코너 – Life

한 사람의 생애를 돕기 위해 어떤 순서로 책을 읽고 배치하는지 보여주고 있다. 가장 본질부터 시작하여, 가장 현실적인 책까지 순서대로 과정(Path)이 한눈에 보인다. 가장 먼저 눈에 들어오는 것은 'Life코너'였다.

> '인생사전, 포트폴리오 인생, 살아야 하는 이유, 고민하는 힘, 세상을 보는 지혜, 내 인생의 제목 달기, 마음수업, 비움, 품격, 인생수업, 마음의 시계, 인간 사색, 깊은 인생, 오늘 내가 살아야 하는 이유, 오늘 내 인생 최고의 날, 결정적 순간의 대화, 일 분 후의 삶, 내 인생의 결정적 순간, 무엇을 위해 살 것인가, 사람은 무엇으로 성장하는가, 감동 예찬, 내가 보고 싶었던 세계, 노년 탄생, 품위의 재발견 ……'.

"미란 선생, 베이스캠프에서 책을 읽는 시간은 어쩌면 전쟁과 같은 치열함이 느껴질 수도 있습니다. 그러나 저는 이곳 벤치에 앉는 순간 쉼과 평안을 느낍니다. 그야말로 베이스캠프를 경험하는 것이죠.

내가 어디로 가는지, 어떻게 가는지, 왜 가야 하는지, 방법은 무엇이며, 잘 가고 있는지, 함께 가고 있는지, 속도가 나는지, 속도가 나지 않는다면 이유는 무엇인지. 천천히 가는 것이 더 낫지는 않은지, 반복되는 실패가 있다면 그 이유는 무엇인지, 실패를 통해 배울 점은 무엇인지를 생각합니다. 본질의 흐름을 따라 시선을 따라가다 보면 그 자체만으로도 저는 힐링이 됩니다. 여기가 바로 이 서재의 심장부. 즉 설국열차의 맨 앞칸입니다."

"설국열차의 맨 앞칸, 베이스캠프의 심장부……."

미란은 잘 정렬된 인생 흐름별 독서코너에서 잠시 말을 잊었다.

TIP 첫 번째 서재 인터뷰 Big Picture

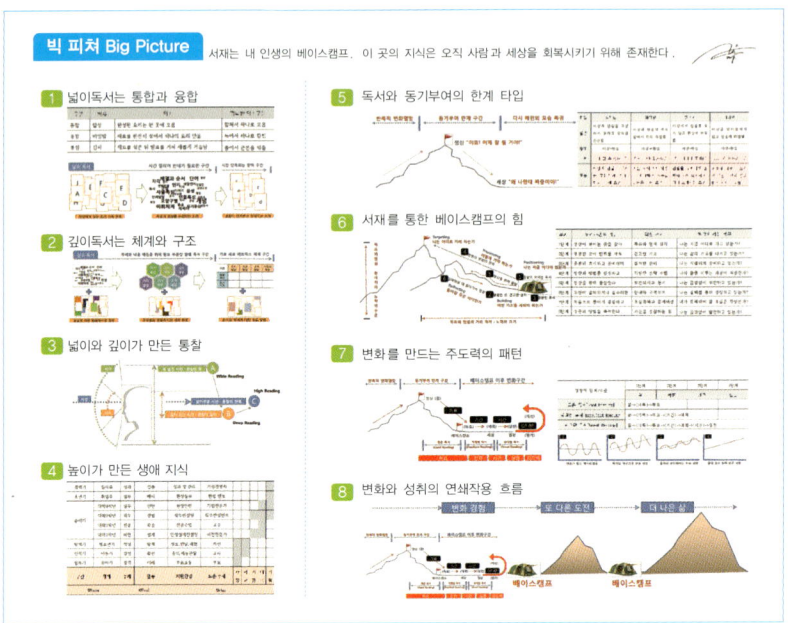

TIP 나만의 서재 만들기 Supervising

서재 인터뷰
'두 번째 만남'

서재는 역사의 궤적
Base Camp is History

Base Camp is History

라이프센터, 유일한 서재

이 세상 어디에도 없는 P가 상상하고 만든 그만의 서재이다. 정확히 말하면 서재 속 서재이다. 베이스캠프의 한쪽 공간을 따로 떼어내, 특별한 공간을 별도로 꾸민 것이다.

인생을 어떻게 살아가야 하는지 방향성에 대한 서가로 인생의 흐름에 대한 책이 일목요연하게 배치되어 있다.

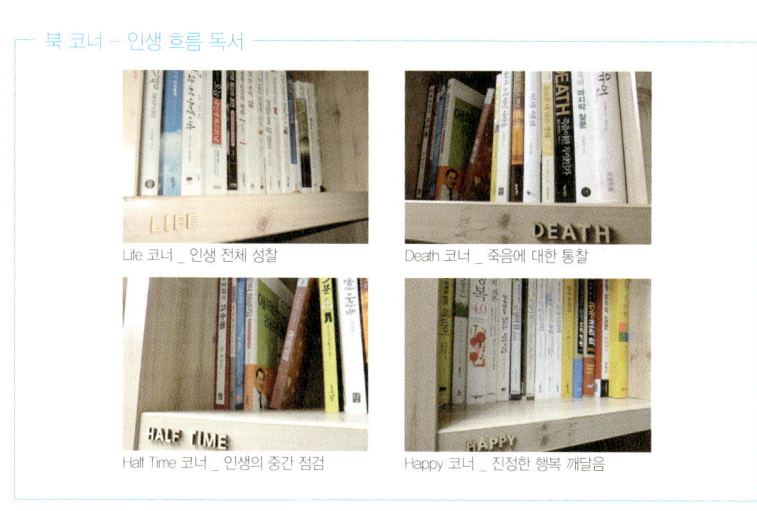

[생애독서의 서재 구성]

	구성	분야	책 예시
1	Life	인생 전체 성찰	인생수업, 무엇을 위해 살 것인가
2	Death	죽음에 대한 고찰	유언, 마지막 질문, 인생열전, Death
3	Half Time	인생의 중간 점검	하프타임의 고수들, 애프터 하프타임
4	Happy	긍정심리와 행복학	행복4.0, 해피어, 긍정심리학
5	Turn Point	인생을 바꾼 계기	인생을 바꿔줄 선택, 내 인생이다
6	Who	자기를 찾는 여행	프레임, 나는 무엇을 잘할 수 있는가
7	Dream	꿈과 목표 추구	꿈을 설계하는 힘, 비저닝, 보물지도
8	Author	인생 코치와의 만남	폰더 씨의 위대한 하루, 단 하루만 더

P는 설명을 마치고, 잠시 미란에게 둘러볼 시간을 주기 위해 집필실로 자리를 옮겼다. 미란은 커피를 마시며 수첩을 꺼내 서재 구성에 대해 메모를 시작하였다. 나중에 사진 촬영도 하겠지만 그래도 현장의 생각을 담아 메모를 해두어야 나중에 생각이 날 수 있기 때문이었다.

📖 미란의 지식수첩

1 베이스캠프 안에 별도로 라이프센터라는 코너가 존재한다.
2 인생 전체의 조망부터 꿈을 찾는 과정까지 의미 순서로 배치되어 있다.
3 삶의 통찰 다음에는 '죽음'에 대한 긍정적 통찰을 담은 코너를 배치했다.
4 인생 가치를 깨닫는 코너 다음에 인생을 바꾼 터닝포인트 코너가 있다.
5 인생의 조망을 마친 뒤에는 'Who'코너를 만들어 자신을 발견하게 한다.
6 자신을 발견한 뒤에는 꿈을 돕는 책들이 배치되어 있다.
7 라이프센터의 마지막 코너는 인생코치와의 만남으로 구성했다.
Q 그런데 왜 '라이프센터'라고 이름을 지었을까.

"폴샘, 라이프센터(Life Center)는 '인생을 조망'하는 책들이 있기 때문에 붙인 이름인가요?"

"그렇다고 볼 수 있죠. 그런데 여기서는 한 가지 통찰이 필요합니다. 센터(Center)라는 단어가 가지는 특수성이죠."

"그렇게 얘기하시니 왠지 라이프(Life)라는 단어보다 센터(Center)라는 단어가 더 중요하게 다가오는데요."

"라이프는 이 코너의 내용 분야를 아우르는 표현이지요. 베이스캠프의 서재 구성 차원에서는 어떤 분야의 책을, 어떻게 배치하고 공간을 기획하느냐도 무척 중요합니다. 이 서재에는 다양한 테마가 있는데 이 모든 테마는 해당 분야의 책 규모와 영역의 다양성에 따라 크게 세 가지로 구분되고 있습니다. 바로 클래스(Class), 존(Zone), 그리고 센터(Center)입니다."

"클래스, 존, 센터요? 각각 일상적으로 사용하는 용어들인데, 갑자기 이렇게 떼어내서 의미를 구분하려고 하니 무척 어색하네요. 폴샘은 언어를 개념 중심으로 사람을 긴장시키는 독특한 취미가 있으신 것 같아요. 하하!"

클래스, 존, 그리고 센터

"클래스(Class)는 말 그대로 수업의 개념입니다. 존(Zone)은 클래스와 클래스가 내용과 형식으로 융합하는 개념이고, 센터(Center)는 그러한 클래스와 존의 개념이 모두 통합하여 인생의 성장구도를 만들어주는 개념입니다."

"폴샘, 왠지 넓이 독서, 깊이 독서, 그리고 높이 독서와 뭔가 연결되는 느낌이 드는데요."

"느낌을 읽으셨군요. 하지만 일대일 매칭시키는 과정에서는 약간의 순서가 바뀝니다."

P는 미란을 서재의 통로 쪽으로 안내하였다. 블록을 지나가면서 각각의 타이틀을 가리키며 클래스와 존, 센터의 공간을 구분해 주었다.

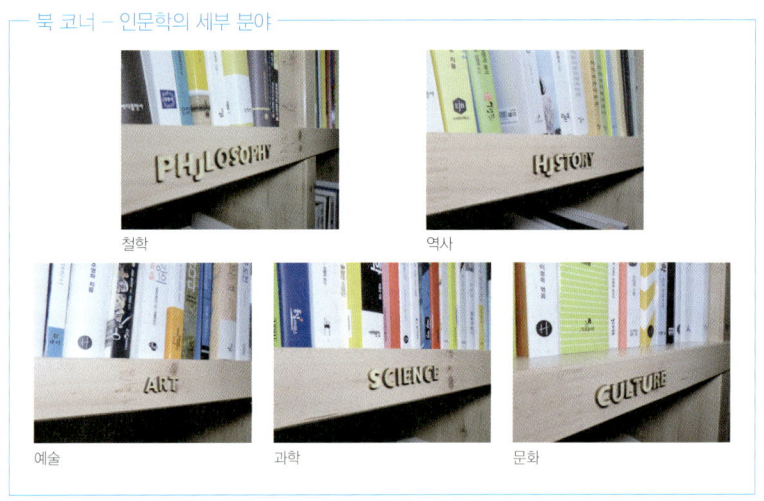

― 북 코너 – 인문학의 세부 분야 ―

철학   역사

예술   과학   문화

"미란 선생은 인문학 강의나 수업을 종종 하시죠. 주로 어떤 주제를 다루나요? 서재의 인문학 분야는 마치 그런 인문학 수업과 같습니다. 깊이 들어가죠."

"이것이 바로 클래스(Class)개념이군요. 개념이기도 하고, 어찌 보면 사이즈(Size)와 연관되어 있는 것 같기도 해요."

"사이즈 개념이 맞습니다. 분야 하나를 깊이 들어가는 것이지요. 그런 면에서 클래스는 '깊이 독서'에 가깝습니다. 넓이 독서, 깊이 독서, 높이 독서의 순서와 클래스, 존, 센터의 순서는 일대일 매칭에서 약간의 차이가 있습니다. 가장 작은 사이즈이지만 한 분야를 깊이 들어가는 클래스가 바로 깊이 독서가 됩니다."

[클래스와 존, 그리고 센터 구분]

구분	설명	비교	사이즈
클래스[Class]	한 분야의 체계화된 수업	깊이 독서[Depth]	교실
존[Zone]	각 분야를 융합하는 구성	넓이 독서[Width]	층
센터[Center]	One Stop의 충족 구조	높이 독서[Height]	건물, 지역

"폴샘, 제가 꿈꾸는 인문학교실의 공간 구성이 떠올랐어요. 문화교실, 역사교실, 철학교실 등 각 룸에 예쁜 이름을 붙이면 될 것 같아요. 클래스의 개념이 이제 정확하게 이해가 되었어요."

"문화교실, 역사교실, 철학교실 등이 한 층에 배치될 경우 그 층의 이름을 제가 짓는다면, 저는 '인문존(Humanities Zone)'으로 만들겠습니다. 존(Zone)은 각 깊이의 분야가 모여서 하나의 울타리를 이루는 개념이죠."

― 북코너 – 인문존, 진로존

"폴샘, 클래스가 각 교실의 수업모형이라면, 존은 여러 분야가 서로 영향을 주고 융합되는 모형이라는 생각이 들어요. 즉 존(Zone)에는 여러 클래스가 들어 있을 것 같아요."

"하지만 오해하지 말아야 할 것이 있습니다. 관련이 있는 분야가 울타리 안에 모여 있어야 잘 어울립니다. 예를 들어 진로존(Career Zone)을 만들 경우에는 직업탐색 진단, 진로설계, 직업보드 게임, 직업영상, 로드맵 설계 등이 가장 직접적인 클래스들이고, 여기에 직업체험, 직업인과의 만남 등을 포함할 수도 있겠죠."

"그렇다면 센터의 개념은 이 모든 것을 아우르는 큰 개념이겠군요."

"센터는 그 안에 독립적으로 생애적 지식을 소화할 수 있는 개념입니다. 센터는 클래스와 존을 포함한 건물 개념 혹은 지역 개념입니다."

"그래서 대부분의 교육기관들이 각 지역별로 '센터'를 가지고 있군요. 그러고 보니 어떤 교육기관의 경우, 실제로 한 건물 안에 여러 층을 사용하면서 컨설팅, 수업, 체험, 상담, 자기주도학습 등을 원스톱으로 소화할 수 있게 구성하는 경우를 보았던 것 같아요."

"경험을 하셨군요. 저의 서재는 바로 그러한 개념을 적용하여 베이스캠프를 구축했습니다."

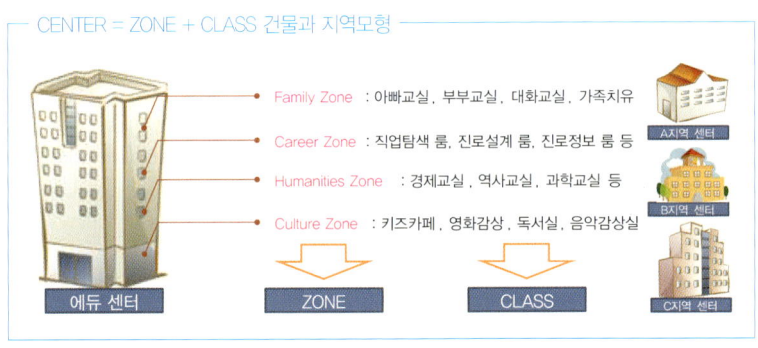

P의 설명을 듣고 나니, 인문학존과 진로존 그리고 라이프센터가 다소 이해되었다. 인문학, 진로 등은 시대적으로 가장 중요한 화두이다. 이 정도 규모의 책들을 갑자기 읽기는 어려웠을 것이다. 도대체 언제부터, 이렇게 지식을 축적하고 분류하며 체계를 만들어왔을까.

"폴샘, 아예 단도직입적으로 여쭤볼게요. 이 서재는 언제, 어떻게 탄생했고, 얼마의 시간이 흐른 후 지금의 모습을 갖추게 되었는지요. 그리고 그 사이에 어떤 구체적인 노력을 했는지 궁금해요."

"질문 각각이 매우 본질적인 질문입니다. 그런데 사실, 저는 이미 이 부분에 대해서 강의로 설명을 한 적이 있어요. 과거 미란 선생을 초청할 수 없는 강연이 하나 있었습니다. 꼭 부르고 싶었지만 학교 측에서 원하지 않았어요."

"네! 그런 강의가 있었나요?"

"혹시 기억나는지요. 정상에 오르기 위해 베이스캠프가 필요한데, 그 베이스캠프 아래에는 사실 베이직라이프라는 더 거대한 일상의 노력이 필요하다는……."

"네, 기억합니다. 그림으로 그려주셨잖아요."

"저는 서재에서 그런 빙산 네 가지를 아주 오랫동안 준비했습니다."

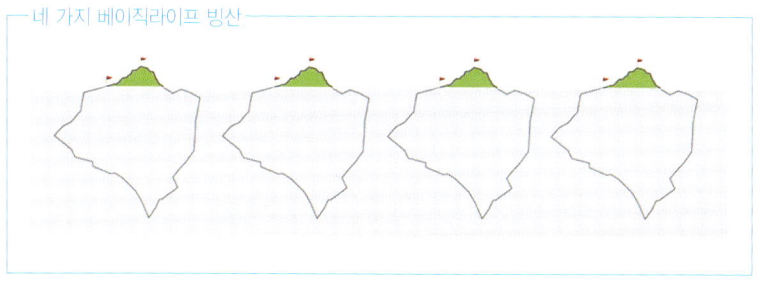
― 네 가지 베이직라이프 빙산 ―

베이스캠프 역사의 시작은 '존재발견'

몇 년 전, OO대학의 교수 200여 명 전체를 대상으로 대학생들을 위한 멘토링에 대해 강연을 한 적이 있었다. 아침부터 저녁까지 이어지는 워크숍이었다. P로서는 그 어떤 강연보다 부담이 큰 대상이었다. 대한민국 최고의 지성들을 그것도 한 자리에 모아놓고, 대학생들을 어떻게 성장시킬 것인지에 대한 강의를 진행한다는 것은 부담스러운 일이 아닐 수 없었다. 강연이 너무 과해도 호랑이 앞에서 주름을 잡는 격일 것이고, 너무 부족해 보여도 내용이 효율적으로 들어가기 어려운 분위기일 것이다. 때문에 P는 최대한 자신을 낮추되, 대상을 위한 지식을 체계화한 부분에 대해서만큼은 최고의 수준을 유지하기로 했다.

"저는 열등감이 많은 청소년기를 거쳤습니다. 겨우 대학생이 되어 열등감을 넘어서려 노력하였습니다. 그런데 치열한 경쟁 속에 상처만 남고 오히려 더 작아지는 자신을 볼 수밖에 없었습니다. 아무리 노력해도 이 세상의 룰(Rule)이 공정해 보이지 않았습니다. 남과 비교하고 경쟁우위를 가지려는 노력은 근본적으로 한계가 있다는 것을 깨달았습니다."

P는 강연에서 자신의 대학생활 때 느꼈던 절망과 이를 넘어서는 과정에서 깨달았던 자존감 회복의 과정을 그림과 표로 설명하였다.

자신에 대한 존재의식[being]을 가지고 있는 사람과 가지고 있지 않는 사람은 사이클 자체가 다르게 돌아간다. 그림에서 보는 것처럼 삶의 의식

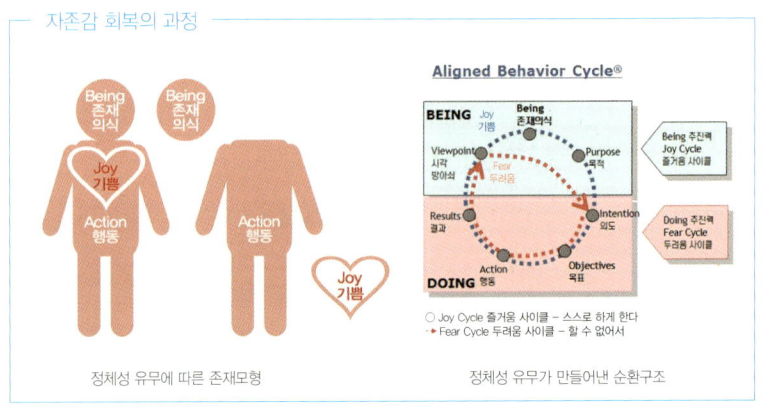

정체성 유무에 따른 존재모형 　　　　정체성 유무가 만들어낸 순환구조

과 행위 사이에서 돌아가는 흐름에 차이가 발생하는 것이다. 위쪽의 흐름은 '즐거움 사이클[Joy Cycle]'이다. 아래의 흐름은 '두려움 사이클[Fear Cycle]'이다. 결정적인 차이는 존재의식[Being]을 가지고 있는가, 그렇지 않은가이다. 존재의식의 유무는 행위를 만들어내는 이유에 반영된다.

[Fear Cycle Process]

1단계	2단계	3단계	4단계	5단계
Viewpoint	Intention	Objectives	Action	Results
시각	의도	목표	행동	결과
주위를 둘러본 뒤	어쩔 수 없어서	또 목표를 세우고	경쟁하며 달려서	결과를 만든다

이것이 바로 일반적인 순환구조이다. 모든 삶의 이유와 행위의 동기를 존재의식을 가지지 못하고 주위를 둘러본다. 자신을 향한 기대감, 타인과의 비교, 지난번 결과에 대한 평가 등을 살핀다. 이러한 시각[viewpoint]에서 오는 태도는 비교의식, 경쟁의식, 생존의식을 만들어내고, 그러한 태도는 자연스럽게 열등감, 수치감, 실패감 등의 감정을 생산한다. 그래서 결과적으로는 두려워진다. 뭔가 가만히 있으면 뒤처지는 것 같다. 그래서 어쩔 수 없다는 두려움의 의지[intention]로 목표를 세운다[Objectives]. 그리고 다시 경쟁하며 달린다[Action]. 이에 따라 결과를 만들어낸다[Results].

문제는 여기서부터이다. 그 결과를 바탕으로 만족하고, 스스로를 격려하고, 발전하고 있는 자신에 대해 확신하는 단계로 나아가지 못하고, 다시 주위를 두리번거린다[Viewpoint]. 두려움의 악순환이 형성된 것이다.

[Joy Cycle Process]

1단계	2단계	3단계	4단계	5단계	6단계	7단계
Being	Purpose	Intention	Objectives	Action	Results	Viewpoint
존재의식	목적	의도	목표	행동	결과	시각
삶의 이유를 깨닫고	그 이유가 꿈을 만들어	꿈을 이루기 위하여	세부 목표를 세우고	능동적으로 실천하여	결과를 만든다	발전을 자축한다

전혀 다른 프로세스가 존재한다. 자신이 누구인지를 이해하고[자아정체감], 타인과의 차이를 인정하며[자아존중감], 자신이 세운 삶의 꿈을 이룰 수 있다고 확신하는[자아효능감] 사람이 있다. 이러한 세 가지 정서를 단순한 감정으로 느끼지 않고, 이성적으로 이해하여 자신을 바라볼 때 비로소 '존재의식[Being]'이라고 말한다. 존재의식을 아는 사람은 '삶의 이유'를 알고 있는 것이다. 단 하루를 살아도 의미 있는 하루를 보낸다. 존재의식에서 목적을 찾으면 그것이 바로 '꿈'이 된다[Purpose]. 그 다음부터 모든 삶의 꿈을 이루며 목적을 이루는 의지로 이루어진다[Intention]. 꿈의 세부적인 목표[Objectives]를 세워 노력하면[Action], 당연히 결과가 나온다[Results].

중요한 것은 그 다음 단계이다. 주도적이며 능동적으로 만들어낸 그 결과를 바탕으로, 다시 주위를 둘러보며 비교하는 것이 아니라, 자신을 따뜻하게 격려한다[Viewpoint]. 바라보는 시선이 근본적으로 다르다. 내가 만든 결과를 타인과 비교하지 않고, 나 자신의 지난번 결과와만 비교한다. 그래서 발전한 부분은 자축하고, 부족한 부분은 대안을 세운다. 이러한 삶이 반복되면서, 점차 자신의 삶이 '존재 목적[Being]'을 이루어간다고 확신할 때 말할 수 없는 기쁨을 느낀다. 이것이 바로 'Joy Cycle'이다.

"저는 이런 깨달음 이후 자존감을 회복하고 Joy Cycle 순환구조로 살아가기 시작했습니다. 저는 가장 정직하고 공정한 싸움을 하기로 결심했습니다. 네 가지 습관을 결정한 것입니다. 오늘 저와 함께 할 강의는 바로 그 대학시절 자기와의 싸움으로부터 출발합니다. 존경하는 교수님들의 제자들이 겪고 있는 아픔을 더 없이 겪은 제가 어떻게 그 과정을 지나갔으며, 그 과정에서 얻어낸 방법론을 이 시대 대학생들을 위해 어떻게 준비했는지 함께 공유하고자 합니다. 저의 오늘 부족한 강의가 학생들을 진심으로 아끼고 멘토링하고자 하는 교수님들의 노력에 조금이라도 도움이 되었으면 합니다. 첫 번째 정직한 싸움은 바로 '독서'입니다."

첫 번째 역사적 습관 '독서'

P는 화면에 대학 때부터 읽은 자신의 책이 어떻게 지금의 서재 모습으로 바뀌어 왔는지 그 과정을 이미지를 통해 보여주었다. 이것이 서재를 세상에 오픈한 첫날이었다.

― 서재 변천사 ―

1단계. 책 쌓아두기

2단계. 벽 두르기

3단계. 분류하기

4단계. 공간분리하기

처음에는 방에 책을 쌓아두기 시작했다. 그런데 어느 순간에 이르니 읽은 책이 무엇인지, 읽었던 책이 어디에 있는지 도무지 찾을 수가 없었다. 그래서 부모님께 양해를 구하고, 집의 벽을 책장으로 두르고 책을 거기에 꽂기 시작하였다. 책이 가로로 쌓이지 않고, 세로로 꽂혀 있으니 책 찾기가 훨씬 쉬워졌다. 그렇게 책이 쌓이는 과정에 P는 대학을 졸업하고 강의를 시작하면서 새로운 문제가 발생하였다. 읽었던 책에서 강의내용을 찾고 글쓰기의 소재를 찾아야 하는데 너무 여기저기 책들이 마구 꽂혀 있어서 책을 활용하는 데는 시간이 많이 소요되었던 것이다. 결국 책을 주제별로 분류하였다. 이렇게 변화를 거듭하던 서재는 현재 공간별로 주제별로 분류되는 수준에 이르게 된 것이다.

P는 독서의 습관과 그것이 만들어낸 서재의 변천사를 보여주었다. 강의 중에 '그것이 알고 싶다'라는 프로그램에서 다룬 '독서'에 대한 영상을 청중 교수들과 공유하였다. 대학생들이 어떤 상태인지를 명확하게 소개해 주는 내용이다.

출처 -SBS 그것이 알고 싶다

"공부하기 위해 대학가지 않고, 대학가기 위해 공부합니다. 막상 대학에 들어가면 취업을 위한 공부를 합니다. 이것이 코미디입니다."

이러한 왜곡된 구조는 이미 예견된 것이었다. 청소년 시기부터 이미 방향을 제대로 잡지 못하고 대학에 입학했기 때문이다. 이어지는 영상에서는 청소년들의 모습을 볼 수 있었다.

'나는 꿈꾸고 싶다'

출처 – EBS 방향을 모른채 공부하는 청소년기

"오로지 공부만 해야 하니까, 전공 같은 것을 생각할 여유가 없었어요."

"일단 대학을 좋은 곳으로 우선 가고, 학과는 그 다음에……."

"하고 싶다고 생각한 일이 있었는데, 그게 정확히 어떤 일을 하는 건지도 잘 모르고……."

강의를 듣던 교수들은 고개를 끄덕이며 공감하였다. P는 희망을 주기 위해 또 다른 영상도 보여주었다.

영상에 등장하는 한 대학생의 방에는 책이 가득 쌓여 있다. 그는 책을 통해 생각을 키웠다며 기업의 취업 면접에서 어떤 답변을 하는지 보여 준다.

독서하는 대학생의 사례와 그러한 독서를 직접 실천한 P 개인의 역사에 대해 교수들은 매우 흥미로운 반응을 보였다. 하지만 P가 정말 하고 싶었던 이야기는 서재 탄생의 역사가 아니었다. 그러한 서재의 역사가 만들어낸 결과를 소개하고 싶었던 것이다.

'책 안 읽는 사회'

자신의 부족함을 채우기 위해 책을 읽게 되었다.

그러다 보니 초기에는 실무적인 책을 사서 읽게 되었다.

이것만으로는 깊이가 없구나 싶어, 자연과학 책을 읽었다.

그러다 보니 한 달에 40만 원 씩의 책을 사서 읽게 되었다.

출처 –SBS 그것이 알고 싶다

"한 권의 책을 읽을 때마다 한 줄씩 기록하였습니다. 이 책이 어떤 사람에게 도움이 되는지 간단하게 대상과 도움의 내용을 기록한 것입니다. 아주 구체적이고 많은 내용을 욕심 부리지 않고 오직 한 줄씩 기록하였습니다. 그리고 기록한 내용을 저의 바인더에 차곡차곡 기록하고 축적하였습니다."

[하루 한 권 독서표]

	제목	저자	날짜	추천대상	대상특성	연관도서
54	리얼멘토링	김한훈	3. 21.	대학생, 중고등교사	목표 부재, 결과 부재	MY LIFE
55	너는 무엇을 위해 살래?	바바라 루이스	3. 22.	청소년 교육전문가 교회학교 교사	진로에 대해 막막	세계명문 직업학교
56	퍼스널브랜드 성공전략	임문수	3. 23.	대학생 취업준비생 취업강연 강사	적성에 맞는 커리어고민	그림으로 보는 직업백과사전
57	메모의 기술	시카토 켄지	3. 24.	대학생, 직장인 목회자	비전과 목표관리가 구체성 결여	CEO의 메모, 바라봄의 법칙
58	꿈을 이루는 보물지도	모치즈키 도시타카	3. 26.	청소년, 대학생, 주부	삶의 의욕이 없고, 성취가 결여된 사람	보물지도 부미, 시크릿, 끌어당김의 법칙
59	18시간 몰입의 법칙	이지성	3. 27.	청소년, 대학생	지속적인 노력 결여. 땀의 소중함 결여	몰입, 몰입경영,
60	메모의 달인들	최효찬	3. 28.	대학생, 직장인 사역자, 목회자	비전의 구체화 능력이 결여된 리더들	세계명문가의 자녀교육, 자녀교육 영웅들
61	에디슨법칙	우베 마이어	3. 29.	비즈니스맨 사회초년생	성과가 없어 낙담하는 사람	다빈치의 세상을 담은 비밀노트
62	스틱	칩히스	4. 2.	직장인	계획을 하지만 실행력이 부족한 사람	스위치, 레밍딜레마 늑대 뛰어넘기 네안데르
63	레프톨스토이1,2	톨스토이	4. 23.	청소년, 초등생 학부모	삶의 성찰력이 필요한 이들. 일기쓰기 강조	바보이반 비밀일기
64	상담이론으로 지도하는 진로교육	김경미	4. 24.	학교교사 교육컨설턴트 멘토	진로적성, 인생의 꿈이 없는 청소년에게 필요	초등학교의 진로교육
65	프로페셔널의 조건	피터 드러커	4. 25.	직장초년생 중간관리자	자기관리력이 미약한 직장인. 성과없는 맴버	자기경영 노트

66	석세스 플래너	백기락	4. 26.	비즈니스맨	자기경영이 필요한 직장인과 성인	성공을 바인딩하라
67	스토리가 스펙을 이긴다	김정태	4. 27.	대학생 취업준비생 이직준비자	스펙과 경쟁에 매몰된 의욕이 상실된 이	유엔사무총장
68	지식노동자	피터 드러커	4. 28.	비즈니스맨 1인기업가 지망자	지식정보를 가공하여 수익을 만드는 이들	1인기업으로 먹고살기
69	입학사정관 포트폴리오	송태인	4. 30.	교육전문가 학교교사, 대학생 멘토	입학사정관제를 대비하는 교육주체들	입학사정관제로 대학가기
70	비전스타트	최광렬	5. 2.	청소년	삶의 목표가 없는 청소년들.	비저닝. 성공하는 10대의 7가지 습관
71	21일 공부모드	정철희	5. 3.	청소년, 학부모	노력을 하지만 성과가 나지 않는 청소년	1등들의 자기주도 학습전략
72	올패스 공부법	서상민	5. 4.	청소년, 학부모 교육컨설턴트	기억에 남고, 성과를 내는 공부를 희망	왜 자기주도 학습일까
73	대한민국 성장통	공병호	5. 6.	직장인, 대학생 정치인	자기경영의 통찰을 필요로 하는 사람	사장학 희망의 리더십
74	기도를 다운로드 하라	한홍	5. 7.	크리스천대학생 일반크리스천	기도의 능력을 이해하고 실행 필요한 자	하나님의 보좌를 움직이는 기도. 거인들의.
75	밸런스독서법	이동우	5. 8.	일반직장인	독서를 통해 자기관리능력을 키우려는…	전략적 독서법
76	나비형 인간	고영	5. 9.	교육전문가 일반직장인 학부모	재능을 통해 성품을 키우려는 학생 필요	아고라에 선 리더십. CEO의 자녀교육
77	아름다운 리더코스	안양 대학교	5. 10.	대학생 교육전문가 비전전문가	대학생활의 구체적인 관리가 필요한 사람	대학생을 위한 성공을 바인딩하라
78	나를 찾아 떠나는 심리	정종진	5. 11.	성인, 부부	자기 이해를 통해 상대방 이해가 필요한…	성격유형과 진로탐색

하루 한 권의 책을 읽고, 읽은 책에 대해 제목, 저자, 날짜, 추천대상, 대상 특성, 연관도서 등 최소한의 정보를 간단히 입력한다. 이렇게 하루에 한 권 읽기와 한 줄 기록을 습관화하였다. 20년이 지난 지금, P의 서재에는 그러한 내용이 축적된 바인더가 빼곡하게 꽂혀 있다. 그렇게 책

을 읽다 보니, 자연스럽게 누군가에게 책을 추천해 주는 일도 많아졌다. 고민하는 후배가 있으면 그 고민에 도움이 될 만한 책을 소개해 주기도 한다.

P는 대학을 졸업하고 교육기업에 연구원으로 입사한 때부터 직업과 별개로 대학생들을 멘토링하는 일을 시작하였다. 일종의 사회적 공헌이자 '지식나눔'이었다.

"저는 한 명의 대학생을 돕되, 최소 4년 이상을 멘토링하였습니다. 만약 가능하다면 이 대학의 학생들에게도 교수님들이 일대일 사사(師事)관계로 묶이는 멘토링 제도가 있었으면 좋겠습니다. 저는 한 사람을 돕되, 그 사람이 겪는 수많은 과정적 어려움마다 도움이 될 만한 책을 소개해 주었습니다."

P는 하나의 화면을 보여주었다. 한 대학생을 멘토링 하는 과정에서 그 학생의 모든 과정마다 적절한 도서를 선정해 준 자료였다. 청강하던 교수들은 안경을 바로 쓰며 화면에 몰입하는 모습을 보였다. 대학입학과 동시에 학생들이 겪어야 하는 내면적, 표면적, 사회적 어려움을 라인업하고, 각 구간에 대해 실제 대학생을 멘토링할 때 사용했던 다양한 책이 배열되어 있었다. 교수들은 비전 부재로 고통받는 제자들을 앞에 두고 매일 강의를 해야 하는 입장에서 이러한 접근법이 매우 친절하게 다가왔으리라. P는 매일 독서로 책을 쌓고, 지식을 쌓으며 사람에 대한 도움의 경험을 쌓았기에 가능한 것이었다.

OO대학 워크숍 이후, 대학에서 교수들의 자발적인 제안으로 멘토링 제도를 시범적으로 운영하게 되었다. 또한 P가 제안한 대학생 멘토링 바인더를 신입생 전체 학생에게 나눠주어 4년간 쓰도록 했다.

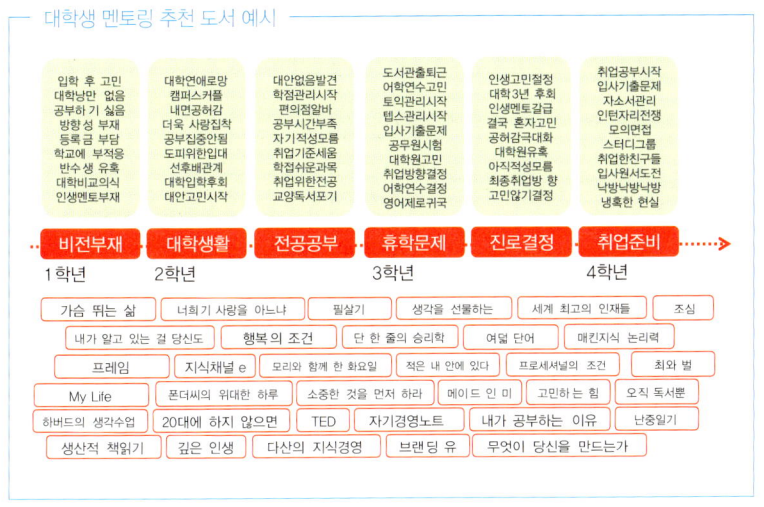

미란은 OO대학 강연을 듣지 못했던 것에 대해 못내 아쉬워했지만 충분히 내용을 이해할 수 있을 것 같았다.

독서가 사람을 살릴 때 '역사'가 된다

"그런 과정을 거쳐서 지금의 서재가 탄생한 것이군요. 그야말로 서재 변천사를 들은 것 같아요. 이러한 과정을 20년 동안 지속하는 것은 정말 어려웠을 것 같아요."

"제가 20년째 책을 읽고 서재를 만들 수 있었던 것은 바로 독서의 목적이 사람을 향하고 있었기 때문입니다. 그런데 마음만 그렇게 먹는 것으로는 한계가 있어요. 구체적인 독서활용의 습관이 함께 이루어져야 합니다."

"사람을 위해 읽은 '독서를 활용한다는 것'은 구체적으로는 '책을 소개해 주는 행위'를 말하는 것인가요?"

"그것은 일부에 불과합니다. 저는 책을 다양한 방식으로 사람을 위해 사용합니다. 필요한 상황에 적절한 책을 소개하는 것은 가장 일반적인 방식이고 예를 들면, 저의 메일 박스 하나를 보여드릴게요."

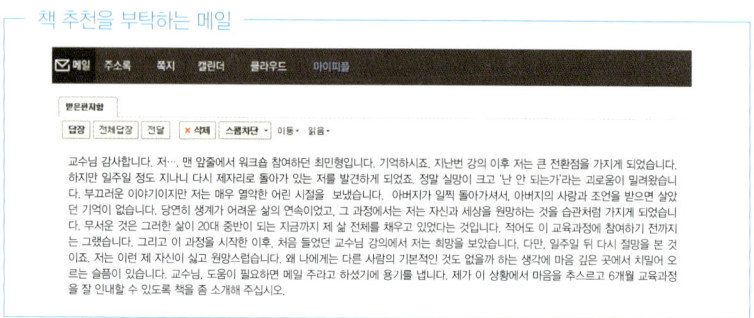

이 시대의 많은 대학생과 성인들은 힘겨워하고 있다. 그런 사람들에게 다시 자극을 주고 동기를 부여하는 것은 너무나 어려운 일이다. 그럴 때 P는 책을 소개해 주고, 읽었던 책에서 도움이 될 만한 구체적인 내용을 발췌해서 보내준다. 칭기즈칸이 어느 젊음에게 보낸 편지이다.

「집안이 나쁘다고 탓하지 말라. 나는 아홉 살 때 아버지를 잃고 마을에서 쫓겨났다. 가난하다고 비관하지 말라. 나는 들쥐를 잡아먹으며 연명했고, 며칠을 굶고도 목숨을 건 전쟁에 임했다. 작은 나라에서 태어났다고 한숨짓지 말라. 그림자 말고는 친구도 없고, 병기 하나 없는 병사만 10만, 백성은 어린애, 노인까지 합쳐봐야 2백 만이 채 되지 않았다. 배운 게 없고 힘이 없다고 기죽지 말라. 나는 내 이름도 쓸 줄 몰랐으나 남의 말에 귀 기울이며 현명해지는 법을 배웠다. 너무 막막하다고 포기하지 말라. 나는 목에 칼을 쓰고도 탈출했고, 뺨에 화살을 맞고도 살아났다. 적은 밖에 있지 않고 내 안에 있었다. 내게 거추장스러운 것을 깡그리 내다버렸다. 그렇게 내 자신을 극복하는 순간 나는 칭기즈칸이 되었다.」

그리고 P는 책장에서 여러 장의 편지들을 꺼내어 보여주었다. 예쁜 편지지에는 실제 P가 학생들에게 보낸 편지내용이 들어있었다. '스펜서 존슨이 하성이에게 보내는 편지이다.' 이는 유명한 스펜서 존슨 저자가 하성이에게 편지를 보낸 것이 아니라, P가 스펜서 존슨의 책을 모두 읽고, 그 작가의 마음을 이해한 뒤, 하성이를 위해 편지 형식으로 각색한 것이다.

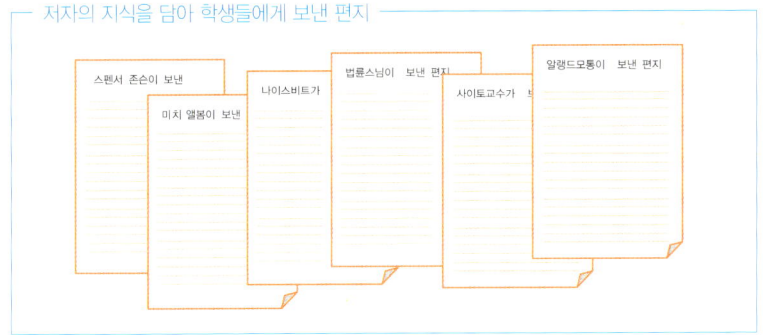

저자의 지식을 담아 학생들에게 보낸 편지

"당신의 인생은 수많은 '선택'에 따라 결정됩니다."

저는 스펜서 존슨입니다. 원래는 사람을 고치는 의사였죠. 그런데 아픈 사람들을 고치다가 한 가지 중요한 사실을 발견하게 되었습니다. 그것은 사람의 몸이 아프기 전에 먼저 마음이 아프다는 사실입니다. 그리고 사람의 몸만 치료해서는 안 되며 마음의 어려움을 없애주어야 한다는 사실이었습니다. 그 후, 나는 병원에서 일하는 것을 그만두고 사람들의 '마음'을 도와주는 일을 하는 사람이 되었습니다. 많은 사람이 의사가 되고 싶어 하지만 나는 의사가 되었음에도 그 의사를 포기하고 새로운 삶을 '선택'하였습니다. 그리고 나는 더 '행복'해졌습니다. 그 후, 나는 '선택'과 '행복'에 대해 책을 써서 전 세계의 사람들에게 큰 감동을 주었습니다. 나는 내 인생의 행복을 위해 가장 위대한 '선택'을 하였기에 진정으로 '행복'해질 수 있었습니다.

당신도 매 순간 '선택'을 할 것입니다. 그 선택은 두 개 중에 어느 것을 먹을까 고르는 작은 선택일 수도 있습니다. 때로는 당신이 길을 잃은 상황에서 어느 길로 가야 할지 결정해야 하는 중대한 선택일 수 있습니다. 그런데 바로 그런 순간 어떻게 선택해야 할 것인지 우리는 미리 생각을 해보아야 합니다. 많은 사람은 자신의 선택에 대해 무심히 지나치는 경우가 많습니다. 그러기에 순간적인 상황과 감정, 사람들의 말에 이끌려 일생을 살아가기도 합니다.

이 순간 당신은 이 글을 읽으면서, 그리고 이 글을 읽은 후에도 선택해야 할 것입니다. 나의 말을 마음에 새기고 이제부터 다른 삶을 살 것인가, 아니면 이전에 살던 것처럼 그저 어린아이처럼 눈에 보이는 것을 원하고, 원하는 것을 얻기 위해 목 놓아 울어버리는 방식으로 살 것인가를 결정해야 할 것입니다.

"선택의 규칙을 알아야 합니다."

먼저는 정말 나에게 필요한 것을 찾아야 합니다. '필요한 것' 은 내가 '좋아하는 것' 과 조금 다르다는 것을 알아야 합니다. 필요한 것을 어떻게 알 수 있을까요. 한번 생각해 보십시오. 당신이 살면서 시간이 흐른 뒤에 '아, ~할걸.' 하고 후회하는 것들이 있지 않습니까? 그것이 바로 '필요한 것'입니다. 미래의 판단을 미루어 짐작해 보는 것이지요. 그래서 후회하지 않을 것을 선택하는 것. 그것이 바로 필요한 것을 결정하는 지혜입니다. '원하는 것'은 '바라는 것'이지만, '필요한 것'은 '꼭 해야 하는 것'입니다. 이 두 가지를 구분하고 선택의 상황에서 적용할 수만 있다면 당신의 인생은 매일 달라질 것입니다.

다음으로는 '선택'을 위해 '다양한 정보'를 모으고 미리 '예측'해야 하는 규칙이 있습니다. 즉, 선택의 폭을 넓혀야 한다는 것입니다. 한 가지만 바라보는 사람은 그것이 최고인 줄 압니다. 그런데 비슷하지만 약간씩 다른 다양한 것들을 놓고 비교하다 보면 더 나은 것을 분명 찾아낼 수 있죠. 당신이 살아갈 세상은 '지식과 정보'가 없으면 살기가 어려워질 것입니다. 다양한 지식과 정보를 파악하고 자신의 선택의 폭을 넓히는 지혜로운 사람이 되기를 바랍니다.

그리고 선택을 하기 위해서는 미리 충분히 생각해야 한다는 것입니다. 몇 가지 선택의 상황에서 각각의 선택에 따르는 결과들을 꼼꼼히 생각해 보아야 합니다. 그래서 준비된 반응을 해야 하는 것입니다. 등산하는 사람들을 돕는 가이드는 길에서 갑자기 뱀이 나타났을 때 매우 민첩하게 반응을 합니다. 그럴 경우 그 가이드는 반응이 빠른 사람이 아니라, 철저히 생각하여 미리 예상하고 결정한 반응들을 보이는 것입니다. 노력하고 생각하는 사람은 위대합니다. 당신도 그렇게 될 수 있음을 확신하십시오.

마지막으로는 자기 자신의 솔직한 마음을 확인해 보는 것입니다. 그리고 내가 '진실'이라고 생각하는 것이 다른 사람이 보기에도 그러한지 확인해야 합니다. 때로는 당신이 볼 수 없는 것을 다른 사람들이 볼 수도 있습니다. 때로는 당신이 믿고 있는 그 무엇이 다른 사람이 보기에는 그렇지 않을 수도 있다는 사실을 기억해야 합니다. 이 마지막 규칙까지 당신이 충분히 이해했다면 이제부터 시작입니다.

"행복을 위해 '멈춤'이 필요합니다."

행복을 위해서는 멈춤이 필요합니다. 하루를 살다가 단 1분이라도 눈을 감고 자신을 돌아보십시오. 내가 지금 무엇을 위해 살고 있는가. 나는 지금 어디로 가고 있는가. 지금 이 순간 나를 위해 할 수 있는 최선의 선택은 무엇인가. 자동차를 몰면서 자주 만나는 신호등은 우리를 화나게 할 수도 있습니다. 가는 시간이 늦어진다고 짜증을 부릴 수도 있습니다. 그러나 그 신호등이 있어야 우리는 잠시 멈추며 생각을 할 수 있습니다. 어디로 갈 것인지, 꼭 가야 하는 것인지, 제대로 가고 있는지 등 목적을 살피는 잠깐의 멈춤은 아름다운 시간입니다. 행복을 위해서는 이러한 '멈춤'이 꼭 필요합니다.

"살아있는 '현재'가 바로 '선물'입니다."
'현재'는 영어로 'present'입니다. 그런데 이것은 또한 '선물'이라는 뜻도 가지고 있답니다. 즉 당신이 살아 숨 쉬는 '현재'가 바로 '선물'이라는 것입니다. 지금 이 순간에도 수많은 사람이 원치 않는 절망과 죽음을 맞이하고 있습니다. 지금 이 순간 당신이 살아서 숨 쉬고 있음에 감사하길 바랍니다. '감사'는 바로 행복의 출발점입니다.

『선택』, 『행복』, 『선물』, 『누가 내 치즈를 옮겼을까?』 읽고
스펜서존슨 아저씨의 마음으로 폴샘이 씀

편지 한 장 한 장을 읽을 때마다 미란의 마음에 따뜻한 기운이 전해졌다. 어느 학생에게 보내는 편지에 이렇게 친절하고 섬세한 생각을 적기 위해 고민했을 법한 그의 노력이 떠올랐기 때문이다.

이것이 바로 P가 오랜 세월 책을 읽고 청소년들과 대학생들에게 보냈던 '독서편지'이다. P의 서재에는 오랜 세월 동안 썼던 독서편지가 소책자로 제작되어 있다. 그 소책자를 테마별로 묶어 주제별 제본집을 만들어서 보관하고 있으며, 그 과정을 고스란히 모아 통합자료집으로 만든 책이 존재한다. 특히 대학생들에게 보내는 독서편지는 대학생들이 서로 파일을 공유하며 간직하는 소중한 리소스이다.

독서편지 셀매거진 시리즈와 '삶' 책 제본

아래는 2007년 봄 멘토링하는 대학생들에게 보낸 독서편지이다. 미래학자 존 나이스비트의 언어로 편지를 작성한 것이다.

"미래를 읽어야 합니다!"

안녕하십니까. 나이스비트입니다. 저는 엘빈 토플러와 함께 미래예측의 양대 산맥을 이루는 사람입니다. 제 입으로 말하니 다소 머쓱하군요. 제가 수년 전에 시리즈로 출간한 『메가트렌드』는 저를 세계에 알리는 데에 가장 결정적인 역할을 하였습니다. 그러나 책 한 권이 저를 드러냈다고 생각하지는 않습니다. 제가 가진 특별한 장점이 있다는 것이지요. 저는 미래학자입니다. 분명한 것은 제가 '점술가'가 아니라는 것입니다. 예언하는 것이 아니라, 예측하는 것입니다. 자신의 미래를 알기 위해 점술가를 찾아가는 사람들이 많이 있습니다. 불안한 마음을 달래기 위해 점술가를 찾아가는 것은 선택의 자유입니다.

그러나 그러한 선택으로 마음을 달랠 수는 있지만, 미래를 위해 최선의 준비를 하기는 어려울 것입니다. 미래를 안다는 것은 무엇을 의미하는 것일까요. 그것은 철저히 사회학적이고 과학적이며 통계적인 행위입니다. 미래를 알기 위해 제가 처음 시도한 행동은 지역에서 쏟아져 나오는 모든 종류의 신문을 모아 분석하는 일이었습니다. 정보들이 쌓이고 점차 노하우가 집중되면서 자그마한 잡지형식으로 현재의 흐름들을 정리했죠. 그러면서 몇몇 기업에 그러한 자료를 제공하게 되었습니다. 그 당시만 해도 그러한 행위는 미래를 예측한다기보다 현재를 분석하는 행동에 가까웠습니다.

핵심은 바로 여기에 있습니다. 미래를 예측한다는 것은 '현실을 바로 안다는 것'입니다. 객관적이고 정확하게 현실을 분석하는 능력, 이것이 바로 미래를 읽어내는 능력입니다. 이것이 특별한 능력인 것처럼 보이지만, 철저한 노력의 결과랍니다. 그리고 미래를 예측하는 사람과 그렇지 않은 사람에게는 분명 결과적인 차이가 존재합니다. 현재에는 그 차이가 드러나지 않습니다. 하지만 일정 시간이 지나면, 극복할 수 없는 차이를 분명 만들어낸답니다.

주위를 둘러보십시오. 얼마나 빠른 속도로 세상이 변해 가는지 분명히 알아야 합니다. 몸은 현재를 살아가고 있지만 아직도 생각이 과거에 머물러 있는 사람들은 분명 후회할 것입니다. 예전 같으면 그저 그렇게 살다가 죽기 전에 후회하겠지만, 지금은 그렇지도 않습니다. 변화의 속도가 상상을 초월하고, 또한 더 오래 살게 된 마당에 감당하지 못할 변화의 결과로 더 오랜 시간 후회하게 될 것이기 때문입니다.

"신문을 보아야 합니다!"

여러분이 할 수 있는 것은 무엇일까요. 저는 신문 읽기를 권합니다. 그것은 아직 1세기는 더 유지할 수 있는 현실 분석의 방법입니다. 마치 인류가 아무리 최첨단의 기술을 지향하더라도 입으로 씹어 먹는 즐거움을 포기하지 않는 것과 마찬가지입니다. 신문을 읽으면 가장 저렴하게 현실을 알 수 있습니다. 신문을 통해 무언가 얻어야 합니다. 변화의 포인트들과 만나십시오.

지금의 시대에 정보의 가치는 돈을 넘어섭니다. 우리가 살고 있는 이 시대는 그야말로 변화의 중심에 속해 있습니다. 우리 시대에는 아직도 '농부'들이 있습니다. 그 '농부'들은 시대의 변화에 못 이겨 도시로 들어와 '노동자'가 되었습니다. 산업화의 주역들이지요. 그러나 점차 기계화와 자동화가 불어오면서 노동자들은 점차 설 자리가 없어졌습니다. 노동자들 중의 일부는 이미 '점원'으로 옮겨가고 있습니다. 당분간은 '점원'이 대세를 이룰 터이나, 그조차 장담할 수는 없습니다. 그리고 그 점원의 노동인력조차 '프로그래머'들의 더 좋은 업무 시스템 개발로 줄어드는 추세입니다.

무엇을 이야기하자는 것입니까. '정보 자체가 곧 생존'이라는 사실을 말하는 것입니다. 긴장하십시오. 자신의 선택과 결정은 자신의 일생으로 끝나지 않습니다. 다음 세대 곧 자녀들에게 고스란히 물려지게 됩니다. 그 계층적인 대물림과 한계를 극복하는 데는 최소 삼대가 걸린다고 합니다. 사회가 이것을 구조적으로 해결해 줄 것이라고 막연하게 기대하지는 마십시오.

그러나 희망은 있습니다. 여러분 안에 있는 잠재력과 가치를 깨우십시오. 돈이 없어 외식을 못하더라도 백화점 식품매장의 시식코너를 돌며 행복해하는 부부가 있다면 그들은 저보다 행복한 존재들입니다. 행복의 가치를 찾을 수 있는 것이 충분히 존재하기 때문입니다. 그럼에도 제가 여러분의 그 행복 가능성을 높여줄 수 있기를 기대합니다. 힘내십시오.

얼굴만 보아도 긴장감이 감도는 미래학자의 책을 읽고. 가장 기억에 남는 두 가지를 뽑아 그분의 언어로 전합니다.

존 나이스비트의 『마인드세트mindset 』를 읽고
2007. 폴샘

P는 미란에게 독서편지의 내용과 소책자 그리고 제본집 등을 자세하게 보여주며 제작과정을 말해 주었다. 그는 책을 읽은 후, 마음에 깊이 와 닿은 저자가 있을 경우 그 작가의 책을 모두 찾아 읽기 시작한다. 이는 P가 말한 '넓이 독서'이다. 그 과정을 거치면 그 작가의 세계관을 이해하고 작가가 전달하는 주제의식을 정확하게 읽어낼 수 있게 된다. 이는 '깊이 독서'이다. 결국 이러한 과정을 거쳐 형성된 해당 작가의 통찰을 고스란히 담아 특정 대상에게 독서편지[Book Letter]를 보낸다면 이는 '높이 독서'에 해당하는 것이다.

넓이 독서, 깊이 독서, 그리고 높이 독서는 P가 지식을 추구하는 모든 삶에 유유히 흐르는 물줄기와도 같다. 베이스캠프의 지식축적을 이루는 근본체계인 것이다. 그는 이러한 프로세스를 미란이 이해할 수 있도록 직접 하나씩 보여주면서 설명하였다.

"미란 선생은 독서 이후에 독서의 내용을 어떤 방식으로 기록하고 보존하나요?"

"저는 에버노트라는 클라우드를 이용해서 가볍게 내용을 올리고 그 지식을 축적합니다."

"저도 그 방법을 흉내 내어 본 적은 있지만 익숙하지는 않더라고요."

"폴샘은 다양한 디지털기기를 많이 사용하시는 것으로 알고 있어요. 저보다 훨씬 더 스마트하게 독서기록을 관리하실 것 같은데요."

"다른 부분은 그렇습니다. 하지만 독서만큼은 달라요. 제 경우 독서는 매우 아날로그적인 방식을 선호합니다. 전자책을 애용하지만 종이책을 더 선호하는 것과 마찬가지 접근법입니다. 사고하기 귀찮다고 생각하기를 게을리하거나, 경험하기 번거롭다고 검색으로 쉽게 얻어버리면 저는 금세 도태되고 말 겁니다. 그래서 늘 두려운 마음으로 종이를 넘기고 여백에 메모를 합니다."

"충분히 공감이 갑니다. 저 역시 더 긴장해야겠다는 생각이 드네요."

"또 저는 책을 읽고 다양한 방식으로 흔적을 남깁니다. 그림을 그리기도 하고, 때로는 표를 사용하기도 해요. 글, 그림, 구조, 상징체계 등 다양한 방식을 사용해서 독서 이후의 사고 결과를 흔적으로 남기는 거죠. 이렇게 책을 읽는 중에 한 작가에게 매력을 느끼게 되면 그 작가의 책을 모두 읽어서 지식바인더에 체계적으로 기록하고 보존합니다. 이러한 과정에서 그 작가의 통찰과 메시지가 제 지식세계에 들어오죠. 바로 그 순간이 '독서편지[Book Letter]'를 쓰기 위한 초기화 단계입니다."

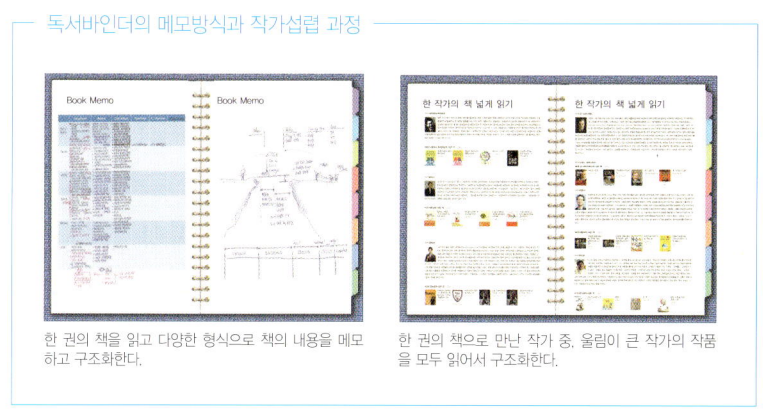

독서바인더의 메모방식과 작가섭렵 과정

한 권의 책을 읽고 다양한 형식으로 책의 내용을 메모하고 구조화한다.

한 권의 책으로 만난 작가 중, 울림이 큰 작가의 작품을 모두 읽어서 구조화한다.

"그 정도 수준으로 작가의 세계가 이해되었을 때, 독서편지를 쓸 수 있는 것이군요."

"높은 수준을 말하려고 했던 것은 아닙니다. 적어도 한 작가의 이름을 빌려 대학생이나 청소년에게 편지를 쓰려면 적어도 그 작가의 지식체계를 제대로 이해하여야 내용을 담을 수 있다는 것을 말하는 것입니다."

책을 읽기 시작할 무렵부터 P는 '필요에 의한 독서'를 일관되게 지켜왔다. 여기서 '필요'란 '사람들의 필요'이다. 대부분 즉각적이고 현실적인 필요가 아니라 인생에 대한 방향성을 추구하는 본질적인 필요이다. 주

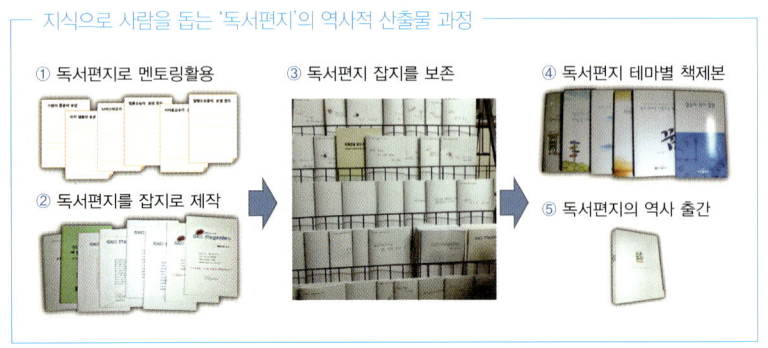

로 대학생과 청소년들이 P의 독서편지를 받는 대상이다. 그런 삶을 살아온 역사가 곧 이곳 베이스캠프 서재의 역사이며, 독서의 역사이다.

"폴샘, 이렇게 써온 독서편지를 모아 펴낸 책의 이름이 '삶'이군요. 여기서 삶은 일반적으로 말하는 그 '삶'인 거죠?"

"아닙니다. '삶'은 영어 발음을 그대로 표현한 중의적 표현이에요. Psalm이구요. 앞의 P는 묵음입니다. 그래서 발음은 '삶'이죠. 구약성서의 '시편'을 말합니다. 시편의 상당수는 '시와 노래'입니다. 저는 합창단 활동을 하고 있어요. 제가 책을 읽을 때 활자를 보는 즐거움은 마치 합창단에서 노래할 때와 흡사합니다. 책 속의 텍스트를 보는 것은 악보를 보는 것과 같은 행복입니다. 이렇게 만난 지식을 필요한 사람들에게 나눠주는 것 역시 저에게는 노래하는 것과 같은 희열을 느끼게 합니다. 그래서 제목을 '시와 노래'를 뜻하는 '삶(Psalm)'으로 지은 것입니다."

"아, 그렇군요. 삶에는 어떤 내용이 담겨 있죠? 독서편지의 내용을 그냥 묶어서 내지는 않았을 것 같아요."

"오랫동안 독서편지를 쓰다 보니 그 내용이 매우 방대해졌어요. 그래서 소재가 풍성해서 다양한 주제로 목차를 재구성할 수가 있었습니다."

"폴샘, 듣고 보니 독서편지의 역사 그 자체가 넓이 독서, 깊이 독서,

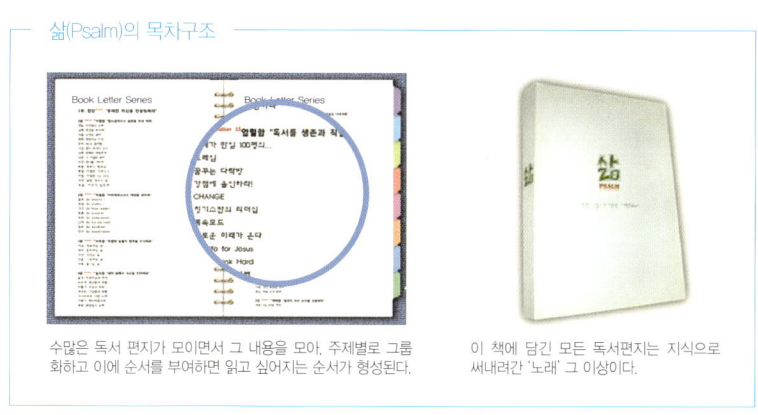

삶(Psalm)의 목차구조

수많은 독서 편지가 모이면서 그 내용을 모아, 주제별로 그룹화하고 이에 순서를 부여하면 읽고 싶어지는 순서가 형성된다.

이 책에 담긴 모든 독서편지는 지식으로 써내려간 '노래' 그 이상이다.

높이 독서의 맥락과 비슷한 것 같아요. 다양한 책을 읽고 기록하는 과정은 넓이 독서, 한 작가의 책을 모두 읽어 그 작가의 세계관을 이해하는 작업은 깊이 독서, 그리고 이렇게 해서 찾아낸 통찰로 청소년과 대학생들의 생애에 꼭 필요한 부분을 풀어 독서편지로 격려하는 것은 바로 높이 독서가 되겠군요."

"근본은 다 통하게 마련입니다. 다만 중요한 것은 얼마나 일관되게 지식을 추구하고, 그 지식을 '사람'을 위해 사용하느냐입니다. 이러한 핵심이 있었기에 가능한 것이었습니다."

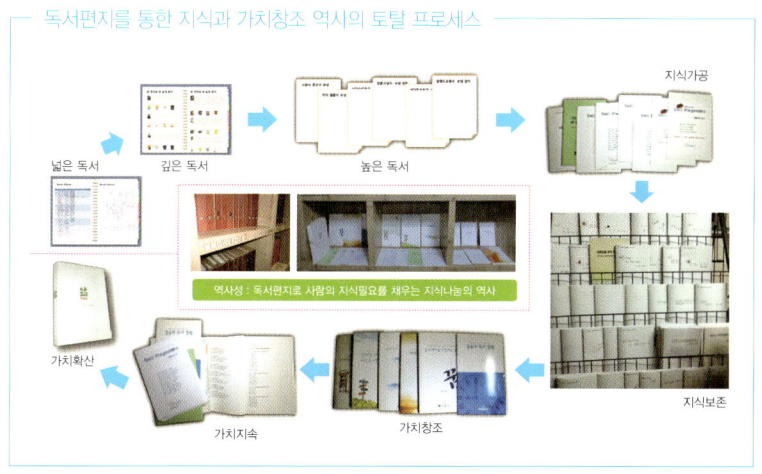

독서편지를 통한 지식과 가치창조 역사의 토탈 프로세스

"폴샘, 제 생각에 이 과정에서 중요한 것은 당연히 독서편지를 통해 사람을 돕는다는 것이겠지만, 그 이상으로 중요한 것은 '역사성'을 위한 자료와 가치의 보존과 관리라는 생각이 들어요."

"네, 그것이 가능했던 것은 바인더라는 도구, 책을 제본하는 시스템, 그리고 이런 모든 역사성의 과정을 고스란히 디스플레이할 수 있는 책장과 서재의 공간이 있었기 때문입니다. 어쩌면 간절한 마음보다 이런 환경과 시스템이 '역사성'의 핵심이라고 해도 무방할 겁니다."

📖 미란의 지식수첩

1 베이스캠프는 네 가지 베이직라이프 습관을 통해 오랜 시간 축적된 결과이다.
2 베이직라이프의 첫 번째 습관은 '독서'이며 독서는 사람을 위해 존재한다.
3 독서편지는 한 작가의 모든 책을 읽고 그 세계관을 담아 멘토링하는 도구이다.
4 독서편지는 넓이 독서, 깊이 독서 그리고 높이 독서의 맥락과 일치한다.
5 독서의 역사를 만들겠다는 간절함보다 더 필요한 것은 바인더, 책장, 제본도구 등의 환경과 시스템이다. 역사는 마음으로 만들어지는 것이 아니다.
6 역사의 과정을 서재에 디스플레이하는 그 자체가 역사를 지속시키는 장치이다.
Q 그는 독서를 통한 지식을 오직 타인들을 위해 사용하는데, 정작 본인의 어려움은 어떻게 극복하는 것일까.

"폴샘, 그런데 여기서 한 가지 궁금한 게 있어요. 그 오랜 세월, 정작 폴샘 자신이 힘들 때는 어떻게 넘었는지요. 남을 살리고, 자신이 아픈 사람이야말로 가장 억울한 사람이잖아요. 그 오랜 역사 속에 좌절할 만한 순간이 없지는 않았을 텐데요. 서재가 그럴 때도 역할을 할 수 있었나요?"

나 자신을 위한 멘토링

미란은 서재 속에 담긴 그의 역사가 어떻게 20년 동안 지속가능했는지 궁금했다. P는 한 북 코너로 미란을 안내하였다.

— 북 코너 – 스토리텔링

"미란 선생, 이 책들은 어떤 공통점이 있을까요?"

"경청, 관심, 배려, 선택, 행복……, 전반적으로 제목이 따뜻한 느낌인데요."

"이 책들은 인생의 과정을 따뜻한 스토리로 풀어간 책들만 모은 것입니다. 제 삶이 무거울 때, 그리고 막힐 때, 다른 사람을 돌아보는 삶이 너무 무모해 보일 때 저 역시 지치고 무너집니다. 그럴 때 저는 조용히 이 코너 앞에 섭니다. 그리고 처음 그 책을 읽었을 때의 감성을 기억해 내어 책 한 권 한 권을 다시 펼쳐 봅니다. 책을 읽으면서 표시해 둔 페이지를 다시 펴 보며 아픈 현실에서 살며시 벗어나 책의 품속으로 들어가지요. 그곳에서 울기도 하고, 웃기도 하고, 혹시나 내가 잊고 있었던 것들을 찾아내기도 합니다. 한참을 그렇게 그곳에 머무르다가 다시 현실로 돌아옵니다. 그럴 때마다 저의 영혼과 생각, 그리고 마음, 때로는 몸까지 희망, 소명, 열망, 갈망으로 다시 채워지곤 합니다. 바로 이것이 제가 살아가는 방식이입니다."

P는 스토리텔링 책들 중에 한 권을 펴들었다. 책갈피가 보였다.

"어? 그런데 책갈피가 아니라 네 잎 클로버네요. 이거 진짜 네 잎 클로버인가요?"

— 네 잎 클로버와 감성의 멘트 —

네 잎 클로버 옆에 글귀가 적혀 있었다. 매우 천천히 써내려간 짧은 글귀를 미란은 작은 소리로 읽어보았다.

"일생의 골짜기에서 이 책을 읽고 나는 내 인생의 굴곡을 받아들이기로 결심한다. 굴곡 없는 인생은 심장박동이 멈춘 것이니. 나는 기꺼이 박동하는 곡선을 받아들인다. 비록 지금 매우 힘든 시기를 지나가고 있으나, 분명 다시 올라가는 시절이 오리라. 이 책은 절망의 끝자락에서 만났다. 이 순간을 기억하기 위해 나는 여기에 희망을 끼워놓는다.

2007년 폴샘

"폴샘, 이 클로버들은 어디서 났어요? 클로버 줄기까지 다 있어요! 그것도 거짓말처럼 네 잎 클로버만 들어 있네요. 혹시 네 잎 클로버 종자를 번식하셨는지……, 아님 혹 인터넷 쇼핑몰에서 네 잎 클로버를 판매하기 시작했나요. 하하!"

"지금은 말할 수 없어요. 며칠 뒤에 서재에 다시 오시면 그때 알게 될 겁니다."

"또 비밀이에요. 에이! 무슨 비밀이 그렇게 많아요."

"비밀이 아니라, 서재 인터뷰의 주제가 다르기 때문에 그 주제에 맞게 설명해 드리는 게 나을 것 같아서요. 오늘의 주제를 소화하기에도 시간이 부족하거든요. 이해해 주세요."

"네, 알겠습니다. 여기 꽂혀 있는 한 권 한 권이 다 이런 감성으로 채워져 있다는 거군요."

"모든 책에 감성이 깃들여져 있다고 하면 거짓말일 겁니다. 중요한 것은 책으로 살아가는 사람은 책을 통해 세상을 살리기도 하지만, 역시 책을 통해 자기 자신을 회복하는 방법도 알고 있어야 한다는 것입니다."

"그런 책들 중에 스토리텔링 책들이 여기 이렇게 모여 있는 거군요. 하지만 스토리텔링 책들은 가볍다는 선입견도 있어요. 소설가들이 쓰는 스토리가 아니어서 그렇지 않을까요."

"인정합니다. 대부분의 스토리텔링 책들을 '수단적인 측면'에서 스토리텔링 플롯(구성)을 쓰는 경우가 많죠. 일정 부분 한계가 있음을 인정합니다."

P는 책장의 미로를 지나 다른 공간으로 이동했다. 미란은 그의 뒤를 따라가며 구석구석을 다시 살펴보았다. 그러고 보니, 첫날 인터뷰 때는 느끼지 못했었는데, 각 공간마다 열린 창문으로부터 바람과 함께 새소리가 들린다. 뒤쪽에 위치한 나지막한 산으로부터 불어오는 바람과 새소리였다. 미란은 이런 곳에서 생각과 영혼을 새롭게 하는 그의 삶이 더없이 부럽다는 생각이 들었다.

"바로 이 코너입니다. 여기는 좀 더 문학에 가까운 책들을 모아 두었어요. 좀 더 깊고, 생각을 정화할 수 있는 공간이죠. 어른들이 읽을 만한 동화, 혹은 어른들을 위한 동화를 모아 놓은 곳입니다."

— 북 코너 – 어른들을 위한 동화 —

"정말 그러네요. 『연어』, 『꽃들에게 희망을』, 『마당을 나온 암탉』……. 와! 제가 정말 좋아하는 책들도 여기 다 모여 있군요. 스토리텔링 책들로 해결이 되지 않을 때 나름의 더 깊은 대체자원이 있었군요. 하하!"

"폴샘, 그런데 이러한 것도 내공이 필요할 것 같아요. 자신이 현재 어떤 감정의 상태인지 아는 것도 보통 사람에게는 쉽지 않거든요. 또한 그것을 깨닫는다 하더라도 그런 감성을 회복할 만한 책이 무엇인지 아는 것은 더 어려운 일인 것 같기도 하고요."

"그래서 오늘의 인터뷰 주제가 '역사' 아니겠어요. 오랜 시간을 지속해 온 결과입니다."

"폴샘, 살면서 가장 큰 아픔이 느껴질 때, 가장 소중히 여기는 책이 있다면 한 권 추천해 주시겠어요?"

"삶이 무거울 때, 너무나도 무거워 힘을 낼 수도 없고, 눈물조차 말라 버리는 때가 있습니다. 더욱이 저는 매우 지성과 논리를 추구하지만, 사실은 너무나 감성에 예민한 사람입니다. 어쩌면 그런 내면을 감추려고 더욱더 논리적인 사고를 추구하는 것일지도 모릅니다. 정말 너무나 힘들 때, 제가 찾는 책은 『곰보빵』입니다. 이철환 작가의 책은 제가 보물처럼 아끼는 책이죠. 저는 책날개에 있는 그분의 사진만 보아도 마음에 위로가 됩니다. 참 놀랍죠. 사람의 얼굴 자체가 다른 사람에게 울림을 줄 수 있다는 게 말이죠."

"얼굴 자체로 울림을 준다는 건……."

"뭐랄까. 여전히 배고프고, 가난하고, 따뜻하고 순결한 느낌입니다. 끊임없이 가식과 싸우려 하고, 아픈 이들을 돌아보아야 한다는 부담을 간직한……, 그런 진심이 고스란히 느껴지는 얼굴입니다."

"『곰보빵』은 어떤 면에서 그렇게 소중한가요? 혹 내용 중에 어떤 의미 있는 부분이라도 있나요?"

"네, 있습니다. 감성을 위한 대부분의 책들은 책 전체를 논리적인 분석으로 기억하지 않습니다. 어떤 한 구절, 한 컷, 한 단락이 마음에 깊이 새겨지는 것이지요."

P는 책장에 꽂힌 『곰보빵』 책을 꺼내 자신이 가장 좋아한다는 페이지를 펼쳐서 미란에서 보여주었다. P는 그 부분을 거의 성경의 '시편'만큼 사랑한다. 그 페이지를 읽을 때마다 그의 눈에서 눈물이 나지 않은 적이 없었다. 그래서 더욱 아낀다. 가장 힘들 때가 아니면 펼치지 않는다. 미란은 P가 접어둔 페이지를 보았다. 얼마나 많이 보았는지 접힌 부분이 닳고 닳아 잘려 나갈 정도였다. 그 페이지의 내용은 이철환 작가의 회상으로 시작된다.

10년 전 나의 결혼식이 있던 날이었다.

결혼식이 다 끝나도록 친구 형주의 얼굴은 보이지 않았다.

이럴 리가 없는데 정말 이럴 리가 없는데…….

예식장 로비에 서서 오가는 사람들 사이로 형주를 찾았다

형주는 끝끝내 보이지 않았다.

바로 그때 형주 아내가 토막 숨을 몰아쉬며

예식장 계단을 급히 올라왔다

"고속도로가 너무 막혀서 여덟 시간이 넘게 걸렸어요.

어쩌나. 예식이 다 끝나 버렸네……."

숨을 몰아쉬는 친구 아내의 이마에는

송골송골 땀방울이 맺혀 있었다.

"석민이 아빠는 오늘 못 왔어요. 죄송해요…….

석민이 아빠가 이 편지 전해 드리라고 했어요."

친구 아내는 말도 맺기 전에 눈물부터 글썽였다.

엄마의 낡은 외투를 덮고 등 뒤의 아가는 곤히 잠들어 있었다.

친구가 보내온 편지를 읽었다

"철환아 형주다. 나 대신 아내가 간다.

가난한 내 아내의 눈동자에 내 모습도 함께 담아 보낸다.

하루를 벌어 하루를 먹고 사는 리어카 사과장사이기에

이 좋은 날, 너와 함께할 수 없음을 용서해다오.

사과를 팔지 않으면 석민이가 오늘 밤 굶어야 한다.

어제는 아침부터 밤 12시까지 사과를 팔았다.

온 종일 추위와 싸운 돈이 만 삼천 원이다.

하지만 힘들다는 생각은 하지 않는다.

아지랑이 몽기 몽기 피어오르던 날

흙속을 뚫고 나오는 푸른 새싹을 바라보며.

너와 함께 희망을 노래했던 시절이 내겐 있었으니까.

나 지금. 눈물을 글썽이며 이 글을 쓰고 있지만 마음만은 기쁘다.

'철환이 장가간다……. 철환이 장가간다……. 너무 기쁘다.'

아내 손에 사과 한 봉지 들려 보낸다.

지난밤 노란 백열등 아래서 제일로 예쁜 놈들만 골라냈다.

신혼여행 가서 먹어라.

친구여. 오늘은 너의 날이다.

이 좋은 날. 너와 함께할 수 없음을 마음 아파해다오.

나는 언제나 너와 함께 있다."

해남에서 형주가 -

편지와 함께 들어있던 만 원짜리 한 장과 천 원짜리 세 장

뇌성마비로 몸이 많이 불편한 형주가

거리에 서서 한 겨울 추위와 바꾼 돈이다.

나는 웃으며 사과 한 개를 꺼냈다.

"형주 이놈 왜 사과를 보냈대요. 장사는 뭐로 하려고……."

씻지도 않은 사과를 나는 우적우적 씹어댔다.

왜 자꾸만 눈물이 나오는 것일까.

새신랑이 눈물 흘리면 안 되는데…….

다 떨어진 구두를 신고 있는 친구 아내가 마음 아파할 텐데…….

멀리서도 나를 보고 있을 친구 형주가 마음 아파할까 봐

엄마 등 뒤에 잠든 아가가 마음 아파할까 봐

나는 이를 사려 물었다.

하지만 참아도 참아도 터져 나오는 울음이었다.

참으면 참을수록 더 큰 소리로 터져 나오는 울음이었다.

사람들 오가는 예식장 로비 한 가운데 서서…….

세월이 흘러. 형주는 지금 조그만 지방 읍내에서 서점을 하고 있다.

'들꽃서점'

열 평도 안 되는 조그만 서점이지만.

가난한 집 아이들이 편히 앉아 책을 읽을 수 있는 나무 의자가 여덟 개다.

그 조그만 서점에서

내 책 『행복한 고물상』 저자 사인회를 하잔다.

버스를 타고 남으로 남으로 여덟 시간을 달렸다.

교보문고나 영풍문고에서

수백 명의 독자들에게 사인을 해줄 때와는 다른 행복이었다.

정오부터 밤 9시까지 사인회는 9시간이나 계속됐다.

사인을 받은 사람은 일곱 명이었다.

행복한 시간이었다고 친구에게 말해주고 싶었다.

하지만 나는 마음으로만 이야기했다.

"형주야! 나도 너처럼 감나무가 되고 싶었어.

살며시 웃으며 담장 너머로 손을 내미는

사랑 많은 감나무가 되고 싶었어······.

[출처-『곰보빵』 중 '축의금 만 삼천 원']

   미란은 P의 마음을 조금은 이해할 수 있었다. 누가 읽어도 울림이 있는 내용이었다. P는 각 책들의 내용을 소개해 주며, 어떤 감성에 어떤 책을 매칭하며 스스로 극복해 나가는지도 소개해 주었다. 미란은 설명을 하나씩 메모하였다.

   갤러리로 이동한 미란은 화이트보드에 P가 말한 감성과 도서 매칭을 정리해 보았다. 커다란 돌덩이가 삶을 누르는 것 같은 '무거움' 앞에서 P는 『곰보빵』이라는 책을 읽는다. 관성을 거부하고 끊임없이 의문과 문제를 제기하는 삶에 지칠 때는 『레밍딜레마』를 읽는다. 끝이 없는 싸움에 지치고 코너로 내몰릴 때는 『꽃들에게 희망을』을 읽는다. 그리고 나비로 변할 자신의 미래를 상상하며 힘을 낸다. 뭔가 일이 풀리지 않고 많은 관계 속에서 고립감을 느낄 때는 『담』이라는 책을 펴들어, 자기 스스로가 혹시 담을 쌓고 있는지 차분하게 살피고 성찰한다.

[회복의 감성을 위한 나만의 도서 체계]

구분	세부감성	책 예시	성찰의 포인트
무거움	눈물조차 나지 않는 버거움	곰보빵	삶의 이유와 감사를 회복
거절감	받아들여지지 않는 서글픔	레밍 딜레마	익숙함과의 결별, 문제 제기
막막함	끝이 없는 싸움에 지침	꽃들에게 희망을	나비의 날개를 펼칠 미래
고립감	나를 이해하여 주는 이 없음	담	스스로 담을 쌓고 있는지
그리움	혼자 가고 있는 듯한 고달픔	홍크	나를 위해 울어주는 사람들
절망감	반복되는 성공과 실패 굴곡	피크 앤드 벨리	삶의 기복에서 에너지 발견
초조함	마감과 성과에 대한 초조함	마지막 강의	가장 소중한 우선순위 회복
실패감	반복되는 실패 연속과 절망	독서불패	책을 가장 정직한 성공열쇠
열등감	뛰어난 사람과 자신을 비교	바보 빅터	나 자신을 바라보는 긍정
정체됨	성장하지 않고 멈춰선 느낌	무엇이 당신을 만드..	스스로에게 다시 질문
단절감	관계에서 의미를 찾지 못함	천국에서 만난 다섯..	관계를 다시 세우는 초점
메마름	감정이 메말라 건조한 삶	블루데이 북	작고 섬세한 표정 되찾음

'이런 글을 가까이 두고, 힘이 들 때마다 조용히 찾아와서 읽으시는구나.'

미란은 P의 지식체계를 이해하는 것과 함께 그의 삶과 그의 마음도 조금씩 이해할 수 있었다. P의 베이스캠프는 단순히 책이 쌓여 있는 서재라는 '공간'으로 규정할 수 없는 그 무언가가 분명 존재하고 있었다. 마치 살아 숨 쉬는 생명체 같은 느낌, 울창한 숲의 한 가운데 서 있는 그런 생명력이 묻어나고 있었다.

사람을 돕는 3단계 : 측정, 진단 그리고 처방

잠시 쉬면서 주변을 둘러보던 미란은 서재의 각 룸마다 문에 어떤 글자들이 붙어 있다는 것을 발견하였다. 자리에서 일어나 각 룸을 다니면서 문 앞의 글자를 확인해 보니 룸의 특색을 한눈에 알 수 있었다.

미란은 화이트보드가 가득한 갤러리로 이동하였다. 어느덧 서재 인터뷰 둘째 날이 조금씩 지나가고 있었다.

"폴샘, 상황이나 감정의 어려움을 발견하고 그에 따라 적절한 책을 찾아가는 방식은 스스로에게나 타인에게나 동일하게 적용하는 방식인가요?"

"동일합니다. The Right Time, Right Person, Right Book이라는 모토는 제 자신에게나 타인에게나 동일하게 적용하는 '절대원리'입니다."

"여기서 한 가지 궁금한 게 있어요. 사람의 상황을 살피고 그 상황의 문제점을 분석하며, 결국에는 가장 적절한 솔루션을 꺼내는 과정이 보통 사람에게는 매우 어려운 안목입니다. 누구를 만나든 그 짧은 시간 안에 상대방의 생각을 경청하고 그 사람의 필요를 이해하며 도움이 될 지

베이스 캠프 각 룸 명칭

베이스캠프 입구에 있는 서재의 모토 | 거실의 도서관 전체를 지칭하는 '라이브러리'
집필실, 미디어룸과 역사박물관이 통합된 '뮤지엄' | 갤러리는 화이트보드가 가득한 방. 갤러리 앞이 라이프센터

식을 찾아내는 그 과정이 궁금해요. 얼마나, 그리고 어떻게 준비를 해야 그렇게 할 수 있을까요?"

"미란 선생, 그런 지식멘토의 역할을 하기까지 얼마나 오랜 세월과 시간을 준비해야 되는지는 느낄 수 있을 거라 생각해요. 왜냐하면 연구의 시간과 양 부분은 이 서재의 규모가 이미 얘기해 주고 있으니까요. 그래서 어떤 방식으로 준비해야 하는지에 대한 조언을 알려드리겠습니다. 제가 자주 강조하는 컨설팅의 기본 단계는 아시죠?"

"측정과 진단, 그리고 처방!"

"저는 대부분의 경우, 세 가지 기본적인 단계에 충실합니다. 만약 제가 청소년을 만난다면, 가장 먼저 꺼내는 코드가 그 학생이 현재 고민할 만한 주제의 보기를 줍니다. 예를 들면, 진로, 진학, 공부 만약 대상이 대학 1학년생이면 어떤 주제를 꺼낼 것 같아요?"

"음, 대학생활, 전공적성 등이겠죠."

"3학년이나 4학년이라면 어떤 주제가 나올까요?"

"졸업 이후 진로와 관련된 비전, 취업 등이겠죠."

"사람의 생애에 대한 관심과 연구는 이러한 접근을 충분히 가능하게 합니다. 제가 학생의 문제에 대해 보다 전문적으로 측정을 한다면 어떤 방법이 있을까요?"

"검사지나 체크리스트 등이 있겠지요."

"그렇다면 학생에 대해 심층인터뷰를 한다면 어떤 과정이 추가될까요?"

"일정 기간을 두고, 가정방문을 통해 가족 구성원 중 어머니, 아버지 상담을 하고 관찰을 하겠죠."

"맞습니다. 이 경우 제가 학생에게 할 수 있는 모든 검사에 대해 살피고, 그 중에 부모에게 해당되는 부모 검사도 병행합니다. 부모 성향검사, 학부모 유형검사 등이 대표적인 예입니다."

"측정 이후의 진단은 그러한 측정을 확인한 결과를 해석하는 것이 되겠군요."

"진단의 목표는 정확한 문제유형을 찾아내는 것입니다. 그리고 진단의 결과에 대해 상대방이 충분히 이해할 수 있도록 설명을 해주어야 합니다."

"당연히 그 문제유형은 표면적인 것보다 근본적인 원인과 배경을 찾는 게 중요하겠군요. 진단은 그 결과를 그대로 해석하는 게 나름의 내용 기준이 있을 것 같아요."

"미란 선생, 저는 상처를 치유하는 치료사나 심리전문가는 아니에요. 내면으로 들어가 과거를 이해하고 그 이전의 과거까지 들어가 상처의 본질을 찾아 근본적인 용서, 치유를 도와주는 전문가는 아니라는 거죠. 저는 현재 상황에서 문제를 직시하고 그 문제해결에 집중하는 전문가입니다. 측정한 결과를 통해 근본적으로 도출하는 기준은 해결을 위한 대안을 찾기 유용한 기준들입니다. 가장 잘 사용하는 기준은 '동기, 방법, 환경'입니다. 청소년의 경우 학습동기, 학습방법, 학습환경일 수 있겠죠. 이렇게 큰 기준을 잡으면 그 속에 진로도 들어가고, 진학도 들어갑니다. 부모와의 관계 문제라면 학습환경에 속하겠죠. 이렇게 진단의 과정을 통해 문제를 정확하게 세부적으로 도출하면 마지막 처방전을 꺼내는 단계는 수월합니다. 단, 처방을 도출할 때 중요한 주의사항이 있습니다."

"어떤 주의사항이죠?"

"시기, 역할 등을 고려해야 합니다. 당장 실천해야 할 것과 장기적으로 조금씩 쌓아가야 할 것들의 시기와 우선순위, 분량을 주의해야 합니다. 또한 학생 스스로 할 일과 부모가 도와 줄 일, 그리고 외부 전문가나 외부 교육을 통해 채울 것 등을 구분하는 게 좋습니다. 그 단계까지 가지 않으면 변화를 만들어내기는 어렵습니다."

미란은 P에게 커피 한 잔을 부탁했다. 그 사이, 갤러리에 들어가 화이트보드에 대화를 나눴던 내용을 표로 그리기 시작하였다. 그림을 다 그릴 무렵 P가 커피를 들고 들어왔다.

[측정 – 진단 – 처방의 단계]

대상	측정	진단		처방
• 생애구간의 위치 • 생애구간의 특성 • 생애구간의 주제 • 생애구간의 문제	• 검사 • 체크리스트 • 인터뷰 • 활동 • 관찰	동기	내재적 동기	자존감, 정체감,
			외재적 동기	목표, 사람,
		방법	도구	적절한 도구 제안
			기술	필요한 기술 접근
			지식	지식에 접근
		환경	정보환경	왜곡된 정보 수정, 보완
			가족환경	과거와 현재의 영향
			외부환경	외부 교육과 해결 자원

(문제 도출)

미란은 흐뭇하였다. P의 지식습득 체계와 지식활용 체계를 하나씩 알아가는 즐거움이 상당했기 때문이다. 그리고 서재 인터뷰를 하면서 미란 역시 자신의 오랜 지식전달자의 삶을 점검하고, 정리하며 체계화할 수 있었기 때문이다.

"폴샘, 억울하지는 않으세요. 오랜 시간을 노력해서 깨달은 것들을 제게 며칠 동안 이렇게 친절하게 전수해 주시니 말이에요. 하하!"

"아마 나중에 미란 선생도 그렇게 할 겁니다. 누군가에게 자신의 것을 기꺼이 나눠줄 거예요. 저는 미란 선생에게 지식을 나눠주는 것이 아니라, 제 삶의 목적과 방식을 소개하는 겁니다. 제가 꿈꾸는 것은 이러한 지식체계를 방대하게 축적하고 자랑하는 게 아니라, 이 지식들이 사람을 살릴 수 있는가, 이러한 삶을 사는 사람을 또 한 사람 키울 수 있는가, 바로 그것입니다."

"폴샘, 잘 알겠습니다. 제가 열심히 배워서 저 역시 나누는 삶을 살겠습니다. 그래서 말인데요. 더 많은 질문과 설명을 부탁드려도 될까요?"

"무섭군요. 이 집중력! 하하!"

"4개의 빙산 중에 첫 번째가 '독서'라면 나머지 3개는 무엇인가요? 그때 그 강의 장면에 대한 그 다음 설명이 궁금해요. 설명 듣다가 끊어진 느낌이에요."

"그 부분은 다음 서재 인터뷰 때 하도록 하죠. 주제가 그때 연결되거든요."

'길이'가 만든 '높이'와 '깊이'

"서재의 역사에 대한 인터뷰를 계속해 볼까요. 이렇게 많은 책을 읽으면서 분류체계를 만들고 나름의 통찰로 자신만의 북 코너들을 만들었는데, 아마 처음부터 그렇게 통찰이 일어나지는 않았을 것 같아요. 마치 수영을 배울 때처럼……, 어느 정도 수영을 해야 자신도 모르게 물 위에 뜨게 되는 건가요? 한계를 넘어선 순간을 언제쯤 확인하셨는지 궁금해요."

P는 미란의 질문을 정확하게 이해하고 화이트보드에 2개의 그림을 그렸다. 성장곡선이다. 우리가 꿈꾸는 이상적인 성장곡선은 눈에 띄는 성장이지만, 현실에서의 성장은 매우 완만한 곡선을 그리게 된다.

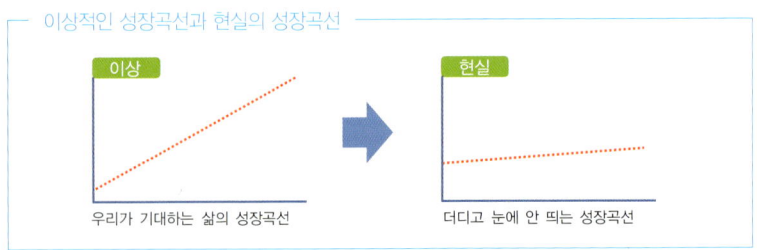

이상적인 성장곡선과 현실의 성장곡선

"성장곡선처럼 독서습관이 처음부터 통찰에 이르기에는 무리가 많습니다. 이론적으로는 가능하지만 실제 삶에서 그러한 수준에 이르는 것은 매우 어려운 일입니다. 중요한 것은 충분한 통찰이 일어나지 않더라도 지속적으로 그 작업을 해야 한다는 것입니다. 축적되는 것 같지도 않고, 의미가 터득되지도 않는 것 같고, 당장 열매가 나타나는 것 같지도 않고, 그러면서도 독서보다 더 중요하고 급박한 일들이 훨씬 더 많기도 합니다.

독서를 꾸준히 지속할 수 없는 수천 가지 이유가 우리를 둘러싸고 있습니다. 그럼에도 일정 기간 독서를 계속 해야 합니다. 그러다가 어느 정도 시기가 되면, 수평적으로 행하던 모든 독서의 시간이 고스란히 높이로 바뀝니다."

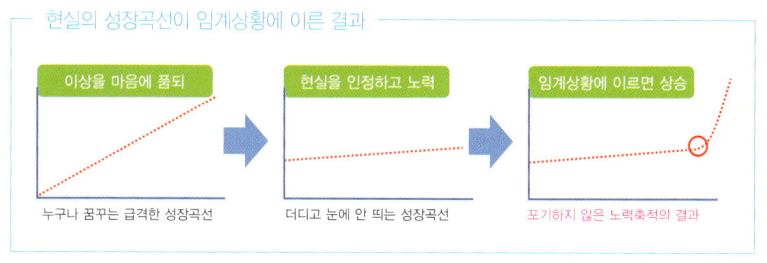

"폴샘, 아주 인상적이에요. 그러니까 쉽게 말하면 꾸준히 책을 읽어야 한다는 것이군요. 책을 읽다가 보면 임계상황에 이르게 되고, 읽었던 기간, 읽었던 분량, 사용한 시간, 노력의 크기 등이 때가 되면 고스란히 '통찰'로 변한다는 거죠?"

"다른 말로 표현하면, '길이'가 곧 '높이'가 되는 겁니다. 그 임계상황의 포인트에 대해서 많은 사람이 여러 이야기를 하죠. 1만 시간의 법칙, 1만 독서의 법칙 등등. 그러나 그렇게까지 수량화하기는 어렵다고 생각해요. 개인의 차가 매우 크거든요. 오히려 이런 그래프를 기억하는 게 더 나을 것 같습니다."

"폴샘, 이렇게 완만한 성장곡선을 받아들이고 긴 시간을 인내하며 책을 읽고 '베이직라이프'를 만들어가는 것은 마치 산속에서 수행하는 느낌일 것 같아요. 이러한 과정은 정말 힘든 여정이겠지요?"

"미란 선생은 이미 그런 과정을 다 거쳤는데 마치 그런 시기를 앞에 두고 있는 사람처럼 얘기하시네요."

"인터뷰에 충실하려고요. 가장 좋은 인터뷰는 가장 듣고 싶은 이야기를 가장 쉽게 꺼낼 수 있도록 유도하는 것이죠. 하하!"

"알겠습니다. 충분히 이해가 됩니다. 완만한 곡선은 길고 지루하다는 생각은 오해입니다. 하기 나름이에요."

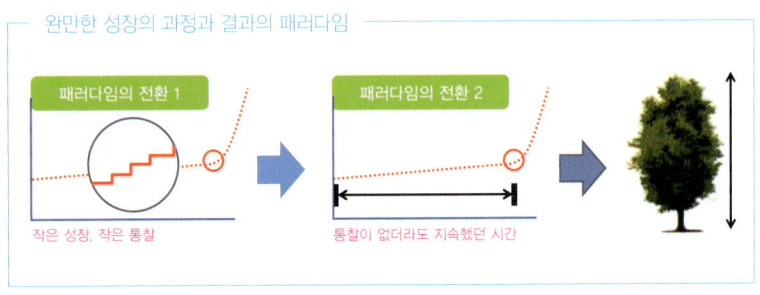

완만한 성장을 자세히 확대해 보면, 나름의 작은 성취, 작은 깨달음, 작은 성장이 있다. 소소한 즐거움도 분명히 존재한다. 지루하다고 하는 말은 대부분 용기 내어 시도하지 않았거나, 실천하지 않고 두려워하는 사람들의 선입견이다. 막상 독서를 시작하면, 거대한 통찰에 이르기까지 무조건 지루함만 존재하는 것은 아니라는 것이다.

완만한 직선인 성장곡선을 확대하면 계단모양의 작은 성장곡선이 보인다. 이것은 완만한 성장곡선이 가지는 과정의 묘미이다. 그 다음은 완만한 성장곡선의 '길이'가 결과적으로는 '높이'가 된다는 것이다. 그리고 그림에는 표현되지 않았지만, 대부분의 경우 높이가 올라간 만큼 뿌리도 깊어진다. 그래서 길이는 '높이'와 '깊이'를 만든다는 것을 기억해야 한다.

"폴샘, 여기서도 깊이, 높이가 나오네요. 역시 통하는 것 같아요. 넓이 독서가 깊이를 만들고 그 깊이가 높이를 만든다는 사실!"

"맞습니다. 여기서도 통합니다."

연속적인 '하루'가 만든 결과

P는 자신의 태블릿을 들고 와서 사진을 보여주었다. 소림사의 훈련 장면이 담긴 사진들이다. 중력을 거스르며 벽을 뛰어가는 모습, 높은 나무와 담장을 넘는 모습, 특이한 동작으로 서 있는 모습 등 보통 사람이 할 수 없는 모습을 담고 있다.

"이것이 현재의 모습입니다. 그들은 이 높은 나무를 넘기 위해 얼마나 오랫동안 훈련을 했을까요. 그리고 어떤 방법으로 훈련을 했을까요?"

P는 영상을 하나 더 보여주었다. 70년대에 나온 소림사의 훈련과정을 다룬 영상이었다. 영상은 어린아이가 작은 나를 찾아 숙소 앞에 나무를 심는 것부터 시작된다. 그리고 매일 아침 일어나자마자 그 나무를 한 번 뛰어넘는다. 중요한 것은 단 하루도 빠지지 않고 그 나무를 매일 넘어야 한다는 규칙이다. 소년은 성장하고 나무도 성장한다. 소년의 키가 자라는 것을 매일 관찰하는 것은 어렵다. 마찬가지로 나무가 자라는 것을, 매일 그 차이를 확인하기도 어렵다. 소년은 그저 매일 나무를 뛰어넘는다. 나무는 너무 작아 뛰어넘는데 아무 문제가 없다.

'내가 오늘 뛰어넘는 것은 어제 넘던 그 나무와 똑같다. 내가 오늘 뛰어 넘는 데는 아무 문제가 없다.'

— 소림사의 점프훈련 흐름 —

묘목 찾은 장면

묘목 뛰어넘는 장면

인사하는 장면

10년 뒤 모습

사실이다. 어제 넘던 작은 나무를 오늘 못 넘을 이유가 없다. 나무가 자라는 모습이 매일 매일 눈에 띄지는 않는다. 이렇게 소년은 10년을 뛰어넘었다. 엄격한 소림사의 규율을 따라야 하기에 단 하루도 쉬지 않았다.

영상은 10년 뒤, 성장한 소년이 매우 높은 곳을 뛰어넘는 장면을 보여준다. 10년 뒤에 소년은 2미터의 나무를 넘는다. 그에게 있어 그 나무는 어제 넘던 그 나무일 뿐이다. 영상은 이러한 과정을 고스란히 보여준다. P는 이해를 돕기 위해 태블릿에 있는 비슷한 주제의 다른 영상 세 편을 더 보여주었다. 반복적인 삶이 가져온 긍정적인 결과와 부정적인 결과를 모두 보여주는 영상이었다.

[반복적인 강화가 만들어낸 긍정과 부정의 결과]

소림사에 입문한 5세 소년에게 스승은 한 가지 미션을 준다. 작은 묘목을 방 앞에 심고, 매일 단 한 번씩만 점프를 하는 것이다. 너무나 쉬운 일이었다. 그런데 단 하루도 거르지 않아야 한다는 약속을 받는다. 실제로 소년은 매일 나무를 넘고 같은 일을 10년 동안 진행한다. 10년 뒤, 소년은 2미터가 넘게 자란 소나무를 훌쩍 뛰어넘는다.

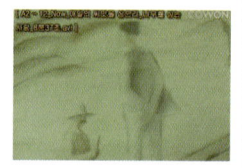
장 지오노 작가의 '나무를 심은 사람'에는 엘제아르 부피에가 등장한다. 그는 30여 년 동안 매일 100개의 도토리를 심는다. 사막이 되어버린 마을에는 아무도 살고 있지 않았으나 부피에는 개의치 않고 매일 같은 일을 반복한다. 30년이 지난 다음 그 지역은 울창한 숲으로 변한다. 마을이 생기고 물도 흐르게 되었다. 지역과 기후를 통째로 바꾸어 버린 것이다.

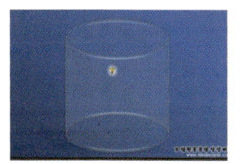
병속에 갇힌 벼룩은 처음에는 반복해서 점프를 하며 병 밖으로 나오려 한다. 하지만 그때마다 계속 뚜껑에 부딪힌다. 결국 벼룩은 뚜껑에 부딪히지 않을 정도로만 점프를 하기 시작한다. 그런데 벼룩은 뚜껑을 열어준 이후에도 계속 그 이상을 점프하지 못한다. 실패의 습관 역시 반복되면 부정적인 영향력을 발휘하게 된다는 것이다.

한 꼬마는 서커스를 구경하는 동안 커다란 코끼리의 발목에 얇은 줄이 묶여 있는 것을 보았다. 코끼리의 힘으로 충분히 끊어버릴 수 있는 밧줄임에도 코끼리는 순순히 밧줄에 묶여 있었기에 꼬마는 궁금하였다. 알고 보니 코끼리는 아주 어렸을 때부터 그 줄에 묶여 있었다. 코끼리는 밧줄을 끊으려 어릴 때 반복적으로 시도해 보았지만 끊지 못했던 기억이 이제는 코끼리가 밧줄을 끊으려는 시도조차 하지 못하게 만들었다.

P는 현재의 베이스캠프가 오랜 시간의 작은 하루가 모여서 이루어진 가장 단순한 반복의 결과임을, 그리고 성실한 하루가 만들어낸 역사임을 조용히 그리고 확신을 가지고 설명하고 있었다. 미란은 충분히 짐작이 되었다. 그런데 이해가 안 되는 부분도 있었다.

"폴샘, 여기 있는 책들이 족히 1만 5천 권 이상인데요. 논문과 수많은 교구들, 소책자들을 합치면 더 많겠지만 저로서는 도저히 이해가 잘 안 돼요. 오랜 시간 책을 읽고 그런 반복의 과정들이 뿌리 같은 깊이가 되었다는 것, 바로 그때 통찰이 일어난다는 것은 이해가 돼요.

그런데 폴샘이 책을 이렇게 읽기 시작한 게, 20세부터라면 현재는 41세잖아요. 그렇다면 20년 정도인데 하루에 한 권을 읽어도 일 년에 많게 잡아 400권, 10년에 4000권, 20년에 8000권 계산이 나와요. 하지만 지금 이 서재에 있는 책은 거의 두 배 분량의 책인데 어떻게 읽으셨나요. 하루에 두 권씩 읽으셨나요?"

"하하! 미란 선생, 순수한 꼬마의 질문 같아요. 맑은 영혼이 느껴집니다. 처음에는 그렇게 읽었죠. 하루에 한 권 목표를 지키려고 애를 썼어요. 그런데 어느 정도 연수가 차면서 통찰이 일어나거나 직업적으로 지식전달자의 삶을 살게 되면 다른 차원이 형성됩니다. 저의 독서 바인더에 있는 표 하나를 보여드릴게요. 어느 해의 독서구입비 추이를 정리한 것입니다. 각 칸은 10만 원 단위입니다."

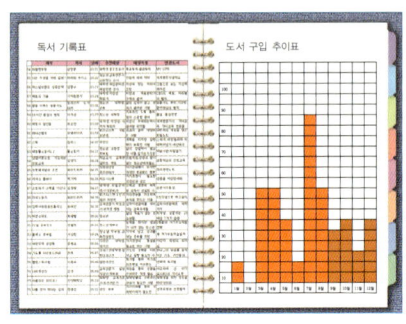

지식전달자의 도서구입 비용추이 (예)

미란의 눈이 커졌다. 30만 원, 50만 원, 어떤 달은 100만 원을 넘어섰다. 책 구입비가 이렇게 많이 들어간 것이다. 그러고 보니 이전에 P가 자기주도학습과 공부법 강의를 위해 100권의 책을 읽었다고 보여준 아이패드의 아이북스가 떠올랐다. 기계적으로 하루 한 권이 아니라 연구하는 주제에 따라, 그리고 지식전달의 필요와 특성에 따라 관련된 분야의 책을 거의 읽었다는 것이다. P는 좀 더 명확하게 근거를 보여주기 위해, 어느 해 '인문학 연구' 프로젝트를 위해 한 번에 구입한 책 목록을 인터넷 사이트의 구입결제내역으로 보여주었다.

미란의 궁금증이 하나씩 풀리기 시작했다. 그러면서 미란은 생각해 보았다. 모든 지식세대 즉 대학생과 성인, 그리고 교육전문가, 교사, 교수, 강사, 멘토, 코치 등 세상의 모든 지식세대가 다 이러한 삶을 추구할 수는 없다는 것이다.

행복을 찾아서

"폴샘, 행복해 보여요. 이런 모든 지식축적의 과정을 설명하실 때 폴샘의 표정에 행복이 보여요."

"그랬군요. 맞아요. 베이스캠프가 저에게는 행복입니다."

"기업에서 함께 회의를 할 때는 전혀 행복해 보이지 않았어요. 지금 표정과는 너무 달랐어요."

"미란 선생도 눈치를 채셨군요."

"그런데 폴샘처럼 이 땅의 대학생과 기성세대들 즉 모든 지식세대들이 모두 이런 과정과 이 정도의 수준을 유지하기는 어렵다는 생각이 들어요."

"미란 선생이 정확하게 보셨어요. 모두가 이 과정과 수준을 따라 하기는 당연히 어렵죠. 그럴 필요도 없고요. 다만 저는 저의 행복을 조심스럽게 공유하고 싶고, 적어도 지식세대들에게 가장 아름다운 행복에 대해 자극과 도전을 주고 싶은 겁니다. 제 삶을 전해 듣고 단 한 명이라도 커다란 충격을 받아 당장 자신의 작은 집 한켠에 작은 책장을 들여놓기 시작한다면 저는 그것으로 족합니다."

"이러한 거대한 서재를 꿈꾸는 사람들은 이 과정이 나름 자신의 성향에 맞아야 하고, 그리고 행복의 기준이 되어야 할 거라는 생각이 들어요."

미란의 머릿속에 P와 함께 했던 강의 장면이 스쳐 지나갔다.

자신이 정말 좋아하고 잘하는 것을 알아야 자신의 꿈을 제대로 찾을 수 있다는 청소년 강의였다. 자신이 정말 좋아하는 것을 적어보라는 P의 미션에 학생들은 의외로 내용을 기록하지 못하고 힘들어하였다. P는 그 순간 노트북 화면을 열어서 P 자신이 정말 좋아하는 것과 잘하는 것을 숨도 안 쉬고 화면에 타이핑하기 시작하였다. 강연 중에 즉석에서 자신의 일상을 공개한 것이다. 얼마나 빨리 적어내려 가는지 보는 사람도 숨이 차오르는 것 같았다. 일부러 그렇게 하였던 것 같다. 정말 미치도록 좋아하는 것은 이렇게 자연스럽게 튀어나오는 것이라고 외치는…….

"생각하며 거실 걸어 다니기, 배송받은 새 책 꺼내서 냄새 맡기, 커피숍에서 딸 사진 보며 미소 짓기, 집에 들어서자마자 세 아이 한 번에 안아서 들어올리기, KTX 타고 가며 글쓰기, 밤늦게 집에 들어가면서 치킨 주문해서 먹기, 천 명 이상의 사람 앞에서 강의 하는 중에 마치 한 명과 대화하는 것처럼 편안해지는 그 잠깐의 순간, 연속적으로 3시간 이상의 조용한 시간이 확보될 때, 새벽부터 일어나 치열하게 하루를 준비하고 해 뜰 무렵 라면 먹을 때, 그 라면 먹은 뒤에 카페모카 휘핑크림 가득 얹어 먹을 때, 무심코 읽은 책에서 너무나 소중한 내용 만났을 때, 비오는 새벽에 차 안에서 차 지붕에 부딪히는 빗방울 소리 들을 때, 눈을 떴을 때 문득 내가 살아있다는 느낌에 감사하기……

[P가 좋아하는 것들]

미란은 그 자리에서 자신의 좋아하는 것을 적어내려 가는 P를 보면서 그라는 사람을 좀 더 이해할 수 있었다. 그리고 그 모든 내용이 새벽부터 잠자리에 들 때까지 하루의 일과임을 엿볼 수 있었다. 학생들을 위해 약간 재미있게 표현한 부분도 있었지만, 그 속에 담겨진 그의 진심은 충분했다. 그리고 바로 지금 이곳 베이스캠프 서재에서 그가 정말 좋아하는 삶의 진수를 확인하고 있는 것이다. P는 자신이 좋아하는 것을 적은 뒤에 자신이 잘하는 것도 적어 내려갔다. 학생들은 넋을 읽고 그의 타이핑을 따라 시선을 고정시켰다.

"날 잡아 책상 정리하기, 영화보고 명대사 기억하기, 한 번 만났던 사람 기억하기, 사람의 외모에 작은 변화 알아차리기, 사람의 강점 찾기, 고민을 듣고 가슴 깊이 공감하기, 고민되는 상황 듣고 문제의 핵심 찾아내기, 어떤 장소에서도 유머와 소통의 코드 빨리 찾아내기, 휴일에 영화 몰아서

5편 보며 내용 헷갈리지 않기, 커피숍에 혼자 앉아서 매우 멋있는 척하기, 눈빛과 목소리로 사람에게 진심 전달하기, 매우 진지한 느낌으로 사람 웃기기, 한 가지 목표를 정해서 그 목표를 향해 달려가기, 한 번만 먹어보고 음식 품평하기, 정말 사고 싶은 기기가 나오면 끝까지 노리다가 결국은 구입하기, 닭꼬치 그 자리에서 10개 먹기, 머릿속으로 엽문처럼 무술하는 상상하기, 예배시간에 졸지 않고 버티기, 책 한 권을 간단하게 살피고 마치 다 읽은 것처럼 다른 사람에게 소개하기, 앞에 있는 사람 모습만 보고도 그 마음의 슬픔 공감하기…….

[P가 잘하는 것들]

 P의 잘하는 것들과 좋아하는 것들의 나열은 학생들에게 큰 자극을 주었다. 자신을 잘 안다는 것, 자신이 좋아하는 것을 한다는 것, 자신이 잘할 수 있는 일에 전 생애를 바친다는 것이 이런 것이구나 하는 생각을 심어주기에 충분하였다. 단 1초도 주저하지 않고 자신을 행복하게 하는 모든 것을 자신의 일상에서 찾아 호흡하듯이 적어 내려가는 모습에 거대한 도전을 받은 것이다. 놀라운 것은 바로 그 다음 장면이었다. 멘붕 상태였던 학생들이 P의 퍼포먼스 이후에 자신이 좋아하는 것과 잘하는 것을 빠르게 적기 시작했다는 것이다. P는 한 학생들의 결과물을 찍어 슬라이드 화면에 띄웠다.

 정말 자신이 무엇을 좋아하는지 안다는 것은 평생의 자산이다. 자신만의 서재를 만든다는 것은 정말 좋아하는 일이어야 한다. 꼭 필요한 것이지만 좋아해야 한다는 것이다. 그

○○ 학생의 '내가 좋아하는 것들'

서재를 가꾸고 관리하는 세팅

운동기구   물소리 가습기   목인장

리고 가능하면 좋아하도록 노력해야 한다. P는 서재를 가꾸고 관리하는 데에도 마음을 쏟는다. 더 좋아하는 곳으로 만들기 위해서이다. 그래서 최근 그는 자신의 서재에 몇 가지 세팅의 변화를 준비하고 있다. 다양한 운동기구와 물소리 가습기, 그리고 무술도구를 세팅할 꿈을 꾸고 있는 것이다.

P가 사고 싶어 하는 것 세 가지를 사진으로 보여주자, 미란은 참았던 웃음을 터뜨렸다. 그가 운동하는 모습이 너무 어색했기 때문이었다. 더군다나 '엽문'이라는 영화에서 주인공인 이소룡의 스승이 무술을 연마하던 그 나무모양의 기구를 두드리고 있을 P의 모습을 상상하니 웃지 않을 수가 없었다.

"지금 무슨 상상하는지 알아요."
"폴샘, 본인도 웃기시죠. 상상하면 할수록 웃기는데요. 하하하!"

미란의 지식수첩

1 서재를 만드는 과정에도 나름의 성향과 선호도가 맞아야 한다.
2 지식으로 사람을 돕는 프로세스는 측정, 진단, 처방이다.
3 자신의 감성곡선에 따라 스스로 힐링할 수 있는 도서목록이 필요하다.
4 오랜 시간 독서를 '습관화'는 하되, 일정 기간의 '길이'는 필수이다.

> 5 독서를 지속하는 과정에서 작은 즐거움과 행복 포인트를 찾아야 한다.
> 6 자신이 좋아하는 것이 무엇인지 구체적으로 알 때, 환경을 선택할 수 있다.
> Q 베이스캠프를 구축하는 과정의 역사를 어떤 시스템으로 관리할까?

"와우!"

아직 들어가 보지 않았던 방에 들어서는 순간 미란은 감탄이 쏟아졌다. 베이스캠프에서 가장 멋진 공간은 바로 '뮤지엄'이었다.

디스플레이, 모든 것의 역사

한쪽 벽은 많은 기기들로 칸칸이 채워져 있었다. 쓰기 위해 놓인 것인지, 전시되어 있는 것인지 알 수는 없지만 정말 다양한 기기들이 가득했다. 또 한쪽 벽의 책장에는 다양한 형태의 책들이 전시되어 있었다. 책장 가득 채운 구조가 아니라, 전시되어 있다고 보는 게 맞을 것이다. 그리고 각 칸마다 하단에 입체 글자로 주제 혹은 숫자가 붙어 있다. 일일이 입체 글자를 붙여서 정성을 담은 흔적이 느껴진다. 그 숫자들은 연도를 표시한 것처럼 보인다.

"갤러리, 라이브러리, 라이프센터와는 또 다른 느낌이죠? 제가 가장 오래 머무르는 곳입니다. 바로 이곳이 집필을 하는 곳이기도 해요. 과거와 현재 그리고 미래가 만나는 곳이죠. 지식 창조는 모두 이곳에서 일어납니다."

의자 뒤 열린 창으로 산이 보이고, 새소리가 들리는 공간이다. 베이스캠프의 다른 공간과는 확연하게 다른 느낌이 든다. 여기는 책이 배치되어 있지 않다. 독서를 위한 책은 거의 없다. 가장 먼저 눈에 들어오는 것

> 뮤지엄 전경

연구의 역사   지식축적의 역사

미디어 세팅   화이트보드

은 예쁜 색깔의 컬러 바인더들이었다. 그 옆에는 케이블과 장비들이 전시되어 있다. 그리고 바로 옆면의 벽은 모두 주제와 연도별로 P가 연구하고 생산했던 지식의 결과들이 정리되어 있다. 의자에 앉아서 정면을 보면 3개의 노트북과 2개의 모니터, 그리고 대형 브라운관이 보인다. 구석에는 가장 성능이 좋은 디지털 복사기가 자리 잡고 있다. 앉은 자리에서 오른쪽으로 머리를 돌리면 갤러리에 있는 것과는 다른 느낌의 화이트보드가 보인다. 역시 그 화이트보드에는 사고의 흔적이 가득하였다.

"정말 뮤지엄 같아요."

"뮤지엄이 맞습니다. 이곳은 저의 대학생활부터의 20년이 고스란히 정리되어 있거든요."

"설마 이 공간의 디스플레이가 20세 때부터 시작된 것은 아니겠죠?"

"물론 아닙니다. 디스플레이가 시작된 것은 7년 전부터입니다. 그 전까지는 그저 모든 과정을 소중히 남겼을 뿐이고, 남겨진 흔적들을 소중하게 축적해 놓았습니다."

"내용이 축적되는 과정이 먼저 있었고, 이 공간에 디스플레이 된 것은 그 이후군요."

"순서적으로는 그렇습니다. 자신이 추구한 지식을 소중히 여기는 태도, 그 과정을 기록하는 습관, 그리고 조각조각 남겨진 흔적들을 잘 보관하고 관리하는 시간의 축적이 먼저 전제되어야 가능한 결과입니다."

미란은 먼저 바인더 디스플레이 앞에 멈춰 섰다. 종류도 다양하다. 종이 버전, 가죽 버전, 플라스틱 버전도 있다. P는 바인더 디스플레이의 구조에 대해 설명해 주었다. 바인더는 지식축적의 역사이다. 여기에는 그의 모든 지식 역사가 담겨 있다. 연구하는 과정, 연구의 결과, 독서 이후의 기록물, 일상의 기록과 일기 등도 축적되어 있으며, 심지어 그의 오랜 시간관리 플래너도 모두 축적되어 있다.

"이 책장은 어떤 역사를 담고 있나요?"

"여기 있는 바인더는 지식축적 바인더입니다. 과거와 현재, 미래의 모든 역사가 담겨 있어요."

"각 칸마다 약간의 차이점이 있는 것처럼 보여요. 표지가 종이인 것, 가죽인 것, 그리고 좀 다른 모양의 바인더도 있네요. 각기 의미가 구분되어 있나요?"

"종이 바인더는 주제별 지식의 역사입니다."

종이 바인더에는 어떤 지식 주제가 축적되어 있을까. 각 책장의 하단에는 주제가 명시되어 있다. 첫 번째 칸에는 'KNOWLEDGE'라고 멋진

바인더의 종류

종이 바인더–주제별 지식   컬러 가죽 바인더–집필   메인 바인더–인생사용설명서

입체 우드 글자가 새겨져 있다. 그리고 그 라인은 주제별 지식바인더가 라인업되어 있다.

첫 번째 칸에는 좀 더 작고 예쁜 글자로 'BOOK'이라는 주제가 새겨져 있다. 미란은 살짝 P를 바라보며 미소를 지었다. P는 미란이 무슨 생각을 하는지 대번에 눈치를 채고 고개를 끄덕였다. 바인더를 열어 보아도 되는지 양해를 구하는 것이었다. 미란은 BOOK 칸에 꽂혀 있는 종이 커버의 지식바인더 하나를 꺼내서 펼쳐 보았다. 그 바인더에는 책을 읽고 그 책에 대한 정보를 빼곡하게 기록해 놓은 페이지들이 보인다. 미란은 인덱스를 하나하나를 넘겨가며 그 속에 있는 세부 주제를 훑어보았다.

지식바인더 Book 예시
Knowledge-Book / 독서 이후 기록 예시 / 저자 정보와 책 정리

"BOOK 코너에 있는 모든 종이 바인더는 이런 독서 관련 내용만 정리되어 있군요."

"읽은 책을 모두 다 그렇게 축적할 수는 없습니다. 저에게 의미 있었던 책과 저자에 대해 흔적을 남기는 것이죠."

지식 주제별 바인더는 모두 종이로 된 표지로 만들어져 있다. BOOK 주제 이외에 미란의 눈에는 더 많은 주제들이 들어왔다. MOVIE, PEOPLE 코너에 먼저 관심이 쏠렸다. 붉은색으로 된 영화 주제 바인더를 꺼내 한 페이지를 열어 보았다.

"영화를 본 후 그 느낌과 생각을 정리해 놓으셨네요."

"영화는 제 인생을 가장 열정적으로 만드는 요소이죠. 잊지 못할 감격

— 지식바인더 MOVIE 예시

KNOWLEDGE-MOVIE   영화 칼럼 바인더   보고 싶은 영화 목록 바인더

과 울림이 있을 때는 이렇게 간단하게라도 정리를 해 축적합니다."

"이것만으로도 책 한 권은 쓰겠는걸요."

"하하! 저도 그렇게 생각합니다. 하지만 욕심 부리지는 않아요. 일단 영화 한 편에 대한 울림을 기록하는 것이 제 인생에 충분히 흡수되고 자연스럽게 제 지식이 저와 타인의 삶을 바꾸기를 소망하는 것이죠."

미란의 눈에 가죽 바인더들이 보였다. 이 바인더에는 어떤 역사가 기록되어 있을까. 눈치 빠른 미란은 이미 책장 제목을 보고 파악을 하였다. 'DIARY'라고 새겨진 글자가 눈에 들어왔다.

DIARY, 가장 눈부신 역사

일기 바인더라고 짐작은 되지만 각 칸마다 붙은 제목이 다소 어색했다. 연도별로 일기장을 모으는 것은 예상 가능한 일이지만, 그 일기장들이 종류별로 분류되어 있다는 것이 특별했다. 'THINK', 'MEET', 'LECTURE' 등 그냥 보아도 10개 이상의 주제가 나열되어 있다.

"폴샘, 이게 모두 일기장인가요. 일기장의 종류가 이렇게 많아요?"

"저의 가장 소중한 역사입니다. 영역별 일기를 축적한 것이에요. 이런 건 처음 보죠? 구체적으로는 생각일기, 결심일기, 감사일기, 공간일기,

일기코너
DIARY-THINK
36개의 일기장 파일

만남일기, 사람일기, 그림일기 등 20개가 넘습니다."

일기장의 글 가장자리에는 5분, 3분, 2분……, 시간이 기록되어 있다. 그리 긴 시간이 필요하지 않은 글이고 단지 그런 일상의 일기가 쌓였을 뿐이다.

바인더 책장에서 P가 가장 소중히 여기는 칸은 따로 있다. 바로 현재 진행 중인 연구 주제들이 모인 칸이다. 여기에는 매일 그가 아침에 들고 나가는 바인더들이 있다. 바인더를 꺼내 보니, 먼저 눈에 들어오는 게 있었다. 바로 바인더 겉표지에 새겨진 글자이다.

"폴샘, 여기 있는 가죽 바인더에는 이름이 새겨져 있어요. Paul Kim."

"그것은 스페셜 바인더라고 해요. 특별한 용도가 있는 바인더들이죠."

"어떤 의미가 담긴 바인더인지 궁금해요."

"현재 진행 중인 프로젝트나 집필을 위해 사용하고 있는 바인더들입니다."

스페셜 바인더
Paul Kim 바인더
테마별 메인 바인더

"지금 현재가 가장 소중하다는 메시지를 담고 있는 것 같아요."

"네, 가장 소중한 것에 가장 좋은 바인더를 사용하고 있습니다."

"예를 들면 어떤 프로젝트를 말하는 것인가요?"

"주로 강의나 집필 등입니다. 특히 저는 지식생산자의 삶을 살고 있기 때문에 집필이 가장 큰 프로젝트입니다."

"사실 지금까지는 독서와 같은 지식습득에 대해 인터뷰했는데, 집필은 전혀 다른 차원인 것 같아요. 지식을 창조하는 작업이잖아요. 살짝 그 과정을 소개해 주실 수 있나요?"

"집필의 내용을 만드는 과정은 나중에 소개해 드리겠습니다. 여기서는 집필의 역사가 어떤 방식으로 진행되는지, 그리고 어떻게 그 역사를 보관하고 디스플레이하는지 알려드리겠습니다."

P는 일단 지식생산을 위해 일상에서 '지식바인더'를 꼼꼼하게 축적한다. 특히 그의 지식생산에 가장 큰 소재는 독서, 영화 등의 소재이다. 이러한 지식바인더를 평상시에 꾸준히 축적하는 것이 그가 결정적인 지식창조를 하는 데 가장 중요한 과정이다.

지식축적에서 가치창조까지

일상에서 축적된 지식들은 지식바인더를 통해 체계적으로 관리된다. 이러한 지식들은 36개의 테마일기장을 통해 한 번 더 성찰의 과정을 거친다. 책을 읽고 적은 기록, 영화를 보고 적은 기록, 그리고 사람을 만나고 적은 기록, 신문이나 뉴스를 통해 습득된 지식과 통계들도 모두 통합적으로 관리된다. 바인더에 들어 있는 내용은 대부분 컴퓨터를 통해 편집이 되어 출력된 것이기 때문에, 바인더에 보관되어 있다는 것은 이미 컴퓨터에 파일로 생성되어 있다는 것을 뜻한다. 독서바인더처럼 그림이나 마인드맵으로 그린 내용은 스캔작업을 거쳐 파일로 보관된다.

　이러한 과정을 거치면서 다양한 주제가 탄생하고 그 주제별로 다시 모인 지식들은 성찰의 과정을 거친다. 이렇게 거친 지식들은 주제별 목차로 재구성된다. 지식의 체계가 형성되는 것이다. 이러한 일련의 과정은 넓이 독서, 깊이 독서 과정과 매우 유사하다. 여기서 창의적인 주제와 목차가 나오고 이는 강의나 집필의 제목과 체계로 재탄생된다. 이러한 내용을 담고 있는 바인더가 바로 가죽으로 만들어진 스페셜 바인더이다.

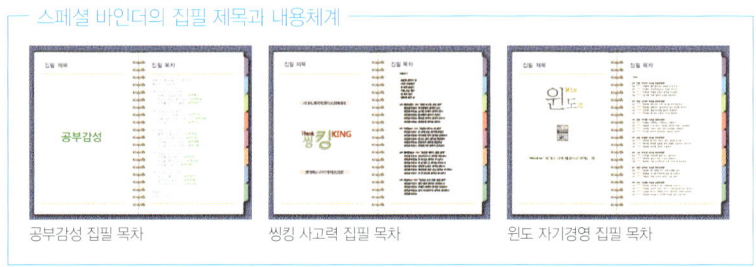

스페셜 바인더의 집필 제목과 내용체계

공부감성 집필 목차　　　씽킹 사고력 집필 목차　　　원도 자기경영 집필 목차

　"이렇게 하나의 주제별로 내용 목차가 정해지면, 스페셜 바인더에서 그 내용을 가제본 형식의 테마 바인더로 이동합니다. 그렇게 되면 본격적인 강의준비 및 집필과정으로 몰입을 시작하게 되는 겁니다."

　"그 다음에는 자연스럽게 내용을 채워 넣는 것이 되겠군요. 어쩌면 폴샘의 집필과정은 새로운 것을 쥐어짜듯 만드는 것이 아니라 차곡차곡 모인 지식과 성찰의 결과를 하나의 주제 아래 모아서, 순서대로 배치하는 게 더 정확할 것 같아요."

　"속이 시원하네요. 아주 정확하게 표현하셨어요. 그렇게 해서 하나의 강의, 한 권의 책이 탄생하게 되는 겁니다."

집필 가제본과 집필 결과물

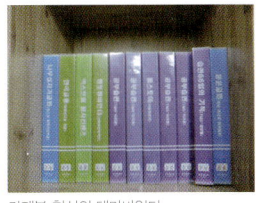
가제본 형식의 테마바인더

집필결과물 디스플레이

테마 바인더와 이를 통해 탄생한 결과물이 바로 옆 책장에 가지런히 비치되어 있다. 뮤지엄은 P의 지식관리 역사를 한눈에 볼 수 있는 공간이다. 또한 지식생산이 어떤 공정으로 이루어져 있는지 한눈에 보인다. 그래서일까. 이 방의 출입문에는 Factory라고 표기되어 있다.

"이곳은 뮤지엄 겸 극장 겸 공장입니다. 특히 지식생산의 공장 역할을 톡톡히 하고 있죠. 바인더가 모여 있고, 미디어가 모여 있고, 거대한 디지털복사기가 있으니 작업을 하기에는 최적의 공간입니다. 갤러리는 주로 상상하고 확산하는 작업을 하지만, 이곳 팩토리는 주로 지식을 수렴하고 체계화하는 일을 합니다. 이 공장은 어쩌면 매우 스마트한 자동화 공정을 가지고 있을지도 모릅니다. 마치 순환운동을 하는 것처럼 지식의 흐름이 알고리즘으로 구성되어 있지요.

지식생산의 공정과 알고리즘

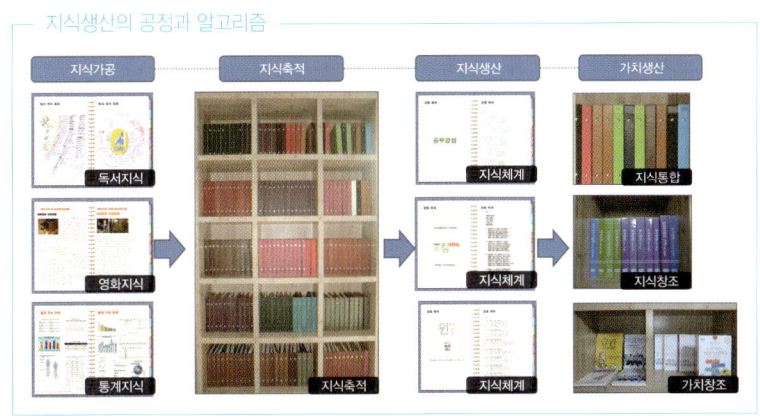

"폴샘, 이 공간은 정말 다양해요."

"네, 정보의 밀도가 상당히 높은 공간이죠. 10년 이상의 정보가 모인 바인더가 300여 개가 있고 10년간의 연구 역사가 디스플레이되어 있습니다. 그리고 지식생산을 위한 미디어가 총집결되어 있을 뿐 아니라, 정보를 담고 있는 테라급 외장하드만 6개가 있습니다."

뮤지엄 연구의 역사

R & D Line-up

한 주제를 연구한 5년 역사

제자들의 산출물

R&D라는 표현이 적절하게 맞는 공간이다. 연구와 개발이 이뤄지는 곳이다. 일반적인 서재에는 지식을 습득하는 책장과 지식을 창조하는 책상이 공존하기 마련이다. P의 베이스캠프는 이 두 가지 축이 완벽하게 조화를 이루고 있다.

"폴샘, 그동안 연구했던 지식의 주제들은 모두 기억하시나요?"

"아뇨. 그래서 바인더에 기록하고 보관하고 있는 겁니다."

"연구의 주제들을 모두 기록해 놓았다면, 연구의 결과물도 보관하고 있겠군요."

"그렇죠. 여기는 지식박물관입니다. 만약 제가 사진작가였다면 이 방에 제 사진 작품들이 연도별로 정리되어 있었을 겁니다. 만약 제가 등반가였다면, 이 방에 제가 등정한 산의 돌이나 나뭇가지를 라벨과 함께 전시해 놓았을 겁니다. 그 무엇이든 저는 제가 현재를 살아가는 힘을 역사에서 찾고 있습니다."

"폴샘, 혹 그 역사 중에 7년 정도의 역사 흔적에 저도 들어 있나요?"

— 연구역사의 주제 목록과 실제 결과물 보존 —

2003년의 연구 역사 디스플레이

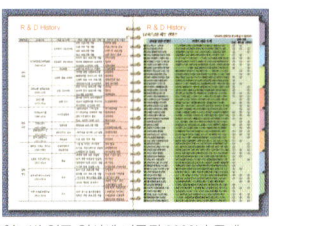
연도별 연구 역사에 기록된 2003년 주제

"물론 들어 있습니다. 혹시 그 초청장 갖고 계시나요?"

"7년 전 주셨던 초청장이요?"

"네, 가지고 있죠. 그 초청장을 받은 이후 저는 7년 동안 폴샘의 중요한 강의마다 함께 동행하며 지식을 배우고 성장한걸요."

"그럼 메일을 한번 열어보세요. 제가 메일을 하나 보냈습니다."

미란은 메일을 열어보았다. 파일이 하나 첨부되어 있는데 제목은 '초청장'이었다.

"어? 이. 것. 은…… 7년."

미란은 눈치가 빠르다. 미란은 그와 7년 동안 다양한 강의를 함께 하며 소통하였다. 강의 전, 강의 중, 강의 후 나눴던 지식주제들 그리고 다양한 토론들이 미란의 머릿속에 스쳐 지나갔다. 그때그때 가볍게 나누었던 대화들, 토론의 주제들이 하나씩 하나씩 주어진 표에서 보이기 시작했다. P는 미란과 함께 했던 7년의 주제들을 이미 계획하였고, 그 거대한 퍼즐을 하나씩 맞추듯 미란의 지식과 자신이 가진 지식을 소통의 중심에 두었다. 결국 300여 개의 주제를 모두 다뤘고, 미란은 그 사이에 '높이와 깊이'의 거대한 성장을 이룬 것이다. 물론 P 역시 미란의 지식체계와 강점을 통해 많은 자극을 받으며 배울 수 있었다.

"미란 선생과 함께 했던 7년은 저에게도 큰 도움이 되었답니다. 저의 지식 역사에 많은 자극과 활력소를 주셨어요. 진심으로 고맙습니다."

[7년간의 지식 나눔 초청장]

주차	교육 컨설턴트 과정	수퍼바이저 과정	프로메신저 과정	라이프 코치 과정	멕시마이저 과정	비주얼메이커 과정	스토리텔러 과정
01	진로이론체계	멘토링의 역사	강사의 메모전략	대학생 내면탐색	독서논술 융합설계	슬라이드 유형체계	강의바인더 제작
02	진로도구 마스터	멘토링 방법론	강사의 기록전략	대학생 강점워크숍	독서토론융합설계	슬라이드 수준체계	통계바인더 제작
03	진로검사의 실제	멘토링시장 상품	강사의 종합전략	대학생 소명비전관	독서철학융합설계	슬라이드 도구체계	일기바인더 제작
04	진로컨설팅	멘토링성공 사례	강사의 축적전략	대학생 직업성공관	독서치료융합설계	슬라이드 기술체계	영상바인더 제작
05	진로자료 구성법	멘토링 진단법	강사의 가공전략	대학생 브랜딩전략	인성아카데미설계	슬라이드 구성체계	기획바인더 제작
06	진로답변 뱅크	멘토링자료 축적	강사의 가치전략	대학생 변화대응법	성품아카데미설계	슬라이드 제작체계	지식바인더 제작
07	진로수업 모형	멘토링자료 개발	강사의 구조전략	대학생 커리어전략	사고력아카데미	슬라이드 연출체계	역사바인더 제작
08	진로캠프 모형	멘토링수업 설계	강사의 생산전략	대학생 인생로드맵	리더십아카데미	슬라이드 시연체계	목차바인더 제작
09	진로워크숍 모형	교회멘토링 실제	소스재생산 방법	대학생 학습전략	교회교육컨설팅	슬라이드 축적체계	성찰바인더 제작
10	진로 프로파일	학교멘토링 설계	소스활용 강의실제	대학생 환경설정	학원교육컨설팅	슬라이드 변형체계	사람바인더 제작
11	진로 포트폴리오	개인멘토링 설계	현장소스 변형방법	대학생 시관관리	학교교육컨설팅	슬라이드 활용체계	그림바인더 제작
12	진로 자료개발법	기업멘토링 설계	소스상품화 전략	대학생 목표관리	국가교육컨설팅	슬라이드 진화체계	상상바인더 제작
13	진학의사 결정법	멘토링과 컨설팅	강사의 지도력	대학생 학습독서법	신문분석자료화	키워드마이닝 비주얼	컨셉구축트레이닝
14	진학자료 축적	멘토링과 힐링	강사의 간파력	대학생 멀티테스킹	영화분석자료화	자연물마이닝 비주얼	카피생산트레이닝
15	단계별진학 지도	멘토링과 티칭	강사의 통찰력	대학생 미디어활용	다큐분석자료화	상징물마이닝 비주얼	소재링크트레이닝
16	진로와 진학연계	멘토링과 프리칭	강사의 판단력	대학생 데이터활용	광고분석자료화	페인팅시연 비주얼	통섭융합트레이닝
17	입시전형 분석법	멘토링과 메시징	강사의 종합력	취업반 모니터링	인물분석자료화	도구중심 비주얼	목차구성트레이팅
18	입시정책 판별	멘토링과 그룹핑	강사의 통섭력	취업반 시뮬레이션	방송분석자료화	실험중심 비주얼	집필몰입트레이닝
19	입학 사정관제	멘토링과 매니징	강사의 융합력	취업반 자기소개서	통계분석자료화	참여중심 비주얼	시장관찰트레이닝

20	입시자료 개발법	멘토링과 마케팅	강사의 소통력	취업반 인성적성	사진분석자료화	공간중심 비주얼	삽화생산트레이닝
21	입시컨설팅 실제	멘토링과 브랜딩	강사의 흡입력	취업반 케이스면접	숫자융합자료화	콘서트전략 비주얼	감동연출트레이닝
22	입시시장 이해	멘토링과 네이밍	강사의 공감력	취업반 다면면접	상호텍스자료화	디지털전략 비주얼	연결고리트레이닝
23	수시컨설팅 실제	멘토링과 코칭	강사의 설득력	취업반 로지컬씽킹	문식성환경 자료화	토크쇼전략 비주얼	갈등해결트레이닝
24	정시컨설팅 실제	멘토링과 포지셔닝	강사의 변화력	취업반 디베이트	상징체계 자료화	박물관전략 비주얼	인물구조트레이닝
25	수준별 공부법	힐링 시장 분석	프로강사의 환경	직장인 실용독서법	문학철학 융합자료	스티브잡스 비주얼	정민 프로세스
26	과목별 공부법	힐링 상품 분석	프로강사의 도구	직장인 자기경영법	정치철학 융합자료	엘고어 비주얼	공병호 프로세스
27	시험별 공부법	대상별 힐링체계	프로강사의 서재	직장인 시간관리법	문예시조 융합자료	마이클센델 비주얼	박경리 프로세스
28	유형별 필기법	분야별 힐링체계	프로강사의 가정	직장인 기록관리법	교육심리 융합자료	D.길버트 비주얼	진희정 프로세스
29	학습진단 도구	힐링의 정서체계	프로강사의 외모	직장인 가족경영법	문화심리 융합자료	오바마 비주얼	유명만 프로세스
30	학습설계 방법	힐링의 성품체계	프로강사의 발음	직장인 커리어전략	조직행동 융합자료	템페스트 비주얼	이어령 프로세스
31	학습유형 진단	힐링의 단계전략	프로강사의 행동	직장인 재정설계법	심리철학 융합자료	케네디 비주얼	정약용 프로세스
32	학력분석 전략	힐링의 도구설계	프로강사의 필기	직장인 노후대비법	가치경영 융합자료	링컨 비주얼	이지성 프로세스
33	기본학습 컨설팅	힐링 커리큐럼	프로강사의 재정	직장인 글쓰기전략	인문과학 융합자료	카네기 비주얼	유승일 프로세스
34	종합학습 컨설팅	힐링 사례 구성	프로강사의 경영	직장인 가치관셋업	우화철학 융합자료	그리스도 비주얼	안상헌 프로세스
35	집단학습 컨설팅	힐링 비지니스	프로강사의 성찰	직장인 경영관셋업	인문경영 융합자료	소크라테스 비주얼	김영환 프로세스
36	컨설팅 리포트	힐링 영역 통섭	프로강사의 인생	직장인 책쓰기전략	사회과학 융합자료	처칠 비주얼	이철환 프로세스
37	습관과 뇌과학이론	코칭시장 분석	최고의 아나운서	학부모 자기발견	미래학자 분석	인터뷰 비주얼	집필컨섭 리더탐색
38	습관과 행동심리	대상별 코칭	최고의 큐레이터	학부모 소통전략	미래학파 분석	기자회견 비주얼	결과이미지 상상
39	습관과 긍정심리	연령별 코칭	최고의 프리젠터	학부모 자기주도력	미래예측 기법	디베이트 비주얼	결정적 이슈 탄생
40	습관과 행동수정	유형별 코칭	최고의 건배사	학부모 진로멘토링	미래지식 분석	토크쇼 비주얼	동일컨섭 섭렵단계
41	공부습관의 이론	독서코칭	최고의 협상가	학부모 멘토되기	미래사회 분석	오프닝 비주얼	차별화 포인팅단계

42	공부습관 도구전략	라이팅코칭	최고의 패널리스트	학부모 변화관리	미래환경 분석	클로징 비주얼	관련소스 망라단계
43	공부습관 수업설계	디베이트 코칭	최고의 칼럼니스트	학부모 가족경영	미래교육 분석	심사평 비주얼	시놉시스 단계
44	공부습관 운영설계	프리젠테이션코칭	최고의 변론가	학부모 가족바인더	미래대응 전략	소개말 비주얼	제로드레프트단계
45	시간관리 습관	코칭자료 분석	최고의 연설가	부부학교 아카데미	커리어 시나리오	충격요법 비주얼	시장검증 단계
46	지식관리 습관	코칭자료 개발	최고의 카운셀러	아버지학교 과정	비지니스 시나리오	유머소통 비주얼	몰입집필 단계
47	수업성공 습관	코칭자료 통합	최고의 어드바이저	어머니학교 과정	역사 시나리오	감동울림 비주얼	과정축적 단계
48	피드백습관	코칭 비지니스	최고의 평론가	가족치료 아카데미	정치경제 시나리오	소통공감 비주얼	출판사협업 단계

미란은 적절한 말을 떠올리지 못했다. 고맙고 감사하고 먹먹했다. P는 미란의 마음을 알기에 어떤 답변도 들으려 하지 않았다. 미란은 갤러리로 돌아와 오늘의 인터뷰 내용과 그림이 그려진 화이트보드의 내용을 보완하고 완성하였다. 그림을 그리며 미란은 생각했다.

'잊지 않겠습니다. 사람을 위해 자신의 지식을 모두 사용하는 그 삶을 저 또한 꼭 살겠습니다. 제 평생에 7년의 동행과 서재 인터뷰를 잊지 않겠습니다.'

TIP 두 번째 서재 인터뷰 Big Picture

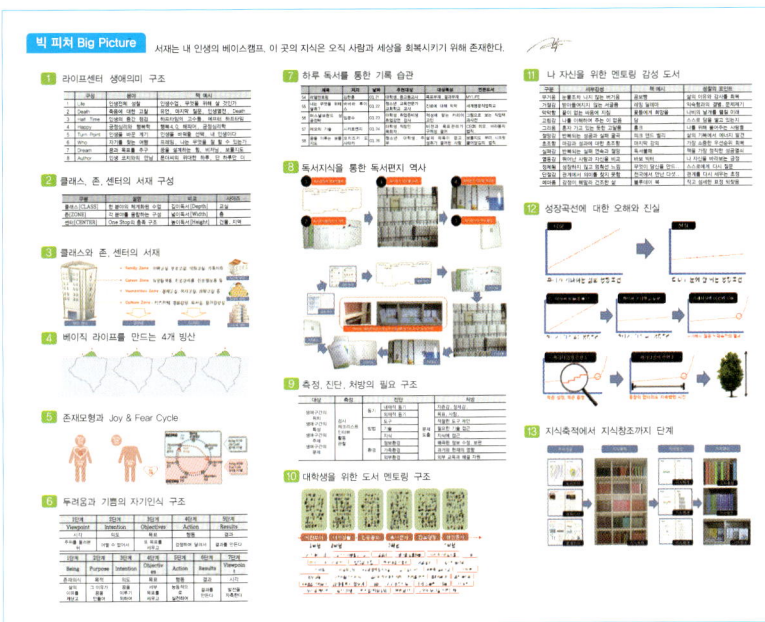

TIP 나만의 서재 만들기 Supervising

서재 인터뷰
'세 번째 만남'

서재는 본질과 변화를 잇는 다리

Base Camp is Heritage

Base Camp is Heritage

"폴샘은 '역사성'을 매우 중요하게 여기시는 것 같아요. 서재의 라이브러리에 있는 모든 책 역시 하나도 버리지 않고 모으신 것 같고, 또한 서재 속 뮤지엄에 오랜 세월 메모와 연구결과를 다 보존하고 있잖아요. 쉬운 일은 아닐 것 같아요. 역사성을 이토록 유지하는 특별한 이유라도 있나요?"

"간단합니다. 두려움 때문이에요."

"네! 두려움이요! 뭐가 두려우세요?"

"저는 '변화'가 두렵습니다."

"하하! 농담하시는 거죠. 변화를 가장 즐기시는 분이, 변화를 두려워한다는 게 이상해요."

"미란 선생이 생각하는 변화는 기술의 변화, 트렌드의 변화입니다. 그런 변화는 제가 열심히 달리는 만큼 따라갈 수 있을 것 같아요. 그런데 문제는 지금의 변화가 과거에 느꼈던 변화보다 훨씬 속도가 빠르고, 사이즈가 크며, 예측이 어렵다는 겁니다. 겨우 어렵사리 패턴을 찾아내면 금세 변형을 이루어 새로운 패턴을 만들어냅니다. 그래서 두려운 거에요. 여기에 또 한 가지 더 큰 두려움이 존재합니다."

"더 큰 두려움이라면……."

"세상의 변화보다 더 두려운 것은 제 자신이 변하는 것이에요. '처음 마음, 처음 목적, 처음 사랑'을 잃어버리는 것입니다."

"이제 조금 이해가 되는 것 같아요. 역사를 추구하는 과정에서 자신의 처음 모습과 처음 순수함과 그간의 과정을 고스란히 시각화할 수 있는 거군요."

"맞습니다. 그것뿐 아니라, 그 모든 역사 속에서 저는 끊임없이 새로운 미래에 대한 통찰을 얻을 수 있습니다."

"그런데 폴샘, 변화에 대비하려면 현재와 미래에 더 관심을 가져야 하는 것 아닌가요?"

"변화, 그 자체를 붙잡으려면 끊임없이 불안할 수밖에 없습니다. 변화가 클수록 '본질'에 집중하는 것이 가장 탁월한 대응법입니다."

"그렇다면 '변하는 것'보다는 '변하지 않는 것'이 더 중요하다고 생각하는 거죠?"

"거기에는 약간의 오해가 있습니다. 변화도 중요하고 본질도 중요합니다. 다만 흔들림 없는 무게중심은 '변하지 않는 본질'에 두고, 바라보는 시선은 '움직이는 변화'를 보아야 한다는 취지입니다."

"그렇다면 본질에 무게 중심을 두는 방법은 무엇인지요?"

독서의 목적 = 저자의 목적 + 독자의 목적

"본질을 추구하는 독서를 해야 합니다."

"본질을 추구하는 독서?"

"책 자체가 '본질추구'라고 주제를 정해 놓지는 않습니다."

"당연하죠. 서점에 갔을 때 책 코너 제목에 '본질 코너'라고 적혀 있지도 않잖아요."

"하하! 미란 선생의 표현이 참 재미있군요. 본질 코너! 괜찮은데요. 서점에서 책 코너 이름을 그렇게 쓰는 거 창의적인데요."

"폴샘, '본질을 추구하는 도서'와 '본질을 추구하는 독서'는 다른 것이죠?"

"도서는 책이라는 도구이고, 독서는 읽는 행위입니다. 다시 말해, 본질을 추구하는 '도서'는 책 자체의 분류코드를 말하는 것이고, 본질을 추구하는 '독서'는 책을 읽는 행위코드를 말하는 것입니다. 사실 두 가지 다 어느 정도 접근이 가능해요. 먼저 본질을 추구하는 도서가 있는지 확인을 해보죠."

"책의 분류 차원으로 접근하는 건가요?"

"본질을 추구하는 도서를 찾을 때 '바로 이 책이다'라고 가리키는 것보다는 책의 분류코드를 이해하고, 어떻게 접근하는 게 좋은지 '기준'을 찾는 게 중요하다는 생각이 듭니다. 미란 선생은 어떤 방식으로 책을 분류하는지요?"

"일반적인 방식이에요. 온라인 서점에 접속하면 왼쪽에 가지런히 보이는 분류코드가 있어요. 경제, 경영, 인물, 건강, 수험서 등……."

"그렇죠. 일반적인 방식입니다. 하지만 우리가 잊고 있는 것이 있어요. 책을 선정하려고 할 때 우리는 독서의 목적을 가지고 있습니다. 이것이 바로 '독서의 분류'로 들어가는 역발상이에요. 독서의 목적에 대한 인식이 없을 때, 우리는 특정한 현상에 노출되고 맙니다."

"특정한 현상이라면?"

P는 화이트보드에 6개의 말 주머니를 그려, '도서 선택의 주도력'이 없는 사람이 책을 선택하는 일반적 기준에 대해 예를 들어주었다.

"폴샘, 딱 적절한 표현만 골라서 써주셨어요. 목적의식이 없는 사람의 특징은 '귀가 얇다'는 것이죠. 가고자 하는 방향성이 없기 때문에 불안한

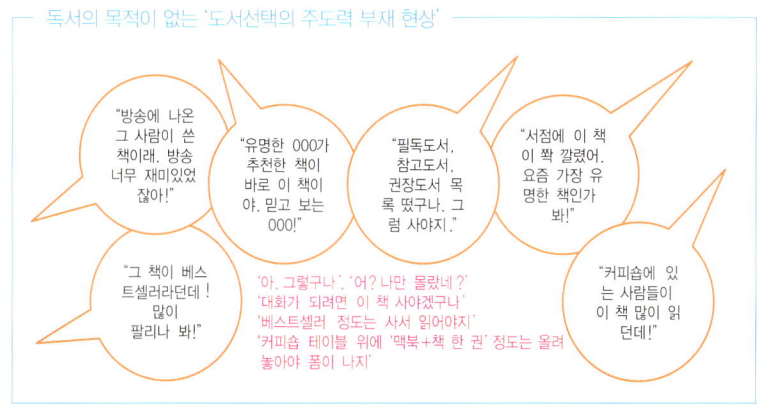

마음이 커지고, 불안한 마음이 커지면 여기저기에서 '이것이 답이다'라고 하는 소리에 귀가 열리게 되어 있죠. 그런데 폴샘, 여기서 독서의 목적은 '책을 사는 목적'을 말하는 것인가요?"

"책을 사는 목적은 '읽기 위한 것'입니다. 그보다는 '어떤 필요' 때문에 책을 사는지가 중요합니다. 즉 진정한 독서의 목적은 '활용의 목적'에 있습니다."

"시간 때우기가 목적인 사람을 제외하고는 나름 활용의 목적이 있겠군요. 그 활용의 목적이라는 것이 꼭 '실용적인 활용'을 말하는 것은 아니겠죠?"

"물론 아닙니다. 인문학 책을 사는 사람이 실용적인 목적을 추구하는 것은 아니거든요. 인문학 책을 구입하는 사람의 활용 목적은 '사고의 깊이', '삶의 방향', '인생의 문제에 대한 실마리 찾기' 등, 보다 근본적인 활용 목적이 있을 것입니다."

P가 '역사'를 소중히 여기는 것은 그가 '변화'를 가장 민감하게 접하는 사람이기 때문이다. 변화의 크기와 속도를 매일 경험하는 사람은 보통 사람보다 더욱 '본질'을 추구한다. 이것이 바로 변화를 담는 '그릇'이며 넉넉한 '내공'이기 때문이다. 바람이 거셀수록 '뿌리 깊은 나무'는 흔들림 없이 자리를 지킬 수 있다.

변화 앞에서 본질을 추구하는 방법 중에 가장 중요한 것은 '독서'이다. 본질을 추구하는 독서란, 본질을 추구하는 것을 돕는 '도서'를 잘 선택하는 것과 함께 본질을 추구하는 방법으로 '독서'하는 것이다. 먼저 도서를 선택하는 것은 단순히 책을 사는 행위가 아니라 독서의 목적을 알고 그 목적에 따라 책을 선택하고 읽는 것을 말한다. 이러한 독서의 목적이 없는 사람은 늘 주위의 목소리를 듣고 책을 선택하는 '베스트셀러 구매족'

이 되는 것이다.

　반면 독서의 목적, 즉 자신의 필요를 알고 그 필요에 따라 책을 선택하는 사람은 '주도적인 책 구매자'가 되는 것이다. 독서의 목적을 정확하게 알고 있다는 것은 엄밀히 말하면, '독자의 읽는 이유'와 '저자의 집필 의도'가 서로 연결되는 과정을 말한다. 저자는 전달하고자 하는 주제를 정하고, 장르와 분야를 결정하며 최적의 독자층에 맞게 글을 쓴다. 대부분의 책은 처음 기획 단계부터 '독자층'을 결정하고 시작된다. 한편, 독자는 책을 통해 얻고자 하는 목적을 가지고, 책의 분류체계에 들어가서 책을 탐색하고, 선택하여 구입한 뒤, 읽는 행위를 하는 것이다. 이것이 바로 '독서의 목적'을 이루는 것이고, 본질을 추구하는 도서를 찾는 첫 번째 단계이다.

　글을 쓰는 사람의 목적을 안다는 것은 '글로 된 텍스트'를 통해 저자의 의도에 이르는 것을 말한다. 이것이 가능할까? 가능하다.

　"폴샘, 정말 가능한가요?"

　"'글을 쓰는 사람의 목적'을 알기 위해 '글로 된 텍스트'의 종류가 과연 얼마나 많으며 그것들이 각기 어떤 목적으로 쓰이는지 확인해 보도록

> **다양한 글쓰기의 종류**
>
> 시(동시), 소설(동화), 수필(경험담), 희곡(극), 시나리오(대본, 애니메이션, 드라마, 영화, 라디오, 다큐멘터리), 유머글(재담), 말놀이, 훈화, 소통글(감사글, 칭찬글, 사과 글, 축하글, 위로글, 조언글, 충고글), 일기, 편지, 감상, 기행, 설명, 안내, 소개, 발표, 전기, 사전, 보고, 기사, 면담, 역사, 논설, 요청, 제안, 광고, 연설, 선언, 사설, 칼럼, 투고문, 논평, 촌평, 서평

하죠. 지금부터 저와 동시에 작업을 할 텐데, 미란 선생이 꺼낼 수 있는 모든 글쓰기의 종류를 나열해 주세요."

국어학자들은 글의 갈래에 대해 공통적으로 네 가지 목적으로 기준을 잡는다. '정서표현, 친교, 정보전달' 그리고 '설득'이다. P는 바로 옆에 4개의 기준으로 표를 만들어, 옆에 적었던 글 갈래를 테이블에 하나씩 옮겨서 해당되는 칸에 채웠다.

[글쓰기의 갈래별 구분]

정서표현	친교	정보전달	설득
시(동시), 소설(동화), 수필(경험담), 희곡(극), 시나리오(대본, 애니메이션, 드라마, 영화, 라디오, 다큐멘터리).	유머글(재담), 말놀이, 훈화, 소통글(감사글, 칭찬글, 사과글, 축하글, 위로글, 조언글, 충고글), 일기, 편지, 감상, 기행	설명, 안내, 소개, 발표, 전기, 사전, 보고, 기사, 면담, 역사	논설, 요청, 제안, 광고, 연설, 선언, 사설, 칼럼, 투고문, 논평, 촌평, 서평

"미란 선생과 함께 정리하니 매우 분류가 쉽네요. 여기에 분류된 글쓰기의 '갈래'가 실제 집필로 이어져 출판이 되면, 글의 갈래로 세상에 나오지 않습니다. 그때는 '분야'라는 이름으로 서점을 통해 세상에 등장합니다. 우리가 정리한 것은 개별 글쓰기의 순수한 갈래 분류입니다. 이것이 출판을 거쳐 서점을 통해 세상에 나올 때는 '도서 분야'로 바뀌죠. '도서 분야'로 나타나는 모습도 한번 분석해 볼까요. 국내 대형 온라인서점을 선정하여 지금부터 저와 나눠서 개별분석을 하고, 그 결과를 함께 모아서 공통분모를 찾아보죠."

P와 미란은 각각의 태블릿으로 인터넷서점을 방문하여 도서의 분류체계를 찾아보았다. 각각 분류체계를 확인하는 대로 화이트보드에 적고 동일한 분류가 나오면 하나로 통일하고 각기 다른 분류가 나오면 따로 빼서 고민한 뒤 결정하기로 하였다.

[서점의 도서 분야, 출처 – 예스24]

분야	분야 세부
가정과 생활	결혼/가족, 임신/출산, 육아, 자녀교육, 요리, 집/살림
건강/취미/실용	건강에세이/건강기타, 다이어트/미용, 등산/낚시/바둑, 성생활, 스포츠/오락기타, 애완동물, 요가/체조/기타, 의학/약학, 질병과 치료법, 취미기타, 패션/수공예, 퍼즐/스도쿠/기타, 한의학/한방치료
경제/경영	경제, 경영, 마케팅/세일즈, 투자/재테크, CEO/비즈니스맨, 인터넷비즈니스, 총람/연감, 정부간행물
국어/외국어/사전	국어, 영어, 일본어, 중국어, 독일어, 러시아어, 스페인어, 이탈리아어, 프랑스어, 여행회화/어학연수, 기타 언어, 사전류, 한자/옥편
대학교재 (전문서적)	경상계열, 공학계열, 농축산학 계열, 대학/사이버대학, 대학출판부, 방송통신대학교, 법학계열, 사범대 계열, 사회과학 계열, 어문학 계열, 예체능/문화/기타 계열, 의약학/간호 계열, 인문학 계열, 자연과학 계열, 전문서적 출판사
만화	교양만화/비평/작법, 공포/추리, 드라마, 성인, 순정, 스포츠, 액션, 역사/무협, 유럽/서구 해외만화, 인터넷&카툰/영상만화, 일러스트화보집&캘린더&다이어리, 취미와 직업, 코믹/풍자 판타지, 학원, BL(보이즈러브), SF/밀리터리, 그래픽노블, 라이트노벨
문학	소설, 에세이, 역사/장르문학, 테마소설, 고전문학/신화, 시/희곡, 비평, 창작/이론
사회/정치	사회비평/비판, 사회단체/NGO, 정치/외교, 사회학, 여성/젠더 교육, 언론학/미디어론, 생태/환경, 미래예측, 행정, 법, 국방/군사
수험서/자격증	공무원, 고등고시/전문직, 교원임용시험, 경제/금융/회계/물류, 공인중개/주택관리, 국가자격/전문사무, 법/인문/사회, 보건/위생/의학, 취업/상식/적성검사, 편입/검정고시/독학사, 한국산업인력공단, LEET:법학적성시험, Meet/Deet/Peet, PSAT(행시/외시), 기타/신규 자격증
어린이	예비 초등학생, 어린이 문학, 초등학습, 학습만화/코믹스, 어린이 교양, 초등 1~2학년, 초등 3~4학년, 초등 5~6학년, 전집, 교과서수록도서
여행	국내여행, 해외여행, 테마여행, 유학/이민(자기관리), 여행에세이, 여행회화, 지리의 이해
역사와 문화	역사와 문화 교양서, 역사학 이론/비평, 한국사/한국문화, 동양사/동양문화, 서양사/서양문화, 세계사/세계문화, 아프리카/중동/중남미/오세아니아 역사, 주제로 읽는 역사
예술/대중문화	예술기행, 예술일반/예술사, 건축, 미술, 음악, 사진, 무용, 대중문화론, TV/라디오, 연극/공연, 영화/비디오, 대중음악, 예술치료, 연예인 화보집

유아	0-3세, 4-6세, 유아 그림책, 유아 놀이, 유아 학습, 유아 전집, 만화/캐릭터/테마샵
인문	인문일반, 기호학/언어학, 미학/예술철학, 심리, 종교학/신화학, 논리학, 윤리학, 철학/사상, 한국철학, 동양철학, 서양철학
인물	경영자, 과학자/지식인, 교육인/언론인, 라이벌/동반자, 문학인, 법조인/의료인/군인, 보통사람들, 사상가/철학자, 사회운동가/혁명가, 역사/시대적 인물, 연예인/방송인/스포츠맨, 예술인, 정치인, 종교인, 페미니스트/여성인물
자기계발	처세술/삶의 자세, 성공학/경력관리, 기획/정보/시간관리, 화술/협상/회의진행, 창조적 사고/두뇌개발, 여성을 위한 자기계발, 인간관계, 취업/유망직업, 유학/이민, 성공스토리
자연과학	과학, 수학, 물리학, 화학, 나노과학, 생명과학, 뇌과학, 인체 천문학, 지구과학, 공학 .농/축/수산학
잡지	경제/시사, 리빙/육아, 문예지, 문화교양지, 방송교재, 성인지(19+), 어학/고시/입시, 여성/남성, 여행/취미/스포츠, 연예/영화/만화, 예술/사진/건축, 요리/건강, 자동차/과학/기술, 정기구독, 종교, 컴퓨터/게임/그래픽
전집	0-3세, 3-4세, 4-7세, 초등 저학년, 초등 중학년, 초등 고학년, 청소년/일반, 단행본 전집, 전화상담전집, 브랜드 전집
종교	종교 일반, 기독교(개신교), 천주교, 불교, 세계종교, 역학/사주
청소년	공부법, 청소년 문학, 청소년 역사/인물, 청소년 문화/예술, 청소년 인문/사회/경제, 청소년 수학/과학, 청소년 생활/자기관리, 청소년 철학/종교/윤리, 중학생, 고등학생, 조기유학 성공기, 논술대비
IT/모바일	IT 전문서, 그래픽/DSLR/멀티미디어, 모바일/태블릿/SNS, 오피스활용도서, 웹/컴퓨터/쇼핑몰/게임, 컴퓨터수험서
초등참고서	EBS 초등학교, 미취학 아동, 1학년, 2학년, 3학년, 4학년, 5학년, 6학년, 예비중 영재교육원대비, 논술, 수학전문교재, 영어, 한자, 월간지, 시험대비문제집(기출+예상), 초등 학습자료/교구
중고등참고서	고등학교, 중학교, EBS 방송교재, 수시·논술대비

"폴샘, 이렇게 분류하고 보니까 '도서 분야'가 훨씬 더 쉽게 다가오는데요."

"어떤 차이가 있을까요. 글의 갈래 분류와 도서 분야의 차이점이 느껴지지 않나요?"

"글의 갈래로 분석했을 때는 글을 쓴 사람의 의도를 중심으로 분류가 된 것 같은데, 서점의 분야별 분류체계로 다시 분석하니까, 이번에는 책을 사서 읽고자 하는 사람의 목적 중심으로 분류된 느낌이 들어요."

"정확하게 보셨어요. 훌륭합니다. 미란 선생은 순간적인 '직관력'이 강하고, 직관력이 형성되는 시간의 '순발력'이 뛰어나며 또한 전체를 보며 핵심을 찾는 '통찰력'이 돋보입니다."

"네? 한 번에 3관왕이 되었네요. 특급 칭찬을 받은 것 같아서 기분 좋은데요. 하하!"

"그럼, 글의 갈래 분류와 책의 분야 분류의 차이점을 명확히 알 수 있는 표 하나를 그려 주세요."

[글쓰기의 갈래 분류와 서점의 도서 분야 분류 차이]

구분	갈래 분류	분야 분류
분류 예	정서, 친교, 정보, 설득	결혼, 가족, 건강, 경제, 경영, 문학, 어린이, 자기계발 등
분류 대상	글	도서
분류 주체	글쓴이	책을 사서 읽는 이

독서를 통해 책을 활용한다는 것은 글쓴이의 목적과 책을 읽는 이의 목적이 잘 만나야 한다. 이러한 기준을 알고 책을 선정하고 구입하여 읽을 때, 독서 이후의 활용이 살아나는 것이다.

본질을 추구하는 분야가 있다

"그런데 사실은 서점의 도서 분류 체계를 더 깊이 들어가면 매우 세부적인 분류체계까지 완벽하게 갖추고 있습니다. 서점의 분류체계를 이해하는 것은 사실, 책을 사서 읽는 목적과 동일합니다."

"폴샘, 서점의 도서 분류체계가 도서를 사서 읽는 목적과 부합되는 게 맞지만, 사실은 정확하게 원하는 바가 있기 때문에 그것 이상의 것을 얻으려 하지 않을 것 같아요. 결혼 이후 아기를 가진 부부가 태교 관련 분야의 책 한 권을 선택해 구입하여 읽고, 태교의 방법을 찾아 적용한다면 이미 그것으로 충분히 목적을 달성한 거예요. 그 책을 쓴 저자의 의도와 독자의 의도가 동일하며 더 이상의 확장이 필요하지는 않다고 생각해요. 그러니까 읽는 목적, 구입 목적, 그리고 저자의 집필 목적이 딱 떨어지지만 그 자체가 본질을 추구하는 도서를 찾아내어 본질을 추구하는 독서행위라고 보기는 어려운 거죠. 독서의 목적을 이룬 것이지만 활용의 목적, 실용의 목적을 이루었지, 보다 더 깊은 본질 차원이라고 말하기는 어려운 것 같아요."

"충분히 동의가 됩니다. 도서 분야로 분류하는 체계를 알고 있으면 도서를 활용하는 데 충분히 도움되는 게 맞습니다. 여기서 한 가지 분리해야 할 영역이 있습니다."

"분류가 아니라 '분리'라고 하셨나요?"

"네 '분리'입니다. 이러한 도서 분야에서 몇 개의 분야는 본질적인 사고의 확장을 위해 분리가 가능한 분야가 있습니다. 이러한 '분야'를 '분리'하자는 겁니다."

P는 다시 사이트를 열어, 도서 분야의 '가정과 생활'에 들어가 세부 분류 체계를 보여주었다. 세부 분류 체계를 열어보니 각각 또 다른 세상이 펼쳐진다.

"가정과 생활 분야에서 결혼/가족, 임신/출산, 육아, 자녀교육, 요리, 집/살림, 이렇게 기본 세부 분류를 했을 때는 사고의 확장이 필요하기보다는 원하는 실용적 목적에 의해 선택되는 분야로만 보였습니다. 하지만 여기서 더 하위로 가면 '결혼/가족'에는 결혼, 부부관계, 가족관계, 노부모로 분화됩니다. '육아'에는 성장발달, 건강하게 키우기, 바르게 키우기, 놀이로 키우기, 육아법으로 분화됩니다. 만약 여기 세분화된 분류 중에서 '바르게 키우기'라는 단어를 클릭하면 어떤 책이 나올까요?"

미란은 바로 클릭을 해서 책의 목록을 확인해 보았다. 자존감, 심리, 자녀의 행복, 대화법, 마음코칭 등의 책들이 끝없이 이어지고 있다.

"어? 이런 책들은 충분히 본질적인 사고 확장이 가능할 것 같기도 한데요."

"맞습니다. 이제야 본질을 추구하는 도서가 눈에 들어오네요. 세부 분야 중에서 특정 책들은 특수한 목적을 얻기 위한 실용의 책과 본질적인 사고 확장이 가능한 책들이 섞여 있습니다. 하지만 제가 얘기하고 싶은 분야는 다른 것입니다."

가정과 생활 분야의 세부 분야 예시

P는 미란을 데리고 갤러리를 나와 라이브러리의 가장 깊은 코너로 안내하였다. 길게 펼쳐진 책들이 뭔가 한 가지 분야로 통일되는 것 같았다. 바로 인문 분야의 책들이다.

"인문 분야의 책은 따로 분리되어야 합니다. 오늘 서재 인터뷰의 하이라이트는 바로 여기 '인문 분야'입니다. 앞서 살펴보았던 다양한 도서 분야를 이해하는 것은 독서의 목적과 활용을 이해하는 데에 꼭 필요한 작업이었지만, 그 속에서 '본질을 추구하는 도서'를 찾는 것은 모든 사람이 쉽게 들어갈 수 있는 방법은 아닙니다. 그래서 아예 드러내놓고 '본질을 추구'하는 도서가 존재하는 것입니다. 바로 '인문 분야'의 책입니다.

북 코너 - 인문학

"도대체 인문학 분야 책이 몇 권인 거죠. 정말 많아요!"

"글쎄요. 인문학 연구를 2년 정도 진행했었는데, 그때 한 번에 구입한 책들입니다."

"네! 한 번에 이걸 다 구입했다고요?"

"네, 한 번에 구입했습니다. 인문학 프로젝트를 연구할 당시에 용기를 내었습니다."

P는 태블릿에서 인문학 책을 구입하였던 온라인 서점의 결제목록을 찾아내었다.

"찾았습니다. 4번 정도 나눠서 구입을 했는데, 같은 날 2번 구입한 책이 187권이네요."

인문학 책 구입

| 90436325 | 2013.03.18 | [도서]도시인문학 연구 : 제1권 1호 외 67 종 | 950,380/66 | 배송완료 |
| 90435831 | 2013.03.18 | [도서]명품 브랜드를 만드는 네이밍의 기술 : 마케터가 알아야 할 사랑받는 네이밍의 비밀 외 120 종 | 1,515,780/121 | 배송완료 |

미란은 할 말을 잃었다. 한 번에 200권에 가까운 책을 250만 원 정도 지불하고 구입했다는 사실을 도저히 믿을 수가 없었다. P는 기업의 연구용역을 할 때도 연구비의 상당부분을 도서 구입에 사용한다. 한 가지 분야에 대해 그 체계를 뿌리까지 근접하기 위해 가지고 있는 모든 자원을 사용하는 것이다. 물론 이러한 재정지출에 동의하지 않을 사람이 있

을 수 있다. 그래서 P는 자신의 이러한 상황을 다른 사람에게 꺼내기를 어려워한다. 그 7년의 여정을 마무리하는 과정이기 때문이다.

"폴샘, 분류의 기준이 있나요? 인문학은 그야말로 방대하기 때문에 어떤 기준으로 책을 서재에 분류하는지 궁금해요."

"두 가지 방법이 있습니다. 첫 번째 방법은 이미 공개한 적이 있습니다. 문화, 과학, 예술, 역사, 철학 등의 일반적인 분류방법입니다. 기억 나실 거예요."

일반적인 인문학 분류방식을 적용한 코너

SCIENCE   CULTURE   ART

"폴샘, 일반적인 방식이라고 하지만, 개인이 이런 방식으로 자기 서재에 그 분야 전체의 책을 분류해 놓지는 않아요."

"알겠습니다. 중요한 것은 다음이에요. 바로 옆 책장을 별도로 구분하여 제가 정한 주제로 읽은 책들을 재분류하여 배치하는 칸이 있습니다. 새로운 테마별 인문학 분류법이죠."

바로 옆 책장에는 WHAT, YOUNG, CONVERGENCE, CLASSIC 등의 글자가 새겨져 있고, 주제별로 책이 정돈되어 있다.

"폴샘, WHAT은 인문학 책 중에 어떤 책을 모아 둔 곳인가요?"

"인문학이 어떤 영역인지 소개하는 책입니다. 강의방식, 또는 대담방식으로 풀어내어 쉽게 읽을 수 있는 책들이죠."

"폴샘의 철학으로 보자면, 제 생각에 이 책들은 아마 인문학을 처음 접하는 사람들에게 소개해 주는 책이 아닐까 싶네요."

— 인문학 중 WHAT 재분류 도서 —

— 북 코너 – 인문학 중 YOUNG 재분류 도서 —

"맞습니다. 인문학에 대한 일반적인 분류가 '넓이 독서와 깊이 독서'라면 이곳은 '높이 독서'겠죠. 필요한 사람의 상황과 수준에 맞춰 최적화시킨 것이니까요. 그런 의미에서 바로 옆 코너는 더욱 의미가 있습니다."

"제가 한번 책 제목들을 보고 맞춰 볼까요? 정답! 찾았습니다. 청소년들에게 인문학을 소개해 주려고 모은 책들이죠?"

"역시 금방 알아차리는군요. 저는 책을 다 읽어보고, 고심하면서 분류한 건데 미란 선생은 5초 만에 맞히는군요. 대단합니다."

"폴샘, 이런 식으로 서재의 책을 일반적인 분야에서 주관적인 테마 분야로 재구성한다면, 서재의 구성이 고정적이지 않을 것 같아요. 뭐랄까. 트랜스포머 같은 느낌이에요."

"서재는 진화합니다. 아마 이 베이스캠프에 대해 저와 인터뷰를 하고, 이 내용으로 미란 선생이 강의를 하거나 책을 낸다면 사람들이 이 서재에 관심을 갖겠죠. 그런데 그때쯤이면 이 서재의 구성이 지금과는 또 많이 달라져 있을 겁니다. 아시죠? 제가 변화를 얼마나 즐거워하는지를……."

"아이러니예요. 변화를 두려워하면서도 또 한편 변화를 즐긴다는 표현이네요."

"전혀 충돌되지 않습니다. 변화가 두려운 것은 근본적인 본능이고요. 그럴수록 더더욱 이런 본질적인 도서를 가까이에 두고, 본질적인 독서를 습관화하며, 본질적인 삶의 목적을 추구하니까요. 그렇게 되면 매우 뿌리가 깊어지고 기초가 견고해지죠. 그럼 결국 흔들림 없이 변화를 즐기게 됩니다. 순환구조입니다. 변화를 두려워하여 본질을 추구하고, 그래서 변화를 즐기게 되는 것입니다."

"이제 이해가 돼요. 그런데 폴샘, 인문학은 다른 '분야'와 '분리'되는 분야라고 얘기하셨는데, 그렇다 하더라도 인문학이 주는 유익, 인문학 도서를 읽는 이유, 인문학 독서의 목적이 있을 것 같은데요."

세상에서 가장 '깊은 수업'

"답이 있지는 않습니다. 200여 권을 읽은 저로서는 거의 모두가 다른 이야기를 하고 있다는 사실에 놀랄 수밖에 없었어요. 소수를 제외하고는 각기 다른 분야의 전문가들인 경우가 많거든요. 철학자, 심리학자, 역사학자 등, 인문학을 읽고 해석하며 가치를 찾아가는 과정에 대한 친절한 방법을 소개한 책은 손에 꼽을 만합니다."

P는 중학생들을 대상으로 한 인문학 클래스를 운영했었다. 인문학 연구를 위한 독서도 그 수업을 위해 읽은 것들이었다. 당시 수업을 회상하는 일은 P에게 늘 가슴 설레는 일이었다.

"인문학에 대해 조사해 왔니?"

"네, 인문학에 대한 설명으로 세 가지 출처를 통해 찾아보았습니다."

인문과학이란, 인간의 문화에 관심을 갖는 학문분야. 정치·경제·역사·학예 등 인간과 인류문화에 관한 정신과학을 통틀어 이르는 말이다. [두산백과]

인문과학이란, 인간의 조건에 관해 탐구하는 학문이다. 자연 과학과 사회 과학이 경험적인 접근을 주로 사용하는 것과는 달리, 분석적이고 비판적이며 사변적인 방법을 폭넓게 사용함.[위키백과]

인간과 관련된 모든 학문. [네이버 블로그]

정치, 경제, 사회, 역사, 문예, 언어 따위를 자연 과학에 상대하여 이르는 말. 인간의 역사와 문화에 관한 학문을 통틀어 이르는 말. [네이버 국어사전]

"석민아, 인문학을 인문과학이라고 표현하는 이유가 있을까?"
"자연과학, 사회과학과 같은 위치에서 비교하기 쉬워서 그렇습니다. 그래서 저는 이 내용을 같은 표에 넣어 보았습니다."
"모니터에 띄워주렴. 전체가 한번 살펴보도록 하자."

[석민 학생이 정리한 자연과학, 인문과학, 사회과학 비교표]

자연과학	인문과학	사회과학
정의 : · 자연현상을 연구대상으로 하는 과학으로 일반적으로 과학이라고도 함.(두산백과) · 자연 현상의 법칙을 탐구하는 과학.(철학사전) · 자연과학이란 자연에 관한 인식, 특히 자연의 합법칙성에 관한 일정한 이론체계를 이루는 인식을 의미함.(칸트사전)	정의 : · 인간의 문화에 관심을 갖는 학문분야. 정치·경제·역사·학예 등 인간과 인류문화에 관한 정신과학을 통틀어 이르는 말이다.(두산백과) · 인간의 조건에 관해 탐구하는 학문이다. 자연 과학과 사회 과학이 경험적인 접근을 주로 사용하는 것과는 달리.	정의 : · 인간 사회의 여러 현상을 과학적 체계적으로 연구하는 모든 경험과학. 사회, 정치, 법학, 종교, 예술, 도덕 등이 포함됨. (두산백과) · 인간과 인간의 관계인 사회현상을 과학적인 연구 방법을 동원해 연구하는 학문 분야.(행정학사전 외) · 인간관계의 복잡한 네트워

· 자연의 여러 현상을 탐구하는 학문.(교육학 용어사전) · 자연계의 물질적 현상을 연구하는 과학.(한자성어·고사명언구 사전) · 확실한 경험을 토대로 한 자연 현상에 관한 보편적인 법칙과 조직화된 지식의 체계이며, 과학의 한 분야.(위키백과)	· 분석적이고 비판적이며 사변적인 방법을 폭넓게 사용함.(위키백과) · 인간과 관련된 모든 학문.(네이버 블로그) · 정치, 경제, 사회, 역사, 문예, 언어 따위를 자연 과학에 상대하여 이르는 말. 인간의 역사와 문화에 관한 학문을 통틀어 이르는 말.(네이버 국어사)	크와 인간이 사회에서 함께 생활할 수 있도록 생각해 낸 조직의 제 형태의 연구에 대하여 과학적 방법을 적용하는 것.(사회학사전) · 사회현상의 본질성과 합법칙성을 밝혀주는 학문.(사회복지학사전) · 과학의 한 분야로 사회현상을 연구의 대상으로 하는 모든 과학의 총칭.(농촌진흥청)
자연과학, 경험과학	정신과학	경험과학
· 물리학, 화학, 생물학, 천문학, 지학	· 정치, 경제, 사회, 역사, 문예, 언어(네이버 국어사전)	· 사회, 정치, 법학, 종교, 예술, 도덕 등이 포함됨.(두산백과)

"정리를 잘 했구나. 우리가 한 가지 어려운 개념을 이해할 때, 때로는 같은 위치의 다른 구성과 비교하게 되면 의미구분이 더 선명하게 정리될 때가 많이 있다. 이는 마치 어린 시절에 우리가 비슷한 말과 반대말을 많이 접할수록 어휘수준이 높아지고, 어휘량이 급격히 상승하는 것과 비슷한 효과이다.

그런데 이 내용의 발표를 듣고 화면을 함께 보아서 알겠지만, 내용이 너무 거칠고 반복된 내용들이 각각의 출처에 따라 기계적으로 나열되어 있구나. 함께 토의할 시간을 줄 테니, 이 내용의 분량을 30% 수준으로 줄여서 다시 발표해 보렴. 내용을 정리할 때는 먼저 내용을 추출할 수 있는 '기준'을 찾는 게 중요한 것은 알고 있겠지?"

P가 학생들과 수업을 하는 일은 거의 없지만, 유일하게 오직 한 클래스는 그가 고집하였다. 바로 인문학을 연구하는 중학생들이다. 이들은 어릴 적부터 책을 사랑하고 토론을 즐기며, 글쓰기를 습관화한 학생들이다. 이들과 함께 수업할 때 P의 언어는 대학생들 혹은 대학원생들과 함께 수업할 때의 언어를 그대로 사용한다. 때로는 일반 대학생들보다

더 깊은 사고 수준을 보이는 학생들이었다. 잠깐의 시간 동안 네 명의 학생들은 토의를 마치고 새로운 표를 만들어 화면에 띄웠다. 팀 노트북으로 작업을 하고, 화면 분배기를 통해 앞에 있는 스크린에 함께 볼 수 있는 시스템을 갖추고 있는 교실이다. 화면에 뜬 테이블을 본 P는 흐뭇한 미소를 지었다.

[인문과학, 자연과학, 사회과학 간단 구분]

구분	자연과학	인문과학	사회과학
연구대상	자연현상의 법칙	인간, 인간 문화, 인간 역사, 인간 사유	인간과 인간 사이에서 일어나는 사회적 현상
연구방법	실험, 경험적 접근	분석적, 비판적, 사변적 방법	과학적으로 연구, 경험적으로 접근
연구내용 (분야)	물리, 화학, 생물, 과학, 천문, 지학	역사, 철학, 문학, 신학, 언어학	사회, 정치, 법학, 종교, 예술, 도덕 등
유사 표현	자연과학 또는 경험과학	정신과학	경험과학

"이렇게 표현하고 보니, 일반 사람들이 인문과학과 사회과학을 혼동하여 쓰고 있다는 생각이 드는구나."

"맞아요, 선생님. 그래서 어떤 책에서는 둘의 구분점을 알고 분리시키기도 하고요. 때로는 인문사회과학이라는 말을 쓰기도 해요."

이렇게 진행된 인문학 수업을 6개월 정도 진행하는 동안 학생들은 인문학의 분야 중에 문학 분야를 택하여 인문학의 사고체계를 반영한 비평문을 작성하였다. 말이 비평문이지, 작은 소논문에 가까운 글이었다. 6개월을 마무리하며 학생들은 각기 한 권의 책을 손에 쥘 수 있었다. P는 각 학생들의 소논문 앞부분에 직접 추천사를 써주었다. 인문학 수업을 하는 동안 깊어지고, 넓어지고, 높아진 학생들의 모습을 관찰하고 느낀 점을 담아 각 학생들에게 편지를 쓰듯이 추천사를 써준 것이다.

대한민국 전체 학술지와 논문DB에 들어가서 '죄와 벌'에 관한 논문을 검색하면 모두가 예상하는 결과가 나온다. 의외로 분석 자료가 많지 않다. 그만큼 어려운 작품이다. 고상한 척 『죄와 벌』 양장본을 손에 들고, 캠퍼스를 거닐 때는 꽤 모양새가 좋은 책이지만, 작정하고 분석하기에는 불편한 책이다. 하지만 OO에게 이 책은 항상 읽어왔던 문학작품 중에 하나일 뿐이다. 그 이상도 그 이하도 아니다. 이는 OO가 어린 시절부터 책과 함께 성장하였기 때문에 가능한 것이다. 자신의 생각과 자의식이 형성되는 과정에 책을 스승으로 삼았기 때문이다. 책을 통해 자신을 보는 연습이 일상화되어 있고, 책 속에서 세상을 만나는 훈련이 습관화되어 있었던 것이다.

책을 반복해서 읽은 뒤, OO는 도스토예프스키와 토론을 시작하였다. '생각 싸움'을 한 것이다. 저자가 정말 하고 싶은 말이 무엇이냐고 따지기 시작하였다. 저자와의 대화를 마치고 OO가 찾아낸 것은 '자유'였다. '죄'도 아니고 '벌'도 아니고 '자유'였다. OO가 쓰고자 하는 글의 방향에 대해 물어보자 너는 이렇게 말하였다.

"선생님, 사람들이 생각하는 '죄'는 사회적이고 표면적인 죄이지만, 그것은 드러난 것일 뿐 그 죄가 형성된 과정에서의 원인제공, 그리고 행동하기 이전의 내면적 충동, 관계 속에서 축적된 갈등의 영향 등을 간과하는 것 같아요. 그리고 라스콜리니코프는 사회적 '벌'보다 더 무서운 내면적 수치, 두려움, 불안, 죄책감, 죄의식으로 이미 '벌'을 받고 있었어요. 결국 그가 사회적 형벌을 받는 순간, 그는 오히려 '자유'의 상태가 된 것 같아요……"

이것이 진정한 '책 읽기'이다. OO의 삶은 본인의 의지와 상관없이 이미 '기준'이다. 읽고 쓰고 사고하는 리더의 기준이다. 14세 OO와의 인문학 수업은 그 자체로 '한 편의 작품'이다.

『죄와 벌』이라는 작품은 매우 어렵다. 추천사에서 밝힌 것처럼 논문 DB에 들어가도 연구자료가 많지 않다. P는 마치 무너져가는 세상을 위해 작은 씨앗과 같은 희망을 키워 미래를 대비하는 마음으로 이 수업을 진행하였다.

― 인문수업의 결과물로 제작한 소논문과 이것이 비치된 서재 ―

P는 자신에게 맡겨진 '생각하는 아이들'을 소중히 여기면, 이들을 통해 세상을 아름답게 바꾸는 일에 기여하는 것이라 생각했다. 『죄와 벌』을 읽고 이 학생이 제작한 소논문의 오프닝 프롤로그는 이 어린 학생이 인문수업을 통해 얼마나 생각하고 사고하고 또 고민하고 아파하고 고뇌했는지를 고스란히 보여준다.

(전반부 중략) 이러한 사회적 모순을 잘 보여주는 책 중 하나가 바로 도스토예프스키가 쓴 '죄와 벌'이다. 그는 그의 힘들었던 투옥생활을 통해 죄와 벌의 무게에 대해 다시금 생각해 보게 되었다. 훗날 '죄와 벌'은 우리 사회에서의 모순을 잘 보여주게 되었다. 도스토예프스키는 힘든 투옥 생활 도중에도 '죄와 벌'이라는 작품 속에, 자신과 같은 처지에 있는 허구의 인물을 생각하였고, "나 자신을 잃어가는 것 같은 기분에, 슬픔으로 무거워진 마음을 안고 침상에 누워서 이야기를 떠올렸다."라는 회고의 말과 함께 이 책을 써 내려갔다고 한다.

책 속의 인물, 라스콜니코프는 살인 후, 죄책감과 죄의식에 힘들어하다가 오히려 자수 후, '사회의 벌'과 '죄에 대한 사회적 처분'으로 시베리아를 가면서 '자유'가 시작된다. 얼어붙은 그의 마음을 진심을 다한 사랑으로 녹여준 소냐와 함께 찾아가는 그의 자유는 아마 도스토예프스키의 마음을 제일 잘 대변한 것이 아닐까 생각된다.

대부분, 사람들의 시점에서 감옥이란 자유도 없고 희망도 없는 어두운 장소로만 생각된다. 하지만 사람마다 상황이 다르고 생각이 다르기에 이 책 속 라스콜니코프는 오히려 감옥에서 희망과 자유를 찾아간다. 매일 죄책감과 죄의식에 살다가 사회에 자신의 죄를 털고, 사회적 벌을 받을 때까지 그의 삶은 막막했고, 누구보다 힘들었다. 그러나 이 모든 삶을 바꿔준 것에는 사랑이란 것이 존재했다.

대부분의 모든 인간은 '정신'의 일시적인 모습이며 생을 부여받은 자가 가지는 고뇌의 실현이므로, 모든 인간 속에서 되풀이되는 것이다. 여느 사람들과 마찬가지로 라스콜니코프는 그의 일시적인 모습을 한 순간에 잘못 표현했을 뿐이지만 그는 다시 소냐와 함께 일어섰다.

책 속에서도, 현실 속에서도, '인간은 무엇인가'를 알고 있는 이는 드물다. 그러나 나름대로 감지하고 있는 많은 사람은 그로 인해 보다 편안히 죽음에 이르게 될 것이다. 우리는 '인간'이라는 존재로 태어났기에 자신의 죄를 인정하고 벌을 받으며, 자신의 자유를 스스로 찾아가야 된다고 생각한다.

인간이 되기 위한 부단한 노력을 하고도 개구리나 도마뱀, 개미 따위의 단계에서 그대로 죽어버리는 사람들도 있고, 머리는 사람이지만 몸통은 물고기인 사람도 있다. 그러나 근본을 따지면 인간은 모두 인간이 되게끔 만들어진 것이다. 인간은 서로를 이해할 수 없다. 그러나 각자가 지니는 고유한 뜻을 아는 것은 오직 자기 자신뿐이다.(후반부 중략)

P의 중학생 제자들이 만든 소논문을 읽어보는 미란은 200권의 인문학 독서가 결코 헛되지 않았다는 것을 확인하였다. 그리고 정해진 답을 얻거나 필요와 목적을 위해 사서 읽은 책들과 인문학의 책이 구분되어야 하는 이유를 확실히 알 수 있을 것 같았다.

P의 이야기를 조용히 듣고 있던 미란의 갑작스런 질문에 P는 회상을 접고 현실로 돌아왔다.

"폴샘, 그 인문학 수업 말이에요. 그 수업 과정을 책으로 내실 생각은 없으세요?"

"그렇지 않아도 쓰고 있습니다. 그 모든 순간의 빛나는 언어들을 잘 다듬어 세상에 꺼내는 것은 충분히 의미가 있을 것 같아요."

"그런데 학생들에게 어떤 방법으로 인문학적 사고를 가르치셨나요?"

"어려운 질문입니다. 읽는 방법, 쓰는 방법은 그나마 체계를 잡을 수 있지만 인문학을 주제로 사고하는 방법을 설명하는 것은 매우 어려운 일이었습니다. 학생들이 어느 틀에 매이지 않고 자유롭게 상상하고 사유할 수 있도록 돕는 것은 저의 에너지를 가장 많이 빼앗기는 작업이었습니다."

"듣고 보니 그러네요. 자유롭게 상상하고, 변화시키고, 창조하는 것은 오히려 어려운 것 같아요. 차라리 정해진 방식대로 생각하라고 하거나 답을 꺼내도록 하는 게 쉬울 것 같아요. 폴샘은 어떻게 학생들을 도와주셨는지요?"

"가장 자유로운 상상을 위해 가장 딱딱한 개념부터 시작했습니다."

"자유로운 상상을 위해 딱딱한 개념을 심어주었다라는 말은?"

"미란 선생, 혹시 기억하시나요? 제가 온라인에서 했던 스토리텔링 한자 강의요."

"네, 기억납니다. 한자능력시험의 급수 전체를 스토리로 풀어주었던……, 어마어마한 상상력 강의였죠."

철저한 개념에서 나온 상상의 날개

"혹시 한자강의 잘 하는 분 소개 좀 부탁드릴게요."
"어떤 대상으로 하는 강의인가요? 오프라인 강의인지, 온라인 강의인지도 궁금해요."
"온라인 강의이고 초등학생을 대상으로 합니다. 1회 강의 시간은 5분 가량이며 초등학생의 집중력을 고려하여 각 강의는 짧고 아주 재미있어야 합니다."
"한자의 범위가 상당히 넓은데 어떤 주제를 강의하게 되나요? 정확히 알아야 적절한 사람을 소개할 수 있으니까요."
"네, 한자 급수 강의입니다. 가장 쉬운 8급부터 시작합니다. 5분짜리 한 강의당 한자 5자를 소개해 주는 겁니다."

온라인 논술 강의를 촬영하러 스튜디오를 출입하던 시절이었다. P는 담당자를 통해 한자 강사를 소개해 달라는 부탁을 받았다. 당시 P는 나름 강사를 소개하려 열심히 알아보았었다. 그런데 이상하게 다들 강의 제안을 거절하는 것이었다. 온라인 강의를 수백강 찍어야 하고, 초등학생을 대상으로 하며, 재미있게 해야 한다는 조건을 듣고는 모두 손사래를 치는 것이었다. 어려운 것은 사실이다. 주제가 정해지고 소재를 마음껏 조정하는 것이라면 그나마 재미있게 창조해낼 수 있다. 그런데 소재가 정해진 경우는 다르다. 5자의 한자를 반드시 가르쳐서 이해시켜야 한다. 소재 자체가 학습목표가 되어버린 것이다. 그래서 어렵다. 소개할 강사를 찾다가 지친 P에게 문득 새로운 생각이 들었다.

'그냥 내가 해볼까?'

그때 그 작은 생각이 추후 어떤 결과를 낳았을까. 이렇게 시작된 한자강의는 P의 강의 역사상 가장 창조적인 강의로 꼽힌다. 강의가 '창조적'이라면 어떤 것을 말하는 것일까. '강의형식'이 창의적이거나, '전달방식'이 창의적일 수 있다. 때로는 '강의소재' 자체가 창의적일 수도 있다.

여기서 가장 변형이 어려운 것은 '소재'이다. 소재 자체가 창조적인 데에는 제약조건이 많다. 특히 한자강의처럼 소재가 고정적일 때는 매우 심각해진다. P는 당시 자신이 직접 한자강의를 할 수 있는지 스스로 확인해 보고 싶었다. 그래서 화이트보드에 8급 한자 50자를 써보았다. 50자의 글자 각각에 대해 한자사전을 찾아가며 의미를 보고 또 보며 화이트보드를 뚫어져라 쳐다보았다. 어떻게 의미를 전달할까. 어떻게 하면 지루하지 않게 전달할 수 있을까. 어떻게 하면 재미있으면서도 정보전달이 가능할까. 아무리 생각해도 상상력의 한계가 있었다.

그럴 때마다 P는 두꺼운 한자사전의 개념을 다시 보고 또 보며 어원과 분석적인 해석을 들여다보았다. 한참을 보다가 P는 5자의 단어를 체크하였다.

'日(날일), 東(동쪽동), 生(날생), 西(서쪽서), 山(산산)'

이렇게 체크한 5자의 글자를 연결하여 짧은 의미구조를 만들어 보았다.

"해(日)는 동(東)쪽에서 힘차게 생겨난다(生). 그러나 시간이 지나면 서쪽(西) 산(山)으로 조용히 사라진다."

P의 마음속에 희망이 피어올랐다. 5자를 가르쳐야 한다면 5자를 묶어 간단한 이야기를 만들면 어떨까 하는 생각이 들었던 것이다. 내친 김에 P는 제목을 지어 보았다.

'시작이 있으면 끝이 있다.'

제목은 곧 전달하고자 하는 메시지를 말하는 것이다. 주제와 스토리를 잡았는데, 그럼 각각의 한자는 어떻게 풀어줄까. P는 한자대자전을 펴

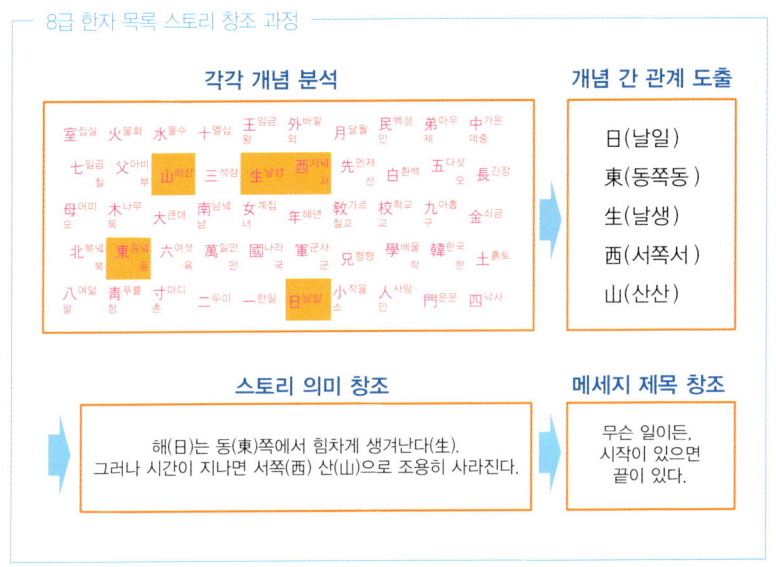

들었다. 각각의 한자에 대해 가장 근본적인 의미를 파고 들어가 보았다. 기본적인 원리를 바탕으로 그림과 예화를 통해 설명이 가능하다는 확신이 들었다. P는 나머지 내용은 확인해 보지도 않고 샘플을 만들어 보냈다. 주제가 다소 어려웠지만 각각의 한자를 설명하는 과정은 그림을 그려가며 강의하겠다는 설명을 덧붙였다.

희망은 가능성으로 바뀌고, 가능성은 현실로 바뀌었다. 담당자는 내용에 만족한다며 계약을 하자고 연락을 주었다. 설레는 마음으로 계약서에 서명을 하였다. 문제는 그때부터였다. 남은 수천 개의 한자를 급수별로 모두 5글자의 이야기로 창조해내야 하는 것이었다.

그날부터 P는 한문의 세계로 빠져들었다. 듣고 있던 미란은 급 호기심을 나타내었다.

"흥미로운데요. 어떻게 되었나요. 결국 완성하셨나요? 설마 천자문을 밤새 만든 사람처럼 머리가 하얗게 변한 것은 아니었겠죠. 하하!"

[한자 급수별 글자들을 5자의 묶음으로 스토리 창조]

	주제	자	훈과 음	이해하기 쉬운 풀이	연상 스토리
1	기록의 힘은 위대하다	百	일백백	白(흰 백)의 음(소리)에 一(한 일)의 훈(뜻)이 그대로 합쳐져 '일백'의 의미가 된다. 또는 白이 博(넓을 박)과 통하여 큰 수를 나타낸다는 의견도 있다.	백(百)번 말하는(話) 것은 한 번 기록(記)하는 것을 넘어설(上) 수 없다(不).
2		話	말화	言(말언)과 舌(혀설)이 합쳐졌다. 舌은 본래 괄(氐+口)이 변형된 것이다. '괄'은 活(넘쳐흐를 활)과 통하여 제멋대로 말이 나오듯 이야기하는 것을 말한다.	
3		不	아니불	두 가지 견해가 있다. 새가 하늘로 올라갔다가 내려오지 않음을 본떴다고 한다. 꽃의 암술 씨방모양에서 유래되었다고 한다	
4		上	윗상	상징적인 의미를 전달하기 위해 점과 선을 사용한 指事의 전형적인 단어.원래는 지평선 위에 짧은 가로획을 그어(二) '위'를 표시하였다.	
5		記	기록할기	言(말언)의 훈(뜻)과 己(자기기)의 음(소리)가 합쳐진 전형적인 形聲글자. 己는 본래 실가닥을 가지런히 하는 실패의 모양을 본 뜬 것이다. 여기에서 말을 다듬다. 마음에 새기다. 종이에 기록하다로 확장되었다.	
6	업어주는 것이 효자다!	孝	효도할효	老(늙을로)자 아래에 子(아들자)가 있다. 자식이 부모를 엎어주는 모습에서 유래되었다.	'효(孝)'라는 글자를 자세히 보면 늙은(老) 부모 아래에(下) 자식(子)이 있는(有) 모양이다. 즉 업고 있는 것이다.
7		老	늙을로	허리를 구부리고 지팡이를 짚은 노인의 모습에서 유래되었다.	
8		下	아래하	기준선 밑에 짧은 가로선을 그어 '아래'의 의미를 나타낸 전형적인 指事 원리 글자이다.	
9		子	아들자	머리가 큰 아이가 손을 벌린 모습에서 나온 글자이다.	
10		有	있을유	又(또우)와 月(달월=肉)이 만나 각각 음과 훈의 역할을 하였다. 又는 원래 오른손 모양에서 유래하였다. 오른손에 고기를 가지고 있다는 의미에서 소유, 존재의 의미로 확장되었다.	

"정말 놀라워요. 어떻게 그렇게 새로운 이야기를 만들어낼 수 있으세요. 제가 그 영상을 실제로 온라인에서도 보았는데요. 그림도 잘 그리시더라고요."

"화이트보드에서 연습을 많이 했습니다. 각 강의마다 실제로 그림을 그리듯 한자를 그려가며 강의를 했어요. 상형문자는 원래 그림이기에 쉬웠지만 나머지 원리의 한자도 마치 그림을 그리듯 친절하게 설명을 붙였습니다."

"원래 그렇게 창의적인 분이셨어요?"

"절대로 그렇지 않습니다. 저는 창의성과 거리가 먼 사람이었습니다."

"그럼 그런 창의성은 어떻게 나온 것일까요?"

"그것이 바로 제가 인문학 클래스에서 학생들의 '자유롭고 깊은 사고'를 도왔던 방법입니다. 창의성의 본질을 정확하게 이해하고, 순서대로 생각할 것을 권한 것이죠."

P는 갑자기 갤러리를 나가더니 라이브러리 사전코너로 가서 무거운 책 한 권을 뽑아서 들고 들어왔다. 당시에 사용하던 한한대자전이다. 미란이 보니 당시의 흔적이 여전히 그대로 남아 있었다. 실로 어마어마한 포스트잇이 붙어있고 모든 포스트잇에 한자가 메모되어 있었다.

— 한한대자전의 앞, 측면, 기록된 속과 펼친 장면

P는 당시 본격적인 연구와 개발을 진행하면서 두 가지를 절실하게 깨달았다. '절대시간'이 필요하다는 사실과 그 절대시간을 제대로 '정확한 개념'으로 파고들어가야 한다는 것이다. 즉 정확한 개념을 제대로 이해하는 과정을 거쳐야 거기서 창조적인 상상이 일어난다. 그때부터 몇 달 동안 P는 '논리적 사고를 통한 창조적 발상'을 훈련하였다. 정말 온 밤을 창조의 고통과 함께 씨름하던 날이 하루 이틀이 아니었다. 그런데 시간

이 흐르면 흐를수록 속도가 빨라지고 뇌가 활성화되기 시작하였다.

P는 미란에게 한자강의를 개발하던 과정에서 훈련된 내용, 그리고 인문학 클래스의 학생들을 견인하였던 창의적인 사고, 깊은 사고의 방법을 설명하기 시작하였다.

논리적 사고를 건너 창의적 사고

"먼저 미란 선생이 창의성을 어떻게 이해하고 있는지 궁금합니다."

"새로운 것을 생각해내는 특성이죠."

"창의적인 접근에서 말하는 '창의성'은 일반적으로 유창성, 융통성, 독창성, 그리고 정교성을 포함합니다. 유창성은 하나의 자극을 다양한 가짓수로 확장하는 것이고, 융통성은 하나의 자극을 유연하게 변형하는 것입니다. 독창성은 말 그대로이고요. 정교성도 말 그대로입니다. 이것이 바로 발산적 사고인데, 사실은 이것이 갑자기 뚝 떨어지는 것이 아니라, 논리적 사고와 비판적 사고라는 단계를 충분히 거친 뒤에 실력 발휘가 된다는 것입니다."

P는 화이트보드에 표를 그리고 빈 곳을 채우기 시작하였다. 비판적 사고, 논리적 사고, 창의적 사고를 구분하는 표로, 그 속에 일관된 하나의 흐름을 표현하였다. 분석적 사고, 추론적 사고, 종합적 사고, 대안적 사고, 그리고 발산적 사고이다.

[사고력의 범주와 창의성의 구현단계]

수리성 방향 ←	비판적 사고				예술성 방향 →	
기호적 사고	분석적 사고	추론적 사고	종합적 사고	대안적 사고	발산적 사고	상징적 사고

formal symbolic thinking	analytical thinking	inferential thinking	synthetical thinking	alternative thinking	divergent thinking	material symbolic thinking
	개념 분석 텍스트 분석	분석적 추론: 연역 종합적 추론: 귀납	의사결정	관점, 발상전환 문제해결	유통성, 융통성 독창성, 정교성	
	논리적 사고			창의적 사고		

"폴샘, 이 내용이 순차적인 단계를 이루고 있는 것인지, 그냥 구조적인 포함관계인지 궁금해요."

"둘 다 맞습니다. 이를 총체적인 사고력의 범주라고 합니다. 그러니까 처음에는 개념을 정확하게 이해하는 것이 가장 중요합니다. 이를 '개념적 사고'라고 하죠. 작은 단위의 개념을 정확하게 알아야 전체를 나눠서 '순서'를 고민하거나 혹은 '관계'를 파악할 수 있습니다. 이를 '분석적 사고'라고 합니다. 그 다음으로 추론적 사고단계입니다. 원인과 결과, 조건과 결과 등의 추론을 하는 것입니다.

우리가 아는 유추는 여기에 속합니다. 이렇게 분석하고 추론한 뒤에는 다시 전체를 종합하여 판단하고 결정하는 단계로 갑니다. 이런 과정의 절정은 바로 대안을 제시하는 '문제해결적 사고'입니다. 문제해결의 대안을 제시하는 것을 추가하여, 비판적 사고가 완성되는 것이고요. 이 모든 것을 갖춘 사람이 바로 '리더의 자격'을 갖추는 것입니다."

"이러한 단계를 거친 그 다음의 수준이 '창의적 사고'이군요. 결국 창의성은 단순히 확장하는 것이 아니라는 것이죠."

P는 표 옆에 간단하게 포함관계를 보여주는 그림을 그려주었다. 프레임 구조로 이해하는 것보

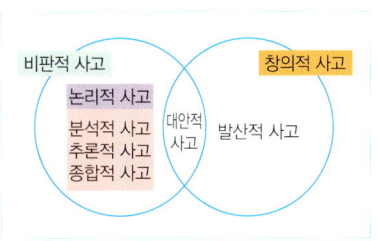

다 그림을 통해 내용을 표현할 때 쉽게 이해가 되기 때문이다. 모든 경우가 다 그런 것이 아니라, 구조가 복잡한 경우에는 이렇게 그림을 그리는 것이 P의 작은 습관이다.

"이제 조금은 알 것 같아요. 자유롭게 지식을 넘나드는 유연함과 창조력의 근원은, 오히려 지루할 정도의 개념적이고 논리적인 단계를 충분히 거친 뒤에 형성되는 것이군요."

창의적인 스토리를 통해 한자강의를 만들 수 있었던 것은 각각의 한자에 대한 개념을 깊이 파고 들었기 때문에 가능한 것이었다. 각 구성의 개념이 명확해지면, 그 구성 간의 '관계'를 꺼낼 수 있다. 또한 하나의 구성에서 다른 구성과의 관계에서 비슷한 것과 새로운 것을 '추론'해낼 수 있다. 이것을 '종합'하여 하나의 스토리로 꺼낸 것이다. 결과적으로 창의적인 한자강의 창조비결은 바로 개념중심의 '사전탐구'가 있었기에 가능했던 것이다. 그런 면에서 P의 사전 사랑은 남다르다. P는 미란에게 라이브러리 입구의 사전코너를 소개해 주었다. 수많은 종류의 사전이 가지런히 비치되어 있었다.

한한대자전보다 더 큰 한자사전도 있고, 심지어는 국어교육학사전과 국어국문학 사전 같은 전문사전도 있다. 미란은 몇 종의 사전을 꺼내 보았다. 한자강의를 위한 자전분석처럼 다른 사전에도 포스트잇이 수두룩하게 붙어 있다.

— 북 코너 – 사전 —

'창의적 사고는 그냥 나오는 게 아니구나. 오히려 더욱 고집스럽게 정확한 개념에 집중하면 할수록 훨씬 더 큰 창조가 나올 수 있는 거구나.'

미란의 입장에서 창의성, 창의적 사고, 그리고 창조한다는 것에 대해 새로운 패러다임을 배울 수 있었던 시간이었다.

"독서에 있어서도 이러한 창조적인 접근이 가능하겠지요. 즉 독서를 통해 다양한 창의적 사고와 창조적 발상을 하기 위해서는 어설프게 읽고 여러 정보를 조합하기보다 한 권의 책을 더욱 정직하고 깊게 읽어야 할 것 같아요."

"옳은 생각입니다. 독서에서도 새로운 창조를 섣불리 논하기보다는 한 권의 책을 더욱 깊게 읽는 연습이 필요합니다."

자유로운 사고, 창의적인 사고는 결국 깊은 사고에서 나온다. 개념적이고, 체계적인 사고의 훈련이 있어야 진정한 상상력이 나올 수 있다는 것이다. 이것이 바로 P가 추구하고 가르치는 '본질을 추구하는 독서'의 방법이다. 그 자신이 이 방법을 사용하였고, 인문학을 연구하는 제자들에게도 늘 강조하였다. 그래서일까. 인문학 클래스에 참여한 중학생들은 지루할 정도로 책을 분석하는 훈련을 하였다. P 자신이 변화를 누구보다 잘 알기 때문에, 오히려 흔들림 없는 본질을 추구했던 것이다. 본질의 가장 중요한 축은 역사성이다. 다른 한 축은 독서를 통해 본질을 추구하는 것인데 이 과정에서는 도서를 주도적으로 선택하고 구입하며 읽을 수 있는 '분류 안목'이 먼저 필요하다.

또 한편 분류를 넘어 이미 본질적인 독서를 위해 분리되어 있는 '인문학' 도서가 존재한다. 이러한 책을 읽을 때 필요한 것이 본질을 추구하는 독서의 방법이다. 본질을 추구하는 독서 행위는 매우 개념적이고 분석적인 단계와 종합적인 단계를 거쳐서 자유로운 사고로 날아가는 것이다. 변화는 더 거세게 밀어닥칠 것이다. 변화 앞에 넉넉히 그 변화를 즐

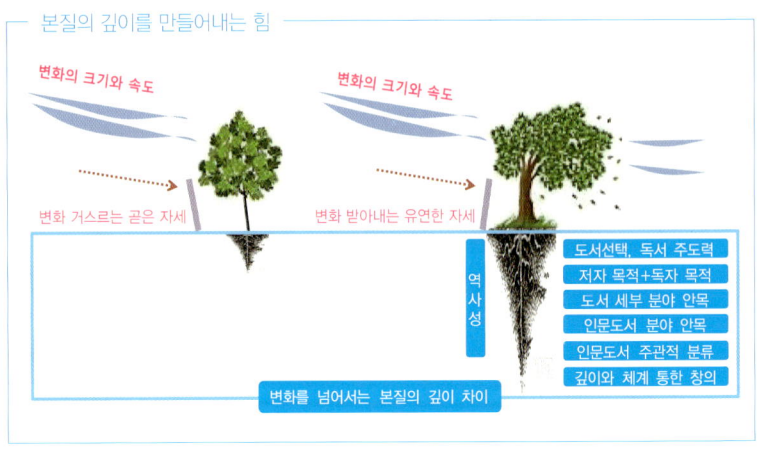

길 수 있는 사람은 역사와 본질을 추구하는 사람이다.

"인문학클래스 친구들과 책을 읽고 실제 읽은 내용에 대해 토론하는 장면이 궁금해지네요."

"단순해요. 책을 읽은 뒤에 우선적으로 세 가지 질문을 서로 합니다. 이것이 기본이에요."

독서의 깊이가 만들어낸 '물맛'

"세 가지 질문이 뭘까요?"

"내용에 대한 질문, 의미에 대한 질문, 그리고 교훈에 대한 질문입니다."

"내용, 의미, 교훈이군요."

"내용은 정확하게 읽었는지에 대한 객관적인 확인이고요. 내용 이면에 담긴 의미를 파악하는 것이 두 번째입니다. 마지막으로 그러한 내용과 의미를 자신에게 가치와 충돌시키면서 성찰하는 방식입니다."

"폴샘, 용어가 구분되는데요. 내용을 확인하고, 의미를 파악하며, 가치를 성찰하는 것. 그런데 내용 확인은 객관적으로 정확한 내용을 아는 것이니 답이 있을 것 같아요. 의미를 파악하는 것은 단순히 텍스트를 분석하는 것을 넘어 다양한 관계나 시대적 맥락이 반영될 것 같고요. 만약 소설을 읽는다 했을 때, 의미를 파악하는 과정은 매우 복합적인 작업이 될 것 같은데요."

"미란 선생이 정확하게 본 겁니다. 독서법에 대한 책이나 강의를 들어도 대부분의 첫 단추는 '정확한 내용 확인'이 필수입니다. 문제는 그 다음의 두 가지 단계이죠. 만약 소설의 경우라면, 의미를 파악하는 과정에서 작품 내적 변수와 작품 외적 변수까지 고민해야 합니다. 작품 내적 변수는 작품 속 인물과 사건 등으로 의미를 파악하는 것입니다. 인물만 보아도 인물성격, 인물관계, 인물갈등, 성장배경 등입니다. 사건만 보아도 사건의 원인, 그 원인을 만들어낸 배경 등이죠. 여기까지가 작품 내적 변수입니다. 작품 외적 변수는 작가 차원으로 보는 것입니다. 작가의 삶과 가치관이 내용에 개입되어 있다는 것이죠. 작가의 주제의식, 가치관, 작가의 작품세계 등입니다. 그런데 이런 작가 특징을 만들어낸 작가의 성장과정, 그리고 그 작가가 이런 작품을 쓰게 된 당시 시대적 배경 등까지 개입되는 것입니다. 깊이 들어가면 들어갈수록 새로운 세계가 존재하지요."

"그래서 문학이 가장 어렵고 깊은 세계라는 이야기를 하는군요. 인문과학의 대표인 문학, 역사, 철학은 정말 어려운 것 같아요."

"본질 중에 본질입니다."

"폴샘, 그러면 세 가지 단계 중 마지막 단계인 가치 성찰은 독자가 자신의 교훈을 찾아가는 것이겠죠?"

"맞습니다. 이 과정이 가장 아름다우면서도 가장 치열한 과정입니다."

"왜 그런가요. 교훈은 뻔히 정해져 있는 것 아닐까요?"

"뻔히 정해진 교훈을 받아가는 것은 수동적인 가치, 타인의 가치입니다. 주도적이고 능동적인 가치는 '충돌'의 과정을 치열하게 경험해야 합니다."

"가치의 충돌을 말하는 것이군요. 가치의 충돌은 어떻게 경험하는 것일까요. 학생들에게 설명하는 것처럼 쉬운 언어로 풀어 주세요."

"가치의 충돌을 다른 말로 하면 '가치의 갈등'입니다. 가치의 갈등은 세 가지 정도의 양상으로 이해하면 됩니다. 책 속에서의 갈등, 책과 세상의 갈등, 그리고 책과 나와의 갈등입니다. 얼핏 느낌이 오죠. 그럼 미란 선생이 한번 세 가지를 구분해 볼까요."

"책 속의 갈등은 책 속에 실제로 존재하는 가치의 충돌을 말하는 것이고요. 책과 세상의 갈등은 책에서 찾아낸 가치의 충돌과 갈등이 현재 우리 주변에서는 어떤 양상으로 펼쳐지고 있는지 살피는 것이겠죠. 마지막으로 책과 나와의 갈등은 이미 찾아낸 그 갈등을 현재 나의 가치관과 부딪쳐 보고 치열하게 토론하는 것. 어때요, 비슷했나요?"

"비슷한 게 아니라 정확하게 이해하고 있는 겁니다. 미란 선생이 이미

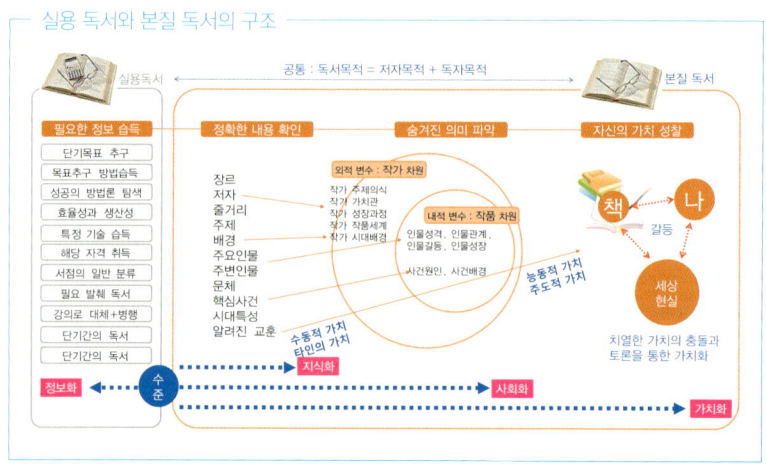

다 알고 있는 것을 저는 플로(Flow:흐름)와 로직(Logic:논리관계)으로 바꾸어 설명한 것뿐입니다."

"폴샘, 그런 방식으로 토론을 진행하면 정말 재미있을 것 같네요."

"미란 선생, 책을 읽으며 꼭 필요한 정보를 얻는 것도 흐뭇하지만, 진정한 사유의 즐거움을 경험해 본 적도 많이 있으시죠?"

"물론 있지요. 다만 그럴 시간이 많지 않다는 게 아쉬울 뿐입니다."

"지식세대는 이러한 '깊은 맛'을 누려야 합니다. 그래야 숨을 쉴 수 있어요. 지식세대에게는 몸이 편한 것, 몸이 짜릿한 것, 타인에게 인정받는 것 등으로는 도저히 채울 수 없는 '작은 방'이 마음속에 존재합니다."

"폴샘, 정말 적절한 표현이라는 생각이 들어요. 열심히 달리는데 채워지지 않고, 많은 칭찬을 받고 있지만 스스로가 인정할 수 없는 그 무엇이 있어요."

"미란 선생, 저는 그것을 '맛'으로 표현하고 싶습니다. 깊은 곳에서 퍼올린 정말 맛있는 물맛이요."

P는 무엇인가 떠오르는 것이 있었다. 갤러리로 가서 화이트보드에 그림을 그렸다. 웅덩이를 파는데, 3단계로 깊이가 나뉜다. 처음에는 석 자 깊이, 그 다음에는 여섯 자 깊이, 마지막으로 아홉 자 깊이다. 각각의 웅덩이에 약간의 물이 고이게끔 파랑색 마커로 색을 넣었다.

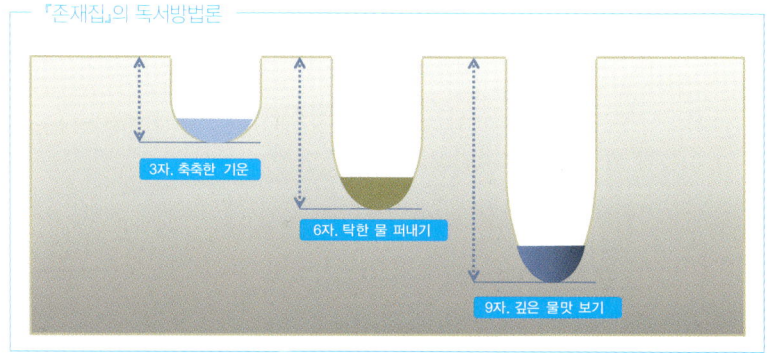

"이 내용은 위백규의 『존재집』 내용을 김병완 씨가 『오직 책만 읽는 바보』에서 재인용한 것입니다. 독서의 깊이를 실제 우물을 파는 깊이로 표현하여 더욱 잘 이해가 되는 구절이죠. 제가 자주 인용하는 내용입니다."

글을 지으려는 사람은 먼저 독서의 방법을 알아야 한다. 예를 들어 우물을 파는 사람은 먼저 석 자의 흙을 파서 축축한 기운을 만나게 되면 여기서 더 파서 여섯 자 깊이에 이르게 되고 그 탁한 물을 퍼내고 나서 더 파서 아홉 자 깊이까지 파내려 간다. 아홉 자의 깊이까지 판 후에야 맑고 맛이 있는 물을 만날 수 있게 된다. 이 물을 끌어 올려 천천히 음미해 보면, 그 자연의 맛이 그저 물이라 하는 것 이상의 그 무엇이 있음을 깨닫게 된다. 이 정도 깊이의 물이라야 물 이상의 가치가 있고, 그것을 마시는 사람들은 오장육부와 피부가 좋아지게 되고, 음식을 맛있게 할 수 있고, 고기도 익히고, 옷도 빨고, 땅에 물을 주어 어디든지 쓰이지 못할 데가 없게 된다. 하지만 우물을 판다고 해놓고서는 겨우 석 자 깊이 정도만 파고 나서 얻게 된 젖은 흙을 가져다가 부엌 아궁이의 모서리에나 바르면서 우물을 판 보람으로 삼는 일은 절대 있어서는 안 되는 일이다.

출처 – 『오직 책만 읽는 바보』 중에서

P는 화이트보드에 있는 3개의 웅덩이, 즉 석 자 깊이, 여섯 자 깊이 그리고 아홉 자 깊이의 웅덩이를 유심히 바라보았다. 미란도 함께 웅덩이를 바라보았다. 둘의 생각은 비슷했다.

'이 비유를 지금의 독서방법으로 옮기면 어떤 적용이 가능할까?'

독서를 가볍게 읽지 않고 깊이 읽으라는 것이 한 권을 깊이 읽으라는 것일 수도 있고, 한 분야를 깊이 읽으라는 것일 수도 있다. 비유적 표현이기에 다양하게 해석할 수 있다. 글을 쓴 이의 의도까지 깨닫는 것일 수도 있고, 읽는 이가 기대했던 것보다 더 큰 깨달음에 이르는 것이 깊은 수준이라 할 수도 있다. 중요한 것은 독서에는 '깊이'가 있다는 것이다. P는 우물 그림 옆에 각 수준별로 담겨진 의미를 적어보았다.

[존재집 깊은 독서 해석]

깊이	우물 수준	내용	숨겨진 의미	독서활용의 측면
3자 깊이	축축한 기운	더 파라	겨우 시작이다	가볍게 필요한 것 찾는 독서
6자 깊이	탁한 물	퍼내라	더 집중해라	기대하지 않은 것도 얻는 독서
9자 깊이	맑고 맛있는 물	끌어올리라	맛을 누려라	책보다 더 큰 깨달음의 독서

"미란 선생, 깊은 독서, 본질을 추구하는 독서의 '깊은 맛'을 공감할 수 있겠지요? 하지만 한 가지 오해는 마십시오."

"오해라면?"

"인문학을 중심으로 한 본질 독서만이 제가 하는 독서라고 말할 수는 없다는 것입니다. 저 역시 많은 시간 실용적인 독서에 매달립니다. 실용적인 독서가 불필요하다는 것은 아니에요. 다만 저는 독서의 목적이 '사람'을 돕는 것에 있으므로 때로는 인문학에 기초한 본질 독서도 필요에 따라 접근하는 경우가 많습니다."

"실용 독서든, 본질 독서든 폴샘의 독서는 딱 그 모토와 맞아떨어지네요. The Right Time, The Right Person, The Right Book."

"맞습니다. 미란 선생도 자기 나름의 독서 목적을 갖고 있을 겁니다. 하지만 이러한 독서의 목적이 독서의 범위와 수준을 제한해서는 곤란합니다."

"알겠습니다. 거대한 변화 앞에서 본질을 추구하는 독서를 통해 견고하고 깊은 뿌리를 다진다는 것은 충분히 이해하였습니다. 그런데 여기서 한 가지 새로운 궁금증이 생겼어요. 이러한 본질을 추구하는 독서에서 어떻게 '변화'라는 현실을 살아가는 접점을 찾는지 궁금해요."

"다리를 놓습니다."

"본질에서 변화로 가는 다리를 놓는다는 이야기군요."

본질은 변화로 가는 튼튼한 다리

P는 독서바인더 하나를 펼쳐서 보여주었다. 왼쪽에는 '사람을 돕는 독서목록'이라고 적혀 있고, 오른쪽에는 '한 권 분석'이라는 제목이 적혀 있다. 회사를 경영하는 유력한 CEO들의 자녀교육을 주제로 기록된 것이다. 원칙의 중요성, 인내, 성실, 정직, 긍정, 자존감, 역할, 나눔, 배려, 환원, 경제, 주도력 등의 주제가 담겨 있다. 강조하는 지향점은 인간됨의 본질을 추구하고 있다. 그런데 각각의 주제에 대해 적용연령, 접근법, 내용, 인물 및 출처 옆에 특별한 기록이 있었다. '적용점'이라고 적힌 목록이 모든 주제에 대해 각기 도출되어 있다.

[『CEO의 독서교육』 분석표]

주제	적용연령	접근법	내용	인물 및 출처	적용점
저축 중요성	7세	일상경험	물방울로 욕조 채우기 실험	신수연회장	당장 실험
원칙 중요성	초등 저	일상대화	맞고 들어올지언정 때리지 마라	스틱인베스트먼스. 도용환 사장	가족 헌법
원칙 단호함	유아. 초등 저	일상경험	기차에서 발차기, 신발 투척	프랑스 엄마 다큐멘터리	헌법 강령
기본 교육	3세부터	일상강조	세 살 된 딸이 방의 휴지 줍는다	연세대 (전)총장 송자 고문	청결 선모
인내 교육	2세부터	배변훈련	2세 배변교육, 3세 선악 분별교육	한국 스티펠 권선주 사장	대화 시작
성실성 교육	초등 저학년	기상훈련	늦잠, 지각, 결석금지를 통한 성실훈련	박준 미장. 박준 대표	먼저 실천
정직 교육	초등 고학년	일상경험	현관 앞에 도자기 동전의 사용처 공유	푸르덴셜. 황우진 사장	포인트

수용 교육	유아. 초등 저	일상경험	마트에서 사달라고 조를 때 단호히	작가. 김소연의 친구 사례	마트 적용
긍정 교육	초등 저학년	샘플실험	지능 높다고 전달된 친구들의 결과	키프로스의 왕. 피그말리온효과	강점 칭찬
자존감 교육	유아. 초등	일상대화	하나님이 주신 최고의 선물이란다	한국스티펠. 권선주 사장	편지함 구입
자존감 교육	유아. 초등	함께기도	매일 저녁 자녀의 손을 잡고 기도	대교그룹. 송자 고문	기도 시작
자존감 교육	유아. 초등	일상대화	투나 샌드위치. 고등학교 사진 놀람	CE.잭웰치 (전)회장	대화 시작
역할 교육	초등 저학년	일상실천	식사 이후, 그릇나름. 세척, 설거지, 쓰레기	일렉트로룩스. 박갑정 사장	당장 시작
경제 교육	태아. 영아	자금지원	고1, 중2 각각 천오백, 천만 원 통장지원	콘페리인터내셔널. 이성훈사장	통장 개설
나눔 교육	태아. 영아	실명기부	20년째 자녀의 이름으로 기부. 유산	푸르덴셜. 황우진 사장	기부 시작
경제교육	고등학생	주식지원	주식으로 선물. 아들이 매일 경제신문	콘페리인터내셔널. 이성훈사장	내가 시작
적선교육	대학생	점심대접	점심은 반드시 대접하라고 전액지원	한국콜마. 윤동한 사장	간식 세팅
배려교육	유아	TV시청	일주일 1회 온가족시청 '사랑리퀘스트'	동서산업. 김상환 대표	프로 결정
환원교육	대학	편지쓰기	이웃에 대한 책임감 가지라는 편지 씀	윌리엄게이츠, 메리 게이츠	실명 기부
재능기부	고등학교	일상경험	봉사활동에 딸의 음악재능 참여지원	매가스터디. 김성오 대표	자녀 동반
필요교육	유아	일상대화	3번까지 필요를 설명한 뒤에 사줌	잡코리아. 김화수 사장	마트 적용
저축교육	초등	일상경험	5-5법칙. 천원용돈. 절반 저축, 사용전략	푸르덴셜. 황우진 사장	용돈 지급
절약교육	초등	일상경험	적은 용돈으로 사용처 고민. 영수증 첨부	웅진그룹. 윤석금 회장	영주증 제도
금융교육	초등	일상경험	초등1725. 금융이해력. 용돈6. 통장3점	2005.금융감독원 조사	용돈. 통장
경제교육	초등	일상놀이	일주일 2시간, 함께 부루마블. 훌라	일렉트로룩스. 박갑정 사장	주1회 게임
경제교육	초등	일상경험	마트에 함께 가서 물건 판매도 공유	일렉트로룩스. 박갑정 사장	마트 동행
주도력 교육	초등	일상경험	방목교육. 원칙. 결정권. 실패경험. 피드백	철도대학. 최연혜 학장	가족 헌법
주도력 교육	초등	일상경험	여행동행. 초3, 학원. 고3, 수천만 원 통장.	철도대학. 최연혜 학장	강의 동행

책마다 특성의 차이가 있기에 동일한 방식을 적용하기는 어렵지만, 중요한 것은 P가 어떤 독서를 하든, 예외 없이 '적용점'을 찾는다는 것이다. 가장 근본적인 책인 문학, 역사, 철학서를 읽어도 그는 적용점을 찾는다. 적용점이 추상적일지라도 꼭 찾는다. 여기서의 적용점은 변화지향적인 실천포인트를 말하는 것이다. 즉 P가 본질적인 독서에서 변화로 가는 다리를 놓는 작업은 철저히 '적용할 점', '실천할 점'을 찾는 것이다.

"폴샘, 자기계발서가 아니라면, 사고를 돕는 책에서 실천할 점, 적용할 점을 찾는 일은 다소 어려울 것 같아요. 일반적인 방법은 아니라고 생각해요. 보다 더 친절한 방법을 좀 소개해 주세요."

"섬세한 지적입니다. 깊은 생각에 들어갔다가 다시 현실로 돌아왔을 때, 손에 실천할 점을 쥐고 있는 것은 매우 어려운 일입니다. 본질에서 변화로 가는 다리 역할이 바로 '독서 이후의 변화를 위한 실천 포인트'라고 했는데, 이 다리 자체가 건너기 쉽지 않다는 이야기이죠?"

"건너기 쉽지 않다기보다는 그 다리로 가는 '진입로'가 없는 것 같아요."

"비유가 적절한 것 같습니다. 그럼 지금 바로 제가 진입로를 놓아 드리죠. '질문'을 사용합니다."

P는 라이브러리의 저자별 코너에서 '데이비드 허친스' 작품 중 『레밍딜레마』라는 작품을 꺼냈다. 매우 얇은 책이다. 미란에게 세 장의 삽화를 순서대로 보여주었다. 그리고 삽화에 해당하는 내용을 간단하게 소개해 주었다.

『레밍딜레마』

출처 – The Lemming Dilemma

북쪽 마을에 '점프하는 쥐'라는 별명을 가진 쥐들이 살았습니다. 그들은 일 년에 한번씩 절벽 끝에서 멋지게 점프하며 떨어지는 축제를 벌였습니다. 그런데 다른 친구들은 점프를 하지만, '에미'라는 쥐는 그 모습을 보며 생각했습니다. '왜 떨어지지? 그리고 왜 점프를 한 뒤에는 다시 안 돌아오지?'라고 말입니다. 에미는 밤마다 절벽 끝에 앉아 생각에 잠겼습니다. 건너편에 있는 나무를 바라보며, 혹시 그곳에 새로운 세상이 있을까 상상해 보았습니다.

"미란 선생, 이 책을 보면서 어떤 생각이 들었나요?"

"오랜 관성이요. 하던 일을 계속 하되, 그 의미도 진실도 모르는 채 따라가는 무리가 인상적이에요."

"또 어떤 것을 찾으셨나요?"

"에미는 관성에 묶이지 않으려 했어요."

"그 방법이 무엇이었죠?"

"의문을 품었어요."

"저도 그 부분이 가장 인상 깊었습니다. 에미가 그때 꺼낸 질문을 Why라고 하죠. 그럼 에미가 품었을 만한 질문이 또 무엇이 있을까요?"

"Where, 절벽 아래 어디로 가는 것일까? Who, 저들과 함께 할 수 없는 나는 누구일까? How, 어떻게 하면 저 건너편으로 갈 수 있을까."

"와! 대단한데요. 이 짧은 삽화 세 장에서 위대한 질문을 꺼냈어요. 한번 순서를 만들어서 의미를 부여해 볼까요."

P는 표 하나를 그려 미란의 답변 내용을 깔끔하게 표 안에 넣었다. 순식간에 그럴 듯하게 제목까지 붙였다. 그런데 중간에 한 줄은 비워 놓았다.

"여기는 왜 비우셨어요?"

"한 가지 빼 먹은 위대한 질문이 있어서요. 생각해 볼래요?"

"찾았어요. If, 만약 건너간다면 저 건너편은 어떤 곳일까?"

"빙고!"

[『레밍딜레마』에서 발견한 질문구조]

순서	의문	내용	의미	키워드
Q1	Why	왜 떨어지지?	반복적인 관성을 끊음	멈춤
Q2	Where	도대체 어디로 가는 거야?	당연했던 목표 원점 검토	목표
Q3	Who	나는 과연 누구일까?	정체성을 향한 고민	정체성
Q4	If	만약 건너간다면?	변화에 대한 가능성과 열망	가능성
Q5	How	어떻게 건너갈 수 있을까?	변화를 위한 구체적인 방법	변화

이것이 바로 P가 말하는 '질문'을 도출하는 방법론이다. 변화로 가는 다리에 진입하는 작은 진입로이다. 이렇게 질문을 통해 의미를 생성하면 근본적인 변화의 적용점을 만들어내는 통찰을 얻는다.

"미란 선생, 변화를 위한 적용점에는 반드시 무엇인가를 해야 하는 것만 있는 것은 아닙니다. 이유를 모르고 하던 것을 멈추는 것도 아름다운 변화의 일부라는 것 아시죠?"

"물론입니다. 오히려 먼저 실천할 것은 '멈춤'일지도 몰라요. 그래야 방향을 바꿀 수 있거든요. 그런데 폴샘, 이 책의 뒷부분도 좀 보여주시면 안 될까요. 에미가 이후에 어떻게 되는지 궁금하거든요."

에미는 이후 변화를 위한 결심을 하게 된다. 앞에서 찾아낸 '질문'에서 변화의 키워드를 도출하고, 그 질문을 통해 에미는 가장 위대한 '행동'을 시작한다. 고무줄처럼 질긴 풀을 엮기 시작한다. 그리고 긴 줄을 만든다. 긴 줄을 몸에 묶고, 나무와 나무 사이에 줄의 반대편을 묶는다. 몸의 방향을 앞쪽으로 향하게 하고, 뒤쪽에도 다른 줄을 묶어 몸을 뒤로 잡아당긴다. 그러면 자연스럽게 몸의 앞쪽 줄이 팽팽하게 긴장된다. 이 과정

『레밍딜레마』

출처 – The Lemming Dilemma

을 지속하다가 마지막에 뒤쪽으로 묶은 줄을 끊으면 몸은 앞으로 날아가게 되는 원리이다. 결국 에미는 계획대로 줄을 끊고 날아간다. 끊기 직전까지 에미는 두려움에 가득 찬 눈으로 앞을 바라보다가 다시 뒤를 돌아보기를 반복했을 것이다. 뒤에는 자신이 살던 곳, 익숙한 곳, 편안한 곳이 있을 것이다.

P는 작은 삽화 한 컷에서 수많은 고민을 했다. 자신이 했던 고민을 미란에게 소개해 주고 싶었던 것이다. 그래서 그림으로 그렸다. 한 장의 그림에서 오늘을 사는 자기 자신이 어떤 용기를 내어야 할지를 찾으려 몸부림 친 흔적을 말하고 싶었던 것이다.

"폴샘, 그림만 보아도 대번에 알겠어요. 무엇을 상상하고 계시는지, 무엇을 말하고 싶으신지 정확하게 알겠어요. 특히 이 그림에서는 '거리'라는 포인트를 사용하여 '마음의 크기'를 표현한 것 같아요. 그래서 마음

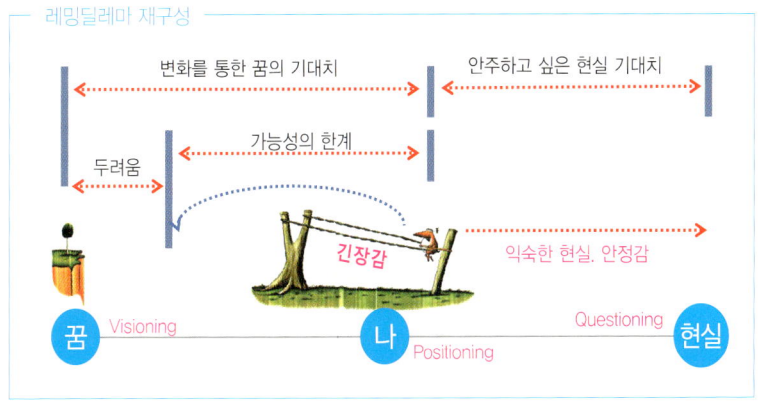

레밍딜레마 재구성

의 크기를 비교해서, 변화에 대한 갈등과 용기 등을 표현하고 싶으신 거죠. 가장 인상적인 것은 '꿈의 기대치'와 '현실적인 가능성의 한계' 비교예요. 그리고 그 차이가 바로 '두려움의 크기'라는 표현이 너무 마음에 와 닿는 것 같아요. 또한 변화를 통한 꿈의 기대치와 안주하고 싶은 현실 기대치를 길이로 비교했을 때, 전자가 더 클 경우 그림처럼 용기 있는 행동을 한다는 것이죠. 자신을 중심으로 현실이라는 익숙함과 비전이라는 설렘을 잘 표현하셨어요."

"미란 선생, 이 정도라면 본질적인 독서에서 '질문'을 꺼내고, 그 질문에서 '변화를 위한 행동 포인트'를 도출하는 게 가능하겠죠?"

"충분해요!"

"만약 미란 선생이 이런 방식으로 훈련이 된다면 그 어떤 독서를 하더라도 '질문' 또는 '변화를 위한 적용점' 등을 찾을 수 있을 겁니다. 그럼 여기서 실습을 한번 해볼까요. 제가 책 한 권을 드릴게요. 책 앞쪽에 제가 적어 놓은 글귀를 읽으시고 간단하게 책 내용도 훑은 다음, 변화를 위한 질문 및 행동의 포인트를 찾아서 정리해 보세요."

P는 라이브러리에서 『핑 Ping』이라는 책을 들고 와서 미란에게 건네주었다. 책의 앞부분에는 P가 적어놓은 글귀가 있었다. 아마도 이 책을 통해 '독서편지'를 쓰기 위해 간단하게 적어놓은 것 같다.

> 나는 핑(Ping)이라는 개구리야. 내가 사는 연못에서 나는 점프왕이었어. 존경을 받았지. 적어도 내가 사는 동안. 내가 사는 연못 안에서 나의 위치는 흔들림이 없을 거야. 그런데 어느 날 나는 마을의 원로 개구리들에게 연못의 물이 조금씩, 아주 조금씩 말라간다는 이야기를 들었어. 물론 이 역시 내가 사는 동안 다 마르지는 않을 거야. 그런데 왠지 나의 마음은 편

하지 않았어. 이대로 그냥 칭찬 들으며 말라가는 연못의 점프왕으로 살까. 아니면 새로운 세상, 새로운 연못을 찾아 나서볼까. 마른 땅으로 올라가면 나는 말라 죽지 않을까. 과연 나의 점프력이 낯선 곳에서도 통할까.

P는 미란이 책을 읽고 내용을 정리할 수 있도록 잠깐 자리를 비켜주었다. 어느 정도 시간이 지난 후 P가 돌아왔을 때, 미란은 이미 화이트보드에 내용체계를 거의 완성하고 있었다. 내용을 설명해 달라는 P의 요청에 미란은 진지한 표정으로 자신의 통찰을 소개하였다.

[개구리 핑의 의식 흐름]

주제상황	상황인식	갈등요인
핑의 현실인식	점프왕으로 존경받음	밖에서도 통할까
핑의 환경인식	환경 : 물이 말라감	사는 동안 문제없음
핑의 내면인식	내면 : 안주하고 싶지 않음	안주하고 싶다
핑의 결단과정	떠나볼까	머물까
핑의 위협예상	떠날 경우, 육지의 마른 땅	머물 경우, 책임의식
핑의 용기행동	떠난다	결단에 동의 구함
핑의 용기결과	멘토 만남, 직립보행	목숨을 잃음

"일반적인 자기점검의 과정 중에, 기업에서 선호하는 SWOT분석이라는 것이 있습니다. 내부적인 강점(Strength)과 약점(Weakness), 그리고 외부적인 기회(Opportunity)와 위협(Threat)을 찾아보는 것입니다. 이 방법은 개인 또는 조직에 함께 적용이 가능한 모형이죠.

핑의 이야기는 이러한 SWOT의 분석 모형을 충실하게 반영하고 있어요. 충분히 안주할 수 있고, 자신만 생각한다면 큰 문제없는 삶, 소소한 행복과 칭찬을 누리며 살 수 있는 현재를 살고 있는 사람에게 필요한 이야기입니다. 어쩌면 말라가는 연못을 보면서 아무리 점프왕이지만 불편한 마음을 떨칠 수는 없었을 것입니다. 그렇다고 당장 뭍으로 떠나는 것도 두렵습니다. 지금과 같은 안전함이 보장되지 않기 때문이죠. 결정적으로 핑은 자신이 개구리라는 사실, 네 발로 다녀야 한다는 현실, 물이 없으면 살 수 없다는 한계, 그리고 더 이상 점프왕이 아닐 수 있다는 공포를 느끼고 있습니다. 이 글을 통해 지금 현재 우리의 현실, 환경, 불안 요인, 그리고 스스로 자신을 가두는 한계가 무엇인지 살필 수 있습니다."

"예상했던 것보다 훨씬 더 세련된 해석과 적용이네요. 이러한 깨달음에서 찾아낸 미란 선생 자신에게 던지는 질문은 무엇일까요?"

"개구리 '핑'을 통해 나 자신에게 던진 질문은 '나는 이대로 충분한가.', '내가 안주하고 있는 연못은 무엇일까.' 등입니다."

"그렇다면 만약 그러한 질문을 통해 현실에 적용 가능한 실천 포인트를 찾아본다면 무엇이 있을까요?"

"미루고 있던 박사과정을 다시 시작하고 싶은 마음이 들었습니다. 지금 정도로 살아도 문제없이 살 수 있지만, 그것은 지금 당장의 생각인 것 같아요. 변화에 대응하기 위해서라도 박사과정을 다시 시작하고 싶어지네요."

"네, 좋습니다. 미란 선생은 지금 본질과 변화의 다리를 잇는 작업을 질문과 적용점으로 보여주었어요. 이게 바로 제가 매일 건너는 '다리'입니다."

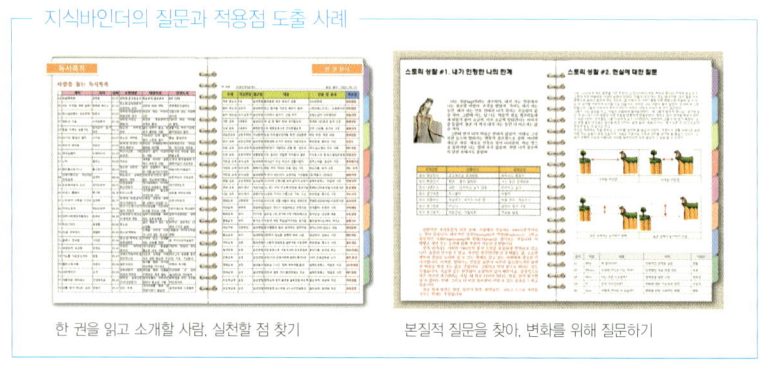

지식바인더의 질문과 적용점 도출 사례

한 권을 읽고 소개할 사람, 실천할 점 찾기   본질적 질문을 찾아, 변화를 위해 질문하기

"폴샘, 서재에서 이러한 독서와 변화를 위한 도전을 계속한다면 지속적인 발전이 있을 것 같아요."

"지속적인 발전과 더불어 거대한 변화에 대응하게 되는 것입니다. 저에게는 이러한 방식이 마치 공장의 자동화공정처럼 돌아갑니다. 본질을 추구하는 독서를 통해 질문을 도출하고 변화의 적용점을 찾는 게 습관화되면 그 다음부터는 변화가 변화를 만들고 때로 변형을 이루어 빅뱅이 일어납니다. 제가 본질을 추구하는 삶을 지속했을 때, 제 머릿속에는 다양한 사고의 통합과 융합이 일어납니다. 앞서 보았던 『레밍딜레마』와 『핑』은 모두 자연 생태계 속에서 인생의 변화를 도출해낸 것이죠. 이런 방식으로 '자연'에서 찾아낸 제 나름대로의 통찰을 모으면 아마 한 권 이상의 책을 쓸 수 있는 아이템이 나올 겁니다."

[자연 속에서 찾은 지식통찰을 새로운 가치로 융합]

Subject	Nature-Source	Key	Naming	Question
나무에 오르기	나무는 좋다	위치	positioning	어디에 있는지
절벽에 서기	레밍딜레마	의문	gap	꿈과 현실 격차
되돌아가기	비둘기	초심	starting point	어디서부터 문제
시도하기	핑 개구리	점프	challenge	이대로 안주할까
함께 가기	기러기	동행	with going	외롭게 가고 있다
거슬러 오르기	연어	야성	overcome	길들여지고 있다
끝까지 가기	벌새	완주	little big thing	헛된 노력 아닌가
바라보기	큰 바위 얼굴	염원	view	너무 멀다
보고 달리기	톰슨가젤	방향	direction	함께 뛰고 있다
아낌없이 주기	아낌없이 주는 나무	나눔	Sharing	행복하지 않다
밧줄 풀기	코끼리	자유	belief	발목을 잡고 있다
문제 찾아가기	펭귄	분석	relationship	무엇이 문제인지
깨고 나오기	달걀	생명	self-leadership	누가 도와준다면
눈을 감고 보기	애벌레	날개	beautiful	지금의 못난 모습
뿌리 내리기	모죽	뿌리	inner power	발전이 더디다

"폴샘, 정말 멋진 목록이에요. 이제 '본질'에 대해서는 충분히 이해한 것 같아요. 본질과 현실의 변화를 연결하는 다리 잇는 것도 이해가 되었습니다. 이렇게 해서 본질이 탄탄한 사람은 변화를 스스로 만들어가는 것이겠지요. 그럼 지금부터는 '변화'에 대해 듣고 싶어요. 어떻게 매일의 변화와 시대적 변화를 읽고 파악하시는지 궁금해요. 변화 그 자체를 느끼고 받아들이는 방법이 있을 것 같아요. 특히 베이스캠프에서 그 변화를 어떻게 관리하는지도 듣고 싶어요."

"제 경우는 변화가 저를 찾아와서 노크를 합니다. 그것도 매일 새벽에요. 하하!"

P는 미란에게 다음 인터뷰는 조금 일찍 오라고 당부하였다. '변화'에 대응하는 삶을 인터뷰하기 위해 특별히 부탁한 것이다.

미래학자는 현재의 신문을 본다

'툭!'

아파트 문 앞의 바닥을 치는 가벼운 소리가 들린다. 주의 깊게 마음을 기울이지 않으면 들리지 않을 정도의 작은 소리이다. 시계는 새벽 4시 30분을 가리키고 있다. 소리에 민감한 P는 금방 알아차린다. 신문이 배달된 것이다. 배달하는 사람은 나름 소리가 나지 않게 조심스레 놓고 간 것이지만, P는 반복적인 생활시계가 형성되어 있어 금세 알아차린다. 무거운 몸을 이끌고 가서 아파트 철문을 연다. 그런데 신문이 놓여 있는 위치와 모양이 약간 특이하다. 보통의 신문은 문 앞으로 던지는 게 매력 아닌가. 이 신문은 분명 던진 게 아니다. P의 머릿속에는 배달하는 사람의 동선(moving line)과 마음가짐이 고스란히 그려진다. 일단, 엘리베이터 문이 열리면 신문을 던지지 않고 조용히 문 앞으로 다가온다. 일곱 개의 신문을 종류별로 가지런히 놓는다. 문 앞에 놓으면 문을 열면서 신문이 끼이거나 밀리는 것을 미리 살펴서 문이 열리는 동선을 피해 문을 연 사람의 입장에서 10시 방향 정도에 가지런히 놓는다. 이렇게 섬세하게 살피는 정성이 때로는 매우 지나칠 경우, 신문 7종의 제목이 모두 순서대로 보일 정도로 정렬이 되어 있는 경우도 있다. P는 한 번도 배달하는 사람의 얼굴을 본 적이 없다. 이사를 갈 때마다 전화로 신문을 신청하기 때문이다. 배달하는 사람에게 P는 VIP이다. 일곱 개의 신문을 보는 중요한 고객이기 때문이다. 한 번 보면 이사 갈 때까지 보는 사람이며, 자전거나 상품권을 기대하거나 요구하지 않는 사람이기 때문이다.

새벽에 배달되는 일곱 개의 신문

서재와 함께 했던 20년의 시간 동안 매일 아침 P의 일상은 이렇게 시작되었다. P는 신문을 가지고 들어와 하루의 첫 일과를 시작한다. 우선 신문을 신문걸이에 장착한다. 20년 전 대학 도서관에서 보았던 바로 그 아날로그 신문걸이를 P는 서재에 세팅하였다. 오래 전 그 느낌이 너무 좋았던 것이다. 신문을 모두 읽고, 커피와 함께 하루를 시작하는 시간에 미란이 서재를 찾았다.

"오늘 왜 이렇게 일찍 오셨어요?"

"폴샘, 잊으셨어요? 오전 일찍 서재 인터뷰한다고 하셨잖아요. 벌써 이렇게 깜박 깜박 잊어버리면 큰일입니다. 하하!"

"그러게요. 하하! 오늘 주제는 제가 이미 화이트보드에 그려 놓았습니다."

두 사람은 갤러리로 이동하였다. 미란의 눈에 반가운 그림이 들어왔다. 4개의 빙산 그림이었다. 베이스캠프의 근간이 되는 베이직라이프 네 가지를 표현한 그림이다. 그런데 4개 중에 1개만 공개하였고 나머지 3개는 미뤄놓은 상태였었다.

첫 번째 빙산에는 'Basic Life Habit 1 : Book'이라고 기록되어 있다. 두 번째 빙산에는 'Basic Life Habit 2 : Newspaper'가 적혀 있다.

"제 평생의 베이직라이프는 크게 네 가지였고, 이 서재는 그러한 네 가지 습관의 결과입니다. 그 두 번째 습관인데요. 바로 '신문읽기'입니다."

"신문읽기가 책을 선정하고, 시대의 변화를 읽어가는 데에 가장 중요한 습관이라는 얘기인가요?"

"책을 선정하는 것은 단순히 베스트셀러 순위를 확인하는 차원이 아닙니다. 책 선정은 시대변화 그리고 자신의 생애변화를 읽어내는 힘에서 비롯되는 것입니다. 그러기에 저는 가장 본질적인 습관을 통해 시대흐름을 읽고 변화를 주도하는 방법을 소개하고자 합니다."

"그런데 혹시 여기 있는 이 신문들을 매일 다 읽는 건 아니시죠? 그러기에는 너무 종류가 많은 것 같은데……."

"맞습니다."

"그래요. 바쁜 일정에 언제 신문을 다 읽을 시간이 있겠어요. 그것도 일곱 개씩이나."

P의 신문사랑은 20년 된 습관이었다. 그가 신문을 읽는 방식은 '읽기'라고 하기에는 뭔가 어색하다. 그냥 신문을 본다. 신문에 대해서 그는 '읽기[Read]'라고 하지 않고 종종 '보기[View]'라고 표현한다. 만약 신문을 제대로 7종을 읽으려면 오전시간 6시간을 다 사용해도 부족하다. 그

래서 그는 시간을 정해 둔다. 1시간 정도가 신문보기의 마감시간이다. 어떻게 읽을까. 일단, 신문걸이에 7종의 신문을 장착한다. 그런 다음 매우 빠른 속도로 훑는다. 1단계는 훑기[Preview]단계이다. 정말 빠른 속도로 제목만 보며 넘어간다. 그러면서 눈으로는 읽어야 할 내용을 결정한다. 2단계는 선정[Select]단계이다. 훑기와 선정단계는 동시에 진행된다. 3단계는 편집[Edit]단계이다. 빠른 속도로 넘기면서 카메라로 촬영을 하는 것이다. 여기까지가 일단 서재에서 이루어지는 신문보기의 전체 단계이다.

그러고 보니 신문을 읽지는 않는다. 그렇게 해서 스마트폰 카메라로 촬영한 신문기사들은 자동으로 N드라이브에 업로드된다. 폴더에 저장된 신문을 실제로 읽는 것은 교통편으로 이동을 하거나, 하루 중 짬이 나는 중간시간을 사용한다.

P는 자신의 신문 보기 역사와 신문 보기 단계를 미란에게 설명해 주었다. 매일 아침 50개 정도의 새로운 기사파일을 스마트폰에 탑재한 상태에서 하루를 시작하는 그의 삶은 미란에게 큰 충격으로 다가왔다. 이렇게 일주일만 지나면 300개 이상의 기사가 쌓일 것이고, 그 기사를 주제별로 블로그 폴더에 넣으면 각 주제별로 지식이 축적되는 것이다. 말 그대로 '지식축적'의 베이직라이프이다.

"하지만 이러한 신문 보기는 최근 저의 지식 역사에서 사라졌습니다."

"사라지다뇨? 이제 신문을 안 읽으세요?"

"아닙니다. 신문을 보는 방법을 결국 바꾸었습니다. 신문지면을 일일이 촬영하지 않고도 쉽게 볼 수 있는 신문사 서비스와 그러한 신문기사를 아예 모아서 스크랩 및 편집까지 가능한 서비스가 이미 보편화되었기 때문입니다."

사실 P는 오랜 시간 두 가지 방법을 병행해 왔었다. 종이신문을 보는

신문보기의 단계 구성
1단계~3단계 훑기[Preview] 선정[Select], 편집[Edit]
4단계, 읽기[Mobile] 이동 중, 클라우드 활용
5단계, 보존[Foldering] 블로그 주제별로 기사 관리

신문 스크랩을 돕는 서비스
신문사의 지면 전체 서비스 화면[각 신문사]
신문 지면 종합 스크랩 서비스[파오인]

것과 스크랩 서비스를 사용하는 것을 동시에 사용했던 것이다. 마치 종이책을 절대로 포기하지 않겠다는 의지가 신문에도 반영된 것처럼. 그러나 결국 그는 최근 어쩔 수 없이 한 가지를 선택하였다.

미란은 P의 표정이 매우 심각하다는 것을 깨달았다. 종이 신문과 스크랩 프로그램 사이에서 정말 진지하게 고민을 했던 것 같다.

P는 알고 있었다. 세계적인 미래학자의 대부분은 신문읽기를 통해 미래를 분석한다. 다시 말해, 현재를 분석하여 미래의 다가올 변화를 분석한다는 것이다.

"폴샘, 신문이 그렇게 중요한 건가요?"

책이 쏟아지는 속도 따라가기

"신문은 정말 중요합니다."

"책보다 중요할까요?"

"책 읽기와 병행되어야 하고, 순서적으로는 책 읽기보다 우선되어야 한다고 봅니다."

"왜 그렇죠?"

"어떤 책을 읽어야 할지, 독서의 목적이 바른지 판단하는 기준이 되기 때문입니다."

"신문이 변화를 보는 기준을 만들어준다는 얘기이군요."

"네, 어떤 책을 선정해야 하는가에 대한 답변으로 '신문'을 강조하고 있는 겁니다. 책은 시대적 담론을 포함하고 있지만, 신문은 시대의 변화를 매일 보여줍니다."

"책이 그 시대의 생각과 사상을 담고 있지만, 변화의 속도를 담기는 어렵다는 것인가요?"

"물론 책이 만들어지는 속도도 매우 빠르고 날마다 많은 신간이 쏟아지고 있습니다. 다만, 책의 특성상 한 권의 책을 다 읽고 그것을 통해 변화를 이해하기에는 신문보다 오래 걸린다는 것입니다. 그리고 책 선정의 기준을 책 자체를 보고 고르기도 어렵고요."

"왜 그렇죠?"

"책이 워낙 많이 출간되고 있으며, 독자의 선택을 받기도 전에 시야에서 사라지기 때문입니다."

"그래서 책을 선택하는 기준은 신문에서 찾고, 변화의 깊이는 책에서 찾으라는 것이군요."

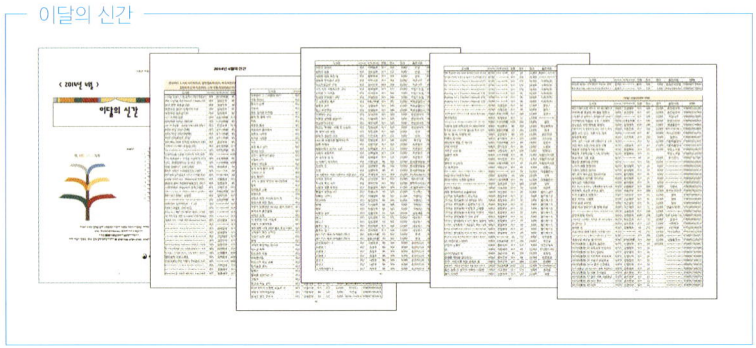

　오늘의 '신간'이 내일은 '구간'이 된다. 작가들에게는 다소 억울한 현실일 수 있다. 오랜 지식생산의 결과물로 한 권의 책을 세상에 내놓았는데, 사람들의 눈에 들기도 전에 단 하루 만에 신간 페이지 화면에서 사라진다. 도대체 책이 얼마나 많이 만들어지고 있는 것일까. P는 화면을 열어, 파일 하나를 보여주었다. 바로 매월 등록되고 있는 신간목록이다.

　"매월 출간되는 신간 목록을 이렇게 확인하세요?"
　"네. 확인합니다. 습관적으로 목록을 보관하고, 그냥 한 번씩 훑어보는 거죠."
　"그런데 정말 이게 매일 출간되는 책들인가요. 모든 페이지에 이렇게 가득 새 책 목록이 들어있네요."
　"아직 놀라기는 이릅니다. 매월 신간목록 전체는 훨씬 많아요. 한 번 볼까요."
　"와우! 각 페이지에 어림잡아 50권씩은 들어있네요. 그런 페이지가 70페이지 정도이니까. 계산이 나오는데요. 매월 3500권 정도의 책이 새로 쏟아지는군요."
　"그럼 하루에 나오는 신간이 몇 권 정도 되는지 실제 답이 나오죠. 최소 100권 이상이 매일 매일 신간 코너에 등장하는 겁니다."

대한출판협회, 매월 출간목록 파일, 각 페이지 50권 평균

책을 선택하는 것에는 딜레마가 존재한다. 쏟아지는 새 책을 따라가기도 버겁고 그러한 책 중에 좋은 책을 선정한다는 것도 어렵다. P는 단순히 어떤 책이 좋은 책이고, 어떤 책을 선정하는 것이 중요한 것인지를 말하기 전에 '책을 시대적으로 시각과 통찰'에 대해 말해 주고 싶었다. P는 태블릿에 있던 다섯 장의 사진을 출력해서, 화이트보드에 붙여주었다. 대표적인 큰 도서관과 장서규모를 알 수 있는 사진이었다.

주변국 대표 도서관과 장서

"책이 정말 많군요. 죽을 때까지 읽어도 읽을 수 없겠는데요."

"미란 선생은 책을 많이 읽기로 유명한 사람이지요. 그럼에도 이 많은 책을 따라가기는 불가능할 겁니다. 그러기에 더욱 어떤 책을 선정하고 읽을 것인지가 중요해지는 거죠."

신문을 통해 변화를 이해하지 못한다면 근본적으로 그 결과가 독서에서도 나타날 수 없다. 어떤 책이 변화의 중심에서 필요한 책인지, 그 변화에 대응하기 위해 나에게 필요한 책이 무엇인지 판단할 힘이 없기 때문이다. 그래서 신문읽기는 책 읽기보다 선행되어야 한다.

"폴샘, 그런데 변화 읽기와 책 읽기에 대한 건강한 순서는 그나마 책을 읽는 사람들에게나 해당되는 것 아닌가요. 제가 알기로는 최근에는 책 읽기 자체도 너무 싫어하는 분위기라서요."

P는 알고 있었다. 지식세대의 독서량이 점점 감소하고 있다는 것을……. 한 달에 한 권도 채 읽지 않는 사람들이 많다. 책을 사기 위해 한 달에 쓰는 지출액이 평균 1만 6878원이다. 그마저도 해를 거듭할수록 낮아지고 있다. 팔리는 책의 60%가 학습지와 참고서이고, 20%는 유아용 전집이며, 10%는 외국어를 공부하는 책이다. 나머지 10% 중에 단

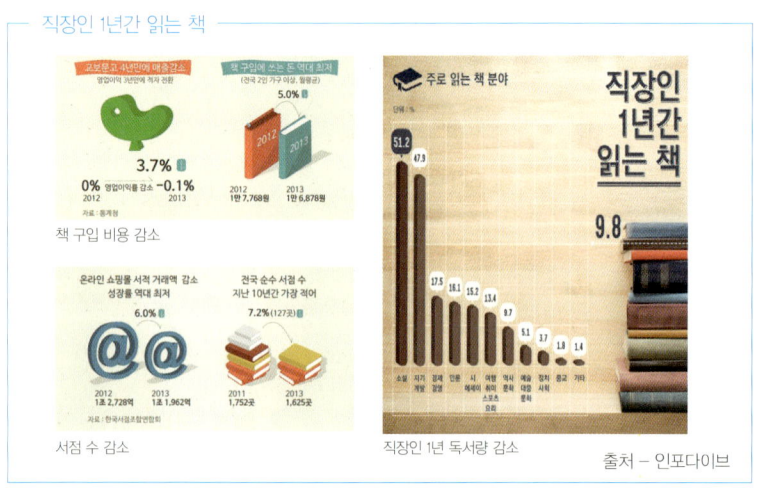

직장인 1년간 읽는 책

책 구입 비용 감소

서점 수 감소

직장인 1년 독서량 감소

출처 – 인포다이브

행본 책 판매는 7% 정도이다. 그야말로 순수한 독서를 위한 책 구입이 사라져가고 있는 것이다.

2011년에 전국의 오프라인 서점 수는 2577곳이었지만, 2013년에는 2331곳으로 줄어들었다. 그 중에서 문구류를 팔지 않는 순수한 '책 파는 서점'은 1625곳뿐이다. 대한민국에 현재 시, 군, 구 단위에 서점이 단 한 곳뿐인 지역이 36곳이고, 아예 서점이 없는 지역이 4곳이다. 10년간 사라진 서점은 1258곳이다. 1년에 125곳의 서점이 문을 닫는다. 한 달에 10곳의 서점이 문을 닫는다.

이러한 통계가 P의 마음을 짓누르고 있었다.

변화를 주도하는 가방 속 두 권의 책

P는 대학생들로부터 메일을 많이 받고 있는데 주로 책을 소개해 달라고 하는 내용이다. 당연하다. P가 주로 강조하는 것이 독서이니, 강연을 듣고 어떤 책을 선정해야 좋을지 도움 요청을 하는 것이다. 그럴 때마다 P는 꼭 필요한 경우나 재차 메일을 보내오는 경우가 아니라면 근본적인 처방을 내려준다.

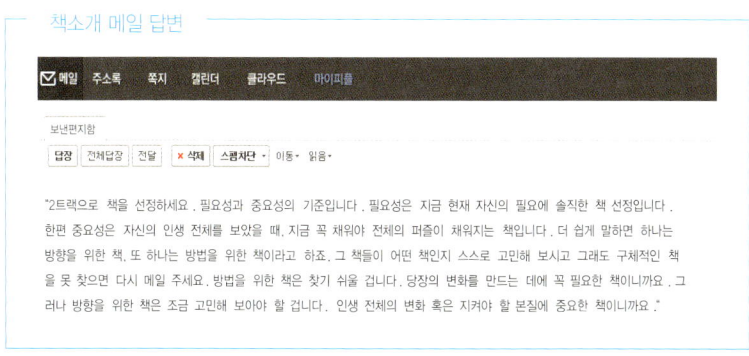

"폴샘, 중요한 통찰력인 것 같아요. 대학생과 직장인들에게 이 두 가지 트랙은 적절한 균형이라는 생각이 들어요. 하나는 방향, 하나는 방법, 그러니까 인생을 위한 중요한 독서와 현재를 돌파하기 위한 필요한 독서죠. 제가 한번 간단히 프레임으로 그려 볼게요."

[책 선정의 2트랙]

구분	책 선정의 트랙 1	책 선정의 트랙 2
관점	현재적[공시적] 관점	인생 전체의[통시적] 관점
책 분야	방법을 찾는 독서	방향을 모색하는 독서
초점	필요성	중요성
선정 예	학습, 취업, 기술, 자격증	인문과학, 사회과학

"미란 선생, 이러한 판단은 단순히 책을 선정하고 읽는 것에 국한된 것은 아닙니다. 인생을 위한 가장 결정적인 선택이 될 수도 있어요."

단순히 어떤 시험을 볼 것인가, 당장 어떤 필요에 의해 책을 선택할 것인가보다는 인생 전체를 보면 그려야 할 전체 그림과, 그림을 완성하기 위한 지금의 퍼즐 조각이 무엇인가를 고민해 보는 접근이다.

P의 머릿속에 아름다운 사람에 대한 추억이 있다. 바로 그가 가르쳤던 인문학 클래스의 중학생 하연이다. 막 초등학생 티를 벗은 중학교 2학년 학생의 독서하는 모습은 그에게 책을 선택하고 책을 통해 인생의 큰 그림을 채운다는 것이 얼마나 아름다운지를 보여주었다.

역사를 주제로 토론하는 수업에서 P는 하연이에게 『청소년을 위한 역사란 무엇인가』를 구입해서 읽으라고 권했었다. 그 다음 주 하연이가 가져온 것은 E.H.Carr의 『역사란 무엇인가』의 원전이었다. 청소년을 위한 『죄와 벌』을 읽으라고 하면, 두 권 분량의 『죄와 벌』을 들고 온다. P는 하연이가 인문학 소논문을 완성했을 때, 그 책의 앞 서문에 이런 글을 남 겼었다.

어느 따뜻한 봄날. 강의를 마치고 대학 정문을 나설 때 눈에 들어오는 장면이 있다. 어쩌면 내가 가장 좋아하는 장면일지도 모른다. 커피숍의 윈도우 라인에 앉아 있는 대학생들을 구경하는 것이다. 모두가 고개를 숙이고 스마트폰을 만지작거린다. 그런데 그 중에 유독 한 여대생은 스마트폰을 만지지 않고 조용히 책을 읽고 있다. 그냥 고상한 척 하려고 아무 생각 없이 베스트셀러를 사서 가방 안에 하나 넣고 다니다가 빈 시간에 시간을 때우며 읽는……. 그런 모습이 아님은 확실하다. 얼핏 보아도 책은 매우 두껍다. 페이지를 넘기는 속도를 보니 그냥 보기에도 천천히 읽는다. 생각하고 사고하며 숙고하는 게 틀림없다. 바르게 앉아 왼팔을 살며시 들어 올려 책을 고정하고, 오른손은 책의 모서리를 만지작거리다가 다음 페이지를 넘긴다. 그 어떤 동작에도 가식이 없고 간결하며 그 동선이 물 위의 나뭇잎처럼 고요하게 떠 있는 듯하다.

나는 여전히 대학 정문 옆에 서서 그 여대생을 보고 있다. 한 페이지를 다 읽고 한 장을 넘길 때까지 나는 그곳에 서 있다. 드디어 그녀가 한 장을 넘긴다. 이번 페이지는 생각할 내용이 많나 보다. 고개를 살며시 숙여 책을 읽다가 한 페이지를 넘기며. 그녀는 흘러내린 긴 머리를 작은 귀에 감아서 다듬는다. 따뜻한 햇살을 받으며 나는 잠시 한 폭의 그림을 보고 있다.

너는 바로 그 모습의 대학생이다. 그리고 이미 지금 그런 모습으로 책을 읽는다. 그러기에 어쩌면 너와 함께 한 수업은 네가 나의 강의를 들었다기보다는 내가 너의 책 읽는 모습을 지켜보았다고 표현하는 게 맞으리라.

너는 책을 소중히 여긴다. 마치 평생 마음을 나누는 친구를 대하는 태도를 보인다. 자신의 필요에 따라 책을 대하지 않고, 책 그 자체의 세계를 존중하는 태도가 이미 갖추어진 보기 드문 아이다. 『죄와 벌』을 함께 읽지만 유독 너는 청소년용 도서를 읽지 않고, 국어사전 두께의 원전을 읽었다. 로지온 로마느이치 라스콜리니코프, 아브도치야 로마노브나 라스콜리니코바, 소피아 세묘노브나 마르멜라도바. 『죄와 벌』을 연구한 학자들조차 사용하지 않는 어려운 인물용어가 네 글에는 등장한다. 너는 자신이 찾아낸 주제의식을 특유의 차분한 어조로 말하였다.

"선생님! 지독히도 민감한 한 남자가 사회적 범죄를 범하였어요. 죄에 대한 사회적 처벌을 피하며 숨어 있지만, 오히려 그 남자는 사회적 처벌보다 더 무서운 내면적 죄책감과 불안감으로 하루하루 벌을 받고 있는 것 같아요. 그리고 그가 드디어 세상의 형벌을 받게 되는데, 오히려 그는 내면의 속박으로부터 자유를 누리게 되죠. 그 남자에게는 새로운 '시작'이나 다름없어요."

오직 지금처럼만 계속 성장한다면 너는 그야말로 '깊은 인생'이 될 것이라 확신한다.

"하연아, 『역사란 무엇인가』에서 역사 속 '개인과 사회'에 대한 이야기를 읽어보았니?"

"네, 어려워서 여러 번 읽었어요."

"시대를 살아간 수많은 개인들이 모두 역사 속에서 의미 있게 기록될까?"

"그렇지 않다고 생각해요. 그렇다면 모든 개인의 일기장은 다 역사서가 되어야 해요."

"개인의 일기장이 곧 역사 아닐까?"

"물론 맞아요. 하지만 그것은 개인의 역사이지, 국가적이고 사회적인 역사라고 하기는 어려울 것 같아요. 모든 사람들이 살아간 사실, 흔적들이 각기 의미가 있지만, '역사적 사실'은 좀 다른 차원이에요."

"어떤 차원일까. 일반적 사실과 역사적 사실과의 차이가 궁금하구나."

"모든 개인적 사실들 중에 사회적으로 시대적으로 의미 있고 중요하며 가치를 만들어내는 것이 '역사적 사실' 아닐까요?"

"그럼 다시 원점으로 가 보자. 역사 속에서 '개인과 사회'는 어떤 관계일까?"

"개인의 역사가 사회적인 의미를 만들어낼 때, 바로 그것이 '기록되는 역사'에 포함될 것 같아요."

"설명 잘 들었다. E.H.Carr 작가가 하연이의 말을 들으면 무척이나 제자로 삼고 싶어 할 것 같구나. 하하! 선생님과 하연이는 지금 책의 텍스트로 들어갔다가, 그 텍스트에서 세상을 해석해 보았다. 그 다음에 어떤 질문이 나올지 알고 있지?"

"네, 지식화, 사회화, 그리고 가치화. 너무 많이 들어서 이젠 외웠어요. 그냥 독서가 아니라 텍스트를 지식으로 충분히 이해하고, 그 지식으로 세상을 해석하고 사회를 바라본 뒤에는 이제 자기 자신에게 적용해 보는 순서죠. 저의 가치에 대해 질문을 하실 거죠?"

"그렇지. 하연이는 사회적으로 의미를 만들어내는 역사적 개인의 삶을 살고 싶은 마음이 있는지 궁금하구나. 평범하게 자신의 역사를 만들며 성취하고 행복할 자격이 충분하지만, 혹시 네 마음 한 구석에 사회적 개인으로서 뭔가 의미 있고 가치 있는 영향력 있는 삶을 살고 싶어 하는 마음……, 그러니까 역사적 개인으로서의 삶을 꿈꾸는지 궁금해. 하연이의 마음속에 작은 '꿈틀거림'이 혹시 있을까?"

"예전에는 없었던 것 같아요. 그런데 책을 읽고 생각하고 나 자신과 세상에 질문을 하다 보니 저도 모르게 조금씩 사회적 개인에 대한 생각이 들기 시작했어요. 몰랐을 때는 그저 제 삶의 행복이 전부였는데, 지식을 알게 되면서 저는 어쩔 수 없이 이전에 모르던 것이 보이기 시작해요. 저는 그것을 피하고 싶지는 않아요. 역사책에 기록되려는 거창한 마음이 아니라, 나 개인의 역사가 타인과 세상의 역사에 도움이 되고 싶은 그 정도의 마음이에요."

중학교 2학년 하연이는 2트랙의 삶을 벌써부터 살고 있었다. 인생 전체의 기초를 닦는 인문학 책을 읽고, 또한 중학교 2학년의 긴급한 필요에 따라 문제집과 교과서를 읽는다. 모든 세대에게 2트랙의 독서는 가장 지혜로운 균형이라 할 수 있을 것이다.

2트랙을 넘어서는 7개의 주도력 거울

"폴샘, 이렇게 보니 모든 성장단계별로 다 2트랙이 가능하네요."
"미란 선생은 이미 이런 독서를 습관화하고 있지요. 아침에 집을 나설 때, 두 권의 책이 가방에 들어 있는 걸 본 적이 있어요. 아주 인상적이었습니다."
"기억해 주셔서 감사해요. 폴샘께 잘 배운 덕분이죠."
"오늘은 어떤 책 두 권이 가방에 들어 있나요?"
"『지금 시작하는 인문학2』가 출간되어서 가지고 다녀요. 또 한 권은 『스피치를 위한 보이스 컨설팅』책을 보고 있고요."
"완벽한 구성이군요. 그런데 미란 선생, 2트랙을 생활화한 사람은 좀 더 구체적인 책 선정의 주도력으로 넘어가야 해요. 이 부분까지 이야기를 나누고 싶군요."
"더 구체적인 책 선정의 주도력이요?"

속도계기판 전체를 이해하는 핵심 구조

Mirror / Frame / Window / Glass
Scope / Watch / Stopwatch

"네, 바로 7개의 거울이죠. 저는 이것을 SVP(Seven View Point)라고 이름을 붙였어요. 그림으로 좀 그려 보겠습니다."

"미란 선생의 통찰이라면, 그림만 보아도 책 선정의 기준을 금방 알아볼 수 있을 것 같은데요. 한번 설명해 보시겠어요. 막히는 부분은 제가 도와드릴게요."

"거울은 자신을 들여다보는 책, 반성적 사고를 돕고 성찰을 돕는 그런 책이겠죠. 물론 자신을 새로운 눈으로 바라보고 발견하게 돕는 책들도 여기에 포함될 것 같아요. 그 다음은 액자입니다. 폴샘, 유리 액자에 끼워진 사진은 주로 어떤 사진인가요?"

"가족사진이나 자신의 성장기 사진입니다."

"감 잡았습니다. 액자는 인생 전체와 근본에 대한 통찰을 주는 책이겠죠. 창문은…… 음, 세상을 보는 책, 혹은 사람과 사람을 연결시키는 책, 혹은 소통을 위한 책 등이 떠오르네요. 안경은 잘 안 떠오르는데요. 폴샘이 설명해 주세요."

"미란 선생은 평상시에 안경을 잘 안 쓰시죠. 그런데 가끔 쓰시는 것을 본 적이 있어요. 언제일까요?"

"책을 읽을 때, 연구할 때 주로 써요. 약간 난시가 있기도 하지만 저만의 '의식'이에요. 그러고 보니 폴샘도 책 읽을 때 쓰시는 뿔테 안경이 따로 있는 것 같아요."

"그렇습니다. 베이스캠프 서재에 들어오면 뿔테 안경을 써요. 실제로 돋보기 기능이 있어요. 선명하기도 하고, 또한 몰입을 위한 저만의 '의식'이기도 하고요. 지식을 다루는 사람들은 뭔가 비슷한 구석이 있답니다. 그 느낌을 서로 아는 거죠. 안경은 바로 그런 역할이에요. 뭔가 깊이 파고드는 책, 전문성을 필요로 하는 책, 그 분야의 가장 높고, 깊은 영역까지 들어가는 데 도움이 되는 책을 말합니다. 망원경부터는 다시 미란 선생이 설명을 해주세요."

"망원경은 멀리 보는 도구입니다. 여기서 멀리 본다는 것은 인생 전체를 보는 차원이 아니라, 목표를 본다는 느낌이 더 커요. 구체적인 목표를 설정하고, 그 목표를 이루는 과정을 설계할 수 있는 책들이 아닐까 싶어요. 시계는 당연히 시간관리 또는 자기계발 분야의 책일 것 같습니다. 마지막 스톱워치는 시계와 겹치지 않을까요?"

"스톱워치는 언뜻 보기에는 시계와 같은 듯하지만 그 기능 자체가 근본적으로 다릅니다. 흘러가는 시간 개념이죠. 또한 현재의 시간을 확인하는 의미가 강하고요. 아주 현실적인 필요에 반응하고 필요를 채워주는 책들이 바로 여기에 속합니다. 반면 스톱워치는 그 기능의 특성상 '마감기한'이 있거나 '효율성', '생산성'과 직결됩니다. 정해진 시간 안에 끝내야 하거나[마감효과], 똑같은 일을 더 적은 시간으로 단축하거나[효율성], 혹은 정해진 시간 안에 그 시간을 단축하면서도 더 많은 결과를 더 탁월하게 만들어내는[생산성] 기능을 포함하고 있습니다. 따라서 단순한 시간관리나 자기관리, 자기경영, 자기혁신의 책이 아니라, 아주 세부적이고 기술적이며 구체적인 방법론의 책들이 여기에 속합니다.

자, 그럼 이 내용을 표 하나로 정리해 보죠. 이것은 미란 선생의 몫입니다."

[SVP : Seven View Point, 책 선정의 7개 주도력]

상징	의미	책 선정 기준(목적)	분야 도서
Mirror	자신을 보는 거울	반성, 성찰, 자기발견	심리, 종교, 문화
Frame	인생을 보는 액자	통찰, 가족, 본질추구	가족, 문학, 역사
Window	세상을 보는 창문	소통, 사회, 이슈	정치, 경제, 사회
Glass	연구를 위한 안경	전문분야, 전문가	과학, 수학, IT
Scope	목표를 보는 망원경	꿈, 목표, 기업, 인물	인물, 미래, 경영
Watch	현재시간을 보는 시계	시간관리, 자기계발	자기계발, 건강
S. Watch	마감시간을 재는 시계	기술, 자격, 학습	학습, 수험, 자격

화이트보드 앞에 서서 두 사람은 전체적인 흐름을 검토했다. 하루 100권씩 쏟아지는 책들 속에서 어제의 신간이 오늘의 구간이 되는 속도를 이해하고, 이렇게 해서 축적된 책들이 전 세계의 도서관을 가득 채우고 있지만 정작 우리 지식세대의 책상 위에는 책이 없다. 대부분은 한 달에 한두 권 정도 베스트셀러 위주로 구입한다. 그러다 보니 대부분의 출판사는 점점 어려워지고 있고, 심지어 1년에 한 권도 출판하지 않는 곳이 90%에 육박하고 있다고 한다. 한 달 평균 10곳의 동네 서점이 문을 닫고 있는 게 오늘의 현실이다.

이러한 왜곡된 구조 앞에서 단순히 '책을 많이 읽자'를 외치는 것보다, 각자가 자신의 인생에 어떤 책들이 필요한지 이해하고, 2트랙의 기준과 생애독서의 흐름 그리고 책 선정의 7개의 주도력을 생활화한다면, 점차 희망이 보이지 않을까.

P와 미란은 같은 생각을 하면서 작은 희망의 실마리를 떠올리고 있었다. 갑자기 무엇인가 떠오른 미란이 질문을 던졌다.

"폴샘, 이 표를 보고 있으니 궁금한 게 생겼어요. 이 7개의 기준에 따른 책 선정의 기준이 모든 사람에게 같은 방식으로 적용이 될까요?"

변화를 보는 눈

미란은 답을 예상하고 질문을 했다. 다음 질문을 위해 미리 깔아놓은 질문이었다.

"제가 어떤 답변을 할지 미란 선생은 알고 있으실 겁니다."

"네, 각자에게 각각 다른 적용이 일어날 수 있다는 거죠."

"적어도 7개의 기준은 같은 적용이 가능합니다. 다만, 각각의 기준에 따라 해당 분야를 선택하는 것은 다를 수 있습니다. 미란 선생은 자기계발서를 읽다가 무릎을 치면서 인생을 돌아본 적이 있는지요?"

"물론 있었죠. 심지어 논술 분야 책을 읽다가 거기에 실린 글귀 때문에 삶의 방향을 바꾼 적도 있었어요. 이런 경험은 폴샘이 더 많지 않으세요?"

"네, 책 선정의 기준에 완전히 체화되어 책을 선택하는 데에 아무런 어려움은 없습니다. 다만 통찰과 성찰, 비판과 반성, 몰입과 소통, 결과와 과정, 방향과 방법 등 워낙 경계선을 잘 넘나들다 보니 때로는 기술 서적을 읽다가도 그 빈 여백에 성찰의 글을 남기기도 합니다. 책 선정의 주도력을 가지고 오랜 시간 주도적인 독서를 한 사람들은 융합의 내공이 강해집니다. 다만 단계는 필요합니다."

"일정 기간 동안 책 선정의 주도력을 충분히 적용해 보아야, 경계를 넘어설 수 있고, 자유로워진다는 말씀이죠? 그렇다면 이쯤에서 다른 질문을 하나 하고 싶어요. 각자 자신의 주도적인 책 선정이 필요하지만, 많은 사람이 읽었다고 하는 '베스트셀러'를 따라 읽는 것은 사라져야 할 모습일까요?"

"미란 선생, 여기에는 조심해야 할 양면성이 있습니다. 저는 베스트셀러를 무조건 경계하는 것에 동의하지 않습니다. 책 선택의 주도력이 없는 상태에서 귀가 얇아지는 것은 반드시 경계해야 할 일이지만, 주도력을 가진 상태에서 베스트셀러를 살피는 것은 매우 건강한 접근법이기 때문이에요. 대학생 이상의 지식세대들은 집단지성의 힘을 신뢰합니다. 즉 일정 수 이상의 사람들이 구입하고 읽었다는 것은 그 나름의 '이유'가 있다는 것입니다. 최근에는 많은 사람이 베스트셀러의 오류와 조작 등에 대해 문제제기를 하지만 제 생각은 조금 다릅니다. 그 어떤 인위적인 접근이 있다 할지라도 지식세대의 집단지성은 이것을 걸러내고 자정할 만한 힘이 있다고 생각해요. 누군가 이익을 위해 같은 책을 사재기 방법으로 인위적인 베스트셀러를 만들었다고 가정해도, 랭킹에 올라간 그 책을 순수하게 개인적인 판단으로 사서 읽은 사람들이 실제 책의 내용을 만나면 그 책이 진정한 베스트셀러 수준인지 파악 가능하다는 것이죠. 책에 대한 평가는 입소문이 나기 마련이며, 매우 짧은 기간 안에 검증이 일어납니다. 제가 너무 낙관적인가요?"

"폴샘 생각에 동의합니다. 저 역시 베스트셀러를 유심히 관찰하고 일단 관심을 가지고 보거든요. 어찌 보면 베스트셀러 랭킹 자체가 책 선정의 시간을 단축시켜서 조기에 검증을 해주는 역할도 한다고 보여요."

"베스트셀러는 시대에 민감한 반응을 나타냅니다. 지식세대의 판단은 그 시대를 반영해 주기에 충분한 것이죠. 제가 시대의 변화를 읽어내는 방법 중에 또 하나가 바로 베스트셀러입니다. 여기서 제가 숨겨두었던 특별한 서재를 공개하죠."

"특. 별. 한. 서재요?"

P는 아이패드를 가져왔다. 아이패드를 열어 그가 축적하고 간직해둔 특별한 서재를 보여주었다. 이른바 아이북스[ibooks]라 불린다.

"미란 선생, 베스트셀러는 그 시대를 반영합니다. 베스트셀러의 흐름을 보면, 그 시대가 무엇을 지향하고 있는지 알 수 있답니다. 한번 볼까요."

출처 - 네이버캐스트

"폴샘, 정말 멋진 태블릿 서재입니다. 부러워요. 그런데 이렇게 보니, 각 시대별로 사람들이 좋아하는 책의 패턴이 있을 것 같아요. 시대상이 반영되었겠죠?"

"네, 그렇습니다. 각 개인들은 사람들이 많이 보는 책을 따라갈 수 있지만, 그것이 큰 세대를 이루는 단위의 선택이라면 나름의 이유가 있다고 봅니다. 이 부분에 대해서『베스트셀러 30년』이라는 책에서는 각 연도별 베스트셀러의 특징을 이렇게 정리해 놓았습니다. 한번 볼까요."

[연도별 베스트셀러의 특징]

년도	해당 연도 베스트셀러를 대표하는 카피
1981	하느님을 찾는 절규가 넘치고 각종 예언서가 상종가를 치다.
1982	5공화국 정부의 3S정책으로 황금만능의 대중소설이 서점가를 장악하다.
1983	산업시대에 맞는 인간형을 촉구하는 심리처세서가 만개하다.
1984	역사소설의 '정치성'에 흠뻑 빠지고 '김지하'라는 횃불에 넋을 잃다.
1985	이해인의 시와 도인의 초능력에 취해 현실의 고단함을 잊다.
1986	대형광고가 등장하면서 출판의 양극화가 본격화하다.
1987	개인의 결핍을 노래한 서정시와 소설, 그리고 플라토닉 사랑에 빠져들다.
1988	민주화의 열기에 맞춰 다양한 출판물이 생산되기 시작하다.

1989	급변하는 세계정세에 적응하는 새로운 원칙과 기본이 관심을 끌기 시작하다.
1990	이념서가 아닌 경제서와 과학서, 그리고 과도한 욕망의 주인공 소설을 즐기다.
1991	쿼터리즘의 '인스턴트 출판물'이 크게 유행하고 국제 흐름에 눈을 뜨다.
1992	역사인물 소설이 소설시장을 휩쓸고, 평범한 개인의 솔직한 자서전이 출현하다.
1993	문민정부의 거센 개혁 바람 속에 민족주의적인 정서가 강하게 흐르다.
1994	민족주의적인 분위기가 고조되고 여성 스타작가들이 등장하다.
1995	자기계발서와 실용서가 압도하고 자전적 에세이에 심취하다.
1996	불안한 개인을 위로하는 소설과 일상성의 인문서가 부각되다.
1997	평범한 사람들의 소박한 이야기에 감동하다.
1998	따뜻한 이야기가 대중을 압도하고 장르소설이 기지개를 켜다.
1999	우상파괴 본능이 작동하면서 기존의 가치들을 전복하는 책들이 넘치다.
2000	나와 가족에 대한 맹목적인 헌신을 요구한 자기계발서와 대중소설이 점령하다.
2001	서사, 상징, 신화의 세계와 대중소설에 깊이 빠져들다.
2002	월드컵의 열기와 세계적인 불황 속에 영상과 결합한 책들이 이례적인 활기를 띠다.
2003	인터넷 소설과 카툰에세이 등 인터넷 문화가 인기를 끌고 절박한 개인 부각되다.
2004	지루한 정치공방과 진부한 정치담론에 시달린 대중이 자기 상상력을 추구하다.
2005	산업화시대에서 벗어나 지식노동자 시대에 확실하게 적응했음을 보여주다.
2006	'성공'을 포기하고 자기만족의 '행복'으로 삶의 태도를 바꾸다.
2007	일과 개인생활에서 철저하게 이기적인 성향을 띤 '현명한 삶'을 추구하다.
2008	성장소설에 심취하고 자기치유의 거센 열풍에 빠져들다.
2009	세상의 순리에 순응하려는 움직임을 보이며 진정한 소통을 꿈꾸다.
2010	세상과 개인의 삶에 대한 대안을 추구하면서 '자기구원'의 성찰을 하기 시작하다.

출처 – 베스트셀러 30년

"1982년의 3S는 무엇인가요?"

"1980년부터 시작한 프로야구, 텔레비전 컬러방송을 통해 국민의 관심을 3S로 돌리려는 5공화국의 정책이 있었습니다. 여기서 3S는 스포츠, 섹스, 스크린입니다. 이에 흐름을 같이하여 황금만능을 그린 대중소설이 팔리기 시작했던 거죠."

"1991년의 쿼터리즘은 또 뭐죠?"

"쿼터리즘(quarterism)은 어떤 일에 15분 이상 집중하기 힘든 현상을 말합니다. 인터넷 사용이 일상화되면서 청소년들 사이에서 습관처럼 형성된 인내심을 잃어버린 청소년의 사고 또는 행동양식을 일컫는 말이죠."

"베스트셀러 30년 역사를 분석한 이가 있었네요. 대단한 분인 것 같아요."

"저 역시 이런 출판평론가들을 진심으로 존경합니다. 한 번도 만난 적은 없지만, 인터뷰 기사나 칼럼 그리고 저서들을 빠짐없이 읽고 있지요."

시대의 흐름을 읽는 빅히스토리 독서

"폴샘, 단순히 책을 선정하는 수준이 아니라, 책을 바라보는 기준, 주도력을 배운 것은 저에게 큰 지적 도전이었습니다. 또한 대한민국의 베스트셀러 역사를 이해하고, 각 연도별 베스트셀러 책을 e-book으로 아이패드에 세팅한 것은 제가 도저히 건너갈 수 없는 강 앞에 서 있는 느낌을 주었습니다."

"미란 선생, 저에 대한 칭찬은 과하고, 자신에 대한 겸손 역시 과합니다. 그저 시대의 흐름을 보는 것이 책을 선정하는 이상의 내공임을 꼭 기억해 주세요. 시대의 흐름을 이해하는 것에 대해 부담을 갖지는 마세요. 오늘 초반에 이야기를 나눴던 신문읽기가 가장 정직한 방법이니까요. 신문 박물관 또는 각 방송사의 연도별 10대 뉴스를 추적해서 보면 거의 40년간의 이슈흐름을 이해할 수 있을 겁니다."

P는 2개의 이미지를 출력해 화이트보드에 붙였다. 1960년대부터 2000년대까지의 10대 뉴스들을 정리한 것들이다.

"폴샘, 자료를 보니 한 가지 궁금한 게 떠올랐어요. 변화의 흐름을 이해하는 방법으로 유독 역사와 과거의 흐름을 포기하지 않으시는 것 같아요."

"눈치를 채셨군요. 사실 저의 관심은 현재와 미래입니다. 그런데 현재를 보는 가장 깊은 통찰은 과거에서 옵니다. 그러한 과거 위에 세워진

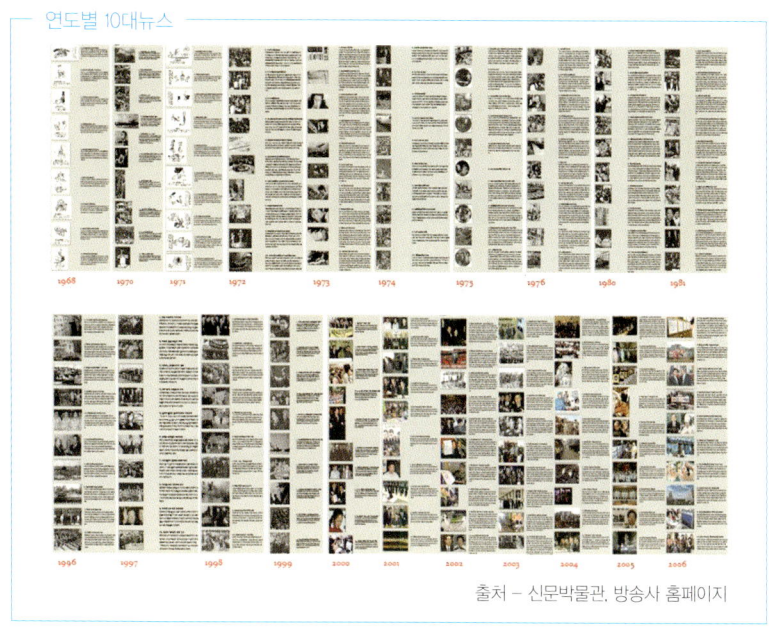

연도별 10대뉴스

출처 – 신문박물관, 방송사 홈페이지

 "현재를 분석하는 것이 바로 미래를 읽어내는 최선의 방법이에요. 자, 지금부터 라이브러리의 몇 개의 북 코너를 보실 겁니다. 변화를 읽어내는 방식을 서재 구성의 측면에서 함께 생각해 보려고 합니다."

 P는 미란을 데리고 라이브러리의 코너로 이동하였다. 그곳에는 미래학과 미래 트렌드만을 다루는 책들이 가득했다. 그야말로 미래통찰의 책만 모아 둔 곳이었다.

 "엘빈토플러, 존 나이스비트, 다니엘 핑크…… 세계적 대가들이 다 모여 있네요."

 "미란 선생, 혹시 이분들이 어떤 방법으로 미래를 예측하는지 아세요?"

 "이전에 알려주셨잖아요. 신문읽기!"

 "맞아요. 존 나이스비트 같은 이는 신문읽기만 10시간 이상을 하기도 해요. 저는 그저 이런 이들을 흉내 내고 있는 수준이죠."

북코너 – 미래학

북코너 – 트렌드를 반영하는 책

"폴샘, 직접적인 미래연구서의 내용이 조금은 어렵다는 의견이 많아요."

"제가 보고 있는 미래학서적은 사실 기본기를 닦는 버전입니다. 정작 미래를 살피는 즐거운 방식은 따로 있어요. 미래를 보기 위해 과거를 보고, 과거를 통해 현재를 보지만 그 과정이 두부 자르듯 쉽게 구분되는 것은 아닙니다. 그래서 다양한 방식으로 '흐름'을 보는 연습을 지속해 왔습니다."

북코너에는 독특한 제목의 책들이 보였다. 스눕, 아웃라이어, 스위치, 스터프, 핫스팟, 리들, 스캣, 플로어 등 영문을 한국어로 번역하지 않고 그대로 보여주는 책들이다.

"용어가 어려운 책들만 모여 있네요. 하지만 눈에는 잘 들어와요."

P는 시대의 변화를 읽기 위해 독서의 키워드를 따라가는 방식을 사용한다. 자신만의 방법을 미란에게 소개하기 위해, 테블릿을 열어 슬라이드를 보여주었다. 각 시대별 지식의 이슈를 다루는 키워드별로 책을 읽고 그것을 정리해 둔 것들이다.

"폴샘, 책 제목 그 자체가 시대를 대변하는 중요한 키워드인 것 같아요."

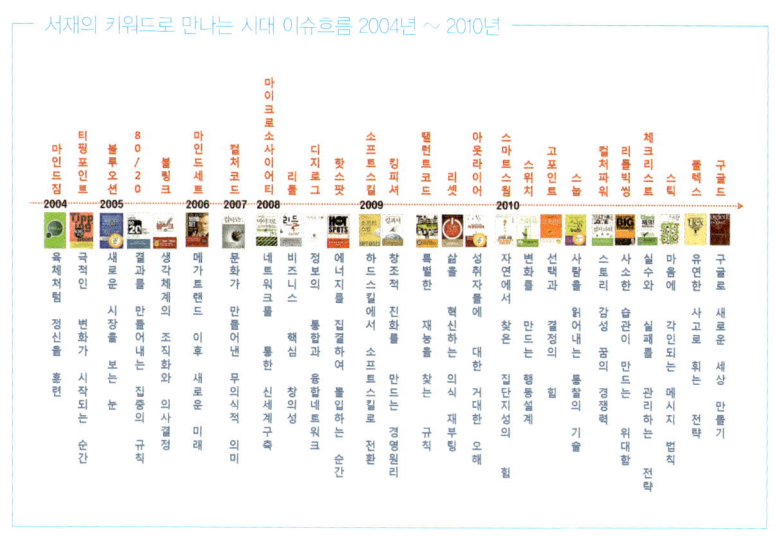

— 서재의 키워드로 만나는 시대 이슈흐름 2004년 ~ 2010년

"맞습니다. 물론 여기에도 한계는 있어요. 주로 번역서 위주입니다. 제가 직접 해외 연구동향과 학문 및 비즈니스의 흐름을 접근하기에는 아직 역량이 부족합니다. 그럼에도 이 정도 이슈를 따라간다는 것은 저에게 큰 행복이죠."

"자세히 보니 한두 명의 저자 책이 자주 등장하기도 해요."

"관찰을 잘 하시네요. 그렇습니다. 세계적인 지식이슈메이커들은 시대적 키워드를 스스로 생산합니다. 예를 들어, 말콤 글렌드웰은 『티핑포인트』, 『블링크』, 그리고 『아웃라이어』 등 시대적 지식흐름을 주도하고 있죠."

P는 2011년 이후의 변화와 지식키워드를 대변하는 책의 라인업을 정리한 슬라이드를 추가로 보여주었다.

"폴샘, 마치 영화제목 같아요."

"이런 방식의 책을 서재에 라인업하고, 그 내용의 추이를 따라가는 습관이 생기면 그 다음부터는 이런 책 제목이 눈에 빨리 들어옵니다. 패션의 트렌드가 있듯이, 지식에도 트렌드가 존재해요. 현재와 미래를 읽는다는 것은 바로 이런 지식 트렌드를 적절한 속도로 따라가는 즐거움을

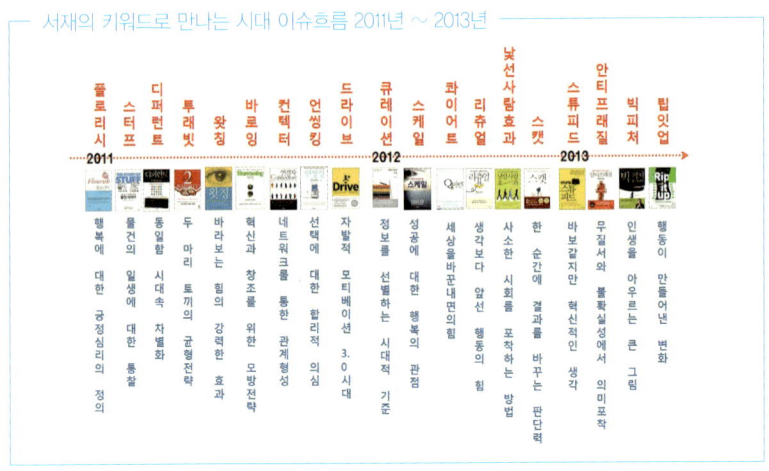

포함하죠."

미란은 P의 태블릿에 있는 파일을 그 자리에서 프린트해 줄 것을 부탁하여 자신의 지식수첩에 붙였다. 그리고 그 아래에 자신의 생각을 메모하였다.

📖 미란의 지식수첩

1. 변화에 대한 두려움은 시대의 변화 그리고 자신의 변화에 대한 안목이다.
2. 변화가 크고 속도가 빠를수록 더욱 본질에 집중하는 것이 중요하다.
3. 본질에 집중하는 방법은 역사성과 본질을 추구하는 것이 핵심이다.
4. 본질을 추구하는 도서의 세부 분류와 본질을 추구하는 인문 분야와 친해진다.
5. 본질을 추구하는 독서는 내용이해, 의미파악 그리고 가치성찰로 이어진다.
6. 변화에 대응하는 최고의 방법은 신문읽기이며 신문을 통해 미래를 읽는다.
7. 시대와 역사의 변화 전체를 읽는 빅히스토리 방식을 추구한다.
8. 집단지성이 만들어낸 베스트셀러를 통해 시대상을 읽어간다.
9. 본질과 변화를 잇는 다리는 '질문'을 통한 '적용점' 찾기이다.
Q. 책 나오는 속도와 변화 속도 속에서 읽는 속도가 따라갈 수 있을까?

"폴샘, 변화에 대해서 이야기할 때 새 책이 나오고 밀리는 속도를 얘기해 주셨잖아요. 궁금한 게 있어요. 책을 선택하는 기준은 알겠는데 아무리 생각해도 책이 쏟아지는 속도와 변화의 속도를 보았을 때 읽는 속도가 따라갈 수는 없을 것 같아요. 여러 책을 읽는 중에 새 책이 독서에서 밀리고, 막상 그 책을 읽는 순서가 되었을 때는 그 내용이 시대에 밀릴 수도 있잖아요. 이 속도의 완급조절을 어떻게 하시는지요?"

북 코너 - WAIT 기다리는 책들

WAIT Book. 그의 서재에는 기다리는 책들이 있다. 꼭 필요한 신간은 일단 구입해서 WAIT 코너로 이동한다. 그 이후에는 독서 속도와 시대의 변화 등 여러 가지를 고려하여 읽는 순서가 정해진다. 어떤 책은 기다리다가 읽히지 못하는 경우도 있다. 시간이 흘러 시대적으로 전혀 맞지 않는 내용이 되기 때문이다. 물론 처음 구입했을 때는 최신의 변화를 반영한 것이었으나, 잠시 묵히는 동안 변화 앞에서 견디지 못하는 것이다.

TIP 세 번째 서재 인터뷰 Big Picture

TIP 나만의 서재 만들기 Supervising

서재 인터뷰
'네 번째 만남'

서재는 희망을 찾는 인간극장

Base Camp is Humanism

Base Camp is Humanism

"폴샘, 베이스캠프에 숨겨진 베이직라이프 즉, 일상에서의 지식축적을 위한 첫 번째 빙산은 독서, 두 번째 빙산은 신문, 그렇다면 세 번째 빙산은 무엇인가요? 그림을 보아서는 잘 모르겠어요."

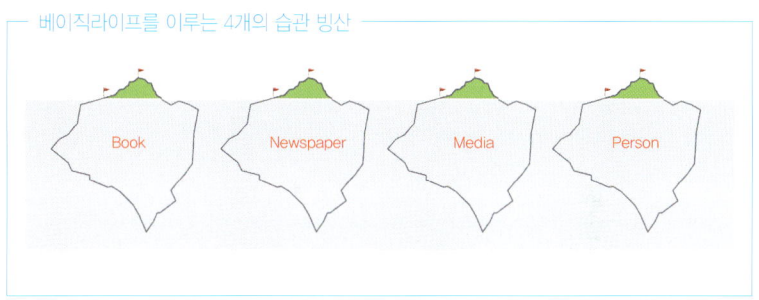

베이직라이프를 이루는 4개의 습관 빙산

P는 세 번째 빙산과 네 번째 빙산의 아래 부분을 모두 채워서 그려주었다. '미디어'와 '사람'이라는 키워드가 들어있다.

"변화를 이해하고 주도하는 최선의 방법은 '신문'입니다. 그러나 그 변화를 더욱 따뜻하게 이해하고, 사람들의 감성을 변화에 대응하도록 돕는 가장 아름다운 방법은 바로 영상 즉 '미디어'입니다. 이 서재 안에는 도서, 신문뿐 아니라 미디어가 가득합니다. 바로 이곳 베이스캠프에서 저는 오랜 시간 동안 미디어를 축적하고, 연구하며 가공한 뒤, 가치로 재생산하는 작업을 진행하여 왔습니다."

"네, 설명을 들으니 어느 정도 퍼즐이 맞춰지고 있다는 생각이 들어요."

"퍼즐이라뇨?"

"제가 폴샘께 처음 드렸던 7개의 질문이요. 지금까지 4개는 설명이 충분히 되었거든요. 아직 3개가 채워지지 않았는데, 미디어 이야기를 들으니 베이스캠프의 다섯 번째 비밀이 곧 밝혀질 것 같아요."

[서재에 대한 궁금증과 질문 주제]

주제	질문	키워드
질문 1	서재 독서와 지식추구의 목적은 무엇입니까?	지식의 목적
질문 2	지식추구의 역사와 흔적을 서재에서 볼 수 있습니까?	지식의 역사
질문 3	서재 독서의 책 선정과 독서방법은 무엇입니까?	지식의 융합
질문 4	서재를 통해 시대의 변화를 읽어낼 수 있습니까?	지식의 변화
질문 5	서재와 지식추구 생애의 롤모델은 누구입니까?	지식의 멘토
질문 6	서재를 통해 지성과 감성을 겸할 수 있습니까?	지식의 감성
질문 7	한정된 시간 안에 방대한 서재 독서가 가능합니까?	지식의 시간

　서재 속에 미디어가 존재한다는 말을 듣는 순간 나머지 질문 중에 6번이 미란의 눈에 들어왔다. 그리고 정말 궁금했다. 이미 책과 신문의 세계를 인터뷰한 미란으로서는 '미디어'라는 세계가 더욱 새로운 느낌으로 다가온 것이다.

　'베이스캠프는 정말 지루할 틈을 주지 않는구나. 끊임없이 새로운 세계가 드러나고 있다. 아직도 남은 새로운 세계가 또 있을까. 더군다나 나는 이 서재에서 아직 맨 끝쪽의 룸을 제대로 보지 못하였다. 어쩌면 그 룸은 서재 인터뷰가 끝날 때까지 소개해 주지 않으실 것 같기도 하다.'

　미란이 잠시 생각에 잠기는 동안 P는 사진 한 장을 출력하여 갤러리 화이트보드에 붙여 놓았다. 미디어를 주제로 먼저 나눌 대화의 소재인

30년 공익광고 미디어 폴더

공익광고 미디어 30년 역사 Big Picture

것 같다.

"폴샘, 이 사진은 뭔가요. 촘촘하게 붙인 이 큰 사진이 무엇인지 정말 궁금해요!"

시대를 읽어내는 다른 방식

사진은 P의 클라우드 폴더를 캡처한 것이다. P는 실제로 화면에 있는 수많은 영상이 들어있는 태블릿을 열어, 영상 한 편을 보여주었다. 미란도 본 적이 있는 영상이었다.

사랑하는 연인이 만났지만, 서로 스마트폰을 하느라 대화가 없다. 자녀의 생일잔치에 부모는 스마트폰을 보느라 고개를 숙이고 있다. 말 그대로 묵념하는 자세이다. 고등학교 반 대항 농구를 하는데 학생들의 열광 소리가 없다. 고개를 숙이고 스마트폰 묵념 중이다. 결혼식에 참석한 하객들이 축하를 하지 않고 고개를 숙이고 있다. 잃어버린 관심에 대한 묵념이다.

공익광고 2014. 스마트폰 중독 – 묵념 편.

잃어버린 대화에 대한 묵념
잃어버린 가족에 대한 묵념
잃어버린 열정에 대한 묵념
잃어버린 관심에 대한 묵념

출처 – 한국방송광고진흥공사

"정말 너무나 공감이 잘 되는 영상이에요. 어쩌면 요즘 세태와 이렇게 딱 맞죠."

"미란 선생의 얘기에 답이 있습니다. 공익광고는 시대 분위기를 가장 잘 반영합니다."

"그렇다면 공익광고를 통해 시대를 발견할 수도 있다는 얘기이군요."

"시대를 발견하는 것을 넘어, 시대와 시대의 변화까지 읽어낼 수 있답니다."

"공익광고를 통해 시대의 변화를 어떻게 발견할 수 있을까요?"

P는 기다렸다는 듯이 '한국방송광고진흥공사' 인터넷 홈페이지에 들어가서 한 화면을 보여주었다. 연도별 분류에 들어가 1981년의 공익광고를 열었다. 1981년의 공익광고에는 '풍요로운 내일', '아끼세요', '우리는 모두 이웃', '의자', '새해 새 희망'이라고 뜬다. 이 중에 '아끼세요'의 영상을 재생해 보았다. '에너지 절약'이라고 적힌 물방울 그림이 새겨진 촌스러운 옷을 입은 장발의 꼬마가 달려가면서 에너지 절약을 실천하는 내용이 나온다.

공익광고

신문 보며 TV 켜놓기　　　　　　TV 켜놓고 자기

대낮에 켜 있는 보안등　　　　　에너지 절약 마크

출처 – 한국방송광고진흥공사

그 다음에는 2014년의 공익광고 화면으로 넘어갔다. 2014년에는 아동안전/보호, 개인정보 보호, 사회화합과 소통, 스마트폰 중독 등의 광고제목이 나열되어 있다. 이렇게 1981년과 2014년의 공익광고 목록과 실제 영상을 비교해 보았다.

"미란 선생이 보기에 35년간의 격차가 느껴지나요?"

"이미 화질 면에서 35년의 격차가 보이는데요. 그 시대가 무엇을 중요하게 여기고 있는지 보여주는 것 같아요."

"그런데 사실 공익광고는 그 시대가 무엇을 중요하게 생각하는지를 보여준다기보다는, 그 시대의 가장 중요한 결핍 요소를 회복하는 차원이 강합니다. 미란 선생이 보기에 2014년에 가장 심각하게 훼손된 가치, 혹은 가장 심각한 문제는 무엇이라고 생각합니까?"

"음, 가족개념이나 소통 등이 훼손된 가치라고 생각되는데 심각한 문제는 이기주의, 성 상품화, 인터넷 및 모바일 중독 등이 아닐까요. 어쩌면 이러한 문제 요인 때문에 중요한 가치가 훼손된 것일 수도 있겠네요."

"방금 이야기한 문제요소, 결핍요소, 잃어버린 가치가 고스란히 2014년의 공익광고에 들어 있습니다."

"정말 그러네요. 공익광고는 그 시대를 반영하고, 잃어버린 가치, 중요한 가치 등을 보여주는 것이군요."

"저는 이것을 '박물관 효과'라고 부릅니다."

"박물관 효과요? 처음 듣는 용어인데……."

"하하! 당연합니다. 제가 만든 것이니까요. 저는 이런 용어를 잘 만들어냅니다. 지식에 새로운 의미를 부여하는 저만의 방식이죠. 박물관 효과란, 어떤 한 가지 리소스에 접근했는데, 그 리소스가 만약 시대를 아우르는 데이터를 보유하고 있을 경우, 그 속에서 과거와 현재 그리고 미래의 변화를 읽어낼 수 있다는 것입니다."

1981년과 2014년 공익광고 비교

1981년. 에너지 절약, 사회질서

2014년 공익광고. 소통, 안전, 개인정보 보호

출처 – 한국방송광고진흥공사

 P가 가진 지식축적의 세 번째 내공은 '미디어'를 말한다. 그의 서재에는 책뿐만 아니라 그에 못지않은 미디어가 가득하다. 그는 10년 이상 미디어에 관심을 가지고 미디어를 축적해 왔고 다양하게 활용해 왔다.

 "폴샘, 어떤 방법으로 리소스에 접근하고, 미디어를 축적하는지 궁금해요."

 "성실함이 필요합니다. 특히 이 시대는 데이터, 소스, 그리고 프로그램 제작 코드를 오픈하는 시대입니다. 영화나 노래를 불법으로 유통하는 것과 같은 악의적 접근과는 다른 차원의 소스 소통 시대를 말합니다.

공익광고 '스마트폰 중독 – 묵념'

출처 – 한국방송광고진흥공사

예를 들어, 대부분의 기업과 정부는 미디어광고를 제작하되, 그 데이터를 오픈합니다. 마음껏 가져가서 세상을 위해 더 많이 소통해 달라는 거죠."

 미란은 P가 보여주는 화면을 자세히 들여다보았다. 미디어에 담긴 내레이션이 오른쪽에 스크립트로 들어 있어 자세히 내용을 확인하게 돕고 있다. 그리고 하단에는 동영상 퍼가기가 있다. 블로그, 유튜브, SNS 등 함께 공유하여 세상의 변화를 위해 동참하기를 권하고 있는 것이다.

"저는 이렇게 해서 1981년부터 현재까지의 공익광고를 모두 보았습니다. 그리고 이것은 제가 미디어를 통해 세상을 이해하고 지식의 흐름을 파악하는 여러 가지 방법 중에 한 가지입니다. 저는 미디어를 포기할 수 없어요. 미디어가 주는 힘은 그 어떤 것보다 매력적이기 때문이죠. 결국 이렇게 해서 이 큰 그림 '빅피쳐(Big Picture)'가 나온 겁니다."

미란은 미디어가 주는 힘은 정말 매력적이라는 사실에 충분히 동의하고 있었다. 미디어를 통해 감성을 건드리고 그 감성이 변화를 만드는 시작이라는 사실에 넘치도록 동의하고 있다. 미란의 머릿속에 오래 전 P의 미디어 강연에 함께 했던 기억이 새삼 떠올랐다.

30분을 위한 200시간

미란은 P와 함께 지방의 한 수련관으로 향했다. 도착하자마자 P와 인사를 길게 나눌 분위기는 아니었다. 300여 명 정도의 대학신입생들이 강당을 가득 채우고 있었다. '대학생활의 비전설계'라는 제목으로 강의가 곧 시작될 순간이었다. P는 강의시작 전 30분 정도에는 극도로 말을 아끼는 편이다.

강당에는 이제 갓 대학 입학을 앞둔 대학생들의 상기된 모습이 가득하였다. 그런데 이상하게 P의 모습이 굳어 있었다. 강의가 시작되는 순간까지 미란은 그의 모습을 살폈다. 불길한 느낌이 들었다. 그리고 잠시 후 그 왠지 모를 불길함이 현실로 나타났다. 강의 시작과 함께 학생들은 꾸벅꾸벅 졸기 시작하는 것이었다. 학생들은 이상할 정도로 심하게 피곤해 하였다. 나중에 알았지만, 학생들은 강의 시작 전 오전 내내 코스를 나눠서 서바이벌 게임을 했다고 한다. 산속에서 두 시간 이상 생존을 위해 구르고 뛰었던 것이다. 이후 맛있게 점심까지 폭풍 흡입한 상태에서 바로 강당에 앉아 있었던 것이다.

그의 표정이 굳어 있었던 이유는 강의 바로 전에야 이 같은 사실을 알았기 때문이었다. 예상치 못했지만 그래도 강의는 해야 했다. 대학생을 위한 강의는 P가 가장 소중히 여기는 강의 중 하나이다. P는 어느 때보다 열심히 준비하고 꼭 필요한 조언을 주고 싶어했다. 그런데 강의시작과 함께 여기저기서 고개들이 꺾이기 시작했고, 30분 정도가 지날 무렵에는 절반 이상의 학생이 고개를 완전히 숙이고 있었다. 강의를 듣고 있는 학생들도 자다 깨다를 반복하고 있었다. 이와 같은 상황이 강사들에게는 익숙한 풍경일 수도 있지만 강사 입장에서 졸고 있는 청중을 바라보며 계속 강의를 진행해야 하는 고통은 이루 말로 표현할 수가 없는 일이 아닐 수 없다. 더군다나 P의 강의는 대부분 졸지 않고 집중을 잘 하는 강의로 정평이 나 있기에, P는 지금 이 순간이 너무나 괴롭고 아팠던 것이다. 30분이 지날 무렵 P는 갑자기 돌발행동을 하였다.

"죄송합니다. 강의를 더 이상 진행할 수 없습니다. 지금부터 20분을 드리겠습니다. 잠깐 엎드려 잠을 자거나 아니면 밖으로 나가 잠을 깨고 오십시오. 여러분이 확실히 잠을 깨면 남은 시간으로도 충분히 중요한 내용을 전달할 수 있습니다."

캠프를 주관한 대학담당자와 수련관 담당자들도 이 상황을 충분히 이해하였다. 오히려 적절한 판단이라고 생각하였다. 학교 입장에서도 너무 송구할 따름이었다. 학생들에게 꼭 필요한 강의를 부탁하였고, 어쩌면 이 강의가 캠프의 중요한 취지이자 목표일 수도 있는데, 일정을 너무 힘들게 강행하였던 것이다.

P는 담당자들에게 양해를 구하고 잠시 강사대기실로 들어갔다. 노트북 하나만 들고 그는 무대 뒤로 사라졌다. 미란은 차마 대기실로 따라

들어가지 못하고 밖에 있을 수밖에 없었다. 그리고 20분 뒤, 그가 다시 밖으로 나왔다. 학생들은 주섬주섬 고개를 들고 기지개를 켜거나 자세를 바로 잡기 시작했다. P는 학생들을 깨우거나 집중시키기 위한 노력도 하지 않았다.

"쉬는 시간 동안 강의내용을 수정했습니다. 오늘 전달하고자 하는 주제를 지금부터 20편의 영화를 통해 설명하겠습니다."

영화를 통한 비전설계

그러더니 실제로 편집된 영화들을 순서대로 재생하면서 강의를 진행하는 것이었다. 오직 영화만으로 이야기를 전달하기 시작했다. 놀라운 것은 학생들이 거의 대부분 눈을 뜨고 강의를 듣고 있다는 사실이었다. 재미있는 부분에서는 빵빵 웃음도 터져 나왔다. 미란에게는 이 모든 과정과 경험이 충격이 아닐 수 없었다.

'이런 영화는 도대체 언제 준비한 것일까. 오늘 강의 주제와 영화내용이 너무나 잘 연결된다. 오늘 같은 이런 상황을 미리 알고 '플랜B'를 준비해 놓았던 걸까. 그 짧은 시간에 저 영화들을 편집할 수는 없었을 것이다. 그렇다면 도대체 어떻게 한 것일까. 무대 뒤 대기실에서 무엇을 한 것일까.'

20분 전 강사 대기실에서 P는 노트북으로 '영화폴더'를 열었다. 주제별로 들어있는 영화들 중에 오늘 강의에서 전달하고자 하는 주제에 사용 가능한 영화파일들을 선택하여 하나의 폴더에 새로 담았다. 여기까지 걸린 시간이 15분. 그리고 그 파일들을 '이름바꾸기'를 하여 '사용 순서'를 부여하였다. 영상재생 프로그램을 열어 20개의 영화편집 파일을 한 번에 불렀다. 숫자로 파일 순서를 부여하였기에 설명 순서대로 재생목록에 추가된다. 그 상태에서 P는 노트북을 들고 무대에 다시 올라간 것이다. 영화가 재생될 때마다, 잠시 동안 학생들에게 감상할 시간을 주고, 이후 적절한 설명으로 대학 신입생들의 비전설계에 대한 조언을 들려주었다.

[영화로 풀어가는 강의]

영화 제목	편집 장면	메시지
분노의 역류	소방관이 화염 속으로 떨어지는 범인을 잡는 장면	"학년이 높아질수록 자신의 의지만으로는 돌이킬 수 없는 상황이 올 겁니다."
클리프 행어	절벽에서 한 여인을 구하려다가 팔에 힘이 빠진 장면	"아마도 자신의 꿈을 잃어버리고 스스로의 선택과 자신의 대학생활을 후회하게 될 것입니다."
포레스트 검프	쉬지 않고 달리는 검프의 뒤를 수많은 군중이 따라가는 장면	"그렇게 되는 이유는, 스스로의 방향성을 모른 채, 다수를 따라 대학생활을 달리거나 그럴싸한 대중의 영웅을 추구하다가 사막에 멈춰선 결과입니다."
괴물	괴물을 피해 딸과 도망치다가 딸을 놓쳐서 잃게 되는 장면	"나름 목표를 세우고 달린다고 하지만, 목표가 없는 것보다 더 무서운 것은 잘못된 목표설정입니다"
보디가드	보디가드가 도망치는 범인을 쫓다가 갑자기 멈추는 장면	"지금 바로 필요한 것은 겸손히 듣는 것입니다. 인생과 역사, 선배의 조언을 듣고 조율해야 합니다."
나무 심은 사람	한 노인이 도토리를 골라 마른 땅에 하나씩 심는 장면	"결국 지금 입학 시기에 선택한, 한 가지 행동은 자신의 4년 뒤 미래를 바꾸는 씨앗이 될 것입니다."

후반 30분 강연 즈음부터 학생들은 열광하기 시작했다. 강연이 끝나고 환호소리와 함께 박수를 받고 P는 무대에서 내려왔다. 미란은 궁금

중을 참지 못하고 바로 질문을 하였다.

"폴샘, 어떻게 하신 거예요. 미리 준비해 두셨던 건가요?"

"이러한 상황을 예상하고 준비한 것은 아닙니다. 그냥 저의 지식체계에 오랜 시간 차곡차곡 쌓인 미디어 풀(Pool)이 있었기에, 오늘 그것을 사용했을 뿐입니다."

"영화를 많이 보신다는 건 알고 있었지만 언제, 어떤 주제로 자료가 사용될 것이라고 예상하면서 보는 건 아니시죠?"

"물론 아닙니다. 그냥 영화를 즐겁게 봅니다. 그리고 인상적인 장면을 편집하여 주제를 부여한 뒤 저장해 두었을 뿐입니다."

"오늘과 같은 주제 20편을 꺼내기 위해서는 어느 정도의 영화를 봐야 할까요?"

"정확히 분석하기는 어려워요. 그냥 제가 본 영화 중 사용되는 건수를 따져보면 보통 5편 중에 1편은 글쓰기나 강의에 활용됩니다. 그러니까 오늘 20편 강의를 위해서는 100편의 영화를 보았다는 거죠."

"그럼, 오늘 강의를 30분 하셨으니 영화 1편을 2시간으로 잡는다면, 30분 강의를 위해 200시간을 사용한 셈이네요."

"그렇게 되나요. 하하! 하지만 모든 영화보기가 강의 자료를 전제로 접근하지는 않아요. 영화를 보는 순간은 제가 순수하게 쉼을 얻는 시간이랍니다."

"폴샘, 이런 접근은 함부로 따라할 수 없을 것 같아요. 현장에서 강의 방식을 바꾸는 것은 매우 위험한 선택이라는 생각도 들어요."

"미란 선생 말이 맞습니다. 오늘 선택은 아주 극단적인 선택이었습니다. 제가 오늘 같은 현장 상황을 조금만 더 일찍 알았다면 아마 미리 강의자료를 바꾸어 왔을 겁니다. 결과적으로는 높은 호응을 받았지만 그 과정에서는 저 역시 머릿속이 하얗게 바뀌는 잠깐의 순간이 있었습니다."

"공익광고 35년을 통해 시대의 흐름을 분석하던 방법과 과거 강의에서 사용하신 미디어는 약간 차원이 다른 것 같아요."

"미란 선생이 보기에 어떤 차이가 있는 것 같습니까?"

"제 생각에는 개인적으로 시대를 읽어내기 위해 살피는 미디어와 사람들과의 소통을 위해 연구하는 미디어가 다른 것 같아요."

"처음에는 딱히 구분 짓지 않았죠. 다만 저의 관심은 모든 지식의 목적이 '사람'을 지향해야 하며, 수단과 목적은 결코 바뀔 수 없다는 것입니다. 지식을 축적하고, 그 과정에서 미디어를 연구하고 축적하며 가공하는 이유는 오직 '사람'을 위해서입니다. 결국 미디어는 '소통의 도구'입니다. 공익광고 역시 큰 틀에서는 그러한 소통을 위해 시대의식을 배우는 과정이었습니다."

"미디어가 소통의 도구로 잘 사용되는 이유가 무엇일까요?"

"단순히 재미있어서, 사람들을 눈길을 끌 수 있어서 미디어를 사용하는 것은 아닙니다. 보다 근본적인 이유가 있습니다."

P는 태블릿에서 슬라이드를 찾아, 출력을 한 뒤 화이트보드에 2개의 그림을 가지런히 붙였다. 일반 성인과 청소년들의 변화를 만들어내는 의식 및 행동변화의 양상을 비교한 것이다. 먼저 어른의 인생이 바뀌는 모형을 설명해 주었다. 생각이 바뀌면 행동이 바뀌고, 행동이 바뀌면 습관이 바뀌고, 습관이 바뀌면 사람들에게 보이는 인격이 바뀌며, 결국 운명이 바뀐다는 것이다. 그래서 결국 빙산 위에 보이는 부분이 인격과 운명이라는 것이다.

우리는 어떤 특정한 행동을 처음 하기 전에 '생각'을 한다. '생각'이 중요한 이유는 그 '생각'이 '선택'을 낳기 때문이다. 처음에는 의식적으로 '선택'해서 행동을 하지만, 점차 그 행동이 반복되면 그때부터는 '습관'이 형성된다. 같은 습관이 일정 기간 반복되면 반드시 어떤 '결과'를 만들어낸다. 내면에 생긴 결과는 '인격'이며 겉으로 드러난 결과가 그 삶의 '열매'이다. 그 열매가 곧 말로 인한 결과, 친구와의 관계, 학교 성적, 속한 환경 등을 결정하는 것이다.

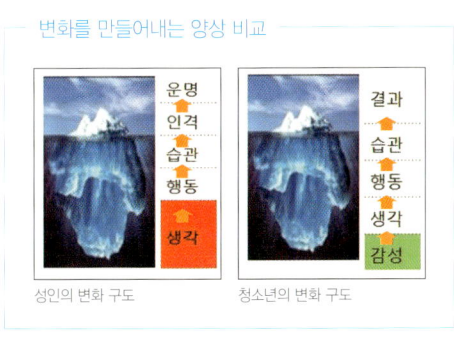
변화를 만들어내는 양상 비교
성인의 변화 구도 / 청소년의 변화 구도

반면 청소년은 시작부터 근본적으로 다르다. 이들은 사고의 자극 이전에 먼저 '감성'이라는 영역이 발동한다. 감성으로부터 존재를 향한 자극이 시작되고, 감성을 통해 사고가 바뀌고, 행동이 시작되며 그 행동이 반복되면 습관이 형성되고 그 습관의 결과가 바로 물 밖으로 드러난 결과로 나타난다.

드러난 결과를 공부환경에 적용해 본다면, 축적된 지식의 결과, 또는 그 지식을 활용하여 얻은 성적의 결과일 것이다. 그런데 빙산의 끝자락에 드러난 결과는 말 그대로 결과일 뿐이다. 공부의 습관이 반복되어 결국 특정한 지식결과나 성적을 낳는다. 습관은 특정한 행동을 반복할 때 형성되는 것이다.

그리고 청소년들은 행동 이전에 '사고 자극'을 받는다. 그러한 사고 자극에 불을 지피는 것이 청소년들의 '감성'코드이다. 청소년들은 사고 이전에 '감성'에 영향을 받으며, 때로 이 '감성'은 곧바로 물 밖 결과로 올라오기도 한다. 그래서 지혜로운 어른들은 청소년을 대할 때, 드러난 결과에 문제가 있다고 여겨질 순간에, 단순히 그 결과를 붙잡고 추궁하지 않고 그 결과를 만들어낸 일상의 반복된 습관에 관심을 가지는 것이다. 그리고 이러한 모든 삶의 근본적인 변화를 위해 청소년들과 관계를 형성할 때는 '감성'을 통한 접근을 시도한다는 것이다.

"바로 이러한 감성을 통한 접근이 출발점이라고 할 때, 그 감성을 건드리기에 미디어는 매우 탁월한 도구입니다."

"그런데 지금과 같은 미디어시대에는 비단 청소년뿐만 아니라, 대부분의 세대가 오른쪽 빙산의 모습을 하고 있을 것 같아요."

"미란 선생의 생각에 전적으로 동의합니다. 바로 그런 이유 때문에 저는 지나칠 정도로 미디어에 몰입합니다. 다만, 지식차원에서 사람과의 소통이라는 목적을 잃은 상태에서 미디어에 몰입한다면, 헤어 나올 수 없을지도 모릅니다. 균형이 필요한 것입니다."

서재 속 새로운 세상

영화, 광고, 다큐멘터리, 그리고 과거와 현재를 넘나드는 다양한 미디어에 대한 그의 지식은 도대체 어떤 방식으로 형성되는 것일까. P는 뮤지엄으로 미란을 안내하였다.

'MUSEUM AND FACTORY'

이미 한두 번 와 본 공간이기에 이곳에 있는 바인더들과 과거와 현재를 넘나드는 지식의 역사가 이제는 편안하게 다가온다. 하지만 아직도 이곳의 비밀을 완벽하게 이해하지는 못하였다. P는 미란에게 의자에 앉을 것을 권하였다. 이전에 왔을 때는 의자에 앉을 새도 없이 전시된 지식박물관을 구경하기에 바빴다. 미란이 의자에 앉는 순간, 이전에는 보이지 않던 것들이 갑자기 눈에 들어오기 시작했다.

"이게 다 뭐예요? 원래 여기에 이렇게 있었나요?"

"지난번에 이곳에 왔을 때는 여기 있는 지식바인더들과 지식의 역사가 워낙 신기해서 그런지 미란 선생의 관심이 온통 거기에 있었어요. 그런데 오늘은 책상에 앉는 순간 마치 처음 보는 것처럼 눈에 들어왔을 겁니다."

미디어와 저장장치 풀세트

　노트북 4대, 모니터 2개, 대형LED, 그리고 뭔가 알 수 없는 둔탁해 보이는 쇠뭉치들이 여러 개 있다. 이것은 모두 P의 미디어시스템이다. 테라바이트급의 외장하드가 7개로 영화, 다큐멘터리, 광고, 교육용 영상들이 체계적으로 분류되어 있다. 각 방송사가 자체 프로덕션을 통해 DVD로 판매하는 것은 물론, 희귀한 역사자료까지 그는 서재의 책을 구입하는 수준으로 세팅을 해놓았다.

　"폴샘, 여기 있는 것들은 각기 용도가 다른가요?"

　"맞습니다. 저는 이런 방식을 제 롤모델로부터 배웠습니다."

　"롤모델이요?"

　P는 2005년 경향신문을 읽다가 사진 한 장에 정신을 빼앗기고 말았다. 이미 나름대로는 디지털 서재를 꿈꾸며 살았다 자부하였지만, 당시 71세였던 이어령 교수의 서재기사를 보고 뒤통수를 얻어맞은 것처럼 충격에 빠졌던 것이다. 이 교수의 서재에는 각각의 용도가 다른 4대의 컴

이어령 교수의 서재

이어령 교수 자택 서재 ／ 2005년 이어령 교수를 흉내 낸 P의 옥탑방 서재

출처 – 경향신문. 2005년 3월

퓨터가 있었다. 그는 모니터 2대를 붙여서 듀얼모니터를 쓰고 있었고, 그 당시 젊은 사람들도 잘 쓰지 않던 생소한 프로그램들을 사용하고 있었다. 프로그램명을 그대로 나열하자면 디스크 키퍼, 웨어 이즈 잇, 골든 섹션, 겟 인투, 스마트 싱크프로 등이었다. 더군다나 당시 국내에서는 개발되지도 않았던 디지털 문자인식 펜 스캐너를 사용하고 있었다. P는 얼마 지나지 않아 이사를 하게 되었고, 옥탑방에 디지털 서재를 별도로 만들어 기기들을 세팅하였다. P는 현재의 디지털 서재가 어떤 과정을 거쳐서 만들어진 것인지 미란에게 추억을 더듬으며 설명을 덧붙여 주었다.

"폴샘, 이런 디지털 미디어기기들이 각기 역할을 충분히 하고 있나요?"
"네, 충분히 하고 있습니다. 동영상을 편집하는 컴퓨터는 가장 성능이 뛰어난 슈퍼컴퓨터이고요. 미디어의 리소스를 보관하는 저장장치와 편집을 통해 가볍게 자료로 바뀐 파일은 별도의 저장장치에 보관합니다. 그리고 결정적으로 그렇게 해서 최종적으로 사용가능하게 바뀐 미디어는 저의 가방 속 모바일 노트북에 언제든 업데이트됩니다. 바로 그 영상들이 강의 현장에서 필요에 따라 자유자재로 사용되는 것들입니다."

P는 저장장치 하나를 열어서 미디어 리소스를 보여주었다. 지식채널, 테드강연, 영화 그리고 직업 관련 미디어 등 정말 어마어마한 분량의 미디어가 단정하게 정렬되어 있었다.

"폴샘, 이러한 리소스가 사용가능한 상태로 편집된 폴샘 노트북의 폴더를 보여줄 수 있으세요. 그 누구도 본 적이 없는 폴더라고 하지만, 기왕 서재를 오픈하신 마당에 좀 보여주시면 안 될까요?"

"하하! 보여주려고 했습니다."

감성, 공부, 극복, 기록, 나눔, 독서, 리더, 멘토, 목표, 문화, 미래, 사명, 선택 등 가나다순으로 각각의 주제별로 미디어파일이 한 폴더 안에

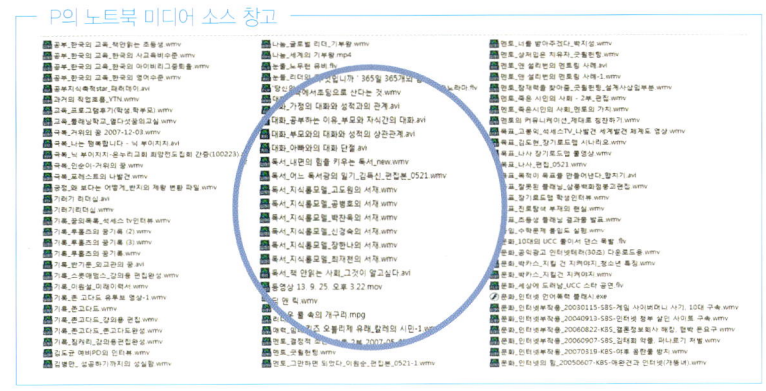

수천 개가 정리되어 있다. P가 이미 내용을 이해하고, 충분히 고려한 뒤에 사용가능한 부분만 편집하여 가벼운 사이즈의 파일로 변환시켜 놓은 것들이다.

"폴샘, 혹시 이러한 방대한 미디어 지식체계가 자칫 미디어 하나하나의 깊이 있는 탐색을 방해하지는 않을까요. 미디어를 수단화하는 부분에 대한 우려가 들 수도 있잖아요."

"타당한 문제제기입니다. 독서와 마찬가지로 미디어 역시 넓이(Width)와 깊이(Depth)의 차원으로 접근하는 균형이 필요합니다."

"넓이와 깊이요?"

미디어의 넓이(Width)와 깊이(Depth)

"미란 선생이 말한 문제제기는 두 가지 측면에서 의미가 있어요. 일단 미디어가 영화, 다큐멘터리 또는 예술작품일 경우 그 자체의 순수함, 제작의도 등이 훼손되지 않아야 한다는 예술성과 심미성 등은 기본적으로 존중해야 합니다. 즉 영화 한 편을 보면서 '뭔가 주제와 교훈, 그리고 꼭 적용할 점을 찾아낼 거야.'라고 보는 것은 너무 슬픈 거죠. 제작의도, 작가주의, 작품성, 예술성, 아름다움 그 자체는 그 자체로 존중해야 한다고 생각해요. 저 또한 영화를 볼 때는 그 순간을 그 자체로 행복하게 몰입합니다. 이 방에 있는 60인치 화면 LED는 그런 영화와 작품의 아름다움을 가장 잘 느끼기 위한 환경입니다.

문제제기의 두 번째 측면은 바로 미디어 하나하나의 깊이 있는 분석이 약해질 수 있지 않나 하는 우려입니다. 이 부분에 대해서 저 역시 오랜 시간 시행착오를 거쳐 고민하고 개선하고 있는 중입니다. 저는 이러한 우려를 제 나름의 방법으로 넘어서고 있어요. 결과적으로 저는 제 나름대로 미란 선생이 걱정하는 깊이(Depth)의 어려움을 넘어서려고 애쓰고 있습니다."

"나름의 방법이 무엇일까요. 궁금합니다."

"첫 번째 우려는 미디어를 너무 실용적인 차원에서 도구화하지 않을까 하는 것입니다. 제 마음의 노력은 이미 얘기했습니다. 미디어 작품을 감상할 때는 순수하게 그 순간을 즐기고 몰입해요. 또 한 가지 방법은 미디어의 장르 자체를 구분하는 방법입니다."

"지식체계로 사용하기에 좋은 미디어와 순수하게 작품 그 자체를 즐기는 미디어를 구분하는 방법이라는 것이죠?"

"네, 예를 들면 EBS미디어, 역사주제, 교육주제, 시사주제, 그리고 테드 같은 강연들은 지식체계를 추구하는 측면에서 접근하는 경우가 많습니다. 반면, 영화, 인간극장, 휴먼다큐 등은 그 자체로 느끼고 몰입하고 행복하며 공감하는 분류입니다. 이 두 가지가 자동적으로 분류가 되어 있어, 크게 고민하지 않고 제 의도가 자동화되었습니다. 하지만 후자의 경우도 영화나 휴먼다큐를 본 이후에 언제라도 그 내용이 어떤 지식체계에 포함된다고 생각이 되면 바로 꺼내서 해당부분을 편집하여 활용

가능한 소스로 변환시켜 놓습니다. 이 과정에서 인생극장, 휴먼다큐 등과 같은 미디어들은 적절히 주제와 난이도를 조절하여 가족과 함께 보거나 자녀들과 공유하기도 합니다."

"그럼 두 번째 우려는 어떻게 해결하는지 궁금해요."

"두 번째 우려는 너무나 많은 미디어들을 다루다 보면 하나하나의 깊이 있는 분석에 한계가 있지 않을까 하는 것이죠. 이 부분은 다양한 방법이 실제로 가능합니다. 먼저 이 전에 보았던 지식바인더의 영화바인더 기억나시죠? 영화 한 편을 보고, 어느 수준까지 '깊은 고민'이 가능한지 저만의 프레임과 시스템을 만들어 기록하고 보관하고 있습니다."

P는 영화 「행복을 찾아서」 한 편을 보고 정리해 둔 자신만의 지식기록 방식을 보여주었다. 제목과 날짜를 적고, 7개의 소제목을 적은 뒤 각각의 내용을 자세히 기록하였다. 또한 장르, 매체, 주제, 대상을 별도의 분류체계로 만들어, 과연 이 미디어가 어떤 용도의 지식으로 체계화되고 활용될 수 있을지 체크를 해두었다.

이야기 1. 스토리는 삶 속에 있다.

크리스 가드너는 실존 인물이다. 가장 평범한 사람의 삶을 조명하는 것은 가장 특별한 이야기가 된다. 그러기에 이 영화를 토대로 우리는 우리의 삶 곳곳에 스며 있는 스토리의 감동을 발견하는 눈을 찾아야 한다. 그런데 그것이 꼭 성공을 이룬 신화에만 국한되지 않는다는 사실도 기억하자.

이야기 2. 인생에 구간과 제목을 만들다.

영화는 인생의 구간을 나누고 제목을 짓는다. 재미있는 구성방식이다. 자신의 인생 전체를 하나의 제목으로 구성하자. 그리고 각각의 구간을 주제별로 나누어 제목을 짓는다. 그 자체로도 훌륭한 이야기가 나올 수 있다.

이야기 3. 지독한 절망은 몰려오는 경향이 있다.

이상하다. 아픔은 겹친다. 코너로 몰린다. 하나를 대응하면 다른 것이 터진다. 나는 이것을 '욥 딜레마'라 부르고 싶다. 성서에 나오는 욥의 상황이 이러하였다. 가드너는 의료기기를 구입하는데 투자한다. 그런데 안 팔린다. 집세가 밀린다. 아내와 불화가 생긴다.

이야기 4. 절망 속 핵심 키워드를 분별하다.

절망의 코너로 몰리고 불행이 겹칠 때, 그 속에는 모든 것의 근원이 되거나, 해결의 단초가 되는 키가 존재한다. 가드너에게는 경제적인 어려움이 가족, 양육, 관계 모든 면에 영향을 미쳤다. 그리고 그 경제적 어려움의 핵심은 사업 예측 실패에 기인하였다.

이야기 5. 포기하지 않으면 기회는 온다.

가드너는 포기하지 않는다. 무거운 의료기기 가방을 들고 어깨를 늘어뜨리며 달린다. 금융사 간부와의 우연한 만남에서 큐빅을 돌리며 눈도장을 받는다. 그리고 계속 달린다. 아들과 지하철 화장실에서 살면서 생활한다. 그래도 포기하지 않는다.

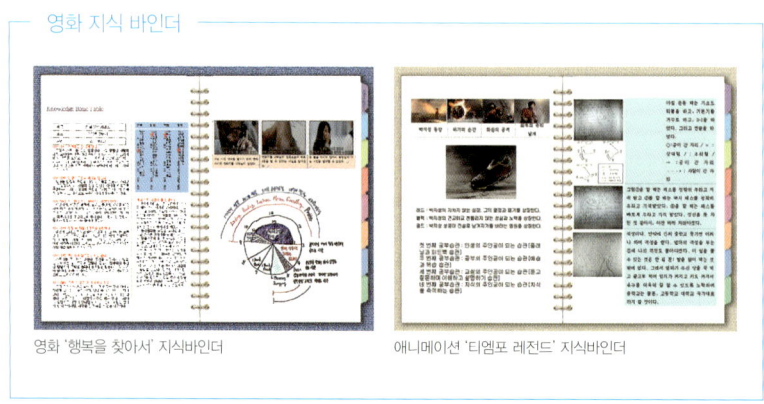

영화 지식 바인더

영화 '행복을 찾아서' 지식바인더   애니메이션 '티엠포 레진드' 지식바인더

이야기 6. 죽을 수 없는 한 가지 이유가 있다.

그가 지독하리만큼 멀리 있는 그 행복을 찾아 이리도 힘겹게 달리는 이유가 있다. 달릴 수 있게 만드는 힘이 있다. 그것은 아들이다. 아들을 보며 그는 다시 이를 악문다. 때로 우리에게 비전이 사라질 때가 있다. 그러나 그 순간에도 사명이 있다며 다시 일어선다. 비전은 살아야 할 이유이지만, 사명은 결코 죽을 수 없는 이유이다.

에피소드. 시간이 곧 인생이다.

인턴기간에 고객을 유치하고 성과를 내면 정식 입사에 유리하다. 가드너는 절박하다. 똑같이 주어진 한정시간에 어떻게 더 전화를 많이 하고 고객을 만날 수 있을까. 그는 사람들을 관찰한다. 다른 인턴들이 전화 한 통화를 끝내고 수화기를 내렸다가 다시 들어 올리는 특징을 찾아낸다. 그리고 자신은 전화기를 귀에서 내려놓지 않음으로써 몇 초 이상의 시간을 더 세이브한다. 전화를 많이 하여 물을 찾고, 그래서 화장실에 자주 가는 것을 파악하고 그는 물 먹는 것을 줄여 화장실 가는 횟수를 줄인다. 그래서 또 시간을 세이브하여 고객에게 투자한다. 그는 오랜 시간 돌아왔다. 그리고 대가를 치른 뒤에야 시간의 소중함을 알았다.

일주일 168시간. 하루 24시간. 8만 6400초를 인식하고, 최고 5분 단위로 시간을 쪼개서 집중력을 발휘하며 산다면 누구든 크리스가드너의 인생을 흉내 낼 수 있으리라.

P가 미디어를 깊은 수준으로 체계화하는 방법은 또 있다. P는 분류된 미디어폴더 중에 지식채널 폴더를 열었다. 915개의 영상이 1회부터 잘 정리되어 있다. P는 그 중에 19번 영상을 재생하여 미란에게 보여주었다.

코자크(Korczak Ziolkowski조각가)는 미국 역대 대통령의 얼굴이 새겨진 러시모어산(Mount Rushmore National Memorial) 프로젝트에 참여했던 유명한 조각가이다. 그는 어느 날, 한 인디언 추장으로부터 편지를 받는다. 미국의 영웅인 대통령 조각을 했던 사람에게, 인디언들의 영웅인 '성난 말(Crazy Horse)을 조각해 달라는 부탁이었다. 편지의 내용에 마음이 움직인 코자크는 평생의 비전을 새롭게 품기 시작하였다. 1949년 그는 170m의 거친 바위산을 바라보며 그는 조각을 시작한다. 그의 비전을 존중한 미국정부는 인디언들과의 화해를 시도하기 위해 '성난 말' 프로젝트에 1천만 달러를 지원하겠다고 제의하였다. 그러나 코자크는 제안을 거절한 채 시민들의 후원과 관광수입만으로 묵묵히 조각을 진행한다. 그러다 1982년 코자크는 홀로 35년간 조각하던 프로젝트를 완성하지 못한 채 숨을 거둔다.

거대한 바위산에서 그가 35년간 조각을 위해 깬 돌만 750만 톤에 달하였다. 한 사람의 강렬한 비전은 바이러스처럼 다른 사람의 삶에 영향

출처 − EBS 지식채널 1회~900회

을 준다. 코자크가 죽자, 그의 아내와 10명의 자녀가 '성난 말'을 계속해서 조각하였다. 1998년에 거대한 얼굴상이 완료되었고, 현재는 말의 머리 부분부터 아래 방향으로 조각이 진행 중이다. 자그마치 60년 동안 진행된 프로젝트였다.

그렇다면 이 프로젝트의 마지막은 어떤 모습일 것이며 도대체 언제까지 시간이 소요될까. '성난 말'의 완성본 크기를 예상할 때 높이 171m에 길이 201m이다. 머리 부분만 완성하는 데 50여 년이 걸렸는데 전체가 완성되는 데에는 앞으로도 100여 년이 더 필요하다고 한다.

"저는 이 영상을 '비전'이라는 지식테마로 분류하고 내용을 크게 5개의 단계로 구분했습니다. 비전 이전단계, 숨은 비전단계, 그리고 비전 성취단계를 지나 비전이 지속되는 단계, 마지막으로는 비전 결과의 단계입니다."

"폴샘, 이렇게 지식채널의 미디어를 하나씩 분석하다 보면 지식채널의 전체적인 분석의 결과를 토대로 활용도가 매우 높아지겠어요."

'성난 말(Crazy Horse)'의 내용 분석

1. 비전 이전 — 코자크가 먼저 진행한 미국 대통령조각
2. 숨은 비전 — 초기 40년 동안 돌산을 깎기만 하다
3. 비전 성취 — 50년 만에 성난 말의 얼굴이 완성되다
4. 비전 지속 — 60년이 지나 앞쪽 말머리를 조각하다
5. 비전 결과 — 160년 뒤에 완성될 비전의 조각

출처 – 지식채널e

[지식채널의 개별분석을 모아 만든 전체의 지식체계]

회차	제목	날짜	시간	타이틀	내용별 분류	내용
1	1초	2005-09-05	4:16	과학	과학(기술), 발상의 전환, 시간/기억, 역사, 우주/지구, 인간/삶, 지식/정보	우리 주변에서 1초 동안 이루어지는 여러가지 일들과 현상에 대해 알아본다.
2	baby sign	2005-09-05	4:29	어린이	가족/공동체, 과학(기타), 관계/소통, 지식/정보	갓난아이의 성장발달과정의 과학적 분석을 통해 아이들의 표정, 몸짓, 행동이 갖는 의미에 대해서 알아본다.
3	우주탐험의 또 다른 역사	2005-09-05	4:22	과학	가치관/관점, 과학(기술), 동.식물/자연, 발상의 전환, 소외/편견, 역사, 우주/지구	우주가 태동한 후부터 지금까지 인간들이 끊임없이 노력해온 우주탐험의 과정과 역사에 대해 알아본다
4	Red	2005-09-05	4:36	문화	문화/풍습, 스포츠, 재미/오락, 지식/정보	가장 강렬하고 인상이 강한 붉은 색. 우리 주위에 흔히 볼 수 있는 'Red'의 이미지를 통해 우리 주변의 여러 현상들을 풀어본다.
5	개미 에피소드1 - 왕국의 기원	2005-09-12	4:22	자연	동.식물/자연, 시리즈, 재미/오락	자연다큐멘터리 "개미"의 영상을 이용하여, 개미들의 습성과 특성에 대해 알아본다.
6	개미 에피소드2 - 왕국의 탄생	2005-09-12	4:47	자연	동.식물/자연, 시리즈, 재미/오락	자연다큐멘터리 "개미"의 영상을 이용하여, 개미들의 습성과 특성에 대해 알아본다.
7	나는 2억5천만원입니다	2005-09-19	3:03	자연	동.식물/자연, 소외/편견, 환경	인간들의 무자비한 밀렵으로 인해 점차 수가 줄어드는, 코끼리를 비롯한 멸종 위기 동물에 대한 이야기.
8	히잡	2005-09-19	4:08	사회	가치관/관점, 문화/풍습, 소외/편견, 여성, 역사	이슬람 1400년. 이제는 선택으로 다가온 히잡. 히잡을 쓰고도 자기 삶을 개척해 나가는 여성들을 통해 이슬람 여성들이 갖는 히잡의 의미에 대해 알아본다.
9	개미 에피소드3 - 왕국의 번영	2005-09-26	4:31	자연	동.식물/자연, 시리즈, 재미/오락	자연다큐멘터리 "개미"의 영상을 이용하여, 개미들의 습성과 특성에 대해 알아본다.
10	TV끄기	2005-09-26	4:08	인생	문화/풍습, 미디어, 환경	사람들의 TV 끄기 전과 후의 생활을 비교해보면서 시청자들에게 "Turn off TV, Turn on Life" 라는 메세지를 전달한다.

11	개미에피소드4 – 왕국의 몰락	2005-10-03	4:35	자연	동,식물/자연, 시리즈, 재미/오락	자연다큐멘터리 "개미"의 영상을 이용하여, 개미들의 습성과 특성에 대해 알아본다.
12	무인도에서 살아남는 법	2005-10-03	4:32	삶	인간/삶, 재미/오락, 지식/정보	만약 무인도에 홀로 남게 된다면 어떻게 해야 할까? 무인도에서 살아남는 법에 대해 알아본다.
13	낙엽	2005-10-10	3:51	문학	동,식물/자연, 문학, 발상의 전환, 환경	초록을 버리고 고유의 색을 드러내는 일 "단풍". 70가지가 넘는 색소가 사용되어 보름간 계속되는 화려한 변신을 한다. 낙엽은 숲의 시작이다.
14	머리카락	2005-10-10	4:32	인간	과학(기타), 인체, 재미/오락, 지식/정보	머리카락은 범죄의 현장에서도 중요한 단서로 사용되고 죽음의 원인을 알아 낼수도 있다. 머리카락에 대한 다양한 이야기.
15	4일 간의 외출	2005-10-17	4:33	관계	동,식물/자연, 사랑/우정, 환경	1995년 2월. 재두루미 한 쌍이 자연에 방사된다. 그러나 그 재두루미한테 하늘은 까마득히 높기만 했다.
16	난 알아요	2005-10-17	4:32	지식	가치관/관점, 재미/오락, 지식/정보	여러가지 사례를 통해서 장자의 "사람이 아는 것은 모르는 것보다 아주 적다"라는 메시지를 전달한다.
17	나는 로봇…	2005-10-24	4:02	기술	과학(기술), 노동, 발상의 전환, 지식/정보	로봇에 대한 정보와 함께 인간을 닮았지만 결코 인간이 될 수 없는 로봇의 비애를 담아본다.
18	3rd	2005-10-24	3:55	사람	국내, 꿈/희망, 노동, 사회/시사, 소외/편견, 인권	여러통계를 바탕으로 현재 영화 현장에서 일을 하고 있는 스텝이 인터넷 커뮤니티에 올린 글을 통해 영화 스텝들이 처해 있는 현실과 애환에 대해 알아본다
19	Crazy horse	2005-10-31	4:55	진실	가치관/관점, 국제, 사회/시사, 소외/편견, 역사, 인권	우리 추장들은 백인에 대한 소망이 있다. 우리 홍인(redman)도 백인처럼 위대한 영웅을 갖고 있다는 것을 그들이 알았으면 한다. 그는 Crazy Horse다.
20	18cm의 긴 여행	2005-10-31	4:52	인생	과학(기술), 인체, 지식/정보	정자와 난자가 만나서 아이가 생기는 과정에 관한 이야기
21	커피 한잔의 이야기	2005-11-07	4:15	경제	경제, 국제, 노동, 사회/시사, 소외/편견, 인권	커피 한잔에 숨겨진 비밀. 커피 한잔에 숨겨진 불평등. 99퍼센트와 1퍼센트에 관한 이야기를 전달한다

"미란 선생도 아시겠지만 지식채널과 같은 지식미디어는 많은 지식세대가 다양한 방식으로 함께 체계를 만들어서 활용도를 높이고 있어요. 지식집단이 함께 체계를 만들어가고 있지요. 물론 위와 같은 체계는 저만의 창의적인 단계구성이고 저 역시 이런 방식을 공유하고 있습니다."

"폴샘, 그러니까 이렇게 방대한 미디어 체계가 있지만, 나름대로 그 특성에 맞게 각각의 미디어를 분석하는 체계를 만들고, 그 각각의 분석을 모아 다시 전체의 체계를 만들어서 활용을 위한 준비상태로 만들어 놓는다는 것이군요."

미디어를 통한 '높이'의 조망

P는 화이트보드에 위아래로 오르락내리락 긴 선을 그렸다. 그려놓은 선만 보아서는 무엇을 그리는지 알 수 없었다. 잠시 후 그려놓은 선 위에 점을 찍자, 그제야 미란은 P가 무엇을 그리는지 알아차렸다.

"폴샘, 지금 인생의 곡선을 그리는 거죠? 그런데 이 곡선만 보아서는 각각의 굴곡이 기쁨을 나타내는지 슬픔을 나타내는지 잘 모르겠어요."

"미란 선생, 지금 제가 그린 인생 곡선은 모두 다 어려움의 감정을 나타내고 있습니다. 저의 미디어 멘토링을 설명하려고 그린 것이기 때문에 우리 인생에서 한 번쯤 경험할 만한 힘겨운 감성의 포인트만을 표현해 보았습니다. 물론 이 곡선과 자료매칭은 저의 주관적 판단입니다."

P는 곡선의 분기점마다 점을 찍고 각각의 감성을 적어 보았다.

A. 주어진 환경이 출발부터 불행의 구조일 때
B. 매우 열악한 조건들을 가지고 극복할 때

C. 열정적으로 비전을 추구하다가 예기치 않은 불행을 만날 때
D. 바닥을 치고 올라가면서 어느 정도 성취를 이뤄서 긴장감이 무더질 때
E. 매너리즘을 극복하고 최종 비전성취를 위해 치열함을 만들 때
F. 비전을 성취하고, 이제 또 다시 새로운 비전으로 도약할 때

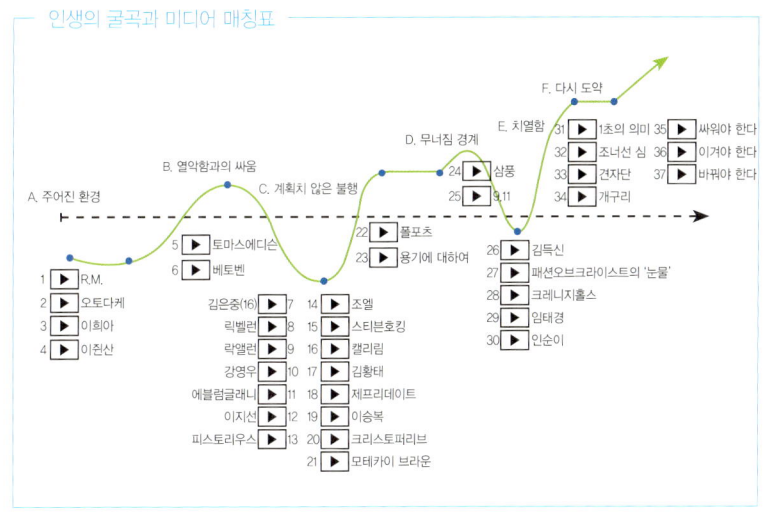

인생의 굴곡과 미디어 매칭표

그런 뒤, 각각의 감성마다 소개할 만한 미디어를 적었다. 주어진 환경이 이미 불공정하다고 괴로워하는 이에게는 레나 마리아, 오토다케, 이희아, 이쥔산의 영상을 소개한다. 매우 열악한 조건과의 치열한 싸움을 하는 이에게는 토마스에디슨과 베토벤의 스토리영상을 소개한다. 열정적으로 비전을 추구하다가 예기치 않은 불행 앞에 좌절한 사람이 있다면 김은중, 릭벨런, 강영우, 이지선, 조엘, 스티븐호킹, 이승복, 크리스토퍼리브 등의 인물영상을 소개한다. 혹시 어려움을 넘어서고 어느 정도 단계에 이르러 초심을 잃고 안주하고 있다면, 삼풍백화점과 911붕괴 영상을 소개한다. 인생의 마지막 단계 최악의 절망으로 떨어진 사람에

 게는 김득신, 패션오브크라이스트의 눈물, 크레이지홀스, 임태경, 인순이의 영상을 소개한다. 마지막 1초까지 생명을 다해 사용하고 죽음을 넘어서 살아야 할 이유를 주어야 하는 사람에게는 1초의 의미, 조녀선 심의 유언, 개구리 실험, 마지막 강의 등의 미디어를 소개한다.

"어떻게 이런 적절한 영상을 통해 인생의 슬픔에 있는 사람들을 도울 수 있는 거죠?"

"지름길은 없습니다. 이런 곡선을 이처럼 그릴 수 있는 것은 실제로 많은 사람을 미디어 지식체계로 도우며 살아왔던 경험이 있기 때문입니다."

"그렇다면 사람의 인생에서 겪게 되는 부정의 감성에 적절한 영상을 어떻게 매칭시키나요?"

"이 역시 정답은 없습니다. 미디어를 보면서 비슷한 감성의 인물미디어와 지식미디어를 모아두고, 이를 지식바인더 '인물 편'에 차곡차곡 기록해 둡니다."

미란은 그제야, P의 베이스캠프 전체가 서로 연결되어 있다는 생각이 들기 시작했다. 미디어체계가 독서와 마찬가지로 지식바인더에 차곡차곡 기록되고 축적되어 활용을 위한 대기상태로 보존되어 있었던 것이다.

"미란 선생도 많은 미디어를 보고 지식체계를 갖추고 있지 않나요?"

"네, 물론 보고 있죠. 다만 이렇게 미디어 지식이 체계를 갖추어 보관되고 보존되며, 활용가능한 상태로 정리되어 있지는 않아요. 제가 꼭 배우고 싶은 부분이네요. 그런데 이렇게 되려면 일상에서 끊임없이 미디어를 보는 습관이 필요할 것 같아요."

"당연해요. 그래서 제 삶의 모든 미디어 시스템은 그러한 습관을 돕도록 구성되어 있습니다."

이런 삶이 오랜 세월 반복되다 보니 P에게는 미디어가 단순한 영상의 개념이 아니라 '지식'의 소스로 여겨진다. 그리고 한 가지 소스를 '깊이'의 수준으로 분석하고 이해하면, 정말 다양한 방식으로 그 지식이 확장되고 가공되기도 하며 변형이 일어난다.

결과적으로는 모든 미디어의 존재 목적은 사람의 행복을 돕는 것이다. 하나의 미디어를 제대로 이해할 경우, P는 그 미디어를 원소스로 규정하고 그 원소스를 다양한 방식으로 변형하고 확장시켜 사용한다. 그야말로 원소스 멀티유징(One Source Multi Using)이다.

"폴샘은 하나의 지식을 그냥 있는 그대로 두지 않고, 꼭 변형을 하는 것 같아요."

"일부러 그런 것은 아닙니다. 하다 보니 보관하기 쉽고, 다시 찾기 쉬우며, 활용하기 수월한 방식을 택한 것뿐입니다. 비단 미디어체계뿐만 아니라 저의 모든 베이스캠프 지식체계는 항상 먹기 좋은 상태로 냉장고에 들어 있는 음식과 같습니다."

"그 나름의 규칙이 있을까요?"

"미디어를 포함하여 모든 베이스캠프의 지식보관 체계는 '정리'보다는 '정돈'의 체계를 더 많이 사용합니다."

"정리와 정돈은 서로 같은 말 아닌가요?"

'정리'를 넘어서는 '정돈'

정리와 정돈은 다르다. 보통 사람들은 정리와 정돈을 같은 의미로 이해하는 경우가 많다. 그 의미는 필요한 것은 남기고 불필요한 것은 버려서 깨끗함을 유지하는 정도로 이해한다. 그러나 이 둘은 엄연히 다른 의미를 가지고 있다.

> 정리 : 불필요한 것을 선별해서 유용한 것을 가지런히 하는 것
> 정돈 : 꼭 있어야 할 곳에 정연하게 두는 것
>
> [출처- 산업안전대사전]

"미란 선생은 정리정돈을 나름 잘 하시죠?"
"네, 지저분한 것을 싫어하거든요."
"미란 선생 입장에서 정리정돈의 목적은 무엇일까요?"
"청결함을 유지하고, 깨끗하게 치워진 공간에서 더 큰 행복을 느끼고, 쉼이 됩니다. 일하는 공간도 마찬가지예요. 쾌적한 공간에서 일의 능률도 올라간다고 생각해요."
"지금 미란 선생이 표현한 내용이 바로 '정리'의 개념입니다. 전문적인 용어로서 '정리'는 불필요한 물품이 제거되는 것에 초점이 맞추어져 있어요. 하지만 '정돈'은 정리가 되었다고 전제한 뒤에, 각 물건을 두는 장소가 이미 정해져 있고, 결과적으로는 다시 그 물건을 찾기가 용이하고, 예측가능하게 해놓는 것입니다."
"그러니까 정리는 '물건' 그 자체의 필요성, 중요성 등에 초점이 있고, 정돈은 물건보다는 '공간'에 더 초점이 있는 것 같네요. 또한 정리는 현재의 사용 여부에 초점이 있는 반면, 정돈은 나중에 다시 찾을 때를 많

이 생각하는 것 같아요.

P는 미란에게 라이브러리의 북 코너를 소개해 주었다. 그곳에는 정리와 정돈 그리고 '청소력'에 관한 책들이 가지런히 꽂혀 있다.

정리와 정돈의 차이

정리는 쓸 것과 버릴 것을 구분하는 것   정돈은 더 잘 사용할 수 있게 배치하는 것

"폴샘, 설명을 듣다 보니 또 궁금한 게 생겼어요. 이런 미디어들을 어떻게 하나하나 찾을 수 있는지 그 경로가 궁금해요."

"가장 쉬운 방법은 독서체계와 미디어체계를 연동시키는 것입니다. 순서는 중요하지 않아요. 책이 먼저 나오고 미디어가 나오기도 하고, 때로는 미디어가 방영되고 책이 나오기도 하죠. 이곳 베이스캠프의 모든 책, 모든 미디어는 다양한 매개를 기반으로 서로 밀접하게 동기화되어 있습니다.

독서와 미디어, 그리고 기기의 동기화 시스템

"미디어조차도 책을 통해 찾아가는 방법이 있다는 거군요."

"미란 선생도 종종 영화로 개봉되는 내용의 원작소설을 읽는 경우가 있을 겁니다."

"맞죠. 이렇게 생각하니까 한 가지 방법은 확실하게 이해가 되네요. 다른 방법은 어떤 게 있을까요?"

"일상에서 자연스럽게 안테나를 켜서 노출시켜 놓는 겁니다."

P는 스마트폰으로 라디오 방송 어플리케이션을 열었다. 다시듣기 팟캐스트를 열어 라디오캠페인 하나를 재생하였다.

> 로버트 카파. 본명 아드레 프리드만. 41년 생애에 다섯 차례 전쟁에 뛰어든 전설의 보도사진가죠. 그는 헝가리 출신으로 정치기자를 꿈꾸며 독일에서 공부하던 시절. 고향에서 생활비를 보낼 수 없게 되자, 일을 찾기 시작했지만 독일어가 능숙하지 못해서 취직이 안 됐죠. 그래서 그는 언어를 포기하고 카메라를 집어 들었습니다. 말이 필요 없는 사진으로 승부하자. 이 간단하고 절실한 선택이 전설의 사진가를 탄생시킨 셈인데요. 이 길 밖에 없다면 주저 없이 간다. 때로는 유일한 길이 최고의 길이 됩니다.
>
> [출처 –MBC 꿈의 지도, 2014.]

"짧지만, 인상적인 사람들의 이야기가 이렇게 매일 나옵니다. 제가 모르는 사람의 이야기가 대부분이지만 알 만한 사람의 이야기에서도 몰랐던 부분이 나옵니다. 저는 이렇게 라디오를 틈날 때마다 들어요. 이런 방식으로 안테나를 노출시키는 겁니다."

P는 지식바인더 하나를 들고 왔다. 바인더의 제목은 '꿈의 지도'이다. 그 안에는 그가 들었던 내용 중에 자신에게 깊은 통찰을 주었던 내용을 스크립트로 옮겨 적은 것들이 가득하였다.

좋은 일 하고도 욕먹고, 상처받고. 살다 보면 이런 일이 꽤 있는데요. 미국에 전설적인 경영인 첼시 슈왁. 그는 매정하지 못한 성격 때문에 좋은 일을 하고도 골치 아픈 억지소송을 많이 당한 인물이죠. 그가 언젠가 이런 말을 한 적이 있습니다.

"저도 압니다. 좋은 일 하고도 고생하고, 이러지 않으려면 사람들에게 냉정하면 되겠죠. 하지만 저는 그렇게 하지 않았습니다. 그랬다면 저는 많이 외로워졌을 테니까요."

엉키고 시달려도 외로움보다 낫다. 뜨거운 가슴으로 나섰다가 상처받는 순간, 한 번씩 떠올려보기로 하죠.

미국의 작가 메리라인하르트는 가난 때문에 글을 썼습니다. 아이 셋에 몸이 불편한 어머니. 피곤한 일상의 나날. 그 와중에 빚을 갚으려고 잠을 줄여가며 글을 쓰기 시작했습니다. 그리고 그녀는 글을 쓰면서 오히려 생기와 활력을 찾았습니다.

그렇다고 다들 이 사람처럼 삽시다. 이런 식은 좀 곤란할 거 같고요. 누군가 글쓰기로 일상의 우울함을 잊었다면 나도 뭔가 있겠지요. 운동, 춤, 만들기, 노래, 외국어, 혹은 청소 등 뭐든 괜찮을 겁니다. 그런 걸 할 때 근심 대신에 웃음이 납니다. 하다 보면 돈을 버는 운수도 생길지 모릅니다.

우주소년 아톰으로 유명한 데즈카 우사무. 일본 만화의 아버지로 통하는 인물이죠. 의사의 길을 버리고 만화가의 길을 택했으니 일단 만화를 굉장히 좋아했을 겁니다. 하지만 좋아한다고 다 성공을 하느냐. 데즈카 우사무의 자서전에 이런 구절이 있습니다.

"백설공주를 쉰 번, 밤비는 여든 번 이상 봤다. 디즈니에 심취한 후부터 스타일을 필사적으로 베끼고 습득해서 지금의 화풍이 되었다."

같은 만화를 쉰 번 여든 번 보는 건 보통 일이 아니죠. 좋아한다면 행동으로 증명해야 합니다.

쇼팽은 분명히 천재적인 작곡가였습니다. 그의 연인인 소설가 조르주 상드가 쇼팽에 대해 적은 글이 있습니다.
"그는 골몰하지 않고 실마리를 찾아냈다. 산책하다 악상이 떠오르면 콧노래를 불렀다."
이게 전부라면 우리처럼 평범한 사람은 힘이 빠지겠죠. 다행히 조르주 상드의 글은 더 이어집니다.
"쇼팽은 그 선율을 다시 찾아낼 수 없다는 이유로 절망에 빠져들었다. 며칠씩 방 안에 틀어박혀 안절부절못했고 수없이 선을 그었고 고치고 지웠다. 그리고 다음 날 다시 시작했다."
아셨죠! 결국은 인내. 똑같이 악전고투입니다.

1993년 노벨문학상을 받은 작가 토니모리슨. 출판사 편집자와 대학 강사로 일하면서 두 아들을 홀로 키우는 생활인이었죠. 해야 할 일, 역할이 많으니 챙겨야 할 것, 걱정거리들도 가득했습니다. 그런데 그걸 다 어떻게 감당했을까. 그녀는 이렇게 말합니다.
"아이들과 대학 강의, 다른 일거리들까지도 산더미였습니다. 출퇴근할 때, 잔디 깎을 때 늘 이런 걱정을 하면서 이런저런 생각을 했죠. 그 대신 일단 책상에 앉으면 완전히 잊었습니다. 책상에 앉으면 걱정 스톱. 어렵지만 그게 능력입니다."

작가 무라카미하루키는 단순하면서 규칙적인 생활을 하는 걸로 유명하죠. 새벽 4시에 일어나 점심까지 글을 쓰고, 오후에는 달리기나 수영. 나머지 시간에는 잡일을 처리하거나 독서하고 음악을 듣고, 밤 9시면 잠자리에 듭니다. 하루키는 이렇게 말했죠.

"나는 이런 습관을 반복한다. 그러다 보면 반복 자체가 중요하게 된다. 반복을 하며 나는 최면에 걸린 듯, 넓고 깊은 정신상태에 이른다."

핵심은 반복 자체가 중요하다는 겁니다. 며칠 해보고 아니구나, 하지 말고 오래도록 반복해 보기! 거기에 뭔가 있다는 겁니다.

[출처 – MBC 꿈의 지도, 2014.]

P는 이런 습관을 오랜 시간 유지하였다. 소파에 앉아 TV를 볼 시간은 없지만, 운전하는 중 혹은 이동하는 사이에 라디오를 즐겨 듣는다. 광고가 없이 하루 종일 시사적인 이야기와 사람 사는 이야기가 가득한 채널을 선호하고, 토론 프로그램을 즐겨 들으며, '꿈의 지도'처럼 짧게 엄선된 캠페인도 선호한다. 광고가 나오는 채널도 종종 듣지만, 그때는 프로그램보다 광고 그 자체를 귀로 듣는 것을 좋아한다. 눈으로 보지 않고 귀로만 들었을 때 그 내용에 깊이 몰입하는 효과가 있기 때문이다.

2010년 어느 날, P는 라디오 캠페인을 통해 들은 '박찬호' 선수의 이야기를 듣고 그날 저녁 그가 교회에서 가르치는 한 소년에게 편지를 썼다.

"제가 프로선수가 되려고 하던 시절, 한국의 프로구단 및 대학야구 팀 스카우터들과 미국의 스카우터들은 저에 대해 다음과 같은 다른 보고서를 작성했어요.

'성격 좋고 강한 어깨와 좋은 신체조건, 그러나 정교함과 기술이 부족하며 지금까지 내세울 만한 성적 없음. 따라서 3천만 원 이상 투자할 가치 없음.

(국내 스카우터의 보고서)

'정교함과 기술이 부족하며 지금까지 내세울 만한 성적 없음. 그러나 좋은

신체 조건과 강한 어깨, 긍정적인 성격, 최소한 1백만 달러의 가치 있음

(메이저리그 스카우터의 보고서)

한 사람은 저의 단점을 크게 보았고, 또 한 사람은 저의 강점을 크게 보았어요. 그 후 저는 저의 강점을 높게 평가해준 사람들에 의해, 미국 메이저리거로 진출했고 한국 최초의 성공한 메이저리거가 되었습니다. 놀랍게도 저의 강점을 찾아주고, 그것을 더욱 칭찬해 주자 저는 그 분야에 대해 더욱 눈부시게 발전하는 에너지를 얻었어요.

자신에 대해, 그리고 자신의 삶에 대해 긍정적인 포인트를 찾는 연습을 해보세요. 약점을 먼저 찾아 지적하기보다는 강점을 먼저 찾는 습관을 가져야 합니다. 자신에 대해 칭찬을 아끼지 않을 때, 자신의 삶은 마치 태양 쪽으로 기우는 화초처럼, 긍정적인 칭찬의 방향대로 자라날 것입니다. 저, 박찬호를 기억하면서 힘내세요!

[박찬호에 관한 라디오를 듣고, 폴샘이 ○○에게]

이렇게 해서 찾아낸 일상의 보석 같은 소스들을 틈날 때마다 목록화하여 예상 가능한 폴더에 정리해 놓는 것, 이것이 바로 P가 추구하는 '정돈'의 삶이다. 지식바인더와 같은 페이퍼 공간, 노트북의 폴더와 같은 가상의 공간에 차곡차곡 인생의 이야기들을 정돈해 놓는 것, 이것이 바로 P가 지식세대에게 권하고 싶은 서재 구성의 원칙이다.

미란의 지식수첩

1 베이직라이프를 만드는 4개의 빙산은 독서, 신문, 미디어, 사람이다.
2 시대상의 변화를 알 수 있는 또 하나의 장치는 미디어의 흐름을 보는 것
3 미디어가 영향력 있는 것은 변화 구조의 가장 아래 구조가 '감성'이기 때문이다.
4 미디어는 자체의 순수성과 사용을 위한 수단적 필요성을 구분해야 한다.

5 미디어의 넓이에서 깊이 있는 체계를 얻기 위해서는 지식바인더를 사용한다.
6 미디어를 얻는 채널은 영화, 광고, 다큐 등의 장르+라디오 같은 매체 다양성이다.
7 미디어의 가치가 빛나는 순간은 '사람'을 위해 사용할 때이다.
8 미디어의 내용을 통해 멘토링의 인생곡선을 그릴 수 있다.
9 미디어 활용의 성공여부는 단순하게 모으는 차원을 넘어 '정돈'이다.

Q 책과 신문에서 이미 절대시간을 다 사용했을 것 같은데, 미디어까지 추구하는 것에서는 도저히 '시간사용'의 원리를 추론하기 어렵다. 그는 어떻게 절대시간과 한정시간을 관리할까.

"폴샘, 제가 이해하려고 아무리 애를 써도 도저히 넘어갈 수가 없는 게 아직 한 가지 있어요. 하루 24시간에 어떻게 독서, 신문, 미디어 등을 채워 넣을 수 있을까요. 독서 하나만으로도 방대하고, 신문에 대해서는 한 시간을 정한다고 하셨으니 약간은 이해가 돼요. 그리고 여기에 이런 방대한 미디어까지 얘기하니 저로서는 도저히 시간 사용에 대한 추론이 어려워요. 영화는 또 언제 그렇게 시간을 내서 보시는지……."

"말로는 설명이 어렵겠어요. 내일 저와 함께 하루의 시작부터 시간을 따라가 볼까요?"

"네! 하루 시작부터?"

"놀라지 마세요. 사실은 아침 식사를 하기도 전에 저의 시간사용 비밀을 깨닫게 될 겁니다."

상식을 넘어버린 시간계산

깊은 새벽이 끝날 무렵, 미란이 택시에서 내렸다. 약속한 장소에 P가 서 있었다. 아직 날이 채 밝지도 않은 시간에 서재가 아닌 다른 곳에서 인터뷰를 시작하는 것은 미란의 예측을 한참 벗어나는 것이었다. 하지만 궁금했다. 오늘 인터뷰를 통해 P의 베이스캠프가 오랜 시간 지속되어 온 역동성과 에너지, 그리고 근본적인 힘을 밝혀내야 한다.

P는 미란을 데리고 대한민국에서 가장 유명한 곳, 번화한 곳을 걸었다. 그러나 지난밤의 화려함과는 달리 새벽은 고요하다. 왜 이곳에서 만나자고 했을까.

"함께 가실까요?"

P의 안내를 따라 작은 사거리로 접어들었다. 접어들자마자 P가 걸음을 멈추었다. 미란도 멈춰 섰다. P는 아무 말이 없었다. 큰 도로의 뒤쪽 블록으로 들어가는 길목이었다. 한 무리의 젊은 사람들이 보인다. 일찍 일어난 사람들이 아니라, 밤새 술을 마시고, 이제야 들어가려고 길에 걸터앉아 있는 남녀들이다. 어떤 친구는 구토를 하고 있고, 너나없이 망가진 모습으로 새로운 하루의 시작을 맞이하고 있다. 보기도 민망한 장면을 P와 미란은 천천히 걸으며 지켜보았다. P의 시선은 바로 옆 편의점으로 향하고 있었다. 미란도 P의 시선을 따라 눈을 돌렸다. 그곳에는 밤새 아르바이트를 하고 교대를 준비하는 젊은 점원이 보인다. 그리고 아침 출근을 하는 길에 삼각김밥을 먹는 직장인과 새벽 일찍 학원을 가기 위해 나온 것인지 한 대학생이 사발면과 김밥을 먹고 있다.

"비슷한 상황을 하나 더 보여드릴게요."

P는 미란을 데리고 한 블록을 더 들어갔다. 대형 커피전문점이 마주 보고 있었다. 한 곳은 아직 문을 열기 전 준비시간인 듯하다. 직원이 한참 준비를 하고 있다. 두 사람은 왼편의 24시간 커피전문점으로 들어갔다.

"폴샘, 커피는 제가 주문할게요."

"아뇨. 커피는 조금 있다 맞은편 커피숍에서 마시고 싶어요."

P는 정중히 커피를 사양하고 미란과 함께 2층으로 올라갔다. 넓은 2

층에 올라서자마자 한눈에 들어오는 장면이 있었다. 한 무리의 여학생들, 화장을 짙게 하고 있지만 굳이 교복을 입고 있지 않더라도 청소년임을 알 수 있을 것 같은 아이들이 그곳에서 자고 있었다. 약간의 술 냄새도 난다. P는 이러한 풍경에서 커피를 마시고 싶지 않았던 것이다. 두 사람은 그곳을 나와 맞은편 커피전문점으로 향했다. 방금 막 문을 연 모양이다. 24시간 개방은 아니지만 그래도 새벽에 문을 여는 것은 칭찬할 만하다. 커피를 주문하고 함께 2층으로 올라갔다. 그곳엔 벌써 세 사람이 자리를 잡고 있었다. 아마도 문을 열기 기다렸다가 바로 들어온 것 같다. 자리를 찾아 걸어가면서 미란은 이미 들어온 손님이 모두 영어책과 영어신문을 펴서 공부하고 있다는 것을 발견하였다. 근처에 유명한 영어학원이 있는 모양이었다. 새벽에 나오느라 머리도 아직 말리지 못한 것 같은 대학생도 보인다. P는 굳이 무언가를 설명하려고 하지 않는 듯하다. 미란도 굳이 무언가를 물어보려 하지 않았다.

같은 하루, 같은 시간, 비슷한 공간에서 보았던 서로 상반된 장면. 미란의 뇌리에 강한 자극이 스쳐지나갔다.

"폴샘, 이 모습을 보여주려고 이곳에서 보자고 하셨군요."

"저는 이 근처에서 오전강의가 있을 때마다 이런 장면을 봅니다. 같은 세상, 같은 시간을 너무나 다르게 살아가는 인생이 저에게 때로는 아프게, 때로는 벅차게 다가옵니다. 이런 장면을 비단 새벽뿐만 아니라, 모든 삶 속에서 만납니다. 이러한 경험, 이러한 생각이 바로 제가 살아갈 수 있는 힘의 실마리입니다."

미란은 P의 차를 타고, 날이 채 밝기 전에 그의 서재로 향했다. 커피를 마저 마실 시간도 주지 않은 것은 아침 출근길 도로가 막히는 시간을 피하기 위해서였다.

서재에 도착했을 때 미란의 눈에 처음 보는 작고 예쁜 꽃병이 눈에 띄었다. 이전 인터뷰에선 보지 못했던 것인데……

"아! 네. 잎. 클로버네요!"

"어제 운동 중에 찾은 겁니다."

"이렇게나 많이요!"

클로버 꽃병

P가 찾은 것이 맞다. 정말 운동 중에 찾은 것들이다. P는 마라톤을 한다. 거창한 풀코스가 아니라 11km를 달린다. 강변을 따라 나 있는 트랙의 일부구간을 달리는 것이다. P는 오늘 미란에게 자신의 달리기를 설명하기 위해 구석의 서재 창틀에 살짝 가려져 있던 클로버 꽃병을 서재 입구에 가져다놓은 것이다.

"언제부터 마라톤을 하셨어요?"

"건강이 나빠진 이후부터입니다."

"오래 전부터 하신 것은 아니군요. 그런데 폴샘, 마라톤을 하실 시간은 나지 않을 것 같은데……"

"시간을 내는 거죠. 대낮에 뛸 시간은 없으니 새벽이나 저녁에 뜁니다. 일주일을 모두 뛰는 것은 불가능하고요. 물론 바쁜 일정 속에 마라톤은 매우 큰 무리수입니다. 그럼에도 제가 마라톤을 하는 것은 삶이 너무 바쁘고 버겁기 때문이에요."

"이해가 안 돼요. 삶이 바쁜데 시간을 내서 마라톤을 한다는 것은 앞뒤가 맞지 않아요. 어차피 저는 오늘 폴샘의 시간사용에 대해 비밀을 밝혀야 하거든요."

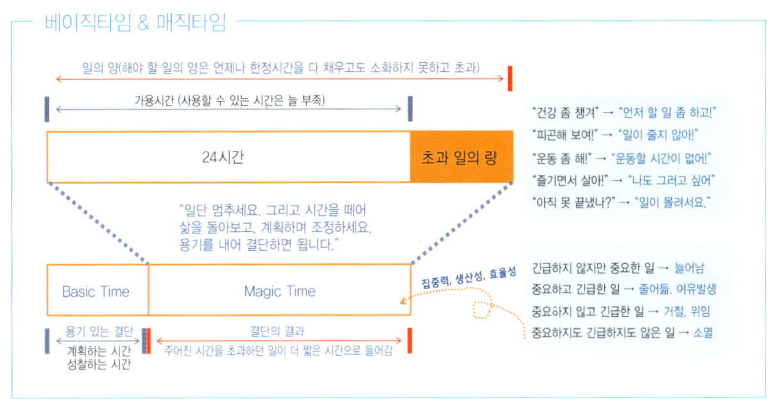

　P는 화이트보드에 그림을 그리며 설명해 주었다. 한 사람의 삶이라고는 믿기 어려운 지식체계를 갖춘 그의 일상은 과연 어떤 시간운영 속에서 이루어질까. 한정된 24시간이라는 고정자원을 어떻게 사용하면 이러한 베이스캠프가 가능해질까. 미란은 반드시 그 비결을 알고 싶었다. P는 그런 미란의 의문을 풀어줄 결정적인 그림을 그렸다.

　"제가 지금부터 우리의 상식을 뛰어넘는 시간사용의 계산법을 소개하겠습니다. 어차피 지식의 양, 바쁜 삶의 분량으로 보면 객관적으로 시간이 부족한 것은 사실이에요. 저는 그 많은 독서와 미디어분석, 그리고 치열한 비즈니스 일정, 여기에 아내와 세 자녀까지 부양하는 초특급 울트라 블록버스터급 삶을 살고 있습니다. 어떻게 가능하냐고 묻는다면 각각의 시간을 어떤 초단위로 쪼개서 산다고 말하고 싶지는 않습니다. 보다 더 근본적이고 건강하며 누구나 적용 가능한 방법을 소개하고 싶습니다. 그것이 바로 '하루를 계획하고 조정하는 삶'입니다.

　저는 이것은 BT[Basic Time]라고 합니다. 절대적인 고요의 시간, 하루를 꿈꾸고 까마득한 일정 속에 결코 놓치지 않아야 할 본질을 되새기는 시간이죠. 정말 소중한 일, 소중한 만남, 소중한 관계를 오늘의 일정 속에서 확인하며 하루의 숨고르기를 하는 시간을 말합니다. 저는 그 시간을 새벽마라톤 시간으로 정했습니다. 원래 저의 BT시간은 서재라는 공간에서 이루어졌지만 건강이 악화된 시기 이후부터는 마라톤을 하는 시간으로 바꾸었습니다."

"마라톤으로 바쁜 스케줄이 더 부족해지지는 않을까요?"

"그것이 바로 이 그림의 비밀입니다. 매일 해야 할 일을 다 적어보면 주어진 24시간 안에 다 할 수 없을 만큼 많고 소화하기 어려운 분량이 맞습니다. 그런데 마음에 결심을 하고, 일정 시간을 떼어내서 하루를 계획하고 조정하는 시간을 가지면, 처음의 분량에 변화가 일어납니다. 소중한 일, 급한 일, 타인에게 넘길 일, 꼭 하지 않아도 될 일, 혹은 조금씩 분산시켜 매일 조금씩만 하면 될 일 등 활발한 조정이 일어납니다. 그래서 결국은 계획하는 시간을 뺐음에도 불구하고 하루는 더 규모 있게 돌아갑니다. 이러한 삶을 반복하다 보면 계획하는 시간이 더 늘어나기도 하는데 그럴 경우, 하루 분량을 처리하는 시간이 더 빨라지고 오히려 남는 시간이 생기는 단계까지 옵니다. 바로 매직타임(Magic Time)이 만들어지는 거죠. 그래서 또 새로운 꿈을 꾸고 새로운 습관을 형성하며 또 한 단계 발전하는 것입니다."

"폴샘, 그렇다면 여기에 그림 하나를 뒤에 더 그려야겠어요."

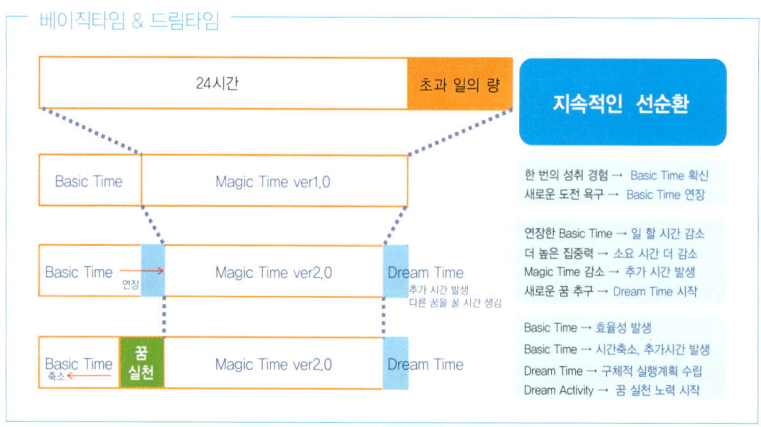

"이번 그림은 미란 선생이 그렸으니 설명을 부탁드립니다."

"베이직타임(Basic Time)을 통해 매직타임(Magic Time)을 맛본 사람은 베이직타임을 연장하게 됩니다. 다분히 성취감에 근거한 자신감이겠죠. 그렇게 되면 당장 매직타임이 줄어듭니다. 일할 시간이 더 줄어드는 거죠.

그런데 놀라운 것은 베이직타임이 늘어나면서 삶의 통찰력이 배가되고, 일에 대한 선별력이 생기며, 일을 수행하는 집중력이 올라갑니다. 결과적으로 매직타임에 또 한 번의 진화가 일어나는 거죠. 일을 더 빨리 끝냄으로써 추가시간이 발생합니다. 그렇게 되면 바로 그 순간부터 이전에는 꿈꾸지 못했던 새로운 삶을 꿈꿀 여유가 생깁니다. 이렇게 살게 되면 이전에는 경험하지 못했던 새로운 행복이 쓰나미처럼 몰려올 겁니다.

이러한 시점이 되면 베이직타임 시간사용의 혁신이 일어나면서 많은 시간이 필요하지 않고, 짧은 시간을 사용하더라도 충분히 깊은 베이직타임을 가질 수 있게 됩니다. 결과적으로 베이직타임에서 추가시간이 발생한 겁니다. 이렇게 생겨난 시간은 드림타임에서 설계한 꿈을 실천하는 드림 액티비티(Dream Activity)로 사용할 수 있겠죠. 새벽에 영어공부를 하고 운동을 시작할 수 있게 되는 것입니다."

"탁월합니다. 결국 이러한 삶은 자연스럽게 선순환되는 거죠. 미란 선생, 이제 제가 어떻게 시간을 사용하는지 이해할 수 있겠지요?"

"충분히 이해할 것 같아요. 그리고 저도 이제 그렇게 살고 싶습니다."

미란은 수많은 시간관리 강의를 듣고, 또한 자신이 직접 시간관리를 강의하기도 했었지만 오늘 그림만큼 시원하고 공감되는 방법론을 만난 적이 없다. P의 베이스캠프에 대해 막혀 있던 부분과 더불어, 자신의 바쁜 삶을 누르고 있던 시간의 비밀도 시원하게 해결되는 순간이었다. 물론 현실에서 실제로 적용하고 경험하는 것은 다르겠지만 그래도 희망적이다.

"그런데 폴샘, 그럼에도 일반적인 시간관리의 기본방식은 사용하고 계시는 거죠? 시간을 아끼거나 시간을 나눠서 사용하거나 하는 그런 방법 말이에요."

P는 미란의 질문에 긍정을 표현한 뒤, 자신의 시간관리 바인더를 들고 왔다. 미란은 P의 시간관리 바인더를 보기에 앞서 크게 심호흡을 하였다. 그의 비밀 노트를 보는 순간이었기 때문이다. 새벽에 마라톤을 하며 하루를 계획하는 것은 그렇다 하더라도 정말 궁금한 것이 바로 그의 촘촘한 시간 관리의 흔적이었다.

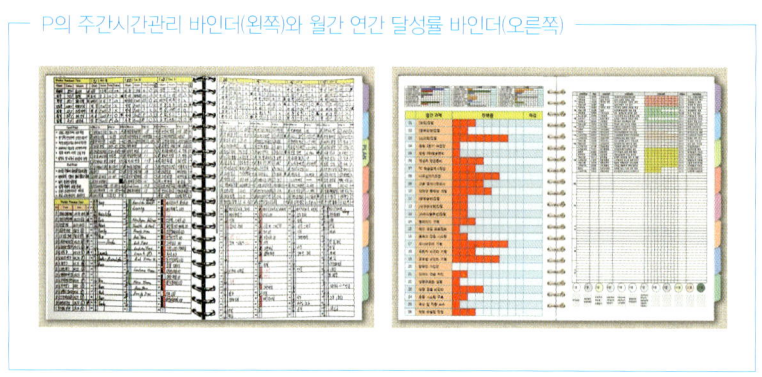

P의 주간시간관리 바인더(왼쪽)와 월간 연간 달성률 바인더(오른쪽)

"······."

미란은 잠시 할 말을 잊은 채, 펼친 바인더를 응시하였다. 예상은 했지만 이 정도일 줄은 몰랐다. 페이지를 넘기니 같은 방식이 매일 반복된다. 마치 하루를 일 년처럼 살고 있는 것처럼 보인다. P는 미란의 이해를 돕기 위해 간단히 바인더 보는 방법을 소개해 주었다.

"크게 3개의 단으로 구성되어 있습니다. 가장 위의 단은 제 삶의 우선순위입니다. 아침BTT, 독서, 신문, 가족과의 대화, 운동 등이 들어있습니다. 가운데 단은 일상적인 하루의 To Do List가 있습니다. 그런데 각 명칭 앞에 A, B, C, D라고 적혀있는 것은 아시겠지만 '우선순위 메트릭스' 즉 긴급하고 중요한 것은 A, 긴급하지 않지만 중요한 것은 B, 중요하지 않지만 긴급한 것은 C, 그리고 중요하지도 긴급하지도 않은 것은 D입니다. 보면 아시겠지만, 제 시간관리 일정목록에 D는 아예 없습니다. D를 없애기까지는 꽤 오랜 시간이 걸렸습니다.

 마지막으로 제일 아래 단은 시계부입니다. 하루의 일정을 시간 순서에 따라 실제 어떤 시간에 어떤 일을 했으며, 소요된 시간이 얼마였는지를 기록하는 것이죠. 그리고 가장 왼쪽에 Good Point, Bad Point 그리고 Weekly Planning Time은 일주일을 돌아보고, 다시 계획하는 영역입니다. 바인더를 펴면 이렇게 일주일이 한눈에 보입니다."

 P는 다음으로 월별로 추구하는 지식체계의 모든 것과 월별로 채워지는 목표가 1년간 어떤 흐름으로 쌓여가고 있는지 분석하는 페이지를 소개해 주었다. 적어도 눈앞 시간에만 치열하게 사용하다가 자칫 큰 시간의 흐름을 놓치는 일이 없도록 하는 장치이다. 물론 이런 시스템이 일상화되기까지는 수많은 시간관리 실패의 시행착오가 있었을 것이다.

 "폴샘, 순간과 연속의 균형을 맞추는 것은 어떻게 해야 할까요? 순간의 시간집중력과 연속시간의 축적에 따른 결과물을 동시에 추구하는 것은 매우 어려운 일인 것 같아요."

 "미란 선생에게 두 가지 저만의 시스템을 소개하지요. 바로 모래시계와 추이표입니다."

 집필실의 책장에 있는 모래시계와 그의 시간관리 바인더에 있는 추이표이다.

 "모래시계는 3분, 5분, 30분, 60분 등 매우 다양한 시간대별로 구비되어 있습니다. 저의 경우 3분은 중간 스트레칭으로 몸을 푸는 시간 정도이고, 5분은 한 페이지 분량의 글을 빨리 쓸 때의 속도입니다. 30분은 신문 하나를 읽고 스크랩 시 걸리는 시간입니다. 60분은 하나의 강의슬

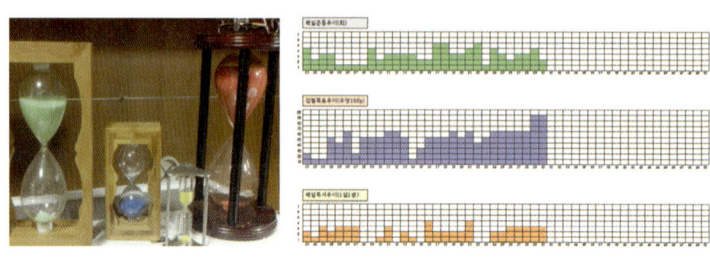

모례시계. 연간 주제별 성취 추이표. 운동/집필/독서 예시

라이드 초안을 제작할 때 걸어두는 모래시계입니다. 이것은 모두 순간의 시간사용 집중력을 높여주는 장치이죠. 반면, 옆에 있는 추이표는 한 가지 목표를 주단위로 양을 측정하여 숫자를 입력하면 1년의 추이와 성취 그래프가 나오는 시스템입니다. 엑셀로 함수를 만들어서 숫자만 입력하면 자동으로 이렇게 그래프가 나옵니다. 1년 단위로 한 가지 주제의 목표를 이루는 것을 관리하는 데에는 매우 효과적인 방식이죠."

"폴샘, 이렇게 하루하루 자신의 시간을 기록하고 그것을 축적하며 사는 것이 실제로 지속 가능할까요. 처음부터 성공하셨나요, 아니면 시행착오를 거치셨나요?"

"저 역시 지금 확인 중입니다."

"확인이라면?"

"제가 지금 미란 선생에게 소개해 드렸듯이, 저에게 이런 삶을 가르쳐주신 분이 계십니다. 그분의 삶이 옳은지 그른지 확인하는 게 아니라, 그분의 삶이 저에게도 잘 맞는지 확인하고 있다는 겁니다."

"시간을 기록하는 방법과 그 삶을 누군가에게서 배우셨다는 거군요. 스승님의 스승님이 계셨네요!"

스승의 스승이 서재에 있다

P는 미란에게 태블릿으로 두 사람의 사진을 보여주었다. P에게 시간관리를 가르쳐준 스승들이다.

시간을 기록한 사람, P의 시간관리 롤모델

류비세프   김안제

"류비세프는 저의 시간관리 롤모델입니다. 그는 인간에게 부여한 가능성의 최대치를 살고 간 사람입니다. 매일 8시간 이상을 자고 운동과 산책을 한가로이 즐겼으며 한 해 평균 60여 차례의 공연과 전시를 관람하고 보통 남자들이 그렇듯 가족을 부양하기 위해 직장에 다녔으며, 동료와 후배들에게 애정 어린 편지를 즐겨 쓰던 사람입니다."

1972년 8월 31일 구소련의 과학자인 류비세프가 82세를 일기로 세상을 떠났을 때, 그가 세상에 남겨놓은 것은 70권의 학술서적과 총 1만 2,500여 장(단행본 100권 분량)에 달하는 연구논문, 그리고 방대한 분량의 학술자료들이었다. 인간 능력의 한계를 여지없이 비웃는 엄청난 양의 원고 앞에서 놀란 사람들은 이후에 속속 밝혀지는 류비세프의 학문적 성과와 철학, 역사, 문학, 윤리학을 종횡무진 넘나드는 독창적 이론에 다시 한 번 할 말을 잃고 만다.

"그가 이렇게 살 수 있었던 비밀은 바로 그가 50년 동안 단 하루도 거르지 않고 기록해 온 '시간통계노트'에 있었습니다."

"네! 시간통계노트라고요? 어떤 방법으로 썼는지 정말 궁금하네요!"

P는 직접 미란에게 류비세프의 책을 보여주기 위해 라이브러리로 갔다. 시간관리의 주제로 따로 정리된 북 코너에서 류비세프에 관한 책을 꺼내 들었다.

─ 북 코너- 시간관리 ─

1946년 4월 7일

곤충분류학 : 이름 모를 나방의 그림을 두 장 그렸다 – 15분

나방을 감정함 – 20분

보충 업무 : 슬라브에게 편지를 씀 – 2시간 25분

대인 업무 : 식물보홍위원회 회의에 참석 – 2시간 25분

휴식 : 이고르에게 편지를 씀 – 10분

'울리아노프스크 프라우다'지를 읽음 – 10분

톨스토이의 작품 '세바스토폴의 기사'를 읽음 – 1시간 25분

기본 업무 총계 : 7시간 10분

그는 심지어 제2차 세계대전이 발발한 날에도 평소와 다름없이 시간을 기록하였다. 믿을 수 없을지 모르나, 그는 전쟁 중에 두 아들이 전사했다는 소식도 기록했다.

1941년 6월 22일. 키예프. 독일과의 전쟁 첫날. 13시경에 소식을 들음.

1941년 6월 23일. 거의 온종일 공습경보. 생화학연구소 회의. 야간 당직

1961년 6월 29일. 키예프. 동물학 연구소에서 9시부터 당직. 계산도표학 공부

"미란 선생, 흔히 시간관리가 철저한 사람들을 볼 때, 답답하고 고립되었으며, 피도 눈물도 없는 재미없는 사람, 인생을 즐길 줄 모르는 사람으로 바라보는 경우가 많지요. 저의 롤모델 류비셰프는 그것이 오해라는 사실을 가르쳐주고 있어요."

류비셰프는 정이 많고, 사람에 대한 교감을 주로 편지를 통해 많이 드러내고 있다. P는 종종 자신을 류비셰프와 동일시하곤 한다. 신이 주신 시간 동안 모든 가능성을 다 사용하고 흙으로 돌아가는 것이 P의 핵심가치이다. 자신의 시간은 무서우리만치 철저하지만, 주변 사람에게는 그 삶을 강요하지 않고, 따뜻하게 대하려고 노력하는 것은 류비셰프에게서 받은 영향이다.

이러한 류비셰프에 견줄 만한 한국인으로 P가 선정한 사람은 김안제 교수이다. 그 역시 인생의 시간을 기록하고 통계를 내어 인생백서를 펴낸 것으로 유명하다.

"이제 폴샘의 시간사용의 비밀은 어느 정도 이해가 된 것 같아요. 그런데 한 가지 깔끔하게 정리되지 않은 게 있어요. 새벽 마라톤이요."

"그건 잠시 커피 한 잔 마신 뒤에 이야기할게요. 할 얘기가 많거든요."

"그런데 폴샘, 오늘 서재 입구에서 보았던 그 네 잎 클로버 꽃병은 도대체 어디 있다가 나타난 건가요? 그동안 한 번도 본 적이 없거든요."

"그거요? 시크릿룸에 있었습니다."

"아! 그래서 볼 수 없었구나. 그런데 폴샘, 오늘 마지막 인터뷰날인데, 시크릿룸은 오늘도 공개하지 않으실 건가요?"

"궁금하세요? 절대로 볼 수 없는 비밀은 아니에요. 다만, 미란 선생과의 인터뷰에 담기에는 너무 무겁고 일반적이지 않은 내용, 그리고 너무나 개인적인 내용이 많아서 그래요. 가족의 역사도 많고, 그래도 보고 싶으시다면 공개해 드리겠습니다."

"네, 인터뷰 내용에는 담지 않더라도 한 번만 구경해 볼게요."
"그럼, 커피 준비하는 동안 잠깐 둘러보세요."

미란은 조심스레 시크릿룸으로 들어섰다. 다른 룸과 마찬가지로 책장이 가득하였다. P가 얘기했던 것처럼 가족의 역사가 차곡차곡 정리되어 있다. 그리고 나머지 공간 전체를 채우고 있는 책들은 그가 연구하고 있는 종교와 영성에 관한 연구저서들이다. 종교가 기독교라는 것은 알고 있었지만, 비교종교학자처럼 이렇게 많은 종교서적을 연구하고 있는지는 몰랐다. 변화와 본질의 경계선에서 현재성과 역사성을 추구하는 그의 지식추구 특성상 종교에 대한 연구는 그리 어색하지도 않다.

P가 오픈하지 않으려 했던 곳이기에 미란은 자세히 살피지 않고 간단히 책장 블록을 살피며 한 바퀴 돌아 나가려 했다. 그런데 마지막 책장 블록을 돌아가는 순간 가장 깊숙한 곳에서 미란은 두 가지 놀라운 장면을 발견하였다. 벽 한 면을 다 차지하는 액자 속의 인물들, 그 아래 책장의 무수히 많은 네 잎 클로버들.

"폴샘, 이 방의 책들은 그렇다 하더라도 액자 속의 인물들과 클로버는 좀 소개해 주셔요."
"네, 그분들은 제 롤모델들입니다."

― 롤모델 액자와 클로버 초원

"이렇게 벽에 걸어두고 가까이하는 구체적인 어떤 의미가 있으실 것 같아요."

"저의 이 모든 삶이 가능할 수 있도록 저를 지지해 주고, 제가 넘어질 때면 일으켜 세워주는 역할을 합니다."

"어떻게요. 바라만 봐도 회복이 되나요?"

"네, 바라보는 그것만으로도 큰 힘이 됩니다. 때로는 의견을 물으러 가기고 하고, 때로는 치열하게 토론을 하기도 합니다."

바라보다가 닮아버린 인생

P는 어차피 오늘 인터뷰에서 롤모델에 대해 설명을 하려고 했었다. 이 설명을 하지 않고는 이 방대한 지식체계와 그간의 모든 과정이 어떻게 지탱이 되고, 극복하고 완성되는지 마무리할 방법이 없다고 판단하였기 때문이다.

> "엄마! 저 큰 바위 얼굴이 말을 할 수 있다면 참 좋겠어요. 저렇게 친절한 얼굴을 보면 목소리도 참 듣기 좋을 것 같아요. 만약 저런 얼굴을 가진 사람을 만나면, 난 그 사람을 정말 너무너무 좋아할 거예요."
> "옛날 사람들이 예언한 것이 사실이라면, 우리는 언제고 저것과 똑같은 얼굴을 가진 사람을 만날 수 있을 거야."
>
> 출처 – 『큰 바위 얼굴』

어린 어니스트는 엄마의 이야기를 듣는 순간 평생의 유일한 꿈을 꾸기 시작하였다. 예언이 성취되고, 큰 바위 얼굴과 똑같은 얼굴을 한 위인을 만날 것이라는 꿈이다. 그러한 기대감으로 그는 평생 마을을 떠나지 않고 늘 산 위의 큰 바위 얼굴을 바라보며 살았다. 그런데 어니스트가 생각하는 큰 바위 얼굴의 생김새는 단순히 보이는 모습만은 아니었다. 인자하게 세상을 내려다보는 그 얼굴에 담긴 따스함과 깊이, 사랑스러움과 배려가 모두 담긴 것이다. 그러기에 많은 사람이 큰 바위 얼굴과 똑같다고 외치는 사람이 나타나지만 그때마다 어니스트는 고개를 가로젓는다. 바위를 바라보니 늘상 하늘을 바라보게 되고, 바위의 표정을 살피며 생각하다 보니 사람들의 표정을 읽게 되고, 그러한 사색과 철학을 바탕으로 세상을 이해하며 살다 보니 어니스트는 그 역시 현자(賢者)의 삶을 살게 되었다. 해질녘이면 마을 어귀의 연단에 올라, 사람들에게 희망의 언어를 나눠주며 가르침을 선사하였다.

　어느 날 어니스트는 그가 살아있는 동안 마지막이 될지도 모르는 기대감을 갖게 되었다. 한 시인의 시집을 읽으며, 바로 이 시를 지은 사람이야말로 큰 바위 얼굴과 닮은 사람일 것이라고 확신하게 되었다. 때마침 시인 역시 지혜로운 어니스트의 소문을 듣고 찾아온 터였다. 그런데 어니스트는 시인의 얼굴을 보고 다시 고개를 떨구었다. 그날 오후 어니스트는 마을 연단에 올라 여느 때와 다름없이 모여든 사람들을 향해 가르침을 전하였다. 어니스트가 하는 강연은 단순한 음성이 아니라 생명의 부르짖음이었다. 그 속에 착한 행위와 신성한 사랑으로 정제된 그의 일생이 녹아 있었던 것이다. 마치 아름답고 순결한 진주가 그의 소중한 생명수에 녹아 들어간 것 같았다. 어니스트와 만났던 시인은 그의 설교에 귀를 기울이면서 어니스트의 인간성과 품격이 자기가 쓴 그 어느 시보다 더 고상하고 우아하다고 느꼈다. 그는 눈물어린 눈으로 그 존엄한 사람을 우러러보았다. 온화하고 다정하고 생각이 깊은 얼굴에 백발이 흩어진 그 모습…… 그것이야말로 예언자와 성자다운 모습이라고 시인은 혼자 생각하였다.

바로 그때, 저 멀리 서쪽으로 기우는 태양의 황금빛 속에 큰 바위 얼굴이 뚜렷하게 드러나 보였다. 그 주위를 둘러싼 흰 구름은 어니스트의 이마를 덮고 있는 백발처럼 보였다. 그 광대하고 자비로운 모습은 온 세상을 감싸 안는 것 같았다. 그 순간, 어니스트의 얼굴은 그가 말하고자 했던 생각에 일치되어, 자비심이 섞인 장엄한 표정을 지었다. 시인은 참을 수 없는 충동으로 팔을 높이 쳐들고 외쳤다.

"보시오! 보시오! 어니스트야말로 저 큰 바위 얼굴과 똑같습니다."

어니스트는 자신이 그토록 염원하며 바라보았던 큰 바위얼굴을 닮아가고 있었다. 자신이 바라보던 모습에 일치되어버린 것이다.

우리의 육체와 생각은 우리가 바라보는 것과 상호 영향을 받는다. '꿈꾸는 다락방'으로 유명한 이지성 작가의 초기작 『18시간 몰입의 법칙』에는 '꿈 바라보기' 기술이 소개되어 있다. 이 책에서는 양자역학, 뇌과학, 신경과학, 의학, 자율신경요법과 내시심상용법 등의 과학적 근거를 토대로 '꿈을 바라보면 이루어진다'라는 원리를 설명하고 있다. 그리고 그러한 원리를 실천하여 꿈을 이룬 역사 속 인물, 세계적 인물 사례를 촘촘하게 밝히고 있다.

"전두엽에는 미래기억을 담당하는 분야가 있습니다. 미래기억이란 미래의 목표를 기대하고 마음에 품어 현재의 불편함이 미래의 목표를 이루는 데 장애가 되지 않도록 하는 기능입니다. 예를 들어 신경외과 의사가 되고 싶다면 많은 시간과 돈을 들여 노력해야 그 목표를 이룰 수 있습니다. 만일 힘든 수련기간에 마음속으로 이미 신경외과 의사가 된 자신의 모습을 그릴 수 있다면 그 사람은 그런 그림을 그리지 못하는 사람보다 훨씬 수월하게 자신의 목표를 이룰 수 있을 것입니다."

"사람의 두뇌에는 수조 개에 달하는 신경섬유가 있습니다. 만일 사람이 어떤 한 가지 상상을 지속적으로 계속하면 수백만 개의 신경섬유들이 모여서 신경 초고속 도로를 만듭니다. 신경 초고속 도로는 실제 경험과 상상 경험의 차이를 구별하지 못하는 인간의 두뇌로 하여금 마음속의 상상이 현실 세계에서 이미 이루어진 것이라고 착각하게 만듭니다. 그렇게 되면 두뇌는 자신이 상상한 것을 현실에서 찾기 위한 노력을 멈추지 않게 됩니다. 그 결과 신경 초고속 도로를 가진 사람은 그렇지 않은 사람보다 몇 배나 빨리 그리고 쉽게 마음속의 목표를 이루게 됩니다."

『18시간 몰입의 법칙』 중에서

"폴샘, 정말 이 인물들을 바라보면서 이분들의 모습을 닮아가고 있나요. 닮아간다는 것의 구체적인 결과가 무엇인지 궁금해요."

"솔직히 제가 그분들의 성품과 깊이, 그 인생 전체를 닮아간다는 것은 불가능합니다. 다만 저는 그분들의 삶에서 저에게 주는 한 가지의 '매력'을 발견하고 온 힘을 다해 그 한 가지를 제 삶에 흉내 내고, 동기화시키며, 어느 순간 완전히 나의 모습이 될 때까지 노력하는 것이 전부입니다."

삶의 스타일을 따라가다

P는 세 장의 사진을 출력하여서 화이트보드에 붙였다. 공병호 박사의 책 전 권이 꽂힌 북 코너와 그의 집필실 사진 그리고 P의 초창기 서재의 집필실 모습이다. P는 공병호 박사의 책 전 권을 다 읽었다. 그리고 그 가운데 P가 느끼기에 가장 매력적인 한 가지 바로 '블루프린트'를 따라

— 공병호 박사의 집필실 배우기

공병호 박사 북 코너

액자 속 집필실

P의 초기 집필실

하기로 결심하였다. 블루프린트란, 공병호 박사가 책을 한 권 집필할 때 사용하는 일종의 목차가 담긴 '설계도'이다. 이후 P는 모든 집필에 앞서서 자신만의 블루프린트를 만드는 습관을 완벽하게 갖추게 되었다.

이후 P는 자신의 블루프린트가 나름의 형식과 특색을 갖추게 되자, '집필설계도(Press Structure)'라고 부르기 시작하였다. 출판사에서도 P가 집필을 시작한 이후, 집필설계도가 나오면 책 한 권의 구상이 끝났다는 것을 알아차린다. 그리고 집필설계도가 나오면 그 다음에는 매우 빠른 속도로 집필이 진행된다.

한편, '지식을 정리하는 방식'에서 P가 가장 존경하는 인물은 정민 교수이다. P는 그를 통해 다산의 지식경영을 이해하였고, 정민 교수의 삶 자체도 다산의 지식체계와 닮아 있다는 것을 발견하였다. 20여 년 동안 800권의 책을 집필한 나카타니 아키히로의 대선배가 있으니, 바로 다산 정약용이다. 정약용이 지식을 축적하고 정리하여 결과를 만드는 과정은 21세기 '엑셀'의 함수와 유사하다고 한다. 다산이 쓴 '식목연표의 발문'에는 이런 사례가 나온다.

정조가 화성 신도시 건립에 착수한 뒤 수원, 광주, 용인, 남천, 남양 등 여덟 고을에 명하여 나무를 지속적으로 심게 했다. 7년에 걸쳐 나무를 심을 때마다 보고문서가 계속 올라와 나중에는 그 문서가 수레에 가득 싣고도 남을 지경이었다. 서류가 하도 많고 복잡해서 어느 고을이 무슨 나무를 심었는지 알 수 없었다. 정조의 명에 따라 다산은 자료 정리에 들어갔다. 가로 열두 칸을 만들고 세로로 여덟 칸을 만들어 칸마다 그 수를 적었다. 총수를 헤아려 보니 소나무와 노송나무, 상수리나무 등을 합쳐 모두 1200만 9772그루였다. 보고를 받은 정조의 입이 딱 벌어졌다. 수레에 가득 실어도 넘칠 지경이던 많은 서류가 단 한 장의 도표로 일목요연하게 정리되었던 것이다.

정약용에 대해 연구한 정민 교수는 그의 삶에서도 비전과 지식의 체계를 잡아 연구하고 있다. 또한 그는 방대한 지식을 다루고, 어려운 지식을 쉬운 현대의 언어로 바꾸는 데에 탁월하다. P는 대학시절, 그가 쓴 『한시미학산책』을 처음 접했는데 어려운 한시를 독자들에게 무척이나 친근감 있게 쉽게 풀어주고 있다.

정민 교수는 연구실에 원형선반을 구입해 그 안에 수많은 연구 주제들을 작은 바인더에 넣어 독특한 지식체계를 구축해 놓고 있다. 즉 동시에 수십 가지 주제에 대해 지식적인 관심의 끈을 유지하며 진행하는 것이다. 병원에서나 쓸 만한 그의 원형 차트꽂이를 보고 P는 무릎을 쳤다.

정민 교수는 각각의 차트에 제목을 달고 동시에 다양한 고전분석을 진행한다. 각각 다른 주제이지만, 내용을 기록할 때마다 해당되는 파일을 열어 추가하는 방식이다. 가볍지 않게 깊이를 유지하면서도 멀티테스킹

— 정민 교수의 연구 시스템 배우기 —

정민 교수의 원형 차트꽂이

처음에는 비슷한 파일 흉내

바인더 시스템으로 변경

이 가능한 그의 방식을 따라하고 싶어, P는 여기 저기 의료기기상가를 기웃거렸지만 허사였다. 그래서 자신만의 방식으로 파일링 작업을 시작하였고, 이후 지식바인더 시스템을 갖춘 뒤에는 바인더에 정민 교수의 접근법을 사용하기 시작하였다.

인생과 존재 전체의 아바타

P의 롤모델은 서재 액자 속에서 함께 호흡하는 인물이 50인이고, 그 외에도 컴퓨터 폴더에는 120인이 더 존재한다. 많은 롤모델 중 유독 어떤 인물은 그의 인생 전체를 닮고 싶은 경우도 있다. P는 손석희 앵커의 삶 그 자체를 배우고 싶어 한다. 그의 방송뿐만 아니라, 인터뷰, 그리고 그의 개인적인 생각이 담긴 어록들을 모두 바인더에 보관하고 있다.

> 남들은 어떻게 생각할지 몰라도 나는 내가 지각인생을 살고 있다고 생각한다. 대학도 남보다 늦었고 사회 진출도, 결혼도 남들보다 짧게는 1년, 길게는 3~4년 정도 늦은 편이었다. 능력이 부족했거나 다른 여건이 여의치 못했기 때문이었을 것이다. 모든 것이 이렇게 늦다 보니 내게는 조바심보다 차라리 여유가 생긴 편인데, 그래서인지 시기에 맞지 않거나 형편에 맞지 않는 일을 가끔 벌이기도 한다. 내가 벌인 일 중 가장 뒤늦고도 내 사정에 어울리지 않았던 일은 나이 마흔을 훨씬 넘겨 남의 나라에서 학교를 다니겠다고 결정한 일일 것이다. 1997년 봄 서울을 떠나 미국으로 가면서 나는 정식으로 학교를 다니겠다는 생각은 하지 않았다. 남들처럼 어느 재단으로부터 연수비를 받고 가는 것도 아니었고, 직장생활 십수 년 하면서 마련해 두었던 알량한 집 한 채 전세 주고 그 돈으로 떠나는 막무가내

식 자비 연수였다. 그 와중에 공부는 무슨 공부. 학교에 적은 걸어놓되 그저 몸 성히 잘 빈둥거리다 오는 것이 내 목표였던 것이다. 그러던 것이 졸지에 현지에서 토플 공부를 하고 나이 마흔 셋에 학교로 다시 돌아가게 된 까닭은 뒤늦게 한 국제 민간재단으로부터 장학금을 얻어낸 탓이 컸지만, 기왕에 늦은 인생. 지금에라도 한번 저질러 보자는 심보도 작용한 셈이었다.

미네소타 대학의 퀴퀴하고 어두컴컴한 연구실 구석에 처박혀 낮에는 식은 도시락 까먹고, 저녁에는 근처에서 사온 햄버거를 꾸역거리며 먹을 때마다 나는 서울에 있는 내 연배들을 생각하면서 다 늦게 무엇하는 짓인가 하는 후회도 했다. 20대의 팔팔한 미국 아이들과 경쟁하기에는 나는 너무 연로(?)해 있었고 그 덕에 주말도 없이 매일 새벽 한두 시까지 그 연구실에서 버틴 끝에 졸업이란 것을 했다.

돌이켜보면 그때 나는 무모했다. 하지만 그때 내린 결정이 내게 남겨준 것은 있다. 그 잘난 석사 학위(?) 그것은 종이 한 장으로 남았을 뿐, 그보다 더 큰 것은 따로 있다.

첫 학기 첫 시험 때. 시간이 모자라 답안을 완성하지 못한 뒤 연구실 구석으로 돌아와 억울함에 겨워 찔끔 흘렸던 눈물이 그것이다. 중학생이나 흘릴 법한 눈물을 나이 마흔 셋에 흘렸던 것은 내가 비록 뒤늦게 선택한 길이었지만 그만큼 절실하게 매달려 있었다는 방증이었기에 내게는 소중하게 남아있는 기억이다. 혹 앞으로도! 여전히 지각인생을 살더라도 그런 절실함이 있는 한 후회할 필요는 없을 것이다.

["내 인생의 결단의 순간" 출처 - 월간중앙 2002년 4월호.]

P는 사진 한 장을 화이트보드에 붙였다. '인셉션'이라는 영화 속 소재이다. 영화의 마지막까지 반전을 만들어내는 소재이기도 하다. 다른 사

람의 꿈속에 들어가 생각을 훔쳐오거나, 또는 생각을 심어주는 소재를 사용한 영화인데 1단계 꿈, 꿈속의 2단계 꿈, 꿈속의 꿈 속의 3단계 꿈까지 들어가다 보니, 이런 작업을 하는 전문가들은 자기만의 '토템'을 가지고 있다고 한다. 토템을 보는 순간 '이것이 꿈인지 현실인지' 깨닫게 되는 도구이다. 물론 영화적인 상상이다. 그런데 현실에서도 이러한 '상징물'이 분명 존재한다. P에게는 손석희 앵커와 여러 롤모델이 그의 '토템'이다.

"미란 선생도 인생의 절벽에서 자신을 일으켜 세우는 토템이 있을 겁니다. 저에게는 저 액자 속에 인물들이 모두 토템입니다. 제가 이 방에 들어올 때는 깊은 고민과 아픔을 안고 들어오는 순간이 많아요. 때로는 엎드려서 기도를 하기도 하고, 그냥 울기도 합니다. 저분들 앞에 서면, 제가 처한 상황에 꼭 맞는 분이 제게 꼭 필요한 조언을 들려줍니다.

"목적이 이끄는 삶을 사세요." – 릭워렌

"가치를 보고 투자하세요." – 워렌버핏

"ONE MORE, ONE MORE 한 사람이라도 더 살릴 수 있을 때 살려주세요." – 쉰들러

"지금 당장 꿈을 기록하세요." – 존 고다드

"이제 직장인들을 위한 선교사가 필요합니다." – 최봉오

"목숨 걸고 일하세요. 그러면 절대 죽지 않습니다." – 오카노마사유키

남보다 많이 늦게 시작했다는 조급증으로 마음이 급해질 때면 손석희 앵커의 지각인생 이야기를 듣고, 새벽에 천근보다 무거운 몸을 일으켜 일어나려 할 때면 연속적으로 잠을 자 본 적이 없다고 하던 손석희 앵커의 말이 떠오른다.

P는 첫 번째 책을 내기 전 아주 오랜 시간 많은 원고를 써서 여러 출판사에 보냈었지만 번번이 거절당하던 시절이 있었다. 그때마다 P는 이 방에 들어와 이지성 씨의 사진을 보며 조언을 들었다.

"책을 쓰느라 힘드시죠. 힘내세요. 저는 안정적인 초등학교 교사시절에도 4억 원의 빚이 있었습니다. 빚 때문에 많은 것을 잃었습니다. 수중에 돈 20원으로 옥탑방에서 보름 동안 버티던 적도 있습니다. 그러면서도 작가가 되고 싶은 꿈을 꾸며 매일 아침 4시에 일어나 운동과 독서를 병행하였습니다. 저녁 약속을 모두 접고 집에서 책을 읽은 게 전부였습니다. 읽던 책이 3000권을 넘어서면서 원고를 쓰기 시작했죠. 하루 4시간 이상 잠을 자 본 적이 없었습니다. 힘들게 원고를 완성해 출판사 80군데에 등기우편을 보냈지만 연락이 온 곳은 한 곳도 없었습니다. 포기할 수 없어 출판사에 일일이 전화를 걸어 확인을 해보았지만 모두 거절당했습니다. 그때부터 저는 14년 7개월이라는 긴 무명시절을 보냈습니다. 그 다음은 아시죠. 지금의 힘든 순간이 미래에는 아련한 에피소드가 될 것입니다. 응원할게요."

베이스캠프에서의 최고의 만남

"저의 롤모델은 모두 이곳 베이스캠프의 수많은 책과 연동되어 있습니다. 그리고 서로가 서로를 소개해 주어 새로운 만남이 수시로 일어납니다. 분야도 다양합니다. 어떤 사람은 저의 시간관리를 코치해 주고, 어떤 롤모델은 저의 가치를 챙겨 줍니다. 그리고 저에게 또 다른 필요한 부분이 생기면 맞춤형 저자를 소개해 줍니다."

P는 공병호 박사의 『자기경영노트』를 통해 피터드러커를 소개받았다.

┌─ 북 코너- 관심 독서의 전이과정 ─────────────┐

| 피터드러커 | 컨설팅 | 멘토링 | 힐링 |

또한 피터드러커의 『자기경영노트』를 시작으로 피터드러커의 책을 모두 서재에 세팅했다. P는 피터드러커를 통해 '컨설팅'이라는 영역의 매력을 접하는 순간, 컨설팅과 컨설턴트 관련 서적들을 모두 모아서 읽어버렸다. 그리고 컨설팅 영역의 책을 읽으며, 컨설팅과는 다른 차원으로 대비되는 '멘토링'이라는 시대의 교육 트렌드를 소개받고 국내의 모든 멘토링 관련 서적을 거의 읽었다. 멘토링을 섭렵한 뒤에는 '코칭'이라는 영역으로 지식점프를 시도했다. 이런 트렌드를 이해하는 과정에서 컨설팅, 멘토링, 코칭의 영역에서 다룰 수 없는 '힐링'영역을 소개받고 자연스럽게 '독서치료'라는 영역으로 독서의 폭을 넓혀 베이스캠프의 책장을 구성하게 된 것이다.

"그런데 폴샘, 시크릿룸에 있던 네 잎 클로버는 도대체 어떻게 찾으신 거예요?"

"저의 롤모델 때문입니다."

"……."

"무라카미 하루키!"

"세계적인 작가죠. 마라톤을 좋아하고요."

"제가 그분께 배운 것이 바로 마라톤입니다."

P는 하루키를 좋아한다. 그런데 사실 하루키를 좋아한다기보다는 하루키를 통해 소개받은 마라톤을 좋아한다.

"만약 바쁘다는 이유만으로 달리는 연습을 중지한다면 틀림없이 평생 동안 달릴 수 없게 될 것이다. 계속 달려야 하는 이유는 아주 조금밖에 없지만 달리는 것을 그만둘 이유는 대형 트럭 가득히 있다. 우리가 할 일은 '아주 적은 이유'를 하나하나 소중하게 단련하는 것뿐이다.

[출처 – 달리기를 말할 때 내가 하고 싶은 이야기]

P는 마라톤을 통해 베이스캠프의 지식체계를 지탱할 체력을 얻고, 지식을 추구하는 고된 지식노동자의 삶을 지속할 만한 인내를 단련한다. 결정적으로 그가 마라톤을 사랑하는 이유는 생각을 맑게 해주고, 생각을 정리하게 해주기 때문이다. 마라톤에 대해 이야기를 시작하는 P의 눈빛에 생기가 보였다. 미란은 본능적으로 P의 마라톤 사랑을 느낄 수 있었다.

그에게 마라톤은 우선 근본적인 시간관리의 체계에 영향을 미친다. 하루를 계획하는 새벽 BT[Basic Time]를 과거에는 서재에서 했지만, 현재는 마라톤 시간에 병행하고 새벽에 일어나는 순간부터 마라톤을 마치고 돌아오는 시간까지는 수많은 감정과 사고작용이 교차한다.

"폴샘, 마라톤이 베이스캠프와 어떤 연관이 있나요?"

"마라톤은 시간관리, 건강관리, 그리고 지식관리 차원에서 저의 베이스캠프를 지탱하는 근간입니다. 아침에 90분을 달리는데, 달리는 거리는 11km 정도예요. 강변을 따라 트랙을 달리는데, 이 시간 동안 저는 하루의 모든 지식체계와 일정을 설계하죠. 사실 제가 달리는 것은 마라톤이라고 말하기는 부끄럽습니다. 그리고 저는 중간에 한두 번 걷는 구간이 있습니다. 근본적으로 걷거나 뛰는 그 시간만큼은 온전한 혼자만의 세계입니다. 그래서 몰입하기가 좋습니다. 세로토닌이 활성화되어 몸이 상쾌함을 느끼고, 뇌의 활동도 활발하게 일어납니다."

"쉽지 않을 텐데요. 사실 새벽에 일어나는 것도 어려운 일이잖아요."

"그래서 마라톤은 저에게 시간관리의 핵심입니다. 처음에는 저도 어려웠어요. 그런데 습관화하다 보니, 마라톤 이전에 새벽을 깨우던 그 어떤 방법보다도 이 방법이 저에게 잘 맞았습니다."

"그렇지만, 습관화를 단순히 의지나 마인드 차원으로 풀면 따라 하기가 참 어렵더라고요."

"미란 선생, 혹시 습관다큐멘터리 기억나세요?"

"폴샘이 출연하셨던 그 KBS다큐멘터리요? 기억나죠!"

"거기서 습관조절에 대한 기본적인 접근법을 소개한 것도 기억나죠?"

영상	키워드	내용
	習	어린 새의 날개와 둥지의 모양에서 습관의 글자가 생겨났다.
	慣	엽전의 가운데 구멍으로 줄을 넣어 여러 개를 꿰뚫는 것처럼 매일매일의 연습이 모여 마음 깊이 새겨진다.
	習慣	어떤 특정한 자극에 반복적으로 노출되거나, 어떤 특정한 행동을 반복적으로 행한 결과로 만들어지는 자동화과정 혹은 자동적인 행동.

출처– KBS다큐멘터리. 꼴지탈출 습관변신 보고서

습관을 고치려면 기본적으로 세 가지 단계를 거쳐 간다. 이를 ABC라고 부른다. 사람의 행동은 흔히 '행동의 ABC'라고 불리는 다음 세 가지 요소에 의해 이루어진다.

① **Antecedents(선행 사건)**

하나의 특정 행동이 일어나기 전에 존재하는 주위 환경 속의 자극을 말한다. 예를 들면, 매일 밤 몇 시간씩 게임을 하는 사람의 행동이 일어나기 전에는 항상 컴퓨터가 가까이 있게 마련이다.

② **Behavior(행동)**

어떤 상황에서 우리가 취하는 행동이나 습관, 생각들을 말한다. 좀 더 전문적인 말로 하자면 이렇게 우리의 주된 관심이 되는 행동을 표적행동이라고 부른다.

③ **Consequences(결과)**

우리가 어떤 행동을 반복하게 되는 것은 그 행동의 결과에 달려 있다. 즉, 어떤 행동을 하고 좋은 결과가 있었다면 우리는 그 행동을 더 자주 하게 되고, 나쁜 결과가 있었다면, 우리는 그 행동을 하지 않게 된다.

부정적인 습관을 없앨 때는 선행사건을 바꾸는 것이 좋다. 환경을 조절하는 것이다. 선행자극을 찾았다면, 본격적으로 습관 고치기의 단계로 들어간다. 습관을 고치고 조절하는 것 역시 세 가지 단계를 거친다.

1단계 : 자기행동계약서를 작성하여 다른 사람과 공유한다.
2단계 : 자기기록의 과정을 통해 스스로 과정을 체크한다. 기록의 과정을 통해 행동이 객관화된다.
3단계 : 자기조절을 통해 습관을 변화를 실천한다.

P는 마라톤을 위해 저녁에 일찍 자는 결심을 가족과 공유하였고, 체크리스트에 체크를 시작하였다. 그러나 근본적으로 그가 마라톤을 습관화하는 데는 결정적인 선행자극과 환경이 존재하였다. 마음을 바꾸는

환경과 긍정적인 선행자극 찾기

가장 가까운 접근성

징검다리 건너는 길

깨끗한 트랙

강을 따라 난 풍경

것보다 환경을 선택하는 것이 훨씬 효과적이라는 사실을 그는 마라톤을 통해 확인하고 있다.

"와! 새벽마다 뛰는 곳이 이곳인가요? 정말 아름다워요! 누구라도 뛰고 싶을 것 같아요."

"맞습니다. 한번 뛰면 또 뛰고 싶게 만드는 것. 이것이 바로 환경이며 선행자극이에요. 억지로 의지를 다지고, 마인드 컨트롤한다고 되는 게 아니더라고요."

"아무리 그래도 새벽에 일어나는 것은 어려울 것 같아요."

"저의 롤모델 하루키의 말 기억나죠? 뛰지 않을 이유는 트럭 한 대 분량이고, 뛰어야 할 이유는 적다. 우리가 할 수 있는 것은 그 적은 이유를 소중히 여기며 선택하고 단련하는 것이다!"

달리기를 포기할 이유는 너무나 많다. 그는 눈을 뜨는 순간부터 달리는 시간을 포함하여 달리기를 포기하게 만드는 수많은 마음의 동선을 이미 경험적으로 체득하고 있다. 포기하고 싶은 구간을 미리 알고 그 순간을 넘기려는 자기만의 방법을 찾은 것이다. 습관조절의 핵심인 '연결고리'를 끊는 것이다.

[포기 욕망의 단계와 극복 방법]

구간명	이불 천근	다리 천근	귀소 본능	택시 욕구	최종 고통
설명	일어나는 순간에 오만 가지 핑계 발생	달리기 시작한 후 10분	돌아갈 수 있는 거리를 넘어서는 구간	반환점을 지나 잠시 휴식 이후 귀차니즘	다 온 것 같은데 고개 들면 목표 멀다.
핑계	비가 올 것 같아. 오늘 쉬자	오늘따라 다리가 무겁네. 쉬자.	너무 멀어지기 전에 돌아가자.	길로 올라가서 택시 타고 가자.	아직도 여기야. 그냥 걷자.
해결책	피곤하지 않게 일찍 잔다.	뛰지 않고 가볍게 걷는다.	속도 내서 경계 넘어선다.	돈을 가져가지 않는다.	발만 보고 뛴다.

 P의 마라톤은 근본적으로 체력을 위한 습관은 아니다. 오히려 하루를 계획하고 지식을 조정하는 역할이 강하다. 마라톤을 하러 집을 나설 때 그는 전화기를 가져가지 않는다. 가장 가벼운 복장에 오직 볼펜 하나와 지식바인더의 빈 종이 한 장을 접어서 주머니에 넣고 간다. 출발과 함께 머릿속에 다양한 아이디어가 샘솟기 때문이다. 서재에 앉아 있거나, 사람들과 회의할 때는 잘 떠오르지 않던 말랑말랑한 창조력이 마라톤을 하면서 솟아난다. 처음에는 마라톤 도중에 이렇게 아이디어가 떠오를 때면 바로 멈췄었다. 그런데 아이디어를 메모할 수는 있지만 달리던 흐름이 완전히 깨지고 말았다. 그래서 아이디어를 적은 뒤에 달리기를 멈추고 돌아간 적도 많았다. 이러한 문제점을 깨달은 뒤부터는 반환점까지 달리는 동안에는 웬만해서는 달리는 것을 멈추지 않고, 떠오르는 아이디어를 머릿속에 차곡차곡 모은다. 문제는 생각을 너무 많이 할 경우에는 이를 기억하기도 쉽지 않다는 것이다. 그래서 아이디어의 키워드를 찾아내고 연상기억법으로 머릿속 한켠에 흐름을 저장한다. 반환점에 도착하면 볼펜과 종이를 꺼내 쌓아둔 아이디어를 빠른 속도로 메모한다. 보통 한 번 달리면 20가지 정도의 아이디어를 그림과 글로 정리한다.

 "미란 선생, 놀라지 마세요. 제가 깜짝 놀랄 만한 것을 보여드릴게요."

반환점에서 아이디어 메모, 돌아오는 길에 발견한 네 잎 클로버

  P는 사진으로 찍어둔 두 장의 마라톤 메모지 장면을 출력해서 붙였다. 왼쪽은 반환점에서 아이디어를 정리한 모습, 오른쪽은 그 노트 위에 네 잎 클로버가 많이 얹어진 모습이다.

  "어? 여기 또 네 잎 클로버가 있네요. 무척 많은데 이걸 전부 폴샘이……."

  "네, 달리기를 끝내고 돌아오는 길에 네잎 클로버를 찾습니다. 많을 때는 이렇게 7개도 찾죠. 하하!"

건강, 지식 그리고 희망 선물

  네 잎 클로버를 일부러 찾으러 다니는 것은 아니다. 반환점에서 쉴 때, 중간에 너무 힘들어서 잠깐 걷기 시작할 때, 출발 전 준비운동을 할 때, 도착한 다음 몸을 풀 때 이런 순간에 길가의 클로버를 그저 잠시 주목하는 것뿐이다. 그런데 P 자신도 자기가 네 잎 클로버를 잘 찾는 이유를 아직 깔끔하게 정리하지 못했다.

  "미란 선생이 믿을지는 모르겠지만, 제가 느낀 바로는 간단해요. 저는 정말 네 잎 클로버를 잘 찾는데요. 제가 달리는 길가에 일단 클로버가 온 천지예요. 물론 다 세 잎 클로버죠. 제가 잠깐 몸을 풀거나 멈출 때는 주로 시선이 클로버를 보거든요. 그때 저는 마치 기도하는 마음으로 네 잎 클로버를 찾아요. 작은 일상이지만 그 속에서 희망을 만나고 싶은 열망이 있나 봅니다. 그런 마음으로 아주 높은 집중력으로 한 군데 주변을 뚫어져라 살펴요. 마음 한켠에는 일종의 믿음도 생깁니다. 분명 있을 거라는 믿음이죠. 그럴 경우 거의 예외 없이 오랜 시간이 지나지 않아 눈에 띄기 시작합니다. 그런 경험이 너무 많았어요."

그는 자신의 태블릿으로 네 잎 클로버를 찾는 프로세스를 순서대로 보여주었다.

그런데 놀라운 것은 하나를 발견한 곳 주변에 또 하나의 네 잎 클로버가 연달아 보이는 경우가 많다는 것이다. 그는 이것을 '희망의 연쇄작용'이라고 부른다. 한 번 희망을 발견하면 그 다음에는 또 발견하기가 수월하다는 것이다. 누가 들으면 어이없다고 웃겠지만 그는 마라톤을 하는

— 네 잎 클로버 찾는 프로세스 —

길 옆 클로버 밭 / 가까이 다가감

더 가까이 찾아봄 / 네 잎 클로버 찾음

희망의 연쇄작용

하나의 희망 옆에는 가능성이 존재

바로 옆에 숨겨져 있던 또 다른 희망 발견

과정에서 이렇게 자신만의 작은 행복을 스스로 찾고 관리한다.

P는 하루키를 통해 마라톤을 배웠고, 마라톤을 통해 건강을 찾았으며 달리는 과정에서 수많은 아이디어와 하루 계획의 시간을 가진다. 여기에 더하여 네 잎 클로버로 희망을 선물받는 것이다. 하루를 뛰면 평균 0.5kg이 감량되고, 열다섯 가지의 아이디어를 그려오며, 평균 2개 이상의 네 잎 클로버를 들고 서재로 돌아오는 것이다.

이렇게 해서 네 잎 클로버를 찾으면 그때부터는 성화 봉송이 시작된다. 정성스레 들고 집을 향해 달리지만 클로버는 더운 날씨에 금방 시들어 버린다. 그런데 서재로 돌아와 꽃병에 물을 담아 꽂아 놓으면 얼마 지나지 않아 길 가에 폈을 때보다 더 아름답게 잎을 펼친다. 이렇게 해서 서재에 책과 함께 희망을 세팅한다. P가 마라톤을 습관으로 강화하는 선행자극이 바로 이런 방법이다.

하지만 이렇게 해도 네 잎 클로버는 일정 시간이 지나면 시들게 된다. 그래서 P는 가장 활짝 피어있을 때, 클로버를 책 사이에 넣어 말린다. 그러면 가장 아름답게 잎을 펼쳤을 때의 모습을 오래도록 간직할 수 있다.

"감동입니다. 만약 서재 인터뷰가 책으로 출간되면 독자들은 폴샘이 달리는 그 장소가 어디인지 매우 궁금해할 것 같아요. 어쩌면 영화 '포레스트 검프'처럼 폴샘과 함께 달리는 '희망 추종자'들이 네잎 클로버를 찾

─ 마라톤을 습관으로 하는 선행자극 ─

클로버를 들고 뛴다

도착하면 시들어 있다

꽃병에 꽂아 준다

아름답게 살아난다

아 나설 것 같기도 하고요. 하하!

미란은 P와 함께 대화하며 베이스캠프가 인위적인 공간개념이 아니라, 수많은 만남이 이루어지는 '의미의 집합체'로 여겨졌다. 이곳은 P의 모든 지식과 감성의 집결체이다. 더 이상의 설명이 필요 없을 정도로 그는 미란에게 최선을 다해 자신의 모든 것을 꺼냈고, 미란 역시 단순한 인터뷰가 아니라 지식세대로서 이 땅을 살아가기 위한 모든 '근본'을 배운 듯하다.

"폴샘, 시크릿룸은 아직 소개해주지 않으셨는데……, 괜찮아요. 그것 때문에라도 또 저를 불러주시겠죠."

"미란 선생, 그렇게 생각해 주시니 정말 고마워요. 하지만 오늘 인터뷰를 마무리하면서 제가 꼭 할 이야기가 하나 있습니다. 사실 이 서재의 모든 책, 모든 지식, 모든 미디어, 그리고 수많은 롤모델의 흔적이 있기에 완벽한 것 같지만 한 가지가 없으면 생명력을 잃고 '고인 물'이 될 수 있습니다."

"제가 보기에는 완벽한 것 같은데 뭐가 더 필요한 거죠?"

"물론 공간을 채우는 책과 도구, 역사의 보존에는 부족함이 없습니다. 단, 한 가지 필요한 것은 '실제 만남'입니다. 이 서재의 탄생과 지속에는 저의 실제 롤모델들이 계셨기에 가능했습니다. 제 인생 전체를 함께 동행하는 저의 롤모델, 제 인생의 실제 멘토들이 계십니다. 일곱 분의 멘토가 저와 실제 만남을 가지고 제 삶의 방향을 점검해 주시고 격려해 주십니다."

"그래요! 어떤 분들이신지 무척 궁금한데요."

"며칠 전에도 이 서재에 한 분의 멘토가 다녀가셨는데, 그분은 제가 지식세대로 살아가는 데 방향을 잡아주시고, 결정적으로 이 서재를 처음 설계해 주신 분이세요. 이 공간의 모든 소프트웨어와 하드웨어는 그분이 그림으로 그려주신 것을 제가 현실로 만든 것이죠. 미란 선생이 보기에 제가 빠른 속도로 변화를 만들어가는 것 같지만, 그분은 언제나 저보다 세 걸음 더 앞서 변화를 일으키는 분이세요."

지금 어디에 있고, 어디로 가고 싶으세요.

P는 아주 오래 전, 열정적으로 강의를 시작할 무렵 자신이 강사로서 자격이 있는지 의문이 들었었다. 강연회장에서 청중들은 잠을 자기도 하고, 심지어는 일어나서 나가는 사람들도 있었다. 그 당시 절망한 그는 멘토를 찾았었다. 일 년에 한 번 정도 늘 그렇듯 그를 반갑게 맞아주며, 새로운 그림을 그려주는 멘토가 있었기 때문이다.

"폴 선생, 강의가 많이 힘들었나 봅니다."

"네, 힘든 정도가 아니라 포기하고 싶을 정도입니다. 청중의 눈이 보이지가 않아요. 제가 열정적으로 하면 할수록 뭔가 통하지 않는 것 같은 느낌이 들어요. 그 느낌이 너무 두렵습니다."

[지식전달자의 성장단계]

기준	강사 클래스 1	강사 클래스 2	강사 클래스 3	강사 클래스 4
명칭	프리젠터	메신저	커뮤니케이터	이노베이터
강의목적	전달	공감	소통	변화
영향력범위	강의 중 특정 순간	강의 전체	강의 이후 당분간	삶과 인생 전체
강의방식	강하게 연설하듯	진심으로 대화하듯	섬세하게 경청하듯	평생 동행하듯
강의비주얼	텍스트 위주	그래픽 위주	키워드 위주	청중이 던진 주제
강사의 눈	아무도 안 보인다.	한 사람이 보인다.	가끔 눈을 감는다.	모두의 눈이 보인다.
청중 반응	당신 말 잘 들었다!	맞아. 정말 그래!	이건, 내 이야기야!	이제 달라질 거야!
강사의 호흡	언제 쉴지 모른다.	계획대로 쉰다.	청중과 함께 쉰다.	숨소리로 강의한다.

"지식을 전달하는 사람은 '프리젠터, 메신저, 커뮤니케이터, 그리고 이노베이터'의 단계로 구분됩니다. 객관적인 정답이 아니라 성장구도로 보면 좋겠군요. 자신이 가진 지식을 전달하는 것에 매여 있는 수준이 있고, 청중과 공감하는 수준이 있습니다. 공감을 넘어 소통까지 가는 것은 커뮤니케이터 몫이죠. 그리고 청중으로 하여금 공감, 소통을 넘어 그 삶의 변화를 만들도록 돕는 수준은 이노베이커 수준이 될 것 같습니다. P 선생은 현재 어디에 있을까요?"

"이제야 알 것 같아요. 제가 강의장에서 열정을 뿜어낼수록 왜 분위기가 싸늘했는지 이유를 알 것 같아요. 저는 '프리젠터'였습니다."

"낙심하지 말아요. 내가 폴 선생에게 정말 하고 싶은 이야기는 그것이 아니었습니다. 이 표는 현실을 인식하는 데 도움이 되시라고 그린 겁니다. 자신의 위치(Position)보다 더 중요한 것은 자신의 존재역할(Being Role)입니다. 제가 그림으로 그려보죠. 성과와 관계, 경험과 이론 사이에 존재하는 수많은 교육전문가를 폴 선생이 저와 함께 그려볼 겁니다. 그리고 그 속에서 시대적인 교육시장의 상황을 함께 고민해 보죠. 결국 찾아야 할 것은 미래에 가고자 하는 방향입니다."

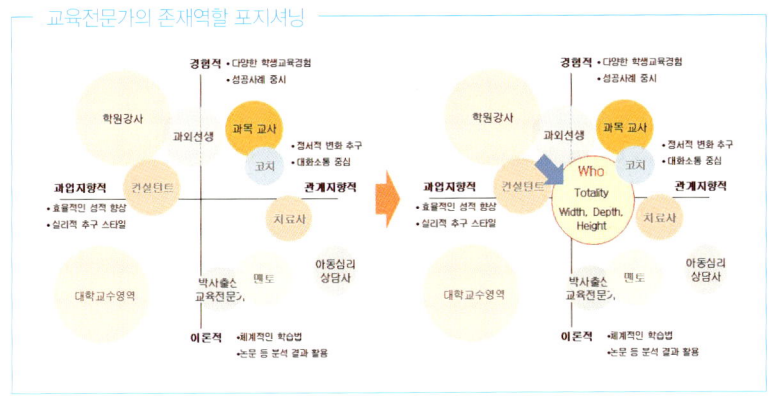

　　P가 삶의 절망과 구체적인 무게 앞에서 힘에 겨워, 멘토를 찾을 때면, 그분은 거대한 시대를 바라보고 자신의 위치와 방향을 생각하게 도와준다. 베이스캠프 역시 그분의 화이트보드에서 시작된 것이다.

　　"폴 선생, 자신만의 공간이 필요합니다. 시간과 공간이 만나 의미를 만들 수 있어요. 자신만의 서재를 지금부터 만들어 보세요."

　　이렇게 시작된 베이스캠프는 일 년에 한 번 정도 멘토의 방문으로 더욱 탄탄해지고 있다. P는 멘토의 방문으로 새롭게 구성된 코너를 소개해 주었다. 그러고 보니 미란이 이전 인터뷰에서 보지 못했던 코너였다. 깊이 사고하는 사고법의 책들과 넓게 사고하는 통찰의 책을 구분한 것이다. 그리고 이러한 깊은 사고와 넓은 통찰을 바탕으로, 결정하고 판단하는 힘과 관련된 책들로 분류되어 있다.

사고의 기록과 통합모형

사고의 방법을 돕는 책

결과적으로 형성된 '력' 시리즈

생각의 지도, 생각의 도구, 생각의 모형, 그리고 다빈치의 노트 등 생각을 구조화하고 모형화하는 책들을 모아 'MAP'이라는 주제를 잡고, 영향력, 질문력, 숫자력, 가족력, 메모력, 예측력, 지도력, 간파력 등 내면의 통찰을 '힘'으로 표현한 책을 모아서 구성하였다. '력' 시리즈는 이미 일본에서 큰 트렌드가 되었으며, 한국에서도 한참 트렌드가 되고 있다.

📖 미란의 지식수첩

1. 베이스캠프는 휴머니즘이다. 수없는 만남과 멘토링이 존재한다.
2. 스승에게도 스승이 있다. 누구에게나 예외 없이 멘토가 필요하다.
3. 성장의 단계보다 중요한 것은 나의 존재역할이다. 어떤 사람으로 살 것인가.
4. 시크릿룸과 일곱 명의 멘토를 소개하기 위해 후일 꼭 다시 베이스캠프를 찾는다.
5. 생각과 관련된 책의 라인업은 깊은 사고, 넓은 사고, 그리고 판단력 순서이다.
6. 다빈치의 노트를 포함하여 생각의 지도, 모형, 구조를 그리는 책들이 있다.
7. 정말 존경하는 사람을 바라보면 일부분 또는 전 존재를 닮아가게 된다.
Q. 시크릿룸과 일곱 명의 멘토 만남은 언제나 가능할까.

'나에게도 이런 평생의 멘토가 있으면 얼마나 좋을까. 십 년에 한 번씩만 만날 수 있다 할지라도 더 없이 행복할 그런 멘토가 일곱 분이나 있다는 것은 나로서는 상상할 수도 없는 것이다.'

욕심 부릴 수는 없다. 이미 지난 7년간 배운 것으로도 과분했다. 서재 인터뷰를 통해, P는 평생을 통해 추구한 모든 것을 미란에게 아낌없이 꺼내 주었다. 어쩌면 인터뷰를 통해 배운 것만으로도 미란은 평생의 멘토링을 이미 다 받은 것이었다. 집으로 돌아가는 길에, 스마트폰으로 메일 도착 알림이 울렸다. P가 인터뷰를 마무리하고 보낸 것이다. 파일이 하나 첨부되어 있었다. 7년 전 P에게서 받았던 초청장과 같은 파일이 들어 있었다. 파일을 열었더니 이번에도 별다른 내용이 없고 오직 숫자 하나가 적혀 있었다.

'30'

무슨 뜻일까. 한참 고민하고 있을 때, P에게서 문자 하나가 도착했다.

'미란 선생, 티켓 하나를 보냈습니다. 30회 사용권입니다. 일 년에 한 번 정도 사용하시면 적당할 겁니다. 저와의 멘토링 초대권입니다. 삶이 막힐 때, 더 이상이 앞이 보이지 않을 때 오세요. 부족하지만 제가 당신의 멘토가 되어 드리겠습니다.'

．
．
．
．
．

10년 후.

'딩동'

"누구세요?"

"안녕하세요. 김미란 박사님 만나러 왔습니다."

"어서 와요. 선희 선생. 잘 찾아왔네요."

"그런데 박사님, 그런데 여기는 살고 계신 집인가요, 아니면 서재인가요?"

"여기요? 베이스캠프랍니다. 어서 들어와요. 하하하!" ♠

TIP 네 번째 서재 인터뷰 Big Picture

TIP 나만의 서재 만들기 Supervising

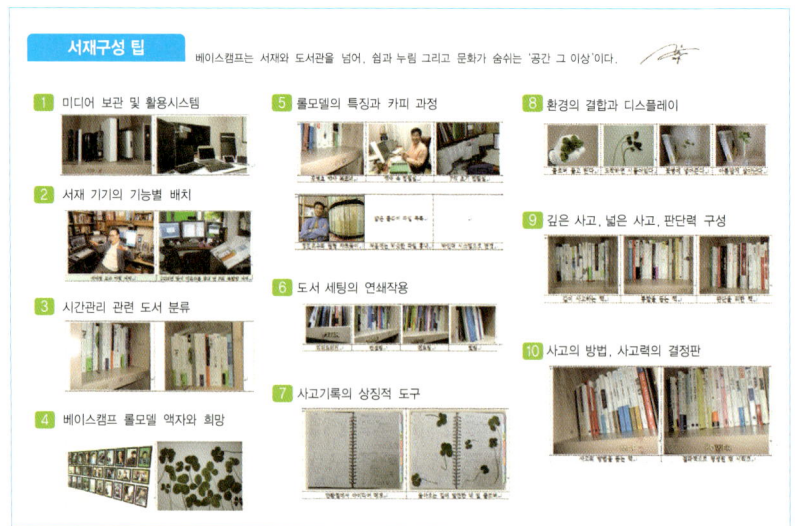

맺음말

치킨을 맛있게 먹고 있는 아들의 모습이 너무 행복해 보인다.

"혁아, 정말 행복해 보이네."

"아빠, 치킨이 정말 맛있어요. 너무 행복해요!"

"음식을 먹는 즐거움은 정말 감사하고 눈물겨운 행복이지. 이런 행복을 누리지 못하는 사람이 너무도 많기 때문이란다. 하지만 이런 행복은 포만감이 생기면 사라지지. 그런데 배부른 행복이 사라지더라도 좀 더 긴 시간 남겨지는 행복도 많단다."

"그게 뭔데요?"

"좋은 음악 한 곡을 들으면, 음악은 귓가를 맴돌면서 한 달 내내 아름다운 향기를 만들어주지. 그것이 바로 음악의 행복이다. 정말 감동적인 영화 한 편을 보면, 그 영화가 만들어낸 마음속 '깊은 울림'이 쉽게 사라지지 않는다. 어쩌면 푸르름을 간직한 자연의 한 계절이 다 지나가도록 내 삶을 채우는 것을 깨달을 수 있지. 그것은 영화가 주는 행복이다."

아이는 눈도 깜박이지 않고 아빠의 얘기를 듣고 있다.

"아빠, 더 큰 행복도 있어요?"

"좋은 책 한 권! 그 책 한 권이 주는 행복이 있다. 내 모습을 깨닫게 하는 그런 책 한 권을 읽으면, 그 행복은 푸르른 강산이 모습을 새롭게 하는 10년, 혹은 일생을 사는 동안 나와 함께 동행을 할 거야. 그것이 책이 주는 행복이란다.

아빠를 닮아서 감성이 풍부한 아들 녀석의 눈에 감동의 눈물이 글썽인다.

"이것이 전부는 아니란다. 사람으로 태어나 흙으로 돌아가는 일생 전체를 행복하게 만드는 것이 있단다. 바로 좋은 사람과의 '만남'이지. 음식, 음악, 영화, 책은 자신의 의지와 노력이 있다면 만들어낼 수 있는 행복이지만, 사람과의 만남은 그렇지가 않단다. 마음처럼, 혹은 뜻대로 되지 않을 수도 있기 때문이지. 그래서 더없이 소중한 행복이야. 이런 만남의 행복을 네가 알았으면 좋겠구나!"

"……"

아이는 생각에 잠겨 있다.

"그런데 말이야."

"그런데…… 그 다음은 뭐예요, 아빠?"

"그런데……, 아빠는 너를 만나서 행. 복. 하. 다."

아이의 맑은 눈망울에서 갑자기 주르륵 눈물이 흘러내린다.

이 장면! 이것이 나의 일상이다. 나의 베이스캠프가 만들어낸 모습들이다. 좋은 음악, 좋은 영화, 그리고 깊은 책, 또한 '아름다운 만남'이 있는 베이스캠프이다.

내가 쏟아내는 모든 감성의 언어, 지식 구성, 그리고 '사람을 사랑하는 방법론' 또한 이곳에서 홀로 훈련한 것들이다. 사랑하는 내 자녀에게 물려줄 수 있는 유산은 오직 '베이스캠프' 뿐이다.

이 땅의 모든 가정이 작은 베이스캠프 하나 두기를 소망한다. 작은 공간에 '소중한 의미'를 채우는 일상을 선물처럼 주고 싶다. 마치 가난한 집 문턱을 넘나드는 가족들의 아픈 마음이, 현관 입구에 걸린 환하게 웃는 가족사진을 보며 위로받고 새 힘을 얻듯이, 그런 한켠의 '서재'가 탄생하기를 갈망해 본다.